Wenn der Dornbusch brennt

Richard Riess (Hg.)



# WENN DER DORNBUSCH BRENNT

Beiträge zum Pfarrerberuf,
zur Praxis geistlichen Lebens
und zum Weg der Kirche

EINE FESTGABE FÜR DIETER VOLL

Claudius Verlag

CIP-Kurztitelaufnahme der Deutschen Bibliothek

**Wenn der Dornbusch brennt:** Beiträge zum Pfarrerberuf, zur Praxis geistlichen Lebens und zum Weg der Kirche; eine Festgabe für Dieter Voll/Richard Riess (Hg.). – München: Claudius Verl., 1989
ISBN 3-532-62087-1
NE: Riess, Richard [Hrsg.]; Voll, Dieter: Festschrift

1. Auflage 1989

Umschlagfoto: Wilhelm Erhard
Umschlaggestaltung: Werner Richter
Satz: Filmsatz Schröter GmbH, München
Druck: Sellier Druck GmbH, Freising
ISBN 3-532-62087-1

Inhalt

## II. Zur Praxis geistlichen Lebens

## III. Zum Weg der Kirche



## Anhang

# Vorwort

Wenn ein Vorwort seinen Sinn erfüllt, ist es wie ein Aperitiv: Es macht den Anfang, es regt an und stimmt ein, aber die Hauptsache kommt erst danach. Für die Festschrift anläßlich des 60. Geburtstages von Dr. Dieter Voll mache ich gerne den Versuch, diese Funktion zu erfüllen. Ich will den Anfang wagen, die Leserinnen und Leser anregen und einstimmen, hinweisen auf die folgenden gewichtigen Verfasser und Verfasserinnen und ihre Beiträge.

Schon im Vorwort einer Festschrift ist es angebracht, den Jubilar zu ehren und zu würdigen. Doch da stocke ich schon. Wird sich der, der sein Ausscheiden aus dem Amt des Rektors unseres bayerischen Pastoralkollegs ohne Abschiedsfeiern wünschte, eine Würdigung seiner Person und seines Wirkens gefallen lassen? Wird sie ihm gefallen können – ohne gefallen zu wollen?

Da wird es mir einfacher, wenn ich den Jubilar selbst zu Wort kommen lasse. In einem erhellenden Zitat soll er sich selbst darstellen, ohne daß er dabei je an Selbstdarstellung dachte.

„Vor vielen Jahren hörte ich", erzählt Dr. Voll in einem Vortrag über Spiritualität (Vortrag auf der Pfarrkonferenz Sulzbach-Rosenberg am 16.3. 1988; veröffentlicht in: Dieter Voll, denn das erste ist vergangen. Predigten, Vorträge, Aufsätze aus den Jahren 1968–1988. Eine Auswahl S. 184), „von einem alten Bauern am Chiemsee. Es hieß, der braut einen guten Zwetschgen. Ich ging hin und wollte ein paar Liter: ‚Hast keine Flaschen dabei?' ‚Naa, kannst mir eine leih'n? Übers Jahr bring' i's zruck.' Er sagte nichts mehr, gab mir die Flaschen und füllte ab. Ich zahlte und ging und kam wieder übers Jahr. Er erinnerte sich nicht mehr. ‚Da, die Flasch'n, i hab' g'sagt, daß as da zruckbring'.' Er darauf: ‚Da siehgt ma, daß du an Glaub'n hast.'" Diese bezeichnende Episode führt Dr. Voll mit den Worten weiter: „Verläßlichkeit aus tiefer innerer Bindung". Was gäbe es mehr und besseres von ihm zu sagen. Alles Weitere ist nur Ausmalung dieser Verläßlichkeit aus seiner tiefen inneren Bindung.

In dieser Haltung hat er sein Amt als Rektor des Pastoralkollegs in Neuendettelsau erfüllt. Gerade wegen dieser Haltung, die sein Charisma ist, sprechen Pfarrerinnen und Pfarrer unserer Kirche, auch wenn sie unterschiedlicher geistlicher Prägung sind, mit Hochachtung und Zuneigung von ihm und seiner Leitung der Kurse. Das Pastoralkolleg ist, wie es sich heute darstellt, sein Lebenswerk. Nach einer Improvisations- und einer Ausbauphase stand zuletzt die Phase der Konsolidierung und planvollen Ausweitung. Was Dr. Voll in der Nachfolge seiner Vorgänger pionierhaft entwickelte, fand Interesse und Übernahme in anderen evangelischen Landeskirchen. Wir mögen nicht gerne damit prahlen, aber wir hören es gleichwohl gerne, wenn unser bayerisches Pastoralkolleg „Modell“ und „Mutter“ aller evangelischen Pastoralkollegs genannt wird. Der Inspirator dieser Nachkommen ist Rektor Voll.

„Für dich gegeben,
  heißt das Evangelium.
Von mir genommen,
  heißt der Glaube.
Hier bin ich,
  heißt Frömmigkeit.“
(op. cit., S. 25)

Die Dreifaltigkeit von Evangelium, Glaube und Frömmigkeit umschreibt, was Teilnehmer und Teilnehmerinnen der Kurse im Pastoralkolleg erfahren konnten. Es war die erklärte und durchgehaltene Absicht des Rektors, nicht etwa mitgebrachte Defizite der Besucher auszugleichen, sondern vorhandene Gaben auszubreiten und zu entfalten. Die diese Entlastung und Ermutigung erlebten, erfuhren Evangelium. Zu solcher Erfahrung paßte es dann, wenn neue, andere, erweiternde und vertiefende Möglichkeiten in der Gestalt des Angebots auftauchten. Man konnte miteinander und voneinander annehmen – Erfahrungen des Glaubens.
Mit dem Gegebenen und Angenommenen da zu sein, mit Samuel (1 Sam 3) – und den Vielen seit ihm – sein eigenes „Hineni“ zu finden und zu sagen, die eigene Spiritualität zu üben und dazu anzuleiten, dafür brannte des Rektors Herz besonders. Damit ist er bei den Kursteilnehmern auf aufnahmebereites, durstiges Land gestoßen. So hat er das seltene und doch so nötige Amt eines „pater spiritualis“ in der bayerischen Pfarrerschaft geübt.
Ich reihe mich gerne unter jene ein, die ihm für alles Gesagte – und für noch viel mehr – dankbar sind. Möge er sich diesen Dank aus der Kirchenleitung, die er ja auch beschwerlich erlebt hat, gerne gefallen lassen als eine der Brücken in das siebte Jahrzehnt eines geschenkten Lebens.

München, in der Woche nach Jubilate

D. Dr. Johannes Hanselmann D. D.
Landesbischof

# Wenn der Dornbusch brennt
# Leitmotiv für ein Leben

„Mose aber hütete die Schafe Jethros,
seines Schwiegervaters, des Priesters in Midian,
und trieb die Schafe über die Steppe hinaus
und kam an den Berg Gottes, den Horeb.
Und der Engel des Herrn erschien ihm
in einer feurigen Flamme
aus dem Dornbusch.
Und er sah,
dass der Busch im Feuer brannte
und doch nicht verzehrt wurde.
Da sprach er:
Ich will hingehen
und die wundersame Erscheinung besehen,
warum der Busch nicht verbrennt.
Als aber der Herr sah,
dass er hinging, um zu sehen,
rief Gott ihn aus dem Busch
und sprach: Mose, Mose!
Er antwortete: Hier bin ich.
Gott sprach: Tritt nicht herzu,
zieh deine Schuhe von deinen Füssen;
denn der Ort, darauf du stehst,
ist heiliges Land!
und er sprach weiter:
Ich bin der Gott deines Vaters,
der Gott Abrahams, der Gott Isaaks
und der Gott Jakobs.
Und Mose verhüllte sein Angesicht;
denn er fürchtete sich,
Gott anzuschauen."

Ex 3,1-6

So beginnt der berühmte Bericht, der die Berufung des Mose beschreibt. Er wird einmal eine Jahrtausende umfassende Wirkungsgeschichte hervorbringen, in der sich ungezählte Männer und Frauen mit ihrer eigenen Berufung wiederfinden. Mehr noch. Dieser Bericht ist nicht nur das archetypische Muster einer Berufung. Er ist auch das einmalige Beispiel für die Begegnung des Menschen mit dem Heiligen. Alles an ihm, aber auch alles atmet den Geist der Ehrfurcht vor dem noch fremden Gott, der sein Dasein für den Menschen in der ganzen Dramatik des Augenblickes und doch auch schonungsvoll im schützenden Zeichen des brennenden Dornbusches ankündigt. Aus der Begegnung solcher Augenblicke aber erwächst schließlich eine Geschichte jener großen Ahnungen, die sich – bei aller Ausdruckskraft unserer Sprache – doch nur notdürftig umschreiben lassen: der Ahnungen von dem Geheimnis und von dem ganz Anderen, das immer noch und immer wieder in den Alltäglichkeiten wie in den Wundern unseres Lebens wohnt.
Wenn der Dornbusch brennt. Warum dieser Titel für ein Buch, das als Festgabe von Freunden zum 60. Geburtstag eines Theologen gedacht ist, dessen theologische Leidenschaft bislang fernab vom Rampenlicht des offiziellen Betriebes gebrannt hat und noch lange brennen möge? Warum die Beziehung zwischen der Geschichte mit diesem Motiv und der Biographie eines Menschen, die sich wahrhaftig nicht auf ein Motiv reduzieren läßt? Um es von Anfang an klarzustellen: Es kann mir bei diesen einleitenden Ausführungen nicht um ein Ausschöpfen des Sagbaren gehen. Es wird sich auch nicht um eine Laudatio auf ein sehr facettenreiches Leben handeln. Wenn der Dornbusch brennt. Damit soll auf dem Wege der Annäherung wenigstens das Eine zum Ausdruck kommen: Daß in den vielen Höhen und Tiefen eines Lebens dieses Leitmotiv, die achtsame Erfahrung des Geheimnisses und die Ehrfurcht vor dem ganz Anderen, liegt. Und dann hat da ein Mensch mit seiner Leidenschaft für die Praxis pietatis das Leben vieler Menschen mit ihren Höhen und Tiefen angerührt und angeregt – zu Zeiten schon, als noch ganz andere Themen das Feld von Theologie und Kirche beherrschten und als man noch kirchliche Häuser aus Glas und Beton und ohne Kapellen baute. Wie Wegzeichen mutet das deshalb auch an, was in der Stille vieler Jahre neu zu entdecken war: die Kapelle und die Ikone, das Knien vor dem Gekreuzigten und der eucharistische Glanz im Lichte der Auferstehung, die Kraft der liturgischen Gesänge und der Geist der ökumenischen Weite. Was hat sich da vorbereitet und verdichtet – in Lautlosigkeit und Langmut und abseits des Lärmes? Vier „Momentaufnahmen", vier „Miniaturen" sozusagen, mögen dazu beitragen, etwas vom Leitmotiv einer Lebensgeschichte zu verstehen.

## *I.*

Im Anfang ist da schon das Erleben des Andersseins: der Fremde und der Unterschiedenheit. Gewiß. Man kann in einem angesehenen Haus mit akademischem Hintergrund aufwachsen. Man kann, der evangelischen Kirche zugehörig, in einer ausgesprochen katholischen Umwelt auch die Privilegien des protestantischen Andersseins genießen: das Auffallende und Exotische, das Besondere und Herausfordernde von Minderheiten. Aber das Anderssein bringt immer auch die Grunderfahrung mit sich, in manch wichtiger Hinsicht dann doch nicht dazuzugehören und ein Außenseiter zu bleiben. Die Freundlichkeit der Nachbarn, das Kindermädchen und die katholischen Freunde mögen dieses Gefühl einer Fremdheit weithin gemildert, die eigene Familie die Gewißheit von Halt, Geborgenheit und Selbstbewußtsein vermittelt haben. Minderheiten, zumal kleine Minderheiten, aber spüren in hohem Maße die Macht jener Ambivalenzen, die mit dem Anderssein zutiefst verbunden sind: die Faszination vor dem Anderen, das allenthalben in der Außen- und in der Umwelt Ausdruck findet, die Faszination vor der Mentalität, dem Brauchtum und der Eigenart der Anderen, wie auch die Faszination der unüberhörbaren Frage, was denn nun die eigene Beheimatung, das eigene Selbstverständnis und die eigene Überzeugung ausmache und warum dieses Anderssein überhaupt möglich und nötig sei. So mögen einerseits eine frühe Bekanntschaft und eine sinnenhaft faßbare Nähe zu Farben und Gerüchen, Brauchtum und Gebärden der Anderen gewachsen sein, andererseits aber auch eine immer wieder sich versichernde Gewißheit, daß die eigene Geschichte und Herkunft, Glaubensweise und Identität ihre spezifische Überzeugungskraft und Plausibilität besitzen. Zumal in einer Zeit, in der von ganz anderer Seite uns auf gewaltsame Weise – über die mörderische Propaganda, über das Siegheil der Massen und über die donnernden Marschkolonnen – eine große Faszination erzeugt worden ist. Was konnte da Halt schenken, was Glauben und was Schutz? Waren es – wie so oft – das gepredigte Wort und eine Wahrheit über Leben und Tod, die da mitwuchs? Waren es das vertrauensvolle Gespräch mit nahestehenden Menschen und die allmähliche oder auch fieberhafte Entdeckung des Buches der Bücher? Waren es die Musik, die großen Choräle zumal, und auch der Gottesdienst, der ein Kind nicht selten in eine ganz eigene Welt von Gedanken und Träumen abschweifen läßt? Wir ahnen – wie dem auch sei – nur etwas von den Umrissen dessen, daß da aus großer Ferne und sozusagen in der „Fremde" eine Art Ehrfurcht vor dem ganz Anderen entsteht. Eine Ahnung auch von einem Horizont, der in, mit und unter allem Hiesigen liegt und es doch letztlich hinter sich läßt. Ein Glaube auch, der um die Bilder der Höhen und Tiefen des Lebens weiß und gerade deshalb um den Trost des einen, dieses einen Bildes vom Dornengekrönten bittet:

„In meines Herzens Grunde,
Dein Nam' und Kreuz allein
Funkelt all Zeit und Stunde,
Drauf kann ich fröhlich sein.
Erschein mir in dem Bilde
Zu Trost in meiner Not,
Wie du, Herr Christ, so milde,
Dich hast geblut't zu Tod."
(J. S. Bach, Johannespassion)

*II.*

Eine Spur zur Begegnung mit dem Heiligen führt immer noch und immer wieder über die Heilige Schrift. Wenn ein Heranwachsender oder schon ein Kind – lesehungrig, andächtig oder schlichtweg neugierig – sich durch sie hindurcharbeitet und auf jene Schwelle stößt, die das ganz Andere, den ganz anderen Gott, in seinem unaufhebbaren Geheimnis erahnen läßt: in den Geschichten von der Erschaffung der Welt und der Vertreibung des Menschen aus dem Paradies, vom unaufhaltsamen Anstieg der Sintflut und den gewaltigen Geschehnissen am Sinai, vom unüberhörbaren Wort der Propheten und vom Untergang Jerusalems – aber auch in den großen Erzählungen von Rettung und Bewahrung, Verheißung und Segen, immer wieder auch Segen trotz Leid und Schuld. Eine Spur unter anderem, in der Stille des Kämmerleins aufgenommen, in Zeiten der Krankheit oder zu später Stunde und im Halbdunkel von Staunen und Erschrecken, Verwunderung und Schauder. Gewiß. Die Begegnung mit dem Heiligen, zumal auf dem Boden des Alten Testamentes, geschieht inmitten der Begegnung mit dem Un-Heiligen, die ihre eigene Mächtigkeit hat und all die heimlichen Phantasien über die Wirklichkeit des Menschseins und das Leben in der Welt nur zu bestätigen scheint: die Wirklichkeit von Abfall und Verrat, Heimtücke und Besessenheit, Ehebruch und Krieg, Torheit und Größenwahn. Später werden viele dieser Motive und der biblischen Gestalten in der Szenerie der abendländischen Malerei und der bildenden Kunst wiederzufinden sein und als Wiederkehr des Vertrauten wie als Neuentdeckung des ganz Anderen das Selbstverständnis, das Menschenbild und die Weltanschauung durchdringen. „Mit ihnen – berichtet Elias Canetti einmal von seiner Entdeckung der sixtinischen Bilder – habe ich auf vertrautem Fuße gelebt, zehn Jahre lang, man weiß, wie lang diese jungen Jahre sind. Ich lernte sie besser kennen als Menschen. Ich hing sie bald auf, ich hatte sie immer vor mir, es war aber keine Gewöhnung, die mich an sie band; vor dem halboffenen Mund des Jesaja blieb ich angewurzelt stehen und rätselte über die bitteren Worte nach, die er Gott gab, und fühlte den Vorwurf seines gehobenen Fingers ... Auch der Gram des Jeremias, die Heftigkeit und das Feuer des Ezechiel zogen mich an, nie betrachtete ich den Jesaja, ohne auch sie zu suchen. Es waren die alten Propheten, die mich nicht losließen ...“[1]

Man wird dies ohne Übertreibung und in Übertragung auf das Haus der Stille auch sagen können: Es waren die alten Propheten, die uns nicht losließen. Es war die Atmosphäre aus Schweigen und Gedenken, Klage und Verheißung, die auf eine neue Art und Weise das Alte Testament und die Gotteserfahrung Israels nahegebracht haben. Abraham, Mose und Elia fingen an zu leben, und still begann das Feuer der messianischen Hoffnung zu brennen – und dies auf einem Hintergrund, vor dem das Grauen des Holocausts, die Schuld des millionenfachen Mordes und die Trauer über den Untergang einer solchen Kultur unauslöslich sind. Aber weil die Bilder von Abraham, dem Vater des Glaubens, von Mose, dem Fürsprecher des Volkes, und vom Wagen des Elia, des heimkehrenden Gottesstreiters, nicht aufhören zu sprechen und weil inmitten der Asche das Feuer der messianischen Hoffnung, der Glaube an den Advent des Christus, nicht erlischt, wird die Gottesfinsternis allem Augenschein zum Trotz unsere Welt nicht verschlingen. Wieviel an Weisheit und Lebenskraft kann aus der adventlichen Hoffnung für das Heute kommen, wieviel an Ermutigung und Unterscheidung auch zwischen dem Hintergründigen und dem allzu Vordergründigen:

> Zweierlei Furcht
>
> Man fragte den Kozker Rabbi:
> „Am Sinai spricht das Volk zu Mose:
> ‚Rede Du mit uns, und wir wollen's hören, aber nicht rede Gott mit uns, daß wir nicht sterben.'
> Und Mose antwortet: ‚Fürchtet Euch nicht.' Er sagt, Gott sei gekommen, ‚damit seine Furcht auf Euch sei, daß Ihr nicht sündigt'. Ist da nicht ein Widerspruch?"
> Rabbi Mendel sprach: „‚Fürchtet Euch nicht', das bedeutet: Diese Eure Furcht, die Furcht vor dem Tode, ist nicht die Furcht, die Gott von Euch begehrt. Er will, daß Ihr ihn fürchtet, das ist, daß Ihr seine Ferne fürchtet, und daß Ihr der Sünde nicht verfallet, die Euch von ihm entfernt."
>
> Martin Buber,
> Die Erzählungen der Chassidim [2]

*III.*

Wenn der Dornbusch brennt. Das ist auch der Augenblick des Gebetes und der Anbetung. Das freilich ist eine prekäre Geschichte, mit einer Hypothek von Problemen belastet.
„Wer da bedrängt ist – beginnt ein Gedicht von Reiner Kunze mit dem Titel ‚Pfarrhaus' (für Pfarrer W.) –,

> wer da bedrängt ist, findet
> mauern, ein
> dach und
> muß nicht beten." [3]

Muß nicht beten. Es ist wie ein Aufatmen, die Entbindung von einer Pflicht, wie man sie anscheinend vom Pfarrhaus erwartet. Weil Beten – wie auch immer – aufs engste mit diesem Berufsstand verbunden ist. Wer aber nimmt schon die Auflehnung, den Protest und den Widersinn wahr, daß das Pfarrhaus ungefragt und oftmals stellvertretend für Kirche und Gesellschaft ein Platz für Frömmigkeit, Gottesfurcht und geistliches Leben sein soll? Beten müssen – sozusagen von Berufs wegen? Um Gottes Willen das nicht. Aber beten können, beten wollen. Davon werden – wo immer es geschieht – eine Kirche und eine Gesellschaft leben.
Schon damals und immer noch aber sind Theologiestudierende auch im Hinblick auf dieses große Thema auf sich allein gestellt. So ist es ein ausge-

sprochener Glücksfall, wenn – wie seinerzeit – ein junger Mensch aus derlei Grenzen ausbricht, sich auf die – seinerzeit weithin verpönte – Praxis geistlichen Lebens einläßt und sie durch eine fulminante Kenntnis der Überlieferung vertieft: der Frömmigkeit der Kirchenväter und des Gottesdienstes der Anglikanischen Kirche, der Spiritualität von Kommunitäten und Klöstern und der Weiterentwicklung von Kontemplation und Meditation bis in unsere Zeit. Ora et labora. Es ist gut, daß es Orte gibt jenseits des Zweckdenkens, Freiräume auch und Refugien, Orte der Zuflucht und des Zu-sich-findens, um in Ruhe nachzudenken, welchem Gott oder welchen Göttern im Grunde unsere Anbetung gilt. Ein Refugium, wo sich das zusammenfügt: die oratio, die tentatio und die meditatio. Ein Ort, an dem eine neue Orientierung beginnen kann: für Einkehr und Dank, Lebensmut und Veränderung.
Menschen, die in gefährlicher Operation und Unglück, Genesung und Neuanfang dem ganz Anderen für Augenblicke nahegekommen sind, haben – im Nachhinein gesehen – oft auch die Nähe der „guten Mächte" erfahren – und das gerade jenseits des Machbaren. Wahrscheinlich wird die Meditation über das eigene Menschsein immer wieder zu solchen Augenblicken zurückkehren. Sie wird mit ihrer Anamnese – ähnlich wie beim Auszug des Gottesvolkes aus Ägypten und wie der Auferweckung des Gottessohnes aus dem Tode – die Erfahrung der „guten Mächte" feiern und die Erinnerung an das Wunder des Lebens wachhalten.
Der heilige Benedikt und Dietrich Bonhoeffer in einem Horizont. Das bedeutet: den Mut zu haben, die konfessionelle Selbstbeschränkung hinter sich zu lassen. Das bedeutet auch: sich für die Weite einer Kirche zu öffnen, die nicht vor lauter Berührungsangst vergeht. Ihr wird es allemal um das Wunder gehen: die Erschaffung der Welt und den Auszug aus dem Elend, die Menschwerdung Gottes und die Auferweckung aus dem Tod. Die Begegnung mit dem Heiligen braucht die Begegnung mit den Heiligen, die „communio sanctorum", nicht zu scheuen, weil sie und soferne sie Zeugen sind für Gottes Werk. Auch eine wahrhaft evangelische Marienfrömmigkeit wird die Ehrfurcht vor dem Wunder der Menschwerdung Gottes nicht verbauen. Sie wird es wohl auf eigene Weise bezeugen und dieses Dornenwunder Gottes in der Tiefe des Herzens bewegen:

Maria durch ein Dornwald ging,
Kyrieleison!
Maria durch ein Dornwald ging,
der hat in sieben Jahr'n kein Laub getrag'n.
Jesus und Maria!

Was trug Maria unter ihrem Herzen?
Kyrieleison!
Ein kleines Kindlein ohne Schmerzen,
das trug Maria unter ihrem Herzen.
Jesus und Maria!

Da haben die Dornen Rosen getragen.
Kyrieleison!
Als das Kindlein durch den Wald getrag'n,
da haben die Dornen Rosen getragen.
Jesus und Maria!

*IV.*

Sie kamen über Taizé und Chevetogne, Niederaltaich und den Schwanberg: Gesänge, die mit ihrer Fülle, Harmonie und Tiefe Kirchen und Menschen zum Klingen brachten, ungewohnte Melodien, die man bislang nur aus der Ferne kannte: die Göttliche Liturgie und der Hymnus, das Lob des Schöpfergottes und die Seligpreisung. Die Erinnerung an russische Lieder mit ihrer Schönheit und Schwermut war wieder da. Aber das allein ist es nicht. Es ist mehr als Nostalgie, mehr als Folklore, mehr als verschüttete Sympathie für das Russische.

Es erreicht eine Zeit, in der so etwas wie Hunger nach Fest und Licht, dem Glanz der Bilder und der Farbe der Gewänder, der Symbolkraft der Gebärden und der Botschaft der Legenden allenthalben spürbar wird. Kein Zufall wahrscheinlich, daß der Glaube an den Christus Pantokrator und von der Ordnung im Kosmos, der Aufbruch von Ostern her und die Öffnung des Himmels auf neue und unerhörte Weise zu hören sind, solange wir unablässig die Zerstörung und das Chaos, den Schmutz und die Agonien unseres Zeitalters vor Augen haben. Sicherlich. Beides ist vonnöten. Der Schrei des Kyrie eleison und der Aufstand, der das drohende Schicksal abzuwenden sucht. Aber auch die Sehnsucht nach dem geöffneten Himmel. Träume davon, daß die Gewalt des Todes nicht anhalten wird. Träume davon, daß Gottes Reich kommt und das Fest gefeiert wird, daß die Tore der Stadt aufgetan und die Tränen getrocknet werden. Aus dem Traum aber wächst die Kraft für den Tag. Aus der Begegnung mit dem Heiligen der Halt im Ungewissen. Aus der Eucharistie der Mut für den Weg. Der Gottesdienst – ein Relikt, eine Illusion, eine Flucht? Wer es so sehen will, der will es – bis auf weiteres – so sehen. Aber es gibt auch eine Geschichte tausendfacher Erfahrungen: der Gottesdienst – ein Refugium für die Rückkehr der Erinnerung, für den Aufbruch aus Resignation und Erschöpfung, für die Geburt der Zukunft. Deshalb werden ihn Machthaber niemals ausrotten können, weil dort das Herz der Schöpfung schlägt und weil dort der Mensch seiner Seele gewahr wird. Einer der Texte, auf den Dieter Voll im Hinblick auf diese Thematik verschiedentlich hinweist, bezieht sich auf die „Taufe Rußlands". Es ist eine alte Legende, die die Entscheidung für den christlichen Glauben unter Großfürst Wladimir dem Heiligen von Kiew (980–1015) schildert:

> In der Chronik ist ausführlich davon die Rede, welche Maßnahmen Wladimir nach dem Scheitern seines Vorhabens, das Heidentum neu zu beleben, ergriff, um für sein Land die richtige Religion auszuwählen. So

schickte er, wie es heißt, Gesandtschaften nach Deutschland, nach Byzanz und zu den Wolgabulgaren mit dem Auftrag, sich mit den dort herrschenden Glaubensbekenntnissen eingehend bekannt zu machen. Wie vermerkt wird, kamen die Abgesandten ihrer Pflicht mit großer Gewissenhaftigkeit nach, und sie konnten deshalb dem Fürst nach ihrer Rückkehr berichten: „Wir gingen zu den Bolgaren (Wolgabulgaren – E. D.) und beobachteten, wie sie sich in ihrem Tempel, nämlich in der Moschee, verneigten, ohne Gürtel dastehend; nachdem einer sich verneigt hat, setzt er sich und blickt hierhin und dorthin, wie ein Besessener, und keine Fröhlichkeit herrscht unter ihnen, sondern Trübsal und großer Gestank. Ihr Gesetz ist nicht gut. Und wir kamen zu den Deutschen und sahen in der Kirche vielmals den Gottesdienst abhalten, aber wir haben nichts Schönes gesehen. Da gingen wir zu den Griechen, und sie führten uns dorthin, wo sie ihrem Gott dienen; und wir wissen nicht, waren wir im Himmel oder auf der Erde: denn auf der Erde gibt es solche Schau und solche Schönheit sonst nicht. Wir sind nicht imstande, davon zu berichten; nur das wissen wir, daß dort Gott mit den Menschen ist ...“

– aus: Erich Donnert, Das Kiewer Rußland[4] –

Wenn der Dornbusch brennt. Das ist – wie gesagt – der Titel einer Festschrift, die Dieter Voll zum 60. Geburtstag von Freunden gewidmet ist. Sie enthält eine Vielzahl von Themen: Beiträge zum Pfarrerberuf, zur Praxis geistlichen Lebens und zum Weg der Kirche – Problemstellungen und Perspektiven, die ihn in seiner vielseitigen Praxis immer wieder herausgefordert und zu schöpferischen Antworten wie Anfragen provoziert haben. Die Autorinnen und Autoren, der Verlag wie der Herausgeber verbinden mit dieser Festgabe den Dank für manche Weggemeinschaft und den Wunsch, daß der Gott des Lebens auch seinen weiteren Weg in vielfacher Weise segnen möge. Denn vieles ist noch offen. „Wir proben den Umbruch – so der Jubilar vor Jahren –, Troß und Vorhut weit getrennt. Ich kann nicht warten, bis die Zeit des Übergangs vorüber ist und alle beieinander sind. ‚Unser Leben ist ein Leben am Vorabend des Festes‘ (Eduard Ellwein). Die Wiederkunft des Herrn wird eine neue Ära der Praxis pietatis bringen. Ein alter Traum wird wahr, und unser Leben wird ein einziges Gebet.“

Neuendettelsau, Misericordias Domini 1989 — Richard Riess

*Anmerkungen*

1 Elias Canetti, Die gerettete Zunge. Geschichte einer Jugend. München 1977, 361.
2 Martin Buber, Die Erzählungen der Chassidim. Zürich 1949, 788.
3 Reiner Kunze, Zimmerlautstärke. Gedichte. Frankfurt/M. 1972, 41.
4 Zitiert nach: Dieter Voll, denn das erste ist vergangen. Predigten, Vorträge, Aufsätze (unveröffentlichte Ausgabe). Neuendettelsau 1989, 129.

# I.
# Zum Pfarrerberuf

Martin Zorn
Mose am brennenden Dornbusch

MARTIN ZORN/CLAUS FIEDLER

# Mose am brennenden Dornbusch

## Ein Gespräch über den Pfarrerberuf

*Interview mit Pfarrer Zorn (Neunkirchen bei Leutershausen, 10. 1. 1989)*

FIEDLER: Herr Zorn, Sie sind *Gemeindepfarrer und Künstler*. Ich weiß, daß Ihnen vor allem die kirchliche Kunst am Herzen liegt. Sie fertigen zum Beispiel Kreuze verschiedener Art aus Metall. Für ein Schulbuch[1], vierte Klasse Grundschule, haben Sie vor einigen Jahren – unter anderem – auch ein *Bild* gemalt, das *Mose vor dem brennenden Dornbusch* darstellt.

ZORN: Ja, ich habe solche Illustrationen früher nie gemacht, war aber mit in der Arbeitsgruppe, die die Gestaltung übernehmen sollte und niemand hat zunächst daran gedacht, daß meine Frau und ich selber dies besorgen könnten. Aber man hat einfach nichts Geeignetes gefunden. Und dann hieß es: Probieren Sie doch einmal etwas. Dann habe ich es versucht. Ich mußte etwas ganz Neues erfinden, auch in der Technik. So kam ich darauf, auf dunkelbraunem Plakatkarton mit Plakafarben deckend zu malen.

FIEDLER: Erzählen Sie mir doch bitte, was Sie sich beim Malen des Bildes gedacht haben?

ZORN: Es steckt einiges an Vorarbeit darin, mehrere Skizzen, aber bei fortschreitender Beschäftigung mit dem Thema ist das Motiv immer elementarer geworden: zweidimensional, auf die wesentlichen Dinge vereinfacht. Das *Hauptproblem* für jeden, der die biblische Erzählung darstellen will, ist: wie male ich den Dornbusch? *Wie zeichne ich ein Feuer, das brennt und nicht verbrennt?* Es kann ja nicht aussehen, wie ein normal brennender Busch; das wäre dem Mose gar nicht aufgefallen. So habe ich auf die typischen Farben für Feuer, orange, rot und gelb verzichtet und bin auf die für Flammen ungewöhnlichen Farben weiß und grün gekommen, daß auch die Kinder sofort sehen, es handelt sich nicht um Feuer, wie sie es kennen, sondern um etwas Besonderes. Ansonsten sind die Einzelheiten von der Geschichte vorgegeben: Die Sandalen müssen deutlich sichtbar sein, Mose hat die Schuhe ausgezogen. Die *Herde* hat er *abseits* zurückgelassen. *Die Tiere sind recht unterschiedlich,* beige, braun, dazwischen ein schwarzes. Dann war mir wichtig, daß auch die Wüstenstimmung auf dem Bild erscheint. Ich wollte keinen knallblauen Himmel darstellen, sondern dieses helle weiße Licht nachempfinden, das für die Wüste typisch ist. Ich habe es dann ganz ähnlich gefunden, als ich am Sinai war. Die Berge habe ich dunkel gestaltet, als Kontrast

1 H. Birkhölzer u. a., Wegzeichen 4. Ein Arbeitsbuch für den evangelischen Religionsunterricht im 4. Schuljahr, Frankfurt am Main 1980, S. 10.

zum brennenden Busch. In der Wüste sehen die Berge, die im Schatten liegen, farblich wirklich so aus. Auch mußte das Gebirge erkennbar sein, es sind dort ja gewaltige Berge, über zweitausend Meter hoch. Dann spielt auch der Stock eine Rolle, ich habe ihn so hingelegt, daß er wie eine Grenze wirkt: „Bis hierher und nicht weiter!" Mose darf ihn nicht berühren, er muß Halt machen und sein Haupt verhüllen. Ich habe die Verhüllung – anders als in der Geschichte – so dargestellt, daß Mose die Hand vors Gesicht hält. Das hat formale Gründe, keine theologischen, es sieht einfach besser aus.

FIEDLER: Ich hatte schon darüber nachgedacht, warum Sie die Hand so dargestellt haben! Es sieht für mich aus, als hätte ein Schrecken den Mose erfaßt.

ZORN: Ja, das ist so deutlicher, als wenn man den Kopf ganz abdeckt. Und vielleicht wird dadurch auch *das Abweisende* klarer, daß er zunächst sagt: „Ich kann das nicht! Bitte nicht ich, ich bin ungeeignet. Such' dir einen anderen." Das könnte man schon herauslesen. Man liest ja hinterher oft mehr heraus, als sich der Maler dabei gedacht hat. Aber ich denke, es ist schon legitim, denn man macht Dinge oft unbewußt und hinterher merkt man, eigentlich stimmt es!

FIEDLER: Also meinen Sie, daß Sie manche Vorstellungen gar nicht bewußt umsetzen wollen und dann sind sie plötzlich da und leuchten ein?

ZORN: Sicher, das ist ja hier bei Moses Hand der Fall! Es ist immer interessant, wenn andere ein Bild auslegen. Dann denkt man: „Liebe Zeit, was die da alles finden, daran habe ich gar nicht gedacht!" Aber wahrscheinlich ist es doch legitim. Es steckt etwas im Bild, das der Maler bewußt nicht hineingelegt hat. Man arbeitet nicht nur rational.

FIEDLER: Jedenfalls finde ich jetzt an unserem Gespräch auch schön, daß ich den Künstler selbst fragen kann. Außerdem denke ich, daß ein Kunstwerk auch immer offen ist. Der Betrachter kann seine eigene Person mit ihren besonderen Erinnerungen, Gedanken und Gefühlen hineinlegen.

ZORN: Ich dachte beim Malen vor allem an die Kinder von acht oder neun Jahren. Sie vor allem sollten etwas sehen können und der Lehrer soll mit dem Bild arbeiten können. Ich selbst muß damit in der Schule unterrichten. Das ist oft gar nicht so leicht. Manchmal wäre ich froh, ich hätte nicht mein eigenes Bild als Grundlage. Ein anderer, der unbefangener an die Sache herangehen kann, tut sich da leichter.

FIEDLER: Erzählen Sie mir doch bitte, was Ihnen an dem Bild oder auch an der biblischen Geschichte vom brennenden Dornbusch besonders wichtig ist.

ZORN: *Das Brennen und nicht verbrennen* ist wohl auch eine existentielle Erfahrung, die eigentlich jeder Christ, auch jeder Pfarrer in irgendeiner Weise macht. Da brennt ein Feuer, das einen nicht verbrennen sollte und dann aber doch schmerzhaft ist. Auch verbrennt im Lauf der Jahrzehnte etwas von dem, was ursprünglich einmal wichtig war. Was einen als jungen Theologen so bewegt hat, reduziert sich, wenn man älter ist, vor allem durch die Praxis. Der

ganze Komplex der Dogmatik zum Beispiel beschränkt sich später auf ein paar wichtige Dinge. Man merkt auch, daß die Gemeindeglieder da wenig Probleme und ebenso kein Verständnis haben. Man kommt dann auf die eigentlichen Dinge: „Gott ist Liebe. Wer in der Liebe bleibt, der bleibt in Gott und Gott in ihm." Das ist dann wichtiger als ein dickes Buch von Althaus oder sonst wem.
Und dann: Es geht ja um die *Offenbarung* Jahwes. Er hat sich zwar offenbart, ist aber wahrscheinlich dem Mose doch ein *Rätsel* geblieben. Schon der Name ist ja schwierig. Die Theologen zerbrechen sich die Köpfe, wie er nun wirklich heißt. Es geht einem wohl so im Leben, daß man am Schluß nicht sehr viel weiser ist, als zu Beginn, sondern daß die Fragen eigentlich immer größer werden. Als jüngerer Mensch kommt man sich viel schlauer vor als im Alter und man sagt dann später: „Eigentlich weiß ich wenig. Das Rätsel bleibt." Bei Mose signalisiert das die Grenzlinie, über die er nicht treten darf.
Dann ist da die *Gemeinde*. Nehmen wir einmal die Schafe im Hintergrund als Bild dafür. Es ist ja eine Frage, ob man sich als Pfarrer überhaupt als Hirte sehen kann; ob man sich nicht eher als Leitschaf sehen müßte. Eines erfährt man aber doch im Laufe der Zeit, daß die Gemeinde manchmal abseits steht und man sich als Pfarrer in der Wüste findet, von der Herde getrennt oder wie hier Mose sagt: „Sie werden nicht auf mich hören."

FIEDLER: Einsamkeit?

ZORN: Ja, der Zugang fehlt oft und man ist *allein*, weil man sieht, die Leute bewegt gar nicht so sehr, was einen selbst beschäftigt. Oder man predigt und predigt dreißig Jahre lang und merkt, es ist eigentlich nicht viel passiert.

FIEDLER: *Verändert sich wenig* in der Gemeinde?

ZORN: Das ist das Problem und der Frust. Wenn Mose einwendet, „ich habe eine schwere Sprache und schwere Zunge", dann kann das eigentlich jeder Pfarrer sagen. Ich kann es nicht so vermitteln, wie ich sollte.

FIEDLER: Ich denke mir das auch manchmal, wenn ich eine Predigt schreibe und mir fällt absolut nichts ein. Ich weiß, was der Text meint, kann ich nicht weitergeben, weil ich es selbst noch nicht begriffen habe.

ZORN: Das wird jeder erfahren. Uns steht eben kein Aaron als Dolmetscher zur Verfügung! Je älter man wird, desto unzufriedener ist man über das, was man nicht mitteilen kann.

FIEDLER: Tatsächlich? Ich hatte gehofft, das wird im Lauf der Jahre besser!

ZORN: Ich glaube, es ist eher umgekehrt. Es wird immer schwieriger. Mose hat es dann zwar auch gelernt, aber er hat wohl immer Schwierigkeiten gehabt. Ohne Aaron wäre es nicht gegangen. Aber es steht auch da: *„Ich will mit dir sein."* Man darf es nicht nur negativ sehen. Am Schluß kann ich dann vielleicht sagen, ich habe es versucht, aber was daraus wird, liegt in einer anderen Hand. Ich bin jetzt dreißig Jahre in dieser Gemeinde. Die meisten Leute kenne ich schon seit ihrer Schulzeit. Die Erfahrung, daß sie dann weglaufen von der Herde, ist bedrückend. Die Kirchen leeren sich überall, keiner ist verschont, man kann machen, was man will, sie bleiben weg.

FIEDLER: Auch bei Ihnen hier auf dem Land?

ZORN: Freilich! Bei der Kirchenrenovierung vor zwanzig Jahren haben wir in der Bestuhlungsfrage noch um jeden Sitzplatz gekämpft! Und jetzt am Sonntag? Viele leere Plätze. Die Kirche ist heute nur noch bei ganz besonderen Gelegenheiten voll: bei Beerdigungen von bekannteren Leuten oder an den Feiertagen. Insgesamt ist der Schrumpfungsprozeß nicht aufzuhalten, auch nicht bei uns, den sogenannten intakten Dorfgemeinden.

FIEDLER: Man spricht ja heute von einem sehr starken Traditionsabbruch.

ZORN: Der ist fast vollzogen. Viele von den Alten kommen noch jeden Sonntag, auch einige von den Jüngeren, aber es ist die Minderheit. Viele sieht man gar nicht mehr.

FIEDLER: Sie haben eben auch schon die *Verheißung* angesprochen, „ich will mit dir sein". Gott tut wirklich einiges, den Mose zu bewegen, ihm aber auch Mut zu machen. Fallen Ihnen da auch *Beispiele aus Ihrer Praxis* ein?

ZORN: Ja, man stößt auf Positives. Menschen, die einen überraschen, Menschen, die man nie vergißt. Menschen von einer geistlichen Reife und Potenz, die man nicht erwartet hätte. Das hilft einem schon weiter.
Oder da sind Mitarbeiter, die sich in einer Weise zur Verfügung stellen, die man fast nicht versteht, daß jemand soviel Zeit opfert und sich so einsetzt, etwa in der Jugendarbeit. Dann sieht man, es war doch nicht ganz vergeblich. Was sich wirklich in der Gemeinde abspielt, weiß ja niemand. Man schaut eben nur auf die Gottesdienstbesucherzahlen und die Abendmahlsziffern als äußerliche Zeichen.
Oder wenn man erlebt, wie die Alten sterben, in einer selbstverständlichen Weise, dann nimmt man meist selbst etwas von diesen Krankenlagern mit. Das ist eindrucksvoll und entschädigt für manche Frustration. Dort sehe ich dieses Wort erfüllt, „ich will mit dir sein". Sonst müßte man ja aufgeben. (Jemand kommt ans Fenster und gibt etwas ab.)
Das Schöne am Landpfarramt ist die *Vielseitigkeit*. Man ist Mädchen für alles. Man muß dieses und jenes können und entscheiden. Oft geht es, manchmal auch nicht.

FIEDLER: Würden Sie meinen, die Vielseitigkeit Ihrer Aufgaben gibt Ihnen mehr, als sie Sie überfordert?

ZORN: Sicherlich! Auch hier in einer kleinen Gemeinde ist Vielseitigkeit nötig. Mir bleibt auch Zeit für meine künstlerische Arbeit, doch es gibt daneben vieles, was auch gemacht werden muß: vom Hofkehren bis zu Reparaturarbeiten an der Kirche. Früher konnte ich noch mehr selber erledigen, zum Beispiel pflastern mit alten Steinen. Jetzt lassen die Kräfte etwas nach und ich merke, eigentlich hat es nicht viel gebracht. Was wir dabei ersparen konnten, haben die Stadtgemeinden eingesteckt.
Oder man putzt schnell den Gemeindesaal, bevor eine Gruppe kommt, man kann nicht jedesmal die Putzfrau herjagen. Das gehört einfach dazu und hat

auch sein Gutes. Man ist immer im Rotieren vom einen zum anderen. Man muß sich schnell umstellen können.
Das macht *meiner Generation* offenbar noch keine Probleme. Ich glaube, die Jungen tun sich da schwerer. Da kommt jemand, der eine Beerdigung anmeldet, dann erscheinen die Konfirmanden, dann muß ich in die Schule weg, dann geht's zum Krankenbesuch, dann arbeite ich in meiner Werkstatt, dann muß ich den Garten umgraben.

FIEDLER: Was haben Sie in Ihrer Generation gelernt, das Ihnen ermöglicht, sich ohne größere Probleme von der einen auf die andere Situation umzustellen? Haben Sie etwas gelernt, von dem Sie meinen, die jüngeren Kolleginnen und Kollegen lernen das so nicht mehr?

ZORN: Ich kann das nicht einfach behaupten. Ich habe nur mitbekommen, daß es ein bißchen Schwierigkeiten macht, wenn sie auf's Land kommen oder ein Landpraktikum ableisten, wenn sie von einer Rolle in die andere schlüpfen müssen. Es liegt vielleicht daran, daß wir in der Jugend belastbarer waren und mehr belastet wurden. Es war eine andere Zeit während des Krieges und danach. 1949 habe ich Abitur gemacht, dann kam das Studium. Größere psychische und physische Belastungen hinzunehmen, war selbstverständlich. Im Krieg ging es um das nackte Überleben, und hernach auch. Man mußte sich darum kümmern, daß man nicht verhungerte, ein Paar Schuhe an den Füßen hatte und nicht erfror. Das mußte man verkraften und sich auch schnell umstellen können. Dazu kam die Schule und Berufsausbildung und die besonderen eigenen Interessen. Es war hart aber vielleicht ganz gesund, sofern man sich nicht durch Unterernährung gesundheitlich ruinierte. Hinterher war man belastbarer. Es gab auch keinerlei Rücksichten, wenn man als Vikar ins Pfarramt kam. Siebzehn Stunden Religionsunterricht waren gang und gäbe. Die vierzehn Pflichtstunden wurden meistens überschritten. „Denn der Vikar ist jung, der kann mehr verkraften als ein Pfarrer", hieß es. In der Diaspora wurden oft bis zu zwanzig Wochenstunden gehalten, neben allem anderen! Das war barbarisch. Gottseidank gibt's das nicht mehr. Eine harte Schulung, damit zurechtzukommen. Auch im Examen: In einem Zug – ich weiß nicht – sieben oder neun Klausuren in einem weg, von Montag bis Freitag. Da würden die heutigen Kandidaten streiken. Drei Klausuren an einem Tag, morgens eine und am Nachmittag zwei: Aber dann waren wir durch! Man wußte es nicht anders und man hielt es auch aus und eigentlich war es ganz lustig. Vor allem beim zweiten Examen, das hat man nicht mehr ganz ernst genommen, was sollte denn schon passieren?

FIEDLER: Sie waren in Ihrer Generation unbedingt willkommen in Ihrem Beruf, wohingegen heute doch – vor allem in den letzten Jahren – eine gewisse Verunsicherung bei den Studierenden vorhanden ist, die Angst auch gewachsen ist ...

ZORN: ... „Habe ich die Schlußnote, die ich brauche?" Das war bei uns überhaupt keine Frage. Im Gegenteil, man wußte, die warten schon auf jeden

Theologen, der mit dem Studium fertig ist. Nach der Note hat hinterher kein Mensch mehr gefragt. Ob gut oder schlecht, man wurde reingeschmissen, reingestopft in die Praxis. An's Durchfallen hat niemand gedacht. Einige haben's dann doch nicht geschafft! Aber Bedenken oder Angst oder das Gefühl, ich muß unbedingt noch drei Semester dranhängen, ich schaffe es sonst nicht, kannten wir meist nicht. Nach acht, neun Semestern wurde Examen gemacht, vor allem aus finanziellen Gründen. Es gab kein BaFöG und keine Stipendien. Wir hatten es auch leichter mit den Sprachen, ein großer Teil kam aus dem Humanistischen Gymnasium: Griechisch kein Problem, Lateinisch keins, Hebräisch zum Teil auch schon in der Schule gelernt. So hatten wir ein sehr schönes, freies Studentenleben. Wir konnten überall hineinschmecken, uns orientieren. In den ersten Semestern erlebten wir *keinerlei Druck* von oben oder gar so etwas wie Leistungsdruck. Wir haben uns auch in anderen Fächern umgesehen und erst vor dem Examen gelernt, dann aber wirklich gebüffelt. Wahrscheinlich konnten wir intensiver arbeiten. Im letzten Semester habe ich jeden Tag von früh um neun bis nachts um zwölf Uhr gelernt! Kein Problem. Die Kunst lief während des Studiums immer nebenher, ich habe in dieser Zeit viel gemalt.

FIEDLER: Wir haben jetzt einen kleinen Ausflug in Ihre Biographie gemacht, nehmen wir das Bild nochmals her? Sie haben schon einiges berichtet, was sie als Pfarrer in einer Landgemeinde bei der Geschichte vom brennenden Dornbusch an ihre eigene berufliche Praxis erinnert. Wenn Sie den Satz hören, „Pfarrer und Pfarrerinnen brennen für ihren Beruf" – Sie haben schon einiges zu dem Thema gesagt –, was fällt Ihnen dazu noch ein?

ZORN: *„Brennen"* ist die Voraussetzung für den Pfarrer-Beruf. Nur, vierzig Jahre lang ununterbrochen brennen? Da gibt es schon Schwankungen oder Zeiten, in denen nicht viel brennt, bis es dann wieder ein wenig heller wird. Manchmal braucht man auch jemanden, der einen neu entflammt. Es können auch Erfahrungen mit Literatur sein, die einem etwas gibt. Ich denke an Jörg Zink und andere. Denen mag es ähnlich ergehen, aber sie wissen Dinge, die dann weiterhelfen. Andere Theologen sind mir schon wichtig. Oder ich denke auch an ein Symposion oder das Pastoralkolleg. Das war immer hilfreich. Bei Dieter Voll hat man immer etwas mitgenommen.

FIEDLER: Werden da die Depots wieder aufgefüllt?

ZORN: Ganz bestimmt. Es gab immer spirituelle Erfahrungen, die man zuhause so nicht machen kann.

FIEDLER: Seit Mitte der siebziger Jahre gibt es eine neue Forschungsrichtung in den USA, die sich mit den helfenden Berufen beschäftigt. Man hat dabei ein Phänomen beobachtet, das man als „Burnout" oder bei uns jetzt *„Ausbrennen"* im Beruf nennt. Der Dornbusch kann nun als ein Bild für das göttliche Feuer gelten, das brennt und sich nicht verzehrt, nicht verbrennt, es bleibt keine Asche zurück. Die Untersuchungen haben dagegen ergeben, daß beispielsweise in den Pflegeberufen, oder bei Lehrern, die schwierige Schüler

betreuen, oder bei Therapeuten, die ständig mit Menschen in extremen Lebenssituationen zu tun haben, mit Drogensüchtigen etwa, daß hier die Gefahr sehr groß ist, auszubrennen.
Nun kann man sagen, Pfarrer ist zum Teil auch ein helfender Beruf. Es gibt noch viele andere Aufgabenfelder, wie Sie es vorhin auch geschildert haben, die Vielfalt ist auch größer, man ist nicht so eingegrenzt tätig. Aber das kann auch überfordern. Würden Sie sagen, wenn Sie auf ihre Berufserfahrung zurückblicken, besteht die Gefahr auszubrennen auch im Pfarrerberuf?

ZORN: Ja, wenn die Frustration groß wird, der Elan verschwindet, man Dinge schleifen läßt, in Routine verfällt, nichts Neues mehr wagt und herzlich froh ist, wenn Anstöße aus der Gemeinde kommen, weil man selbst keine Kraft mehr hat. Wenn sich ein neuer Kreis von Interessierten bildet, die einen dann wieder brauchen und fordern, dann merkt man, es ist doch noch etwas da! Aber die Gefahr sehe ich schon, vor allem wenn man zu lang an einer Stelle ist. Die Routine nimmt zu und man wird vielleicht nachlässiger. Man kennt alle in- und auswendig. Das hilft einem andererseits etwa bei Beerdigungen. Die letzen dreißig Jahre des Lebenslaufes kenne ich schon und so kann ich ganz anders zur Person reden, was auch sehr dankbar aufgenommen wird. Aber es kann im Gottesdienst natürlich auch die alte Platte laufen. Wenn man die Pfarrstelle wechselt, muß man sich zunächst doch sehr anstrengen, um wieder reinzukommen, oder muß Neues anpacken. Jetzt hier etwas Neues anzufangen, ist schwierig. Die Leute sind in der Regel zufrieden mit dem, was ist. Wenn der Pfarrer nichts verlangt, ist ihnen das am allerliebsten. „Ja, ja, ist schon recht so, bleib nur da, solange es geht, jetzt kennen wir uns, dann brauchen wir uns auch nicht mehr mit neuen Dingen anzustrengen." Aber bei mir hat sich das halt so ergeben, jetzt muß ich die letzten Jahre noch zu Ende bringen. Ein Nachfolger kann dann Gemeindeaufbau betreiben, bis halt auch bei ihm das Bremspedal dazwischen kommt.

FIEDLER: Meinen Sie, daß anfänglicher Elan in jedem Fall nachläßt?

ZORN: Ja, das merkt man vor allem bei der Jugendarbeit. Mit der Nachbargemeinde zusammen hatten wir einen Jugendkreis für Konfirmierte aufgemacht. Die Verantwortlichen haben sich sehr engagiert, junge Leute, die von der Seite der Erweckung oder aus der charismatischen Richtung her kamen. Aber nach zwei, drei Jahren war's zu Ende. Man muß auch wissen, daß viele solcher Kreise nur eine bestimmte Zeit haben und sich dann totlaufen. Etwas Neues zu beginnen, ist dann schwer. Am besten, die Gemeinden kommen selbst auf eine Idee und man stülpt es ihnen nicht über.

FIEDLER: Sie haben von einigen Erfahrungen berichtet, über die Gefahr des Ausbrennens im Pfarrberuf und auch über die Möglichkeiten, dem *vorzubeugen* oder sich zu *regenerieren*. Spielt dabei die *Kunst* auch eine Rolle für Sie?

ZORN: Sicher! Daß mir dieses ganz Andere zur Verfügung steht, das mit dem Beruf zu tun hat, aber doch völlig anders ist, hilft mir sehr. Dabei weiß ich nicht, wie es wäre, wenn ich den künstlerischen Ausgleich nicht hätte. Das kann ich mir nicht vorstellen. So gehe ich mal einen Vormittag in die

Werkstatt. Das ist eine Erholung, auch wenn das Schmieden, Sägen und Feilen eine schwere Arbeit ist. Ich bin dann ganz weg von allem und sehe, da entsteht *etwas Sichtbares*. Bei der Gemeinde sieht man herzlich wenig von dem, was da vielleicht wächst. Das ist ja das Problem, daß man in der Gemeindearbeit so wenig sieht. Der Ausgleich entsteht auch durch den sichtbaren Erfolg, wenn ein Kreuz oder ähnliches gelingt. Ich könnte mir denken, daß jemand, der gar nichts dergleichen hat, sich schwerer tut.

FIEDLER: Vielen Dank, Herr Zorn.

Claus Fiedler

# Die Balance finden

## Gedanken zum Pfarrerberuf

*Entspannung*

Das Pfarrhaus liegt malerisch auf einem Hügel: Fachwerk, alte Mauern, Kirchhof, Bäume und Sträucher. Die ländliche Ruhe legt sich wie Balsam auf die Seele. Eine weißbraune Katze kommt ans Fenster und schaut in das Studierzimmer. Herr Zorn läßt sie herein. „Unsere Pfarrerskatze", erklärt er. „Sie ist uns zugelaufen, hat uns erwählt, nicht wir sie. Jetzt besucht sie mich regelmäßig bei der Arbeit am Schreibtisch." Das Tier läßt sich genüßlich von ihm kraulen. „Erstaunlich, wie eine Katze sich entspannen kann! Sie streckt und reckt sich, dann legt sie sich hin und schläft ein. – Das müßte man auch können!" Die Katze springt mit einem Satz auf den Schreibtisch und sieht sich um. In einer Ecke liegt ein Stapel Papier: Post, Rechnungen, Belege, Zettel, Unerledigtes. Wie auf einem weichen Kissen läßt sie sich darauf nieder und ruht. „Ausgerechnet da!" denke ich.

So geschehen im Anschluß an das Gespräch mit Pfarrer Zorn. Erst etwas später leuchtete mir die Symbolkraft der kleinen Szene am Rande noch deutlicher ein. In Unwissenheit und – man ist versucht zu vermenschlichen – „Unschuld" zweckentfremdet das vom Vegetativum gesteuerte Tier einen Papierstapel, als Sinnbild für unerledigte Arbeit, zu seiner Entspannung. Die Katze ruht, als Ausgleich zu ihrer – in früheren Tagen wohl lebenserhaltenden – Tätigkeit des Mäusefangens mit beneidenswerter Virtuosität, sorgloser Selbstverständlichkeit und leistungsverachtender Unverdorbenheit.

Im Gegensatz dazu kennen viele Menschen in ihren Berufen vor allem auch die andere Seite: die Anstrengung, den Leistungsdruck, die Überforderung, den Streß, die Konflikte, die Hetze, den Zwang und das Gefühl der Sinnlosigkeit. Auch der Beruf PfarrerIn scheint davon nicht immer verschont zu bleiben[1], freilich keineswegs er allein. Viele Menschen leiden heute unter beruflichem Streß und Überlastung. Ich denke beispielsweise an manche ArbeiterInnen, die Pflegeberufe, MedizinerInnen, SozialarbeiterInnen, PädagogInnen, manche Freiberufler, Eltern mit kleinen Kindern und zusätzlicher Berufstätigkeit außer Haus, Manager und die Landwirtschaft. Auch will ich in keiner Weise den Pfarrberuf vor anderen kirchlichen Berufen herausheben oder einen Vorrang vor haupt- oder neben- oder ehrenamtlichen MitarbeiterInnen der Gemeinde intendieren, wenn ich hier nur zum Pfarrerberuf schreibe. Es geht mir lediglich um die thematische Beschränkung.

E. Lange konnte in einzigartiger Weise den pastoralen Beruf analysieren, besonders die Schattenseiten scheute er sich nicht auszuleuchten und vor

Augen zu führen: „Man liegt abends, todmüde von einem Vierzehnstundentag, im Bett, und es überfällt einen die Frage: Du hast den ganzen Tag gearbeitet, aber was hast du getan? Was hast du bewirkt? Was hast du verändert? Macht das, was dir so viel Mühe macht, im Leben auch nur eines einzigen Menschen, im Leben der Gemeinde, der Kirche, der Gesellschaft irgendeinen Unterschied?"[2]

*Balance*

Damit bin ich beim Thema: Der Beruf PfarrerIn wird, wie andere Berufe, ausgeübt in Spannungsfeldern und hat dabei freilich auch seine eigene berufsspezifische Charakteristik: zwischen Spannung und Entspannung, Anstrengung und Regeneration, Ergriffenheit und Routine, Glaube und Anfechtung, Gott und Mensch, Gewißheit und Zweifel, Freiheit und Zwang, Beruf und Familie, Sinn und Sinnlosigkeit usw. „Pastorale Arbeit hat andauernd mit der Aufgabe zu tun, zwischen beiden Aspekten eine angemessene, nach allen Seiten hin vertretbare Balance zu finden."[3]
Der Begriff der Balance scheint zur Zeit im Schwange zu gehen[4], weil er Erklärungskraft besitzt. Er hilft, besser zu verstehen. Demnach kann es immer wieder gelingen, eine Balance zu finden zwischen den Spannungspolen, Ambivalenzen und scheinbaren und tatsächlichen Widersprüchen des (Berufs-)Lebens. Mit Anpassungsakrobatik hat dies nichts gemein. Denn Parteilichkeit bleibt voll in Geltung, geht es doch gerade um die jeweilige Suche nach dem eigenen authentischen Weg der Person. Vermeide ich Idealisierungen, dann kann die Idee der Balance als Leitbild weiterhelfen.
Die Gestalt des Mose, der brennende Dornbusch, die Grenze und die Schafe unterschiedlicher Art liefern mir die Bilder und Grundgedanken dafür, die Frage nach der – vorhandenen, nötigen oder fehlenden – Balance im Beruf PfarrerIn exemplarisch durchzuspielen. Freilich, PfarrerInnen sind nicht Mose, Gemeindeglieder keine Schafe und das Symbol des göttlichen Feuers, das sich nicht verzehrt, ist allenfalls indirekt mit demjenigen Feuer zu vergleichen, das für die Motivation und die Begeisterung von PfarrerInnen zu ihrem Beruf steht.

*Mose und der Pfarrerberuf*

PfarrerInnen sind nicht Mose. Die Mosegestalt bildet das Motiv des großen Religionsstifters ab. In der biblischen Erzählung vom brennenden Dornbusch (Exodus 3,1-4,17) erhält er den Auftrag, die göttliche Botschaft an sein Volk auszurichten. Da ist die – wenngleich schwache – Analogie. PfarrerInnen erhalten von ihrer Kirche den Auftrag in ihrer Ordination, „das Evangelium lauter und rein zu verkündigen". Ihre Berufung wird zum Beruf und der ist als solcher meist freiwillig gewählt. Sie wollen[5], Mose will nicht. Da ist ein

Unterschied, oberflächlich und vorläufig betrachtet. Gott muß sich bei Mose einiges einfallen lassen, daß er sich überhaupt bewegt.

Mose weigert sich: Wer bin ich schon?
Gott: Ich will mit dir sein.
Mose: Wenn sie fragen, wer mich schickt, was soll ich antworten?
Gott: Der „Ich-werde-sein" hat dich gesandt.
Mose: Sie werden mir nicht glauben!
Gott tut daraufhin Zeichen.
Mose: Ich kann nicht reden!
Gott: Ich werde mit deinem Mund sein.
Mose: Schicke einen anderen.
Da wurde Jahwe sehr zornig über Mose.[6]

Kein Wunder, bei einem so zähen, trägen Zeugen. Ahnt der, was da auf ihn zukommen kann? Jedenfalls hat wohl auch schon manche/r VikarIn am Beginn des Berufswegs geseufzt: „Wenn ich das vorher gewußt hätte!" Andere wiederum sind begeistert. Jedenfalls scheint zwischen der Motivation PfarrerIn zu werden und der Realität des Berufsalltags eine Spannung zu bestehen.
Regelrechte Vorfreude „auf den Dienst im Pfarramte" empfand der im Jahr 1988 verstorbene bayerische Pfarrer Karl Steinbauer, doch er machte eine harte Erfahrung: „Wie ich aber dann als junger Vikar zu predigen anfing, wurde mir dieser Dienst zu einer Last, die kaum zu tragen war. Nicht, daß ich an der Gültigkeit und Wahrheit der Christusbotschaft gezweifelt hätte. Davor blieb ich in meinem ganzen Leben gnädig bewahrt. Aber die unerhörte Größe dieser Aufgabe ging mir auf und nahm mir schier den Atem. Die Frage: Wie soll ich armseliger, kümmerlicher, sündiger Mensch diese ungeheuerliche, große, heilige, göttliche Botschaft recht sagen können? Diese bedrängende Frage hat mich überfallen und Tag und Nacht geplagt. Da hab ich mich hingesetzt und meinen alten Eltern in einem Brief berichtet und ihnen mitgeteilt, ich müsse meinen Dienst abgeben; ich könne es nicht mehr aushalten; ich sei ein zu irdenes, untaugliches Gefäß."
Die Mutter reiste an und empfahl, Lob- und Danklieder aus dem Kirchengesangbuch zu singen. Steinbauer sang daraufhin oft stundenlang.
„Mit diesem schlichten Rat hat mir meine Mutter die entscheidende Hilfe für mein Pfarrersleben gebracht. Ich hab den Rat befolgt, und er hat sich heilkräftig erwiesen wie ein altes Hausmittel. Dabei hab ich langsam begriffen, welch hohe geistige Erkenntnis dieser Rat birgt und welch tiefe, seelsorgerische Weisheit." (...) „Auf diese Weise habe ich mich wieder gesund gesungen und gesund gedankt."[7]
Ich möchte den Bericht nicht überinterpretieren, ein Doppeltes fällt zumindest auf: Die „Größe der Aufgabe" nahm dem Vikar „den Atem". Folgerichtig bringt die „Gesangstherapie" den Atem wieder in fluß und stellt die seelische Balance her. Dann ist da der Inhalt der Lieder: Zum neuen Atem hinzu kommen auch neue Gedanken des Lobes und Dankes, des Gottvertrauens,

die wegführen von der krisenhaft erfahrenen Selbstbezogenheit, die in einem erdrückenden Anspruch zum Ausdruck kam.
Inzwischen ist auch in der evangelischen Theologie Frömmigkeit als ernsthaftes Thema wiederentdeckt worden. Man kann ausgeprägte Formen der Praxis des Glaubens nicht mehr so leicht als nebensächlich abtun, wie dies noch vor einigen Jahren der Fall war, als die Begriffe „fromm" oder „politisch" einander ausschließende Gegensätze markierten. Viele Christen haben in der eigenen oder in anderen Traditionen die elementare Bedeutung von gelebter und lebbarer Frömmigkeit erkannt, sei es nun mit Hilfe von Meditation und Gebet, Atemübungen und liturgischem Gesang. Sie haben hier ein Stück Lebens- und Glaubenshilfe gefunden. Doch das Universitätsstudium und die Ausbildung zum Pfarrer oder zur Pfarrerin scheinen mir in einigen Bereichen nicht genügend auf die Realität des pastoralen Berufs vorzubereiten. Das betrifft auch die Praxis pietatis.
Ich frage als einer, der seit ein paar Jahren mit Theologiestudierenden zu tun hat: Wann wird die Einübung in spirituelle Praxis so in das Studium der Theologie integriert, daß sie lebendige Erfahrungsprozesse ermöglicht und damit kognitiv und instrumentell orientierte Ausbildungsgänge zum Pfarrer oder zur Pfarrerin sinnvoll ergänzt und erweitert? Einige wichtige Angebote in diese Richtung sind im Rahmen von Seminaren und Übungen in den letzten Jahren an mehreren Ausbildungsorten gemacht worden.
Weiterhin frage ich: Wie können Interessenten der Theologie noch effektiver davon Kenntnis erhalten, was im Pfarrberuf – worauf das Studium in der Regel hinausläuft – auf sie zukommt, damit sie frühzeitig Entscheidungen für ihren Berufsweg treffen können?[8]

### *Brennen und nicht ausbrennen*

Das Feuer Gottes brennt und verzehrt sich nicht. Brennen und nicht verbrennen wäre ein Wunschtraum für das berufliche, persönliche und spirituelle Engagement im Leben von Christen, also auch von PfarrerInnen. Es ist so wohl nicht möglich. Feuer braucht neue Nahrung, Engagement muß mit dem Rückzug wechseln, Aktion bedarf der Ruhe, Ausgleich ist nötig. Aus neueren humanwissenschaftlichen Erkenntnissen wissen wir, daß bei mangelndem Ausgleich in und zur beruflichen Tätigkeit die Gefahr des „Ausbrennens" besteht. Das Problem ist nicht neu, wohl aber sein Name. „Burnout" nannte es der Psychoanalytiker H. J. Freudenberger im Jahr 1974. „Unter seinen ausgebrannten Patienten fand Freudenberger auffällig viele Menschen, die ursprünglich mit idealistischem Schwung einen dienenden Beruf ergriffen hatten: etwa Rechtsanwälte, Krankenschwestern, Ärzte, Sozialarbeiter, Richter und Politiker. ‚Nur wer einmal gebrannt hat', folgerte Burnout-Entdecker Freudenberger, ‚kann ausbrennen'." (...) „Gemeinsam ist den Ausgebrannten, daß sie in einem Zustand ständiger hoher Energieabgabe bei ungenügendem Energienachschub leben."[9]

Die amerikanischen Sozialpsychologen Pines, Aronson und Kafry haben vielfältige Erfahrungen mit ausgebrannten Menschen gesammelt und selbst Forschungen angestellt. Sie kommen zu folgender Beschreibung des Phänomens: „Überdruß und Ausbrennen sind Zustände körperlicher, emotionaler und geistiger Erschöpfung. Die Betroffenen fühlen sich körperlich verausgabt, hilflos, hoffnungslos und emotional erschöpft. Sie entwickeln negative Einstellungen zum Selbst, zu ihrem Beruf, zu anderen Menschen und zum Leben allgemein. Ausbrennen und Überdruß sind Empfindungen des Unglücks und der Unzufriedenheit, des vergeblichen Strebens nach Idealen." Das „Ausbrennen ist das Resultat andauernder oder wiederholter *emotionaler Belastung* im Zusammenhang mit langfristigem, intensivem Einsatz für andere *Menschen*."[10]

Daß auch im Pfarrberuf die Gefahr des Ausbrennens besteht, kann ich zwar behaupten, aber nicht belegen, denn dafür fehlt die empirische Grundlage. Allerdings sprechen einige Indizien eine deutliche Sprache: Der ständige Umgang mit Menschen, mitunter in Extremsituationen (Trauer, Krankheit usw.) und die damit verbundene emotionale Belastung, lange Arbeitszeiten, Zeitdruck, das Ineinander von Berufs- und Privatleben, die Vorstellung vom „Immer im Dienst sein", nicht selten hohe Ideale und Selbstansprüche und vieles andere mehr lassen vermuten, daß auch PfarrerInnen nicht vor der seelischen und körperlichen Erschöpfung gefeit sind, die man heute „Ausbrennen" nennt. Auch hier scheint mir die Vorstellung der Balance ein hilfreiches Leitmotiv abzugeben. Neben vielen anderen Möglichkeiten und Nötigungen für Ausgleich zu sorgen[11], scheint mir ein Ziel besonders wichtig: Ein „realistisches und lebbares Bild"[12] vom Pfarrberuf in uns zu tragen und an einem solchen auch weiter zu arbeiten, individuell, aber besonders auch übergreifend in der Pastoraltheologie, den Gemeinden und den Kirchenleitungen.

Das Problem des Ausbrennens führt jedenfalls hart an die Grenzen menschlicher Möglichkeiten.

### *Die Grenze zu Gott und der Abstand zur Gemeinde*

Da liegt eine Grenze zwischen Gott und Mensch – im Bild der Stab. Mose darf sie nicht überschreiten. PfarrerInnen können sie nicht überschreiten. Im Bewußtsein, nach alter reformatorischer Lehre nicht näher bei Gott zu stehen, als andere Menschen in der christlichen Gemeinde auch, aber doch von vielen als sein Stellvertreter betrachtet zu werden, paradoxerweise ja auch von jenen Mitgliedern der Volkskirche unbeirrbar[13] hoch geachtet zu werden, die sich selbst ein eher distanziertes Verhältnis zur Kirche bescheinigen, kann ein Bewußtsein der Grenze und der Trennung nach beiden Seiten hin entstehen lassen: PfarrerInnen stehen seltsam dazwischen, sollen/wollen vermitteln und wissen doch um ihr ganz normales Menschsein. Der Eindruck, alleine zu stehen, legt sich nahe.

In ähnlichem Sinne konnte Ernst Lange als eine der größten Anfechtungen im Pfarrberuf die Frage nach der *Vollmacht* nennen, nämlich „die schlichte Tatsache, daß man als Pfarrer unbedingt genau wissen muß, was man sagt, daß man als Pfarrer Vollmacht braucht. Und das heißt nicht Zweifelsfreiheit, sondern die Zuversicht, daß man dem dient, der wahr ist und sich als die Wahrheit aller Wirklichkeit endlich erweisen und durchsetzen wird.“ [14] Dabei wird die Begrenzung manchmal hautnah deutlich in einer bedrängenden Sprachnot. Mose: Was soll ich sagen? / Ich kann nicht reden! Lange: „Wir, wir selbst, wissen, daß wir nicht genau genug wissen, was wir sagen und tun.“ [15] Lange versperrt einige Auswege aus dieser Sprachnot, indem er Dinge aufzählt, die er für verhängnisvoll hält: „das Thema wechseln“, „Schwätzen“, „Verstummen“, „Weiterreden, ‚als wäre nichts geschehen‘.“ [16] Aber im Zeitalter der instrumentellen Vernunft ist die Sprachnot von PfarrerInnen kein Sonderproblem, sie hat ihre Entsprechung in der gesellschaftlichen Realität. Denn: „Die Menschlichkeit des Menschen, die Humanität selbst ist in Sprachnot.“ (...) „Es ist das gleiche schreckliche Schweigen, das jeder Pfarrer an den Leidenden seiner Gemeinde entdecken kann: an den Alten, an den in den Sprachbarrieren der Unterschicht Eingesperrten, an vielen Frauen, an den Jugendlichen, an den Kindern schon, denen man die Neugier ausgetrieben hat. Wörter haben sie alle genug, aber es sind Wörter, die bestimmte Dinge nicht sagen. Man kann technische Vorgänge mit ihnen bezeichnen, man kommt durch einen Supermarkt mit ihnen. Aber Leiden und Freude, Einsamkeit und Sehnsucht, Hoffnung und Verzweiflung transportieren diese Wörter nicht.“ Und die eigentliche Aufgabe von PfarrerInnen ist, teilzunehmen in Akten der Solidarität mit den Leidenden, die den Weg Jesu kennzeichnen.[17]

Es bedeutet mir viel, Dolmetscher zu sein für eine Sprache, die heute nur noch wenige sprechen und die doch elementar zum Leben gehört, die heilenden Geschichten der Bibel in unseren Alltag zu übersetzen, teilzunehmen am Leben, wenn es sein muß auch am Leiden, mitzugehen in die Stunden, in denen das Leben gefeiert wird, und an die Krankenbetten und die Gräber, stammelnd und tastend dem Sprache zu verleihen, was Menschen sich oft nicht selbst sagen können, daß da Gott ist und das Leben sich nicht allein rechnet aus dem Vordergründigen.

### *Die begrenzten Möglichkeiten*

Es gibt noch Grenzen anderer Art. Etwa die begrenzte Zeit. Die Statistiken über die Arbeitszeit von PfarrerInnen sind recht bekannt. Ich möchte an eine württembergische Untersuchung der 60er Jahre erinnern. Sie erhebt eine durchschnittliche Wochenarbeitszeit von 73 Stunden. Davon liegt die Arbeitszeit für festgelegte Dienste – also was PfarrerInnen unabhängig von Größe und Struktur ihrer Gemeinde an Zeit unbedingt aufwenden müssen – bei 40–50 Wochenstunden. Eine andere Untersuchung in Berlin von 1963/64

stützt diese Zahlen mit etwa gleichen Ergebnissen.[18] Die Zahlen sind nicht mehr auf der Höhe der Zeit, auch sehen sie manche skeptisch. Eine neue Untersuchung des Statistischen Bundesamtes von 1988 kommt jedenfalls wieder zu dem Ergebnis, PfarrerInnen gehören zu den „Vielarbeitern". „Für 40 Prozent der Seelsorger ist die 55-Stunden-Woche und mehr die Regel."[19] Ein Teil der hohen Ergebnisse läßt sich sicher auch durch die nicht immer objektive Selbsteinschätzung, in manchen Fällen auch durch Arbeitssucht[20] oder durch das subjektive „Empfinden der Pfarrer: Wir haben keine Zeit"[21] erklären. Dennoch spiegeln die relativ konstanten, in unabhängigen Untersuchungen gewonnenen Zahlen auch die Außenseite: die Realität der Anforderungen im Gemeindepfarramt. Das bedeutet beispielsweise: die gleiche Zeit pro Woche, die andere in einem „normalen Beruf" arbeiten, abgesehen etwa von freiberuflich Tätigen und Menschen in leitenden Positionen, müssen für die sog. traditionellen Aufgaben im Pfarramt und für die Kerngemeinde aufgewendet werden, daß „der Betrieb gerade so umgeht". Damit ist noch kein einziger Schritt in die Richtung der innovatorischen Aufgaben im Gemeindeaufbau und in der Seelsorge in der säkularen Gesellschaft getan. Angesichts der Herausforderungen an die Kirchen, die mit dem Stichwort Traditionsabbruch angedeutet sind, eine alarmierende Erkenntnis. Dabei kann Kirche noch immer mit der Unterstützung (wenn auch meist aus einem gewissen Abstand heraus) und mit Erwartungen an ihr Engagement auch auf der Seite ihrer selten teilnehmenden Mitglieder rechnen: So werden zum Beispiel nach der letzten EKD-Studie das Kümmern um das Problem der Arbeitslosigkeit und der persönliche seelsorgerliche Dienst als wichtigste Aufgaben der Kirche betrachtet, die verstärkt wahrgenommen werden sollten.[22] Dafür müßten Zeit, Kraft und Befähigung vorhanden sein.
Über Probleme, Aufgaben und Chancen des pastoralen Berufs in der Volkskirche ist in den letzten Jahren viel geschrieben und geredet worden, nicht nur unter PfarrerInnen, auch in weiteren Kreisen, geht es doch nicht nur um esoterische Probleme eines Berufsstands, sondern so ganz nebenbei ist die umfassendere Frage nach der Zukunft der Volkskirche damit berührt. Ich möchte nur einen Erklärungsversuch herausgreifen: F. Gräßmann meint, die möglichen Überforderungen des Pfarrberufs entstehen unter anderem auch dadurch, daß die meisten Herausforderungen, vor die sich die Evangelischen Kirchen heute gestellt sehen, pfarrerzentriert beantwortet werden.[23] Von einer Balance kann hier keine Rede sein. Jeglicher Versuch, an dieser Stelle größere Lösungskonzepte vorzuschlagen oder glatte Worte zu finden, muß an der (zu) komplexen Realität vorbeigehen. Deshalb lasse ich es bleiben. Drei Wünsche gönne ich mir und anderen allerdings; es müßte dabei nicht einmal wie im Märchen zugehen, gezielte und entschlossene Maßnahmen würden ausreichen, um einiges davon zu verwirklichen:
– Ich wünsche mir eine Kirche, die sich den Herausforderungen unserer Zeit stellt, aus den Mauern der traditionellen bürgerlichen Kirchlichkeit heraustritt, ihre Angst vor der Andersartigkeit nichtkirchlicher Formen des Glaubens abstreift und in Jesu Namen auf unsere Zeitgenossen zugeht, ohne daß

einer Gruppe kirchlicher Mitarbeiter die Hauptlast der innovatorischen Aufgaben aufgeladen wird.

– Ich wünsche mir ein Studium der Theologie, das sich in seinen Ausbildungszielen viel deutlicher als bisher an den Erfordernissen, Bedingungen und zukünftigen Möglichkeiten des Pfarrerberufs orientiert und zu diesem kommunikativen Beruf die notwendige Befähigung ausbilden hilft. Das Prinzip der Freiheit von Forschung und Lehre muß zu diesem Zweck keineswegs geopfert werden, wenn z. B. die entsprechenden kommunikativen Ausbildungsgänge in das Studium eingebaut und mit den Inhalten der theologischen verknüpft würden. Dazu gehören etwa praxisorientierte Trainingsprogramme zum Umgang mit dem gesprochenen und geschriebenen Wort (nicht nur im Stil von Seminararbeiten), die Einübung in Formen der spirituellen Praxis, die den Studierenden als Lebens- und Glaubenshilfe vertieft Wege der religiösen Erfahrung eröffnen (z. B. Meditation und warum nicht auch Exerzitien) und die Anfangsgründe einer Seelsorgeausbildung, die das wichtigste Werkzeug des pastoralen Berufs, nämlich die eigene Person, entdecken lehrt und psychische Reifungsprozesse einleitet und begleitet.

– Ich wünsche mir Kirchenleitungen, die ihre Mitarbeiter, also auch ihre PfarrerInnen, nicht in kritischen Situationen allein lassen und dem Bild des pastoralen Einzelkämpfers ein wirksames und heilsames Miteinander entgegensetzen.[24] Unabhängige „Pfarrerseelsorge“ an Pastoralkollegs beispielsweise hat hier bedeutsame Aufgaben.

Bei alledem ist mir immer die Konzentration auf Wesentliches wichtig, deshalb schließe ich mit einem Ausblick von Walter Jens: „In einem Augenblick, wo man von unbegrenzten Möglichkeiten spricht, heißt ‚Begrenzung‘ das erste Gebot: Stilisiere, was dir bekannt ist, erhebe das Private zum Gleichnis, wähle ein winziges Feld und zeige: So ist es bestellt.“[25]

*Anmerkungen*

1 „Daß wir großenteils durch die übervollen Terminkalender, durch unsere eigene Hektik und Betriebsamkeit uns die Stunden für die Stille und die Besinnung rauben, weiß jeder, der ein Pfarramt (oder ein Jugendwerk usw.) von innen kennt. Hier muß radikal geändert werden. Eine Elementarisierung der christlichen Existenz ist nötig.“ Als Folgerung aus einem hier nicht behandelten Problem wurde dies formuliert von E. Haberer, New Age – spirituelle Herausforderung, in: DPfB 88/1988, S. 274.

2 E. Lange, Glaube und Anfechtung im Alltag eines Gemeindepfarrers, in: ders., Predigen als Beruf, Stuttgart 1976, S. 174.

3 In anderem Zusammenhang: M. Josuttis, Der Traum des Theologen, Aspekte einer zeitgenössischen Pastoraltheologie 2, München 1988, S. 77.

4 Josuttis, s. Anm. 3, verwendet ihn in seinem neuen Buch an mehreren Stellen. R. Riess hat – unter Rückgriff auf ein biologisch fundiertes und therapeutisch bedeutsames Modell für menschliche Reifungsprozesse – den Begriff „Homöostase“, Balance oder Gleichgewicht, im Anschluß an Cannon (1932) in die Praktische Theologie eingeführt: Die Krisen des Lebens und die Kasualien der Kirche, 1975, jetzt in: ders., Sehnsucht nach Leben, Göttingen 1987, S. 115–127, hier S. 116: „Jeder Organismus – gleichgültig, ob Einzelmensch, Gruppe oder

Gesellschaft – lebt vom Gesetz des Gleichgewichts (...)". Ich selbst möchte den Begriff „Balance" im Folgenden auf diesem Hintergrund begreifen. Dabei kommt es mir beim Gedanken der Balance aber auch auf den schlicht alltagssprachlichen – freilich übertragenen – Sinn vom seelischen und körperlichen Gleichgewicht an. Der konnotative Hof des Sportlich-Künstlerischen verweist das Balancehalten auch bis zu einem gewissen Grad in die Richtung von Lebenskunst.

5 Siehe R. Riess, Pfarrer werden? Zur Motivation von Theologiestudenten, Göttingen 1986, vor allem S. 13–18 u. S. 95ff.

6 Vgl. zum biblischen Text (Exodus 3,1-4,17) etwa: W. H. Schmidt, Biblischer Kommentar: Altes Testament, Exodus, Neukirchen Vluyn 1988, S. 100–207. S. dort auch den Exkurs zum sog. „Berufungsformular" S. 123–130. Das Gespräch zwischen Gott und Mose führt im Text zu einem Ziel: Gott verheißt Mose seine Nähe und setzt Aaron als Sprecher ein, „so bleibt Mose auf göttlicher wie auf menschlicher Seite nicht allein. Darum kann und soll er trotz seiner Unzulänglichkeit, seiner Grenzen und Schranken, dem Ruf folgen, die ihm zugedachte Aufgabe übernehmen. Wird hier nicht anschaulich: Gottes ‚Kraft ist in der Schwäche mächtig' (2 Kor 12,9; vgl. Jer 15,20 u. a.)?" (S. 206)

7 K. Steinbauer, Einander das Zeugnis gönnen, Bd. VI, Erlangen, Mühlheim am Rhein 1987 (Selbstverlag), S. 285–287.

8 Informationen für Studierende und Abiturienten werden heute von den verschiedensten Einrichtungen vermittelt: Fakultäten, Landeskirchenamt, Praxisjahr etc. Das scheinen mir wesentliche Schritte in die richtige Richtung zu sein. Inwieweit wäre darüber hinaus ein Berufspraktikum in der Gemeinde zu Beginn des Studiums sinnvoll?

9 Der Spiegel 42/1988 Nr. 52, S. 162 u. 163.

10 A. M. Pines, E. Aronson, D. Kafry, Ausgebrannt. Vom Überdruß zur Selbstentfaltung, Stuttgart $1987^3$, S. 25.

11 S. etwa die Vorschläge von Pines et al., a. a. O., S. 121–194.

12 Für den Heimerzieherberuf geäußert von Ruedi Arn, Helfen – aber nicht ausbrennen! Sozialpädagogik 30/1988, S. 44.

13 Eine repräsentative Umfrage des Instituts für Demoskopie Allensbach von 1988 zum „Ansehen von Spitzenberufen" zeigt wieder eine vordere Stellung des Berufs Pfarrer/in in der Gesellschaft. Er liegt mit 47% nach dem Arzt an zweiter Stelle. Nach Deutsche Presse Agentur im Dez. 1988; Quelle: allensbacher berichte 1988/Nr. 29. Vgl. auch R. Riess, Pfarrer werden?, S. 18–21.

14 E. Lange, Glaube und Anfechtung, S. 186.

15 Ebd.

16 A. a. O., S. 187f.

17 A. a. O., S. 191.

18 Bormann und Bormann-Heischkeil (Württemberg) und Goldschmidt/Spiegel (Berlin), referiert nach R.-W. Becker, Leben mit Terminen, München 1981, S. 18–24. Weitere Untersuchungen nennt M. Josuttis, Der Pfarrer ist anders. Aspekte einer zeitgenössischen Pastoraltheologie, München 1982, S. 128f.

19 Die evangelischen und katholischen Geistlichen der BRD kommen in punkto lange Arbeitszeiten nach dieser Erhebung gleich nach den Bauern und Gastwirten. DPfB 88/1988, S. 461; Quelle: Statistisches Bundesamt, Systematische Verzeichnisse, Klassifizierung der Berufe.

20 S. z. B. von dem amerikanischen Pastoralpsychologen W. E. Oates, Confessions of a Workaholic, New York and Cleveland 1971.

21 M. Josuttis, Pfarrer, S. 129.

22 J. Hanselmann u. a. (Hrsg.), Was wird aus der Kirche?, Gütersloh 1984, S. 122.

23 Mündlich mitgeteilt.

24 S. etwa H. Spengler, Seelsorge an Seelsorgern als kirchliche Leitungsaufgabe, in: WzM 26/1974, S. 418–420. Es wäre einmal interessant zu überprüfen, was von den Möglichkeiten, Seelsorgern beizustehen, die Spengler nennt bis heute in die Wirklichkeit umgesetzt worden ist, was nicht und aus welchen Gründen. Dies könnte zur Bilanzierung und weiteren Planung beitragen.

25 Zit. nach R.-W. Becker, S. 13.

Dietrich Stollberg

# Unterricht im Predigen

## Didaktische Überlegungen zur homiletischen Ausbildung

### *I. Ein protestantisches Grundproblem*

Seit der Reformation kommt der *Predigt* in der evangelischen Christenheit ein *hoher Stellenwert* zu, ja manche Gemeindeglieder und sogar Theologen sehen im Pfarrer vorwiegend den Prediger, im Theologiestudium die Vorbereitung auf den Predigtdienst und in allem, was in der Kirche geschieht, letzten Endes Predigt oder Folgen von Predigt. Trotzdem meldet sich in letzter Zeit *vermehrtes Unbehagen* an der Predigt: Die Predigten seien langweilig, theologisch unzureichend, gesetzlich, rhetorisch mangelhaft, kurz: oft einfach schlecht. In einer Landeskirche kam man sogar auf die Idee, ein homiletischer Sonderbeauftragter könne Abhilfe schaffen, und neuerdings gibt es einen „Ökumenischen Verein zur Förderung der Predigt".

Die Unzufriedenheit mit der Predigt mag zum einen an deren maßloser *Überschätzung* und daraus resultierenden Erwartungen liegen, zum anderen aber gewiß auch an einer schlechten *Ausbildung*. Man stelle sich vor, ein künftiger Solocellist befaßte sich während seines Studiums vorwiegend mit Musikgeschichte und Harmonielehre, während er über die Anfangsgründe der technischen Beherrschung seines Instruments nie hinauskäme, oder ein künftiger Maler bereitete sich auf seine Kunst vorwiegend durch ein Studium der Kunstgeschichte vor! Was würde wohl aus den bedeutendsten Orchestern der Welt, wenn man sie mit Musikwissenschaftlern besetzte! Das *Verhältnis von akademischer und praktischer Ausbildung* für Theologen stimmt nicht, und infolgedessen stimmt auch in den üblichen Predigtarbeiten wie in jeder einzelnen Predigtvorbereitung die Integration wissenschaftlicher Einsichten und praktischer Notwendigkeiten nur selten. Einerseits werden gute historisch-kritische und dogmatische Erkenntnisse, andererseits ziemlich naive Überlegungen zur homiletischen Situation geboten. Dazwischen klafft ein garstiger hermeneutischer Graben. Die *homiletische und generell theologisch-hermeneutische Hauptaufgabe,* nämlich diesen Graben sinnvoll und aktuell zu überbrücken, wird nur ungenügend und methodisch mehr oder weniger unreflektiert wahrgenommen. Wie Theologie und praktische Frömmigkeit, so fallen Exegese, Auslegungsgeschichte und Predigt auseinander. Dieser Grundkrankheit des Protestantismus entsprechen ein einseitiger akademischer Unterricht und das organisatorische Auseinanderfallen von wissenschaftlicher und praktischer Ausbildungsphase.

Insgesamt herrscht an den Hochschulen noch ein viel zu *autoritäres Konzept von Unterricht und Kommunikation*. Dabei denke ich nicht an autoritäres

Lehrerverhalten, sondern an autoritäre Vorstellungen, die z. B. meinen, existentielle Wahrheit, wie sie in Schrift und Bekenntnis überliefert ist, könne intersubjektiv und zeitlos gültig beinahe wie Mathematik formuliert und dann nach logisch-diskursiven Gesetzmäßigkeiten im Sinne präziser Information weitervermittelt werden. Wie die Lehrer sich diesen Gesetzmäßigkeiten verpflichtet haben, so müssen sich auch die Schüler den tradierten Richtigkeiten unterwerfen, um das, was ihnen da eingetrichtert wurde, dann ihrerseits, z. B. in Predigten, weiterzugeben. Diesem hierarchisch-autoritären Wahrheitsverständnis, dessen Inhalte sich weitgehend formalisieren lassen, entspricht eine überwiegend praktizierte deduktive Unterrichtsmethode. Sie fordert lediglich Gehorsam und entläßt aus der oft mit schmerzhaften Entwicklungen verbundenen eigenen Verantwortung. Für die *Predigt* heißt das Vermittlung theoretischer Kenntnisse im *Proseminar*, Versuch ihrer praktischen Anwendung im *Hauptseminar*. Die Erfahrung zeigt, daß ein so konzipiertes Proseminar zwar tatsächlich Theorie vermitteln und beispielsweise dazu befähigen kann, im ersten Examen Ernst Langes und Rudolf Bohrens Homiletiken miteinander zu vergleichen, aber keineswegs irgendwelche positiven Folgen für die praktische Predigtarbeit zeitigt. Predigttheorien zur Kenntnis zu nehmen und zu diskutieren, ist eines, eine eigene Predigt zu erstellen und theologisch wie methodisch zu verantworten ein anderes! Außerdem sehen Predigttheorien, gerade auch die von den Studenten ansatzweise zu entwickelnden individuellen Vorstellungen für ihre eigene spätere Praxis, ganz verschieden aus, je nachdem ob sie sich als Fortsetzung des theoretisch-akademischen Diskurses und Ergebnis eines umfassenden Bücher-Verschnitts oder als Reflexion gelebter und immer neu durchdachter tatsächlicher Verständigung unter Menschen in bezug auf das Evangelium verstehen lassen.

## *II. Erste Konsequenzen: induktives Lernen und Lehrgangsform*

Versteht man homiletische Theorie als Glied in einem heuristischen Zirkel, begreift man ferner, daß in einem Semester die schwierigen hermeneutisch-homiletischen Fragestellungen kaum zu erfassen und erste praktische Konsequenzen ebensowenig zu ziehen sind, ergibt sich als hochschuldidaktische Minimalforderung ein Lehrgang von wenigstens zwei Semestern als *Start* – und nicht mehr – des homiletischen lifelong learning. Es ergibt sich ferner die Notwendigkeit, in diesem Lehrgang theologische und praktische Fragen so miteinander zu verbinden, daß *eigene Erfahrungen* der Teilnehmer und die von ihnen ausgelösten Denkbewegungen Priorität erhalten. Auf dieser Basis werden homiletische Texte der Fachliteratur dann ganz anders gelesen als im üblichen Theorie-Theorie-Kreisel, nämlich als Benennungen *eigener* Erfahrungen und Probleme und als *Gesprächsbeiträge* zur gemeinsamen Suche nach situationsgemäßen Lösungen. Die Blockierungen, die durch normativ mißverstandene wissenschaftliche Texte erzeugt werden und den inneren

Zwang verstärken, Kluges, Neues und Gewichtiges produzieren zu müssen, die unkritisch angelesenen Vorurteile und Einengungen werden auf diese Weise leichter vermieden oder doch relativiert. Neues, Eigenes und Unkonventionelles, aber auch Einfaches, Verständliches und Echtes kann leichter zugelassen und im Interesse größerer Offenheit für die Gegenwart des lebendigen Logos in der *ganzen* Gemeinde, also auch in der Bewegung vom Hörer auf den Prediger zu, ernst genommen werden. Dieses ist freilich nicht leicht in die Praxis umzusetzen.

### *III. Schwierigkeiten*

Eine erste Schwierigkeit besteht darin, daß homiletische Seminare und in ihrem Zusammenhang die Erstellung einer Predigtarbeit *von den Landeskirchen vorgeschrieben* sind und daher im Bereich der Fakultäten der EKiD wenigstens ungefähr *kompatibel* gestaltet werden müssen. Ein stärker nonkonformistischer akademischer Lehrer würde seine Schüler möglicherweise zwar originell, aber realitätsfern und damit unter Prüfungsgesichtspunkten ineffektiv oder sogar kontraproduktiv ausbilden. Dem schöpferischen Vorgang der Predigtvorbereitung und des Predigens sind schon von daher Grenzen gesetzt.

Eine weitere Schwierigkeit ergibt sich aus dem fast ausschließlich textbezogenen *Arbeitsstil der theologischen Wissenschaft*, der zu einer Spaltung direkter und lebendiger Mündlichkeit und indirekter, oftmals verkrampfter Schriftlichkeit führt. Wenn man ins homiletische Seminar kommt, hat man gelernt, das, was einen unbedingt angeht, in abgesicherter, fußnotengespickter Schriftlichkeit zu verstecken, überall, wo es interessant würde, Autoritäten zu zitieren und die eigene Meinung nur noch bar jeglicher Argumente, Affekte und persönlicher Begründungen als blasse Pauschalurteile oder gelegentlich unterschwellig aggressive Ressentiments durchsickern zu lassen. Schriftlichkeit ist alles, *Mündlichkeit* gilt als vorwissenschaftlich, zufällig, unkontrollierbar und chaotisch. Soweit noch gesprochen wird, wird vorgelesen oder die druckreife freie Rede zum Ideal erhoben. Wie soll da Predigen gelernt werden! – Denn Predigt ist keine wissenschaftlich erarbeitete akademische Rede, sie ist auch keine wissenschaftlich erarbeitete akademische Rede, die durch weitere wissenschaftliche Bemühungen zu einer nicht mehr akademisch wirkenden pseudomündlichen Ansprache gemacht würde, sondern sie ist Anrede von Mensch zu Mensch, Zuruf eines einzelnen an das Kollektiv, Mitnahme auf den Weg der Freiheit, lebendige Verständigung und werbende Einladung, engagiertes Zur-Sprache-Bringen der Freiheit der Erben Gottes. – Homiletikunterricht muß demgemäß zuerst einmal das *Sprechen* als Möglichkeit des Glaubens und den *Glauben* als Möglichkeit des Sprechens wiederzuentdecken helfen. Die in neueren Homiletiken formulierte Forderung nach Authentizität des Predigers gehört ebenso in diesen Zusammenhang wie die permanent erhobene und meist mißachtete Ermahnung zu freier Rede.

Eine dritte Schwierigkeit resultiert aus der theologischen Sachnotwendigkeit, die *freie Rede* von der evangelischen Freiheit einzubinden und rückzubinden in den *Konsens der Kirche*, in Schrift und Bekenntnis, ferner die viva vox evangelii nicht nur irgendwo, irgendwie und irgendwann zu erwarten, zu hören und zur Sprache kommen zu lassen, sondern ihr einen festen Platz im regelmäßigen *Gottesdienst* zu geben und sie im allgemeinen an die *allen verständliche Rede* zu koppeln. Die klassischen Forderungen der Textgemäßheit, Gemeindegemäßheit und theologischen Traditionsgemäßheit ergeben sich daraus ebenso wie die nach liturgischer Kontextbezogenheit und angemessenem Sprechstil.
Die nächste Schwierigkeit, die benannt werden muß, liegt in der *akademischen Lebens- und Arbeitssituation*. Sie ist gekennzeichnet durch ein hohes Maß an *Unverbindlichkeit*, die Lehrer und Schüler eines theologischen Fachbereichs in mehr oder weniger zufällige Beziehungen, aber keineswegs in eine solidarische Gemeinschaft des Glaubens hineinführt; auch gemeinsame Frömmigkeitspraxis in Form von regelmäßigen Tageszeitengebeten u. ä. ist nicht vorgesehen. Ein Höchstmaß individueller Freiheit und eine zuweilen beängstigend individualisierte, ja atomisierte Situation hängen direkt zusammen. Infolgedessen fehlt auch der Kontext für die verbindliche und engagierte Rede vom dreieinigen Gott als dem Herrn aller Freiheit, es fehlt eine konkrete Gemeinschaft, die den Sitz im Leben abgeben könnte für die Verkündigung der Vergebung und den Zuruf der Verheißung. Auch das homiletische Seminar, selbst wenn es als zweisemestriger Lehrgang gehalten wird, kann im Gesamtablauf des bunten akademischen Lebens nicht zu einer Ersatzgemeinde werden. Freilich spiegelt sich darin auch ein *gesamtgesellschaftliches* Problem, dem die Realität volkskirchlicher Gemeinden durchaus entspricht, und von daher ist die akademische homiletische Situation der späteren parochialen nicht so unähnlich, wie es zunächst scheinen mochte.
Als letzte von vielen Schwierigkeiten, auf die hier nicht alle eingegangen werden kann, sei der prinzipielle *Widerstand gegen das Erfahrungslernen* genannt, den man im akademischen Raum beobachten kann. Er hängt mit der Angst davor zusammen, sich selbst auf schmerzliche Prozesse der Infragestellung und Auseinandersetzung, Wahrnehmung und Veränderung einzulassen. Die Angst vor eigener Verantwortung ist groß, das Bedürfnis nach Unterwerfung unter Lehrer, Regeln, Konventionen, Traditionen und Informationen stark. Die Bedienung mit vorgefertigten Texten und Arbeitspapieren, Rastern und Hilfsschemata kommt dem entgegen, die unverbindliche Seminardebatte auf abstrakter Ebene desgleichen.
Die *Auseinandersetzung* mit der letztgenannten Schwierigkeit ist so grundsätzlicher Art, daß sie zum nicht nur homiletischen, sondern überhaupt theologischen Lernprozeß fundamentalster Art werden kann. Die berüchtigte „Angst vor der Gemeinde" gehört in diesen Zusammenhang. Sie bedeutet zugleich eine Angst vor lebendiger und wahrhaftiger Theologie. Die Folgen sind hohle Theologismen oder formalisierte Standardantworten in Predigten, aber auch kirchliche Betriebsamkeit bei gleichzeitiger theologischer Substanzlosigkeit.

## *IV. Von der ersten zur zweiten Naivität*

Wie sollen wir mit diesen Schwierigkeiten umgehen? Die Wünsche sind klar, aber vertragen sich nicht ohne weiteres: Den Prüfungsanforderungen ist Rechnung zu tragen, Mündlichkeit soll an die Stelle von Schriftlichkeit treten, sie soll aber eine schriftbezogene Mündlichkeit sein und dennoch echte freie Rede werden, dabei ihre dem kultisch-rituellen Rahmen angemessene Form finden und als verbindliches Bekenntnis der lebendigen Gemeinschaft der Heiligen theologisch-inhaltlich qualifiziert sein.

Muß ein Anfänger, der dieser Anforderungen gewahr wird, nicht verzagen? Ja und nein. Die analytische Bewußtmachung vieler Sachverhalte im akademischen Arbeitszusammenhang bewirkt eine heilsame Verfremdung allzu vertrauter Phänomene und Prozesse. Heilsam erscheint diese Verfremdung, weil sie demjenigen, der studiert, einen Zuwachs an Subjektsein bringt. Seine erste Naivität, mit weitgehender Unbewußtheit und allzu großer Selbstverständlichkeit gekoppelt, wird in Frage gestellt, ja vielleicht sogar zerstört. Im Laufe des Studiums sollte sich aber eine zweite Naivität einstellen, die bei allem analytischen Scharfblick neue Synthesen und ganzheitliche Wahrnehmung ermöglicht. Jetzt bedarf es wieder der Erinnerung, daß man, im Falle der Homiletik, als normaler Mensch sowieso situationsbezogen sprechen kann, wenn man sich auf das Hier-und-Jetzt *einläßt*, also auf eine konkrete Situation und die sie bestimmenden Faktoren, die Leute, die ihnen gemeinsamen Überlieferungen und Texte, die vorgegebenen Bräuche, die Geschichte usw. Jeder Mensch kann das, und durch systematische Übung läßt es sich zu professioneller Qualität verbessern.

Würden künftige Pfarrer wenigstens halb so intensiv und hart trainieren, was ihre sprachlichen und darstellerischen Fähigkeiten betrifft, wie es von jedem Schauspieler, Sänger, Musiker oder Tänzer heute verlangt wird, wäre schon viel gewonnen. In der theologischen Ausbildung steht jedoch einer überdifferenzierten, stofflich-quantitativ oft überladenen und überfordernden historischen und systematischen eine allzu undifferenzierte und die Leistungsfähigkeit der Studenten *unter*fordernde praktische Orientierung gegenüber. Die geisteswissenschaftliche Fundierung des Pfarrerberufs ist nicht nur hypertrophiert, sondern geschieht auch quasi im luftleeren Raum, weil die lebens- und glaubenspraktischen Erfahrungen nur im Kontext eines wie auch immer gestalteten praktischen kirchlichen Lebens gewonnen werden können, die bei all den theoretischen Erörterungen der einzelnen theologischen Disziplinen stillschweigend vorausgesetzt werden müssen. Kleine Gemeinde- und Industriepraktika von einigen Wochen können hier ebensowenig Abhilfe schaffen wie eine Verlagerung der praktisch-methodischen Ausbildung in eine zweite, relativ kurze und überdies in sich zersplitterte Phase unter neuen und anders qualifizierten Lehrern. *Hier wird inhaltlich und organisatorisch in extremer und fataler Weise auseinanderdividiert, was in der Predigt als Ganzheit vorausgesetzt werden muß und als Ganzheit zur Sprache kommen soll.* Aus diesem Grunde wird übrigens das homiletische Seminar trotz seiner schier unüber-

windbaren Schwierigkeiten häufig als Erleichterung und echte Hilfe zu sinnvollem Theologisieren erlebt, weil wenigstens ahnungsweise wieder sichtbar wird, wie Leben, Glauben und Denken zusammengehören.
Fordert so das homiletische Seminar die *verlorene Ganzheit* heraus und kann auf diese Weise auf den Umgang mit anderen Disziplinen und Methoden heilsam zurückwirken, so läßt sich auch von daher die Notwendigkeit begründen, das theologische Studium sobald wie möglich, spätestens aber vom Abschluß des Kolloquiums an, durch *permanente Praxiserfahrung und regelmäßiges Üben* der Studenten in allen Praxisbereichen, besonders aber auch im Bereich der Predigt, begleitet sein zu lassen. Wie bei einem Musikstudium regelmäßiges Üben der gewählten Instrumente durch keine Musiktheorie zu ersetzen ist, obwohl andererseits auf diese Theorie nicht verzichtet werden kann, so ist bei einem sinnvollen auf das Predigen als zentrale Berufsfunktion ausgerichteten Theologiestudium die regelmäßige homiletische Übung vom Anfang des Studiums an eine Conditio sine qua non. Zu dieser regelmäßigen Übung gehört selbstverständlich eine nachweisbare und kontrollierbare schriftliche Vorbereitung, aber nicht die Kenntnisnahme der gesamten homiletischen Fachliteratur. Wesentlich wichtiger wäre intensive Predigtsupervision einzeln (durch den akademischen Lehrer) und in der Gruppe (vorwiegend durch die Kommilitonen). Homiletische Supervisionsaufgaben könnten, da kaum ausreichend akademische Lehrer zur Verfügung stehen werden, auch von erfahreneren und qualifizierten Predigern des kirchlichen Umfelds einer Hochschule wahrgenommen werden.
Die permanente homiletische Übung während des Studiums führte nicht nur zu geschärften Fragestellungen gegenüber Exegese und Systematik, sondern zweifellos auch zu einer wesentlich sinnvolleren Rezeption praktisch-theologischer Texte und Theoreme. Es würde eine stärkere Integration der verschiedenen Teilaspekte der Theologie erreicht und die erste in eine zweite Naivität überführt, in eine neue Unmittelbarkeit, die sich aus der beständigen praktischen Arbeit und der Notwendigkeit, theoretische Reflexionen darauf zu beziehen, ergäbe. Jetzt wäre auch ein homiletisches Oberseminar, das im derzeitigen Rahmen selten oder nie angeboten wird, sinnvoll, weil der Vergleich homiletischer Konzepte mit eigener Erfahrung gefüllt werden könnte.

## *V. Didaktische Folgerungen*

Aus den vorstehenden Erwägungen drängen sich mir folgende Grundsätze der Predigtdidaktik auf:
1. Predigen lernt man nicht als Anwendung von Ergebnissen theologischer Forschung, denn diese entsteht bekanntlich selbst nicht nur auf Predigt hin, sondern auch von Predigt her und vor allem im ständigen Vollzug der Auslegung kirchlicher Tradition in unserer Zeit und der jetzigen homiletischen Situation.

2. Predigen lernt man, indem man zu anderen von dem zu sprechen übt, was einen unbedingt angeht und was die Gemeinschaft mit diesen anderen als ganze betrifft.
3. Deshalb gehört zu den Grundaufgaben homiletischer Ausbildung der Umgang mit der menschlichen Angst davor, sich selber dem auszusetzen, was einen unmittelbar betrifft, sich einzulassen, auseinanderzusetzen und auch zu zeigen.
4. Homiletik muß daher so unterrichtet werden, daß die eigene Erfahrung von vornherein in die Auslegungspraxis einfließen kann, also induktiv.
5. Homiletisches Lernen muß also selbstbestimmt geschehen, obwohl und weil es zugleich der persönlichen Auseinandersetzung des Predigers mit der Tradition der Gemeinschaft entspringt, zu der er gehört und für die bzw. zu der er spricht.
6. Zugleich ist es fremdbestimmt, weil die Aufgabe darin besteht, sich mit den anderen in der Sprache der gemeinsamen Glaubenstradition zu verständigen.
7. Induktivität und Deduktivität schließen einander in diesem Sinne nicht aus, sondern sind aufeinander zirkulär bezogen: Offenbarung im Einst-und-Damals und Offenbarung im Hier-und-Jetzt bedingen einander ebenso, wie das Evangelium vom Prediger zum Hörer und (!) vom Hörer zum Prediger kommt.
8. Dadurch ändert sich der Stellenwert homiletischer Reflexion. Er wird im wörtlichen Sinne zweitranging, bleibt allerdings unverzichtbar.
9. Der Stellenwert der Lektüre homiletischer Fachliteratur ändert sich entsprechend. Aufgrund eigener, individuell verschiedener Erfahrungen beim Hören, Halten und Diskutieren von Predigten werden unterschiedliche Abschnitte einschlägiger Autoren jetzt freiwillig als Hilfe zur Benennung, Präzisierung, Infragestellung oder Bestätigung erster Versuche, selber homiletisch Position zu beziehen, gelesen.
10. Es geht ganz entscheidend um Einübung ins Kommunizieren, um die Wiedergewinnung der Dimension der Mündlichkeit im zwischenmenschlichen Kontaktverhalten.
11. Daher werden Beziehungsebene und Sachebene im Seminargespräch möglichst gleichrangig behandelt.
12. Die Mündlichkeit im Kontaktverhalten muß aber nun vom Zweiergespräch und der Rolle des einzelnen darin ausgeweitet werden zur Ansprache des einzelnen an (s)eine Gruppe (Gemeinschaft, Gemeinde): Was will ich nicht nur diesem oder jenem, sondern zugleich allen sagen?
13. Daher ist es ganz wichtig, den Gesprächsbeiträgen einzelner im Seminar auch unter sprachlichen und „kommunikationspraktischen" Gesichtspunkten – z. B.: Wurde verständlich formuliert, laut und deutlich gesprochen, wurden die anderen erreicht und wurde ihre Aufmerksamkeit in Anspruch genommen? – erhöhtes Gewicht beizumessen.
14. Es geht zunächst einmal nicht um irgendwelche theologischen Richtigkeiten, sondern um das Ernstnehmen der eigenen Aussagen und um das

Ernstnehmen derer, denen man sich mitteilen möchte. Das macht Aggressivität (auf die anderen zugehen, sich ihnen zumuten, sie beanspruchen), Konfliktbereitschaft und persönliches Engagement erforderlich.

15. Ist einerseits das theologische Instrumentarium – im fortgesetzten Studium der anderen theologischen Disziplinen – einigermaßen voraussetzbar, andererseits das kommunikative Handwerkszeug einer Ansprache (das in nuce jedem gesunden Menschen eigen ist) wenigstens ansatzweise ausgeprägt und, mindestens als Notwendigkeit, mehrfach selber in der homiletischen Situation erlebt, benannt und ins Bewußtsein gehoben, erst dann kann stärkeres Gewicht auf die Inhalte gelegt werden.

16. Das *zentrale Problem* liegt dabei nicht in der Exegese im engeren Sinne oder in der Formulierung eines Redemanuskripts, sondern in der hermeneutischen Aufgabe, eigene und kollektive Situation einerseits, damalige Situation, Text und Überlieferungsgeschichte andererseits so miteinander in Beziehung zu setzen, daß ein homiletischer Gesprächsbeitrag möglich wird, in den Vitalität, existentielles Engagement und innerer Dialog bzw. sogar Kampf des Predigers quasi von selber einfließen können.

17. Deshalb muß im homiletischen Seminar nicht so sehr an der Textgemäßheit oder an der Gemeindegemäßheit der Predigt, so wichtig diese auch sind, gearbeitet werden, sondern an der methodisch und inhaltlich reflektierten Weise, wie Text und Gemeinde (einschließlich des Predigers!) in Beziehung gesetzt werden. Der (manchmal mißverständlicherweise immer noch „Meditation" genannte) Mittelteil einer konventionell aufgebauten Predigtvorbereitung wird zum Schwerpunkt homiletischer Ausbildung. Auf die *hermeneutischen Überlegungen* kommt (fast) alles an.

18. Ob man dann bei der Vorbereitung und Nachbereitung mit einer aktuellen Fragestellung aus der Gegenwart einsetzt oder zunächst den vorgegebenen Text mit methodischer Sorgfalt liest, ist relativ sekundär. Dementsprechend kann auch der Aufbau einer homiletischen Seminar- oder Examensarbeit variieren.

19. Die Notwendigkeit, Text und jetzige Erfahrung zusammenzubringen, betrifft erneut in erster Linie den Prediger selbst. Denn es hat wenig Sinn, daß dieser auf die Nöte und Sorgen seiner potentiellen Hörer spekuliert (und eine sog. „seelsorgerische" Predigt halten will), wenn er nicht in erster Linie seine eigenen Fragestellungen reflektiert, mit denen er die vorgegebenen Texte liest oder von denen her er seinen Text auswählt.

20. Eine entscheidende Schwierigkeit tritt dadurch auf, daß die Homiletikstudenten das hermeneutische Problem oft durch Ethisierung lösen wollen: Eine aktuelle Not soll durch Handlungsanweisungen, die man womöglich in der Bibel zu finden glaubt, bewältigt werden. Dieser auch unter erfahrenen Predigern verbreitete Ansatz führt ausweglos zur Moralpredigt.

21. Ethisierung scheint für viele auch das Mittel der Wahl, wenn es darum geht, die theologische Tradition in konkrete Gegenwart zu übersetzen. Dabei wird das Verhältnis von Imperativ und Indikativ, von Glauben und Handeln in gesetzlicher Weise verkehrt – mit katastrophalen Folgen für die Hörer, die

an ihrer von den Predigern geförderten Werkgerechtigkeit letztendlich scheitern müssen.
22. Eine weitere Schwierigkeit im hermeneutischen „Arbeitsbereich" ergibt sich dadurch, daß die Studenten persönliche Erfahrung und Glaubensüberlieferung zusammenbringen sollen. Statt ihre tatsächlichen Erfahrungen ernst zu nehmen, suchen sie nach spezifisch „religiösen" oder gar „Gottes-" und „Offenbarungs"-Erfahrungen, die natürlich ausbleiben oder sich den kritischeren Kommilitonen als Täuschungen erweisen müssen. Transzendenz ist innerweltlich immer nur als Postulat Realität. Die Deutungsfolien des Glaubens bleiben inhaltlich immer der Relativität immanenter Empirie verhaftet und dürfen nicht mit den vom Credo formulierten transzendenten Gehalten selbst verwechselt werden.
23. Im homiletischen Seminar muß daher immer wieder an der Enttäuschung gearbeitet werden, daß Gott sich nicht persönlich und direkt offenbart, es sei denn, von jedermann auch außerhalb der Kirche zu machende Erfahrungen (z. B. Grenzerfahrungen wie Geburt und Tod) werden *im Glauben* und in der dazugehörigen Sprachtradition als „Offenbarung" interpretiert.
Das Verhältnis von Immanenz und Transzendenz erweist sich bei den meisten Studierenden auch nach etlichen Systematik-Seminaren als gänzlich ungeklärt. Wie bei der ethizistischen Hermeneutik bleibt auch bei der Hermeneutik der religiösen Erfahrung die Enttäuschung nicht aus und der Glaube auf der Strecke, wenn er von Erfahrung abhängig gemacht, statt auf sie als Interpretament bezogen wird.
24. Die Stärkung des Glaubens, der eben nicht sieht, sondern deutet (Hebr 11,1; vgl. 2 Kor 5,7), als zentrale inhaltliche Aufgabe der Predigt bedarf daher allergrößter Gewichtung, wenn es um theologische Fragestellungen geht.
25. Rationale Argumente helfen bei der Bewältigung dieser Grundfragen meist wenig, da es um existentielle Wünsche und vor allem Ängste geht, denen die Seminarteilnehmer an dieser Stelle ausgesetzt sind.
26. Hier kommt die Methodik des homiletischen Seminars nicht länger um *persönliche Auseinandersetzungen* der Teilnehmer einschließlich des Seminarleiters miteinander herum. Der Widerstand gegen das Erfahrungslernen wächst dementsprechend stark an, die Tendenz zu abgehobenen akademischen Diskussionen steigt, antipsychologische Affekte machen sich Luft. (An dieser Stelle zeigt sich auch, daß wissenschaftliche Theologie gerade dazu benutzt werden kann, tiefe persönliche Betroffenheit zu verbergen und zwischenmenschlichen Austausch im Bereich des als gemeinsam postulierten Glaubens zu vermeiden.)
27. Dennoch ist diese Auseinandersetzung für eine qualifizierte homiletische Ausbildung unabdingbar, lehrt sie doch, als persönlicher Zeuge für das einzustehen, woran man glaubt, lehrt sie doch, sich persönlich einzulassen: aufeinander, auf andere, auf die gemeinsame Tradition und den Text, auf die Kirche – auf das Nichts, dem keine angeblich religiöse Erfahrung und schon gar keine Moral, sondern nur der Glaube trotzen kann.

Die praktische Umsetzung der didaktischen Leitsätze muß im derzeitigen akademischen Betrieb und bei der Zwei- bis Dreiphasigkeit der theologischen Ausbildung notgedrungen ein Kompromiß bleiben. Es wäre schon viel gewonnen, wenn die merkwürdig platonisch anmutenden Warnungen von Ausbildungsreferenten und anderen „Erfahrenen", die Studenten sollten sich allzu früher Praxisversuche enthalten, aufhörten. Nur *Übung* macht den Meister! Jedenfalls genügt die Teilnahme an einem einsemestrigen homiletischen Seminar, in welchem womöglich noch schwerpunktmäßig homiletische Theorie eingepaukt werden soll, die bestenfalls an einigen Lesepredigten verdeutlicht werden könnte, keinesfalls. Ein zweisemestriger *Lehrgang*, in dem sich Pro- und Hauptseminar aufeinander beziehen und deshalb auch denselben Teilnehmerkreis erforderlich machen, erscheint als das Minimum. Auch die supervidierte Predigtpraxis innerhalb der sog. *Klinischen Seelsorgeausbildung* (Clinical Pastoral Education), deren erste Einheiten bereits während des Theologiestudiums absolviert werden sollten, kann ein wichtiger Baustein kontinuierlichen Homiletikunterrichts sein.

*Das homiletische Proseminar* an der Hochschule wird gemäß den hier vorgetragenen Erwägungen keine Einführung in homiletische Fachliteratur sein, sondern gilt ganz dem learning by doing. Jeder Student soll die Möglichkeit haben, eine kurze selbstgestaltete Ansprache an die Seminarteilnehmer zu richten. Die Erörterung theologischer Sachfragen, die oft genug dazu benutzt wird, von Mängeln der persönlichen Stellungnahme und der Kommunikation abzulenken, tritt in den Hintergrund. Womöglich wird die etwa fünf Minuten dauernde Ansprache nach einem ersten Hörerecho wortwörtlich noch einmal vorgetragen oder es wird nach gestalttherapeutischen Grundsätzen an Körperhaltung und Bewegungen der Teilnehmer im Chorraum der Kirche oder Kapelle gearbeitet. Außerdem kommt der Gesprächsführung und der Artikulation einzelner Teilnehmer in der Seminargruppe erhebliches Gewicht zu.

Im Prozeß dieses ersten homiletischen Semesters tauchen regelmäßig alle wichtigen Grundfragen der Predigtarbeit auf. Sie können benannt und andiskutiert werden. Es ist für die Ausbildung des homiletischen Bewußtseins und die Entwicklung eines kritischen Maßstabs der Teilnehmer hilfreich, wenn diese immer wieder auftauchenden Grundfragen gegenüber anderen Problemen, die gleichzeitig zur Sprache kommen, sehr deutlich und in ihrer spezifisch homiletischen Gestalt und Zielsetzung, also nicht nur als exegetische oder dogmatische Rekapitulation, zur Sprache gebracht werden. Das ist in besonderer Weise Aufgabe des homiletischen Lehrers. Hingegen können die Fragen nach der Textgemäßheit, Gemeindegemäßheit und Authentizität der Predigt ebenso wie die Frage nach dem Kontakt zwischen Prediger und Hörern von den Studenten selbständig bearbeitet werden. Hierfür bietet sich die Arbeit in Kleingruppen an.

Gegen Ende des Proseminars wird die Aufmerksamkeit außer auf die Kommunikations- und Artikulationsvorgänge stärker auch auf Fragen nach Themenauswahl, Zielsetzung, Aufbau und Logik der Rede, ja auf die „Botschaft" des Redners gelenkt. Dabei soll es nicht darum gehen, ob dieser nun Recht oder Unrecht habe, sondern ob seine Zielsetzung und die Durchführung der Rede einander entsprochen haben und wie sich Sach- und Beziehungsebenen während des Vorgangs zueinander verhielten.

In dieser Phase des Seminars lassen sich auch erste homiletische Grundsätze so formulieren, daß sie in ein vorläufiges Konzept der jeweiligen einzelnen Teilnehmer und auch der jeweiligen Seminargruppe (die ja stets ein sehr eigenes, geradezu individuelles Gepräge, ihre eigene Geschichte und folglich auch ihre eigene Homiletik entwickelt) hineinpassen.

Da Benotung massive Lernstörung durch schulische Assoziationen auslöst, kann sie, jedenfalls für das Proseminar, auch entfallen. Freilich bedürfen die Seminarteilnehmer einer wie auch immer gearteten Fremdeinschätzung zum Vergleich mit ihrer kritischen Selbsteinschätzung. Gerade zu letzterer müssen sie immer wieder ermutigt werden, weil sie nicht gelernt haben, diese zu artikulieren und anderen mitzuteilen. Sie sollen sich hinsichtlich der Qualität ihrer Leistungen keinen Illusionen hingeben, andererseits aber auch nicht der Ermutigung entbehren, die sich aus einem ernstgemeinten und zugewandten Echo ergibt.

*Im homiletischen Hauptseminar* soll die von vielen landeskirchlichen Examensordnungen vorgeschriebene Predigtarbeit erstellt und erprobt werden. Sie wird als theologischer und methodischer Rechenschaftsbericht über Predigtentstehung und -durchführung aufgefaßt. Im Grunde kann sie, ohne daß die Predigt als lebendige Rede gehört worden ist, nicht angemessen beurteilt werden. Zunächst geht es jedoch darum, die ansatzweise bereits im Proseminar gewonnenen homiletischen Kriterien anhand der praktischen Übungen weiter zu differenzieren und zu präzisieren. Um dem wissenschaftsgläubigen Vorurteil, eine situations- und personenunabhängige, sozusagen zeit- und geschichtslose Hermeneutik und Homiletik seien möglich, keine Nahrung zu geben, dürfen auch jetzt Selbstwahrnehmung und Beziehungsebene nicht vernachlässigt werden.

Die folgenden *Hilfsfragen zur Predigtnacharbeit*, die den Studenten für die Kleingruppenarbeit in die Hand gegeben werden können, beginnen und enden daher persönlich-subjektiv. Im Zentrum werden die sogenannten Sachfragen verhandelt:

1. Wie bin *ich* jetzt hier, welche Affekte empfinde ich, was beschäftigt mich, welche Interessen leiten mich?
2. Wie nehme ich *dich* hier und jetzt wahr? Kann ich mit dir problemlos zusammenarbeiten oder müssen vorher Irritationen benannt bzw. ausgeräumt werden?
3. Meine ersten, *un*geordneten Reaktionen auf die Predigt?
4. Verschiedene *Gefühle* beim Hören der Predigt (an welchen Stellen)?
5. *Inhaltliche* Bemerkungen zur Predigt? (Kritik, Zustimmung, Information: z. B. zur Exegese oder Dogmatik.)
6. Runde der Kleingruppenteilnehmer: Welche *theologischen Hauptaussagen* habe ich gehört?

7. Welche theologischen Hauptaussagen wolltest du, Prediger/in, machen?
8. Wie beurteile ich das Verhältnis dieser Aussagen zum *biblischen Text* (zur Auslegungstradition usw.)?
9. Halte ich diese Predigt für ein *Zeugnis des Evangeliums?*
10. Wirkten die Predigtaussagen persönlich und *authentisch* oder angelernt und „richtig"?
11. Möchte ich auch *so* predigen?

Neben der praktischen Einübung des Predigens und Kommunizierens kommt im Hauptseminar der *Theoriebildung* ein größerer Stellenwert zu als im Proseminar. Sie erfolgt im wesentlichen durch die eigene Arbeit an der konkreten Predigtaufgabe, durch die Vor- und Nachbesprechung mit dem Assistenten und durch das Rundgespräch im Seminar. Das ständige Predigthören und -beurteilen zusammen mit der eigenen Predigttätigkeit und die dadurch entstehende Identifikation mit den zu beurteilenden Kommilitonen bewirkt kritische Solidarität. Aus ihr heraus erwächst ein zunehmendes Instrumentarium der Predigtbeurteilung, so daß am Ende eines homiletischen Lehrgangs jeder, der erfolgreich teilgenommen hat, imstande sein müßte, selbst eine (und vor allem auch seine eigene) Predigtarbeit zu beurteilen und zu korrigieren. Mindestens müßte jedoch Auskunft darüber gegeben werden können, nach welchen *Kriterien* Predigtarbeiten zu beurteilen und wie solche Beurteilungen zu verstehen sind. Die unsinnige, aber als Abwehrmechanismus verbreitete Ansicht, predigen sei ein Charisma und lasse sich daher weder methodisch lehren noch lernen und durchführen, sollte abgebaut sein. (Derselbe Unfug wird ja immer wieder auf die verschiedensten Arbeitsbereiche pastoraler Tätigkeit bezogen.)
Zusammengefaßt müßte als Ergebnis eines solchen Seminars die *Unterscheidung* wissenschaftlicher Theologie und freier, *aber* theologisch verantworteter Zeugnisrede verständlich und handhabbar geworden sein.

## *VII. Zur Beurteilung einer homiletischen Arbeit*

Die folgende Korrekturanleitung für eine homiletische Arbeit kann Studierenden im Interesse größtmöglicher Informationstransparenz und Verständigung an die Hand gegeben werden. Sie dient auch zur eigenen Kontrolle und Vergewisserung des Seminarleiters und seiner Mitarbeiter. Sie stellt einen Kompromiß zwischen kommunikativem Ideal und akademischer bzw. seminaristischer Realität dar.

### *Anleitung zur Beurteilung homiletischer Arbeiten*

A.

Eine homiletische Seminar- oder Examensarbeit dient der Begründung des vorgelegten schriftlichen Predigtentwurfs. Die Predigt selbst geschieht im Bereich der Mündlichkeit und hier wiederum nicht im Genus der Wissenschaft, sondern des Zeugnisses. Die homiletische Arbeit dient dem Nachweis einer sach- und fachgerechten

Vorbereitung auf die mündliche Verkündigung des Evangeliums. Ein Hauptproblem der Beurteilung liegt darin, daß auch die für die mündliche Rede konzipierte Predigt selbst nur schriftlich vorliegt, oft nicht abgehört werden kann und als für die Mündlichkeit gedachte Schreibe beurteilt werden muß. Der Kommunikationszusammenhang einer echten Gemeinde oder Seminargruppe entfällt dann. Die Versuchung, die Predigtarbeit wie eine wissenschaftliche Arbeit anderer Disziplinen zu beurteilen und womöglich die Predigt selbst eher an Maßstäben dogmatischer oder anderer Erörterungen zu messen, ist groß. Ihr muß aber widerstanden werden. Immer wieder ist das offenbar schwer wahrnehmbare Genus praktischer Theologie ins Bewußtsein zu rücken.

B.

I. Was wird beurteilt?

a) Die homiletische Arbeit insgesamt
   1. die Predigt selbst als schriftlich vorbereitetes Konzept einer theologisch verantworteten Rede,
   2. die Vorbereitung dieser Predigt.

b) Die homiletische Arbeit im einzelnen
   1. formal:
      äußerer (formaler) Gesamteindruck:
      Einband, Titelblatt, Schriftbild, Aufbau, Deutsch, Verwendung wissenschaftlicher und anderer Literatur, Zitationsweise u. ä.
   2. inhaltlich:
      Text, Übersetzung, Exegese (sprachlich und theologisch), hermeneutische Überlegungen, homiletische Überlegungen, Predigtziel, Predigtgliederung, Ausführung des Predigtentwurfs (Vergleich mit dem Predigtziel, Redestil, mündliche Sprachgestalt, Theologie), liturgische Anmerkungen und Bezugnahmen etc.
   3. Durchführung der Predigt als Rede in einem Gottesdienst, Theologie, Verständlichkeit, Sprache, Kontakt mit den Hörern, liturgisches Verhalten u. ä.
      (Dieser Beurteilungsgang muß leider bei Seminar- und Examensarbeiten häufig entfallen.)

II. Wie wird beurteilt?

a) Lesen des Manuskripts:
   Auffälligkeiten mit Bleistift am Rande vermerken, persönliche Reaktionen beobachten und evtl. auf Extrablatt notieren (emotionale und intellektuelle Reaktionen).

b) Einzelbeurteilung im Vergleich verschiedener Arbeiten mit der eigenen Exegese und deren homiletischen Konsequenzen ermitteln, anstehende Sachfragen auf Extrablatt notieren.
   Einzelne Sachfragen einzeln beurteilen und in verschiedenen Arbeiten vergleichen, die Hauptteile jeder Arbeit zusammenfassend beurteilen (Exegese, hermeneutischer Übergang, Predigtgliederung und -ausführung).

c) Gesamtbeurteilung:
   Aus der vorläufigen Benotung der drei Hauptteile Gesamtnote entwerfen, alle Arbeiten zum selben Text nach Noten sortieren, erneut vergleichen, Endnote als Vorschlag festsetzen, von Kollegen gegenlesen und beurteilen lassen, Note endgültig festsetzen.

III. Zur Theologie

Ist die Predigt textgemäß? Ist die Predigt evangelisch oder gesetzlich? (Gerade die sog. seelsorgliche Predigt kann eine subtile Form der Moralpredigt sein: Fördert sie die Mündigkeit und das selbständige Urteil oder fördert sie die Abhängigkeit und Unterwürfigkeit der Hörer?)

Wissenschaftliches Arbeiten und praktisches Predigen sind zwar Möglichkeiten der Schöpfung und geschehen innerhalb der Schöpfung, aber wir predigen nicht die Schöpfung, sondern den Schöpfer, nicht das Kreuz, sondern die Erlösung, nicht das Gesetz, sondern das Evangelium. Predigt zielt auf *Glauben* und kommt vom *Glauben* her. Die Liebe (das Ethos) ist Folge des Glaubens und nicht Ersatz dafür.
Wie kann der Glaube *anders als ethisch* konkretisiert und anschaulich gepredigt werden? (Wenn ethische und paränetische Texte bzw. Inhalte in der Predigt vorkommen, haben sie den Stellenwert von *Beispielen für die Folgen des Glaubens*, nicht den Stellenwert der Glaubensinhalte selbst.)

C.

Für die Beurteilung einer Predigtarbeit sind praktisch-homiletische Gesichtspunkte genauso wichtig wie theoretisch-dogmatische. Die wissenschaftlich solide Begründung hat nicht *mehr* Gewicht als der praktisch ausgeführte Predigtentwurf der mündlichen Rede. Bei alledem ist zu berücksichtigen, daß es sich um Anfängerarbeiten handelt, die beurteilt werden. Die Beurteilung soll keine falsche Selbsteinschätzung der homiletischen Fähigkeiten und Leistungen zeitigen, sondern Verständnis für die kritischen Leser bzw. Hörer und Einsicht in die eigenen Fehler bzw. Lernmöglichkeiten wecken.

Der *methodische Überblick über eine Seminarsitzung* (nach Seminargottesdienst) stellt sich folgendermaßen dar:

*Predigtauswertung in der Gruppe*

I. Beziehungsebene, Kontakt und Kommunikation
- Momentaufnahme: Jeder Teilnehmer hat Gelegenheit zu einem einzigen Satz: Wie geht es mir gerade, wie bin ich jetzt hier, was steht bei mir im Augenblick im Vordergrund?
- Weitere freie Äußerungen: Was ist mir vom eben Gehörten und Erlebten (Gottesdienst und Predigt) noch besonders deutlich in Erinnerung und wie nehme ich es in mir wahr (Freude, Ärger, Gleichgültigkeit, Gelassenheit, Trauer, Müdigkeit, aber auch erste inhaltliche Einfälle und Aussagen)?
- Welche inhaltliche Botschaft ist bei mir angekommen?
- Welche Botschaft wollte der Prediger tatsächlich mitteilen? (Knappe Zusammenfassung des Predigers/der Predigerin: Predigtabsicht)
- Warum ist diese Botschaft so gut angekommen/nicht gehört worden bzw. bei dem einen gut angekommen, bei den anderen gar nicht oder verfälscht? (Frage nach der Wahrnehmungseinstellung der Hörer und ihrer Beteiligung am Zustandekommen der Verständigung bzw. der Mißverständnisse, aber auch Frage nach der unterschiedlichen Beziehung zwischen einzelnen und Prediger/in)

II. Sachebene und Inhalte
- Ist die beabsichtigte Botschaft sachgemäß? (Zur Sachgemäßheit rechnen wir subjektive und objektive Faktoren)
  Historisch-exegetischer Befund?
  Dogmatischer Befund?
  Liturgischer Befund?
  Situation des Predigers bzw. Möglichkeiten des Verstehens und der Verständigung vom Prediger her (Predigergemäßheit)?
  Situation der Hörer (Unterschiede zwischen einzelnen, Gemeinsamkeiten der Gesamtgruppe)?

- Entsprach das Predigtziel diesen Voraussetzungen oder ging es völlig an der Situation der Hörer vorbei (warum wurde gerade dieses Ziel unter anderen möglichen Zielen ausgewählt, wieso wurde die Situation getroffen bzw. verfehlt)? Wie müßte das Predigtziel verbessert lauten?
  Wie sah die Gliederung der Predigt aus? Entsprach sie dem gewählten Ziel?

III. Folgeübungen
- Formulieren Sie drei Punkte der Debatte, die Ihnen besonders wichtig waren, schriftlich aus!
- Teilen Sie uns in maximal zwei Sätzen in freier Rede die Punkte, die Sie notiert haben, und ihre Bedeutung mit!
- Prediger/in, sagen Sie uns noch einmal in etwa zwei Minuten die Essenz ihrer Predigt in freier Rede!

IV. Abschlußrunde (Beziehungs- und Sachebene nach freier Wahl gemischt)
- Jeder ein Wort über seinen jetzigen Zustand (müde, warm, gelangweilt, ärgerlich, Schmerzen ...)
- Jeder einen Satz zur Sache reihum

(Je nach Einschätzung des gesamten Gesprächsverlaufs schlagen die Mitglieder des Seminars oder der Leiter verschiedene Möglichkeiten der Abschlußrunde, die entweder stärker die emotionale oder die Sachseite betonen, vor.)

## *VIII. Schlußbemerkungen*

Der Versuch, homiletische Didaktik zu reflektieren und darüber Rechenschaft abzulegen, erweist sich als überdurchschnittlich kompliziert (und ist daher wohl auch nur selten unternommen worden). Vieles konnte nur angedeutet werden. Grundsätzlich gilt die hermeneutische Einsicht: Der Weg zur Predigt ist nicht ein Weg vom Text zur Predigt, sondern mindestens ebenso ein Weg „von der Predigt zum Text" (Chr. Möller). Die Predigt soll Hörer und kirchliche Tradition miteinander ins Gespräch bringen. Der Prediger ist dabei Anwalt der Tradition und Anwalt der Hörer zugleich. Er führt diesen inneren Dialog exemplarisch als Predigt vor. Im Gegensatz zu Manfred Mezger vertrete ich nicht die Ansicht, die „Erörterung technisch-methodischer oder formaler Praktiken" sei unwichtig und verstehe sich „eigentlich fast von selber" (aaO. 406). Was Mezger von der Sprache sagt, nämlich daß sie mehr als nur die Form der Mitteilung sei, gilt auch von der homiletischen Didaktik: Es geht um mehr als um Kosmetik, um mehr als um die Gestaltung der Sachinformation. Vielleicht glaubten im Gefolge Karl Barths manche an den Satz: „Rem tene, verba sequentur." (Mezger, 396) Aber seine Umkehrung gehört dialektisch zu einem rechten Predigtverständnis hinzu: „Verba tene, res sequitur." Jeder Poet weiß das – und weiß auch, welche Macht und welche Gefahr da lauern. Die „res" läßt sich weder allein von Schrift und Tradition noch nur von Prediger und Gemeinde ableiten. Sie wird als viva vox evangelii zur Sprache gebracht, situationsbezogen und relativ, konkret und anfechtbar, zeitbedingt und sterblich wie die Menschen, in deren Reden und Hören das Wort Gottes Fleisch wird.

Didaktisch erweist sich als derzeit vordringlicher, ja absoluter Schwerpunkt die Arbeit am hermeneutischen Zwischenschritt vom Text zum Predigtziel und von der Situation des Predigers in seiner Gemeinde und Kirche zum Text. Als Hauptversuchung erscheint immer wieder der Hang zur Gesetzlichkeit: Wie kann die Rede vom Glauben, im Glauben und auf Glauben hin, wie kann das Zeugnis des Evangeliums, das situationsgemäß formulierte und interpretierte Credo anders konkretisiert werden als ethizistisch? Wie kann die Predigt zeitgemäß, d. h. verständlich, von Gott reden, ohne sich in langen Gesellschaftsanalysen und anderem Allotria zu verzetteln, sondern indem sie alsbald „zur Sache" kommt und bei „der Sache" bleibt? Bei der Suche nach Antworten darf man eine Beobachtung nicht vergessen: „Kurzfristig wirkt die Predigt, langfristig wirkt der Prediger." (A. Denecke) Daß es dennoch der dreieinige Gott selbst ist, der mit uns redet, das glauben und darüber predigen wir.

*Literaturhinweise*


Arens, H. u. a., Kreativität und Predigtarbeit, München 1974.
Bohren, R., Predigtlehre, München 1971.
Daiber, K. F., u. a., Predigen und Hören, München 1980ff.
Denecke, A., Der Prediger und die Wirkung seiner Predigt, in: J. Sonnenberg (Hrsg.), Wenn Theologie praktisch wird . . ., Stuttgart 1983, 259ff.
Düsterfeld, P. / Kaufmann, H. B., (Hrsg.), Didaktik der Predigt. Materialien zur homiletischen Ausbildung und Fortbildung, Münster 1975.
Fürst, W., Predigt und Gebet, Göttingen 1986.
Geest, H. van der, Du hast mich angesprochen. Die Wirkung von Gottesdienst und Predigt, Zürich 1978.
Illich, I., Schule ins Museum. Phaidros und die Folgen, Bad Heilbrunn 1984.
Josuttis, M., Rhetorik und Theologie in der Predigtarbeit, München 1985.
Köster, R. / Oelker, H. (Hrsg.), Lernende Kirche. Ein Leitfaden zur Neuorientierung kirchlicher Ausbildung, München o. J.
Lange, E., Zur Theorie und Praxis der Predigtarbeit, in: ders., Predigen als Beruf, München 1982, 9ff.
Ders., Zur Aufgabe christlicher Rede, ebd. 52ff.
Lerle, E., Grundriß der empirischen Homiletik, Berlin 1974.
Luther, H., Stufenmodell der Predigtvorbereitung, in: ThPr 17/1982, 60ff.
Martin, G. M., Predigt als „offenes Kunstwerk"? In: EvTh 44/1984, 46ff.
Mezger, M., Die Anleitung zur Predigt, ZThK 56/1959, 377ff. Nachdruck in: G. Hummel (Hrsg.), Aufgabe der Predigt, Darmstadt 1971, 382ff.
Otto, G., Predigt als Rede, Stuttgart 1976.
Piper, H. Chr., Predigtanalysen, Göttingen 1976.
Ders., Kommunizieren lernen in Seelsorge und Predigt. Ein pastoraltheologisches Modell, Göttingen 1981.
Riess, R., Zur pastoralpsychologischen Problematik des Predigers. In: Praxis ecclesiae, Festschrift für K. Frör, München 1970, 295ff.
Ders., Der Gott der Lilien. Studien zu biblischen Texten und Themen, Göttingen 1981.
Rothermund, J., Der Heilige Geist und die Rhetorik, Gütersloh 1984.
Seitz, M., Praxis des Glaubens, Göttingen 1978, 9–41.
Stollberg, D., Predigt praktisch, München 1979.
Ders., Lernen, weil es Freude macht, München 1982.
Voll, D., Lebensmeditation und kommunikative Schriftauslegung, in: Stollberg, D. / Riess, R. (Hrsg.), Das Wort, das weiterwirkt, München 1981, 85ff.

Walter Rupprecht

# Erfahrungen mit der Ordination

Zu den nachdrücklichsten Eindrücken der 70 Kurse des Pastoralkollegs, an denen ich in den fünfziger und sechziger Jahren mitwirken durfte, gehört für mich die „hora biographica", in der die jeweiligen Teilnehmer sich vorstellten und dabei einander Anteil gewährten an ihrem Lebensweg und den dabei eingebrachten Erfahrungen. Oft reichte der erste Abend allein dazu nicht aus. Aber es lohnte sich, dem einzelnen die Zeit einzuräumen, die er brauchte, um sich das von der Seele zu reden, was ihn in rückblickender Selbstreflexion bewegte und ihm wichtig genug erschien, es anderen weiterzugeben. Eine neue Dimension auch für das theologische Gespräch tat sich uns dabei auf. Solcher Erfahrungsaustausch war nämlich in den sachbezogenen Diskussionen der folgenden Tage eine entscheidende Voraussetzung für ein besseres gegenseitiges Verstehen. Man gewann Respekt voreinander, auch wenn man in den zu verhandelnden Fragen sehr verschiedene Positionen einnahm. Und man war bereit, aufgrund des gewährten Einblicks in seine persönlichen Erlebnisse den anderen auch da ernst zu nehmen und die eigene Theorie kritisch zu überprüfen, wo die theologische Reflexion für sich allein genommen unüberwindliche Mauern aufzubauen schien. Auch auf diese Weise wurde die Forderung verwirklicht, die Georg Merz im Blick auf das Pastoralkolleg einst erhoben hatte und die von Dieter Voll gerne zitiert wurde: „Man redet zueinander als Brüder, die die gleiche Ordination zusammenbindet." Auch wenn man sich gerade dessen dabei so gut wie nicht bewußt war . . .

Teilstück einer eigenen „hora biographica" sind auch die Erfahrungen und Erlebnisse, die ich als Ruheständler in einem Seminar über die Ordination an Studenten weitergab und die nun in erweiterter Form meinen Beitrag für diese Festschrift bilden sollen. Im Augenblick bewegt ja die Gemüter sehr stark die Frage, ob ebenso wie die Predigt aufgrund einer der Ordination vorauslaufenden Berufung auch die Verwaltung der Sakramente durch nichtordinierte Vikarinnen und Vikare möglich sei. Ich möchte den verschiedenen Artikeln und Leserzuschriften, die zu dieser Frage in letzter Zeit vor allem im Korrespondenzblatt des Bayerischen Pfarrervereins erschienen sind, nicht eine weitere Abhandlung hinzufügen und darin so oder so Stellung beziehen. Pastorale Erfordernisse, ökumenische Rücksichtnahme und kirchenrechtliche Postulate lassen sich m. E. hier kaum unter einen Hut bringen. Eine alle befriedigende Lösung scheint mir unter diesen Aspekten allein nicht möglich zu sein. Eine ausgeformte, allgemein verbindliche Lehre über die Ordination gibt es offensichtlich in der lutherischen Kirche nicht. Vielleicht gilt für die diesbezügliche Praxis des 16. Jahrhunderts dasselbe, was mein theologischer Lehrer Werner Elert in seiner Dogmatikvorlesung im Blick auf das Abend-

mahl folgendermaßen formulierte: „Bevor es eine Lehre über das Abendmahl gab, wurde es gefeiert." Vom Verfahren bei der Ordination meinte er jedenfalls, dieses sei menschlichen Rechts und in der Urkirche mannigfaltig gewesen.
Vielleicht könnte es deshalb auch für die augenblickliche Auseinandersetzung hilfreich sein, die theologische Diskussion durch eigene Erfahrungen und Erlebnisse zu ergänzen und zu entkrampfen. Ähnlich wie dies der hora biographica im Rahmen des Pastoralkollegs gelang und hoffentlich auch weiter gelingen darf. Dabei wird der Blick von theologischen Überlegungen weg auf die Frage gelenkt, welche Rolle die Ordination im Leben eines Pfarrers spielt, welche subjektive Bedeutung sie für sein Selbstverständnis besitzt, welche Probleme mit dem Vollzug der Ordination für den Ordinator und die Ordinanden verbunden sind. Dieter Voll hat in dem Referat, das er unter dem Thema „Ordination – Gnade des Anfangs" im November 1986 gehalten hat, sehr persönliche Erlebnisse und Erfahrungen zum Ausgangspunkt seiner Überlegungen, Anfragen und Vorschläge gemacht (Korrespondenzblatt Nr. 7/Juli 1987). Das hat mir Mut gemacht, ihnen die meinigen hinzuzufügen.

## *I. Begegnungen mit Ordinierten*

Ich beginne mit meinen Erfahrungen im Pastoralkolleg. Es ging mir ähnlich wie später Dieter Voll. Über Ordination wurde in unseren Kursen relativ wenig gesprochen. Es gab viel aktuellere Themen für die Teilnehmer als eine Diskussion über ihre biblische Begründung, theologische Entfaltung und praktische Ausformung. Ein Defizit, das schon in der Studienzeit nicht abgedeckt worden war, wurde als solches offenbar gar nicht empfunden. Vielleicht war dies mit ein Grund für Manfred Seitz, den ehemaligen Dozenten am Pastoralkolleg, diese Thematik in seine Vorlesungen und Seminare als Praktischer Theologe mit aufzunehmen.
Und in der hora biographica? Die Ordination kam in den Lebensberichten der Teilnehmer nur selten vor. Bei den meisten waren es jedenfalls zunächst und in erster Linie die Lebensführung, oft sehr konkrete Erlebnisse und Schicksale, von denen die Betreffenden ihre Berufung zum Pfarrer ableiteten und mit denen sie ihr Sendungsbewußtsein begründeten. Nur für die Generation des Kirchenkampfs hat die Ordination offensichtlich eine große Hilfe bedeutet, vielfach aber auch erst nachträglich, selten schon beim Vollzug. Sie war für sie ein objektives Datum, auf das sie sich berufen, an das sie sich klammern konnten, wenn sie in Predigt und Unterricht damit rechnen mußten, Feindschaft, Haß und Verfolgung auf sich zu ziehen. Mit der Berufung auf den in der Ordination empfangenen Befehl, das Evangelium zu verkündigen, und auf den Gehorsam, zu dem sie sich dabei vor versammelter Gemeinde verpflichtet hätten, trotzten sie sogar behördlichen Redeverboten. „Wir dienen einem größeren Herrn!" Gespräche mit älteren Brüdern auch bei anderer Gelegenheit haben mir dies in oft bewegender Weise bestätigt. Und

die Durchführung der Ordination selbst vollzog sich in der damaligen Zeit oft unter schwierigen, ja dramatischen äußeren Umständen. Manchmal mußte die Ordination im letzten Augenblick in eine andere als die vorgesehene Kirche verlegt werden, galt sie den Machthabern als eine Demonstration des Widerstands und der Feindschaft gegen die Ziele ihrer Kirchenpolitik. Ihr Vollzug erforderte nicht nur Mut, sondern auch die Fantasie der von Jesus empfohlenen Klugheit und taktische Mobilität.
Aber abgesehen davon, daß von solchen Ordinationssituationen erzählt zu bekommen aufregend war, auch der mit den Erlebnissen des Kirchenkampfs verbundenen Hochschätzung der Ordination bin ich bei späteren Jahrgängen so nicht mehr begegnet. Als Kreisdekan erlebte ich nur, daß durch meine Dankesschreiben an Pfarrer anläßlich ihres 25., 40. oder 50. Ordinationsjubiläums bei den Betreffenden die Erinnerung an diesen von ihnen oft ganz vergessenen Tag geweckt wurde und nachdenkliche Reflexionen auslöste. Für viele von ihnen wurde diese Erinnerung an ihre Ordination jedenfalls Anlaß – das ging aus ihren Antwortschreiben oft sehr anschaulich hervor –, ihr Pfarrersleben rückblickend im Licht der Gnade und Barmherzigkeit dessen zu sehen, der sie durch die Ordination einst in seinen Dienst gestellt hatte. Und bewegend waren für mich die Wiedersehensfeiern von Kollegen, die in einem Gottesdienst mit Beichte und Abendmahl ein solches Jubiläum feierten.
Aber noch einmal zurück zur „hora biographica" im Pastoralkolleg. Bei vielen Kriegsteilnehmern war die Gewißheit, zum Pfarrer berufen zu sein, sehr oft aus den Erlebnissen in Krieg und Gefangenschaft erwachsen, die in allen Einzelheiten geschildert wurden und weithin im Bereich des 1. Glaubensartikels lagen. Manchmal hatte ich geradezu den Eindruck, daß selbst ältere, schon ordinierte Kollegen hier so etwas wie eine 2. Bekehrung erfahren hatten. Bei solchen, die Krieg und Kirchenkampf nicht mehr erlebt hatten und auch nicht durch die Sitte und Tradition des Elternhauses zum Theologiestudium motiviert worden waren, war der Grund dafür häufig sehr persönliche Begegnungen mit Jesus oder Anstöße durch die Jugendarbeit, die das Gefühl für soziale und gesellschaftliche Verantwortung in ihnen geweckt hatte. Bei den Studenten der Augustana und bei den Vikaren, die ich selbst ordinierte, fiel mir auf, wie sehr sich ihr Sendungsbewußtsein auf Überzeugungen gründete, die sie in der Schulzeit und während ihres Studiums gewonnen hatten.
Das führte in den Ordinationsgesuchen oft zu ausgesprochenen Einseitigkeiten. Ich denke an einen liebenswerten Vikar, der seine Absicht Pfarrer und seinen Wunsch ordiniert zu werden einzig und allein mit der Überzeugung begründete, zur Erhaltung und Rettung der Schöpfung berufen zu sein. Nun, auf unser Gespräch hin hat er ganz manierlich diesen Ansatzpunkt entfaltet und ergänzt. In manchen Fällen begegnete mir in den Ordinationsgesprächen ein geradezu prophetisches Sendungsbewußtsein im Blick auf die Veränderung gesellschaftlicher Verhältnisse und politischer Strukturen. Ich habe in einer Ordinationsansprache deshalb einmal feststellen müssen: Ich

ordiniere Sie nicht zu einem Propheten, sondern zum Dienst an Wort und Sakrament. Und wenn ich an die oft schwierigen Gespräche denke, die ich als Kreisdekan mit Amtsbrüdern zu führen hatte, so kann ich mich nicht erinnern, daß sich die Betreffenden meinen Argumenten und Vorhaltungen gegenüber auf den ihnen bei der Ordination erteilten Auftrag statt auf ihre subjektive Überzeugung und theologische Position beriefen.

### *II. Persönliche Erfahrungen*

Was die Rolle der Ordination für mein eigenes Berufsverhältnis betrifft: Wer selbst im Glashaus sitzt, soll auf andere nicht mit Steinen werfen. Auch für mich war die Ordination zunächst nur ein selbstverständlicher gottesdienstlicher und kirchenrechtlicher Akt, der meinen Beruf als Pfarrer endgültig begründete und vor aller Welt legitimierte. Das Ziel, das ich mit meinem Studium der Theologie angestrebt hatte, war nun endgültig erreicht. Aber einen tiefen Einschnitt in meinem Leben oder auch nur im Vollzug meines Dienstes bedeutete die Ordination nicht für mich. Es ging mir wie Hermann Dietzfelbinger, der in seinen Erinnerungen schreibt: „Ich muß gestehen, daß ich erst allmählich begriffen habe, was die Ordination für den einzelnen Pfarrer und was Ordiniertsein für die Gemeinschaft von Pfarrern bedeuten kann."

Nach dem 1. Examen und einem viermonatlichen Kurs im Predigerseminar – ein Lehrvikariat wie heute gab es so damals nicht – erhielt ich meine erste Vikarstelle. Vor Beginn des ersten Gottesdienstes, den ich dort zu halten hatte, erteilte mir der Dekan bei einem kurzen Gespräch in der Sakristei die vorläufige Beauftragung mit der Sakramentsverwaltung. Sie sei in der Diaspora unerläßlich. Und prompt schon gleich nach diesem Gottesdienst hatte ich meine erste Taufe zu halten, obwohl ich selbst in der Handhabung der Taufagende noch reichlich unbewandert war. Vier Wochen später teilte ich bei der von mir zu haltenden Konfirmation bereits das Abendmahl aus, ebenso in den Gottesdiensten in der Karwoche, an Ostern, Himmelfahrt und Pfingsten. Schließlich waren es ja auch 13 Gottesdienststationen, die mein Chef und ich zu versorgen hatten. Nur der Segnung mit dem Kreuzeszeichen hatte ich mich vor der Ordination zu enthalten. Und statt des „Euch" bei Kanzelgruß und Friedensgruß stellte ich mich durch das „uns" der Gemeinde noch nicht gegenüber.

Drei Monate nach meinem Dienstantritt erhielt ich dann von meinem Kreisdekan die Aufforderung, den Antrag auf Ordination zu stellen und ihm eine ausführliche Erklärung über meine Stellung zu Schrift und Bekenntnis und über mein Verständnis von Kirche beizufügen. Das Gespräch mit meinem Ordinator beschränkte sich auf eine kurze liturgische Information unmittelbar vor der Ordination selbst in der Münchener Auferstehungskirche. Ich habe davon eigentlich nur noch in Erinnerung, daß der damalige Kreisdekan uns vieren sagte, daß wir auf die Frage, die er an uns zu stellen habe, antworten sollten: „Ja, mit Gottes Hilfe."

Ein paar kritische Bemerkungen zur Ordination selbst. Heute nimmt an der Ordination eines Pfarrers z. A. die ganze Gemeinde bewußt Anteil. Sie wird festlich gestaltet. Das schließt zumeist auch ein entsprechendes Zusammensein nach der Feier mit ein. Omnibusse aus der Lehrgemeinde sorgen für eine überfüllte Kirche. Es kommen Studienkollegen und P.-S.-Freunde, zum Teil eben erst ordiniert, zum Teil kurz vor der eigenen Ordination stehend. Vertreter der Öffentlichkeit sind eingeladen und halten Reden. Daß es hier um die Ordination zum Amt der Kirche geht, dessen Aufgabe es ist, „publice docere evangelium et administrare sacramenta", wird hier in wirkungsvoller Weise zur Darstellung gebracht. Ich habe den Eindruck, daß die Ordination in den letzten Jahrzehnten ganz neu wiederentdeckt worden ist. Vielleicht sind die Auseinandersetzungen über ihr Verhältnis zur Installation und zu einer vorherigen Sakramentsverwaltung mit von daher zu verstehen.
Unsere Ordination im Jahre 1949 hatte einen stark privaten Charakter. Der mit Terminen überfrachtete Kreisdekan legte für mehrere Ordinanden Datum und Kirche fest, eine Kirche, zu der ich sonst keinerlei Beziehung hatte. Die Gemeinde ertrug es, daß der Gottesdienst einige zusätzliche, der Predigt vorangehende bzw. ihr folgende Elemente enthielt. Nach dem Gottesdienst ging alles auseinander. Man feierte in kleinem, häufig nur im häuslichen Kreis. Von der Gemeinde, in der ich damals tätig war, war meiner Erinnerung nach nur einer der Kirchenvorsteher bei der Ordination anwesend, wahrscheinlich auch noch mein damaliger Chef.
Die Bedeutung der Stunde wurde mir vor allem dadurch bewußt, daß mein Vater, der bei der Ordination assistierte, mir die Hand auflegte und mir mit einem sehr persönlichen Wort das Amt anvertraute, das er selbst 40 Jahre ausgeübt hatte und vor ihm meine beiden Großväter, drei meiner Urgroßväter und viele meiner früheren Vorfahren bis in Luthers Zeiten zurück. Zugleich war mein Ordinationstag, der 26. Juni, der Tag nach dem Gedenktag an die Übergabe der Augsburgischen Konfession. Dies alles vermittelte mir damals in einer sehr persönlichen Weise das Erlebnis einer Kontinuität, in der das Amt der Kirche steht. Ich trat in die Kette der öffentlichen Vertreter und Zeugen des apostolischen Glaubens ein, in die ich mich schon durch meinen Konfirmationsspruch (Hebr 12,1) hineingestellt fühlte.
Ich bekam – das empfand ich schon damals ganz stark – nicht nur die Legitimation, von nun an ganz und gar selbstständig und in persönlicher Verantwortung zu predigen und die Sakramente zu verwalten, also den Beruf eines Pfarrers ausüben zu dürfen. So wie es Handwerker bei der feierlichen Überreichung des Gesellen- bzw. Meisterbriefes in einer festlichen Veranstaltung erleben oder in schlichterer Form Autofahrer bei der Überreichung des Führerscheins. Sondern da wurde mir der Auftrag anvertraut, den Jesus seinen Jüngern gab, als er sagte: „Wie mich der Vater gesandt hat, so sende ich euch." Ein Wort, das mich bei jeder Ordination, die ich später selbst zu vollziehen hatte, immer wieder überwältigte. Nun war ich „Botschafter an Christi Statt", wie es Karl Schmid, der 2. Pfarrer meiner Konfirmationskirche so manches Mal, 2 Kor 5,19 ff. zitierend, vor dem Kanzelgruß der Gemeinde

zugerufen hatte. Nun sollte ich „weitergeben, was ich selbst empfangen hatte".

Und damit stehe ich bei den Überlegungen, was die Ordination für meinen Dienst in der Kirche in den zurückliegenden Jahrzehnten bedeutet hat und immer wieder neu bedeutet. Ein Dreifaches möchte ich hier weitergeben.

1. Ich bin froh, daß es für einen Pfarrer nicht nur wie in anderen Berufen Examina gibt und die Überreichung eines Zeugnisses, die Übertragung eines bestimmten Aufgabenbereichs und damit den Beginn eines beamtenähnlichen Verhältnisses mit Gehalt, Beihilfen und Versorgungsansprüchen. Daß ich hier also nicht nur einen Beruf ergreife, um Geld zu verdienen, eine Familie zu gründen, und in meiner Frei- und Urlaubszeit das zu tun, was mir eigentlich Spaß und Freude macht. Sondern die Ordination hat das legitimiert und abgesegnet, was ich zu meinem Lebensinhalt machen wollte: anderen Menschen zu dem Glauben zu verhelfen, der mir selbst den Sinn und das Ziel meines Lebens gezeigt, mir Geduld, Kraft und Hoffnung geschenkt hat in den verschiedensten Situationen meines Lebens. Ein mir bekannter Pfarrer hat in einem Artikel über seinen Beruf einmal geschrieben: „Ist das nicht unglaublich, daß ich von der Gemeinde dafür freigestellt bin und sie für mich meinen Lebensunterhalt aufbringt, damit ich Zeit habe für andere Menschen?"

Die Ordination signalisiert für mich, daß Pfarrer-Sein letzten Endes eben doch kein bürgerlicher Beruf ist. Ich verdiene mir mit diesem Beruf nicht „im Schweiße meines Angesichts" meinen Unterhalt, sondern die Gemeinde sorgt für mich. Ich werde von ihr „ausgehalten" und bin frei, das zu tun, was zugleich meinem Leben selbst Sinn gibt, ihm Erfüllung schenkt. Deshalb habe ich keine feste Arbeitszeit, brauche ich nicht in gleicher Weise wie andere den Anspruch auf „Freizeit" zu erheben, damit ich endlich zu dem komme, was mir selbst Freude macht. Natürlich habe auch ich Zeiten der Ruhe nötig, um Atem zu holen, Urlaub, um für die Familie da zu sein und das zu tun, wozu ich neben meinem Beruf leider kaum komme. Ich brauche den Rhythmus von Wachsein und Schlafen. Ich freue mich auf eine freie Stunde, einen freien Tag auch außerhalb des Urlaubs. Aber das Leben, das eigentliche Leben beginnt doch für mich nicht wie für die meisten Arbeiter, Angestellten und Beamten erst nach Dienstschluß. Mein Beruf füllt mich aus, wenigstens grundsätzlich. Braucht ein Künstler, der besessen ist von seinen Inspirationen, einen Achtstundentag? Die Ordination befreit mich von Berufszwängen. Nur in Situationen, in denen die Gemeinde, die Kirche mich nicht „aushalten" kann, muß ich oder meine Frau versuchen, mir auf andere Weise den Lebensunterhalt zu beschaffen.

2. Das Zweite habe ich erst allmählich begriffen. Lange Zeit war für mich die „vocatio interna" in meiner Lebensführung begründet. Sie genügte mir zu meinem Selbstverständnis. Durch meinen Glauben, in dem ich als Pfarrerssohn aufgewachsen war, fühlte ich mich zum Pfarrer berufen. Ich wollte Christus bezeugen auch im 3. Reich, hätte es Bestand gehabt, und erst recht dann in der Gnadensituation des Neuanfangs nach 1945. Und ich empfand es

als göttliches Ja zu diesem Wunsch, daß ich nach achtjähriger Soldatenzeit heil heimkehren durfte. Damals hätte ich auf die Frage, worauf ich mich denn berufe, wenn ich predige und Religionsunterricht erteile, Menschen in ihren Häusern besuche und in Krankenhäusern Seelsorge treibe, wohl nur geantwortet: auf Christus, auf seine Verheißungen, auf seine Weisungen und Anordnungen. An die Ordination hätte ich dabei wahrscheinlich überhaupt nicht gedacht.

Inzwischen habe ich gelernt: Es ist nicht selbstverständlich, daß sich die Türen öffnen, wenn ich anläute und mich als Pfarrer vorstelle. Es ist nicht selbstverständlich, daß ich im Krankenhaus von Zimmer zu Zimmer gehen darf und nur zu sagen brauche: Ich bin der evangelische Pfarrer. Und dann wenden sich mir mit ganz seltenen Ausnahmen – ein einziges Mal hat man mir die Türe vor der Nase wieder zugemacht – die Augen und Ohren von Menschen zu. Sie diskutieren mit mir, sprechen von ihren Schwierigkeiten und Nöten, Ängsten und Zweifeln, erzählen mir aus ihrem Leben und vertrauen mir Dinge an, die sie sonst keinem Menschen sagen würden, sprechen sogar von Sünde und Schuld... Weil ich mehr bin als nur ein freundlicher Mensch, der mit sich reden läßt. Weil hinter mir die Kirche steht, eine Institution, die uralt ist und mächtige Reiche, ehrwürdige Kulturen überlebt hat.

Auf die Frage, warum in England unterschiedslos alle Verstorbenen, auch solche, die aus der Kirche ausgetreten sind, kirchlich bestattet werden, wenn die Angehörigen dies wünschen, antwortete ein anglikanischer Bischof: Weil die Kirche von England Gottes Geschenk an dieses Land ist! Irgendwie haben viele Menschen da, wo sie einem Pfarrer begegnen, das Gefühl: Hier begegnet mir ein offizieller Vertreter der Kirche, ja ein amtlicher Diener Gottes. Und das bin ich erst durch die Ordination geworden, nicht schon durch meine christliche Glaubensüberzeugung. Und umgekehrt: Das bin ich schon durch meine Ordination und nicht erst durch die Überzeugungskraft meiner Rede.

3. Meinen Wunsch, Pfarrer zu werden, den ich schon als sechsjähriger Bub unter dem Eindruck der Pfarrerstätigkeit meines Vaters hatte und den ich seitdem eigentlich niemals mehr aufgegeben habe, diesen Wunsch als „vocatio interna" zu bezeichnen, ist mir inzwischen fragwürdig geworden. Hat Gott mich wirklich berufen? Bin ich Jesus so begegnet, wie es manche aus ihrem Leben in bewegender Weise berichten können? Kann ich meine Berufswahl nicht auch psychologisch und soziologisch erklären? Die kirchliche Sozialisation im Elternhaus, die Familientradition, die innere Opposition zur nationalsozialistischen Weltanschauung und Rassenvergötzung, meine Zugehörigkeit zur evangelischen Gemeindejugend im Kirchenkampf, mein Widerspruchsgeist im Arbeitsdienst und beim Militär, sind das nicht die Gründe gewesen, die mich veranlaßten, Pfarrer zu werden? Steht hinter meiner theologischen Leidenschaft nicht intellektuelle Rechthaberei, hinter meinem Auftreten in der Öffentlichkeit nicht viel menschliche Eitelkeit, hinter meiner Freude an der Jugendarbeit nicht ein sehr menschlicher Eros, hinter meiner Hörbereitschaft in der Seelsorge nicht natürliche Kompromiß-

fähigkeit? So frage ich mich, und solche Fragen führen mich in Anfechtung und Zweifel an mir selbst.
Aber wenn das wahr ist, was ich glaube, „die Sache mit Gott", die durch Jesus geoffenbart und vorgelebt wurde und in der Sammlung von Menschen zu seinem Volk ihr irdisches Ziel hat – und an diesen Glauben klammere ich mich, darum ringe ich, zu dem finde ich immer wieder zurück –, wenn das wahr ist, dann ist meine Sendung durch die Kirche in der Ordination der objektive Tatbestand, an den ich mich halten darf, wenn ich an mir selbst irre werde und das, was ich als Lebensentscheidung bei meiner Berufswahl getroffen habe, mir fragwürdig zu werden beginnt. Ich vertraue darauf, daß der Gott, der auch auf krummen Linien gerade schreiben kann, alle meine psychologisch und soziologisch erklärbaren Entscheidungen zu dem Weg hat werden lassen, den er mich führte.
Eben deshalb habe ich später als Kreisdekan dann auch andere gerne ordiniert, ihnen im Ordinationsgespräch gezeigt, welche Aufgaben auf sie warten. Ich habe ihnen Mut dazu gemacht, ihnen die Probleme aufgezeigt, die mit diesem Dienst verbunden sind, habe in meinen Ordinationspredigten an Hand immer wieder neuer Bibelstellen dieses Gespräch vor der Gemeinde mit ihnen weitergeführt und ihnen dann die Hand aufgelegt, so wie sie einst mir aufgelegt wurde.

## *III. Erinnerungen an Ordinationsgespräche*

Es war eigentlich von Anfang an mehr als nur das Gespräch eines Ordinators mit seinen Ordinanden. Sehr bald wurde es ein Gespräch zwischen Brüdern und Schwestern. Da tauschten ein Jüngerer und ein Älterer Erfahrungen aus, begannen zu theologisieren und erlebten die beiderseitige Freude am Evangelium, das weiterzugeben ihr Beruf war bzw. werden sollte. Berührungspunkte gab es mehr als genug: die persönliche Lebenssituation, die Studienjahre und die in dieser Zeit empfangene Prägung, die Erfahrungen im Lehrvikariat mit seinen Erlebnissen und Schwierigkeiten. Alles andere ergab sich dann von selbst. Daß wir über Sinn und Auftrag des Amtes sprachen und über die beiden Schwerpunkte der Ordination: das Versprechen des Ordinanden, die von ihm einzugehende Bindung. Und die Sendung durch die Gemeinde, die Ergänzung und Bestätigung der „vocatio interna" durch die „vocatio externa". Die Fragen und Probleme, die mir fast in jedem Ordinationsgespräch begegneten, fasse ich in vier Wahrnehmungen zusammen.
1. Wichtig erschien den meisten, die Ordination gegen die katholische Priesterweihe und das römische Amtsverständnis abzugrenzen. Sie verstanden das Amt und damit auch die Ordination vom „Allgemeinen Priestertum aller Gläubigen" her und vertraten theologisch bewußt oder unbewußt die „Delegationstheorie": Die Gemeinde beruft aus ihrem Kreis dazu befähigte und ausgebildete Männer und Frauen in das Amt der Kirche. Die Ordination ist ein innergemeindliches Geschehen wie die Einführung und Berufung

anderer haupt-, neben- und ehrenamtlicher Mitarbeiter nach 1 Petr 4,10. Die „Institutionstheorie", die im Amt der Kirche eine göttliche Stiftung sieht (CA V!) und nicht nur eine der vielen in der Gemeinde wirksamen Gaben und von ihr zu lösenden Aufgaben, wurde zunächst fast von allen als katholisch empfunden. Eine Theologie, die in einseitiger Weise das Gegenüber von Pfarrer und Gemeinde und die Unterordnung der Gemeinde unter das geistliche Amt forderte, wurde von ihnen abgelehnt.
Die theologische Diskussion weiterzuführen, die es seit dem 19. Jahrhundert darüber in unserer lutherischen Kirche gibt, hielt und halte ich für wenig sinnvoll. Das habe ich bei diesen Gesprächen gelernt. Luther selbst vertrat ja je nach Situation die Anliegen der einen bzw. anderen Theorie. Ich rannte meist offene Türen ein und stieß auf Verständnis und Zustimmung, wenn ich das zu veranschaulichen suchte. Es gibt Situationen, in denen es für einen Pfarrer ganz entscheidend ist zu wissen: Ich bin unabhängig vom Urteil der Gemeinde über mich, von ihrer Zustimmung oder Ablehnung, von all den Überlegungen, die sich im Blick auf einen Erfolg bei den Mächtigen und Einflußreichen in Kirche und Gemeinde, bei den Reichen und Spendefreudigen versucherisch aufdrängen können. Ich habe einen Auftrag von Jesus Christus und nicht nur von der Gemeinde. Die Gemeinde ist nur sein verlängerter Arm. Er ist das Subjekt bei der Ordination gewesen. Er will, daß in seiner Kirche das Evangelium verkündigt und die Sakramente gereicht werden ganz unabhängig von den Gaben und Fähigkeiten einer einzelnen Gemeinde. Ich verwies auf Situationen im Kirchenkampf, auf die Auseinandersetzungen in der Reformationszeit und während der Gegenreformation. Ein „Prädikant" blieb ein mit dem Predigtdienst Beauftragter, auch wenn er von Gemeinde und Amt vertrieben als Exulant durch die Lande irrte, vom Staat Redeverbot erhalten hatte oder eingesperrt worden war. Umgekehrt gibt es Situationen, wo die Gemeinde für die rechte Verkündigung des Evangeliums und die einsetzungsgemäße Verwaltung der Sakramente verantwortlich wird und einem Pfarrer widersprechen und zurechtweisen muß. Wie Luther das in einer Schrift von 1523 gefordert hat und im Kirchenkampf bekennende Gemeinden praktizierten. Der Pfarrer als ein Glied der Gemeinde wird sich solchen geschwisterlichen Dienst, in dem das allgemeine Priestertum aller Gläubigen wirksam wird, auch im normalen kirchlichen Alltag jederzeit gefallen lassen müssen. Beide Theorien – das versuchte ich klarzumachen –, die sich scheinbar widersprechen, sind in der kirchlichen Wirklichkeit, die in sich selbst ja auch nicht einheitlich, sondern voller Widersprüche ist, nötig. Sie sind seelsorgerliche Hilfen zu einem komplexeren Verständnis des Amtes, wie es so eine einseitige theologische Theorie nicht leisten kann.
2. Ein längeres Gespräch entwickelte sich jedesmal, wenn wir über die Verpflichtungsformel sprachen und dabei die Bindung an Schrift und Bekenntnis erörterten, vor allem an letzteres. Wie ist sie zu verstehen? Muß diese Verpflichtung verweigert werden, wenn man bestimmte Aussagen der Bekenntnisschriften nicht bejahen kann? Vor allem CA XVI stand hier im

Kreuzfeuer der Kritik. Sie war freilich mit der Vorstellung verbunden, CA XVI entfalte die sogenannte „Lehre von den zwei Reichen“ und räume dem weltlichen Regiment dabei eine unbegrenzte Eigenständigkeit und Autonomie ein. Hier mußten Vorurteile und einseitige Informationen, ja Indoktrinationen abgebaut werden. Das war manchmal etwas mühevoll und zeitraubend. Hatte ich meine Gesprächspartner aber erst einmal mit dem gesamten Wortlaut dieses Artikels bekanntgemacht, vor allem mit seinem einschränkenden Schlußsatz, und auf das meist unbekannte Gegenstück, den Artikel XXVIII mit seiner Warnung vor Klerikalismus und Mißbrauch des geistlichen Regiments hingewiesen, so wurden wir uns auch über die zeitbedingte und zeitbegrenzte Bedeutung des „jure bellare“, und seine verschiedene Auslegbarkeit einig und klar darüber, daß in der heutigen Situation ein Krieg nicht mehr die ultima ratio bei der Lösung internationaler Konflikte sein könne. Der Hinweis auf mittelalterliche Irrwege der Kirche, auf die Theokratie Calvins und vor allem auf die Theologie eines fundamentalistischen Islam weckten Verständnis für die Notwendigkeit einer Unterscheidung der beiden Regimente, wenn sie nicht zu einer starren „Lehre von den zwei Reichen“ weiterentwickelt werden, wie sie im 3. Reich eine verhängnisvolle Rolle gespielt hat.

Im Blick auf die Verpflichtung selbst mußte ich darüber hinaus immer wieder sagen: Sie werden nicht „auf die Bekenntnisschriften“ verpflichtet, sondern „auf das Evangelium“! Das Evangelium, wie es in der Heiligen Schrift „gegeben“ und in den Bekenntnissen unserer Lutherischen Kirche „bezeugt“ ist, hat Inhalt und Norm unseres Redens und Handelns als Pfarrer zu sein. Nur in der Heiligen Schrift ist uns das Evangelium „gegeben“. Es gibt daneben keinerlei Quellen von Offenbarungsqualität. Im 3. Reich machte man geschichtliche Ereignisse wie die „Machtergreifung durch den Führer“ und die Stimme von „Blut und Boden“ dazu, heute vielleicht persönliche Erfahrungen, innere Erleuchtungen, den Rückgriff auf die mythische Schau naturverbundener Religionen und die Vergöttlichung von Naturkräften.

Aber wir sind nicht auf jeden Vers in der Bibel festgelegt. Wir müssen das Evangelium in der Schrift immer wieder neu suchen und entdecken, müssen uns davor hüten, es in Gesetz zu verwandeln. Es gibt „stroherne Episteln“ im Alten und nach Luthers Meinung auch im Neuen Testament. Nur „das, was Christus treibt“, den Glauben an ihn weckt, uns darin befestigt und bestärkt, ist nach Luthers Meinung in der Hl. Schrift für uns relevant. Und dazu sollen uns die Bekenntnisschriften helfen. Sie wollen als Wegweiser und Hilfen verstanden werden, müssen aber zugleich in einem Zirkelverfahren von der Schrift her sich prüfen lassen, ob sie noch stimmig sind. In der Einleitung zum Konkordienbuch, dem „Summarischen Begriff“ haben sie sich diese Beschränkung selbst auferlegt, indem sie zwischen der „norma normans“ und der „norma normata“ unterscheiden. Ich habe immer wieder erleben dürfen, wie diese Erklärung unserer Bindung an Schrift und Bekenntnis befreiend wirkte. Auch für mich war sie befreiend gewesen.

Ein Unbehagen blieb mir freilich von dieser Phase des Ordinationsgesprächs und bedrückt mich bis heute: Das war die geringe Kenntnis der Bekenntnisschriften selbst. Wie kann ich bei der Ordination versprechen, daß ich bei meinem Schriftverständnis und bei meiner Verkündigung und sonstigem kirchlichen Handeln auf die Stimme des lutherischen Bekenntnisses achten solle, wenn ich es nicht kenne? Sogar die wichtigsten Artikel der Confessio Augustana waren vielen nicht geläufig bei unseren theologischen Erörterungen, von den Schmalkaldischen Artikeln, dem Tractatus de potestate papae und der Konkordienformel ganz zu schweigen. Dabei enthalten sie so großartige Feststellungen und Formulierungen, daß sie mir bis heute unentbehrlich sind. Ich denke an den lapidaren Satz „aeterna praedestinatio in Christo consideranda est", an die Forderung, „in statu confessionis" seien auch die Adiaphora verpflichtend, oder an die Grundregel für alles kirchliche Handeln „non vi, sed verbo". Daß wir seinerzeit die ersten 21 Artikel der Augustana uns auswendig lateinisch einprägten, war sicherlich für aus dem Krieg heimgekehrte dreißigjährige Männer mühsam, und ich möchte es keinem heutigen Studenten als Gesetz auferlegen. Aber für meine theologischen Überlegungen und bei Diskussionen ist es mir bis heute hilfreich gewesen. Ich fürchte, die gegenwärtige Besinnung über die Ordinationspraxis gerät auf formalistische Irrwege, wenn die subjektiven Vorbedingungen beim Vollzug der Ordination so wenig ernst genommen werden.

3. Aber auch wenn im Ordinationsgespräch zugestanden werden konnte und mußte, daß jeder von uns mit einzelnen Aussagen der Bekenntnisschriften seine Schwierigkeiten habe, auf eine Frage ging ich doch noch etwas ausführlicher ein: Was geschieht, wenn ich als Pfarrer im Glauben angefochten bin und zu zweifeln beginne. Wenn ich Entscheidendes vom Evangelium nicht mehr vertreten kann, obwohl ich mich bei meiner Ordination daran gebunden habe? Die Ordination garantiert ja nicht zugleich auch den immerwährenden Glauben des Ordinierten. Der Glaube ist, darauf mußte ich hinweisen, zeitlebens gefährdet, auch bei uns Pfarrern, ja bei uns vielleicht am stärksten. Die Ordination und mein Pfarrersberuf können mich davor nicht bewahren. Aber sie verpflichtet mich, um diesen Glauben zu kämpfen und zu ringen und darum zu beten und selbst in der Nacht tiefster Anfechtungen und Zweifel nicht aufzugeben. Sie fordert das lebenslängliche Studium der Schrift und die Beschäftigung mit theologischen Fragen. Sie ermutigt zum Gespräch mit den Brüdern und Schwestern, zum „mutuum colloquium" und zur „mutua consolatio", durch die nach den Schmalkaldischen Artikeln das Evangelium ebenfalls ausgeteilt wird.

Mag sein, daß ich eine Zeitlang mit einer bestimmten Glaubensaussage nicht zurechtkomme. Dann sollte ich mit meinen Zweifeln nicht unbedingt aus einem falschen Wahrheitsverständnis heraus auch noch die Gemeinde damit belasten, womöglich gar eine „Antipredigt" halten. Das gilt übrigens auch für manchen Predigttext, der mir Not macht. Aber ich brauche mich auch nicht abzuquälen und eine Sache zu vertreten, die ich im Augenblick nicht vertreten kann. Dann predige ich darüber eben einmal nicht. Es gibt ja noch eine Fülle anderer Aussagen bzw. Predigttexte. Und wenn die Anfechtung über-

wunden ist, kann gerade der Hinweis auf die dabei gemachten Erfahrungen meine Glaubwürdigkeit unterstützen.
Zu den Anfechtungen, die keinem Pfarrer erspart bleiben, gehört „das Leiden an der Kirche“. Wir haben bei jedem Ordinationsgespräch darüber gesprochen. Über das, was einem angehenden Theologen schon jetzt Not bereitet, und über das, was im Dienst der Kirche alles an Ernüchterungen und Enttäuschungen auf ihn zukommen wird. Es war mir wichtig, daß ich dies jedem vor seiner Ordination noch einmal bewußt machte, daß er sich über die Knechtsgestalt der Kirche, ihre Runzeln und Flecken, Fehler und Schwächen keinen Illusionen hingebe. Er sollte sich klar darüber sein, was es bedeutet, daß sich sein Dienst als Pfarrer im Raum einer Kirche vollzieht, die sich unter Umständen viel weniger ändern läßt, als er und seine Generation es vorhaben und sich zutrauen.
Als ein im Dienst dieser Kirche alt Gewordener möchte ich dem hinzufügen: Wenn ich von heiligem Zorn über Menschen und Mächte in dieser Kirche ergriffen wurde und der Eifer um das Haus des Herrn mich fast verzehren wollte, fiel mein Blick gottlob gelegentlich auch auf mich. Wer bist denn du? Was hast du alles falsch gemacht, wem hast du alles Ärgernisse bereitet? Der Balken im eigenen Auge hat mich barmherzig, mehr noch, er hat mich nachdenklich gemacht.
4. Ein schwieriger Gesprächspunkt war schließlich auch das Versprechen eines christlichen Lebenswandels. „Bist du bereit, in der Nachfolge Jesu Christi, deines Herrn, zu leben und dich in allen Dingen so zu verhalten, wie es deinem Auftrag entspricht?“ Die Notwendigkeit einer solchen Forderung leuchtete zwar irgendwie ein. Aber die Bereitschaft, in solch solenner Form sich dazu zu verpflichten, fiel vielen doch sehr schwer. Ich wurde gefragt: Kann von einem Pfarrer mehr verlangt werden als von einem normalen Gemeindeglied? Ich mußte antworten: Sicherlich nicht. Aber eben dies, nämlich ein Leben in der Nachfolge Christi, verlangen Sie als Pfarrer, wenn Sie das Evangelium verkündigen, doch gerade auch von Ihren Gemeindegliedern. Ihr eigener Lebenswandel darf solche Forderungen auf der Kanzel doch nicht Lügen strafen. Daß auch ein Pfarrer von der Vergebung lebt, gehört auf ein anderes Blatt. Aber daraufhin darf doch er ebensowenig wie jeder anderer Christ bewußt oder gleichgültig sündigen.
Ich habe zu den Ordinationsgesprächen immer auch die Ehepartner oder Verlobten, den Freund oder die Freundin einzuladen versucht. Auch wenn die Verpflichtung eines vorbildlichen Lebenswandels nicht mehr wie in den früheren Agenden vollmundig das „Haus“, das heißt Frau und Kinder, mit einschließt, kann nicht außer acht gelassen werden, was es bedeutet, wenn ein Pfarrer bzw. eine Pfarrerin heiratet bzw. verheiratet ist. Und was es für den Ehepartner bedeutet, mit einem Pfarrer bzw. einer Pfarrerin verheiratet zu sein. Wir sind es unseren Ehepartnern schuldig, daß sie wissen, was da auf sie zukommt, auf was für eine Form von Ehe sie sich da eingelassen haben und daß sie das akzeptieren. Es ist eine Illusion, ausgerechnet als Pfarrerin oder Pfarrer zu meinen, man heirate nur den geliebten Menschen, der Beruf

spiele dabei keine Rolle. Das gilt doch auch für die meisten andern Ehen nicht.
Die evangelische Kirche fordert von ihren Pfarrern nicht wie die katholische Kirche die Ehelosigkeit, damit sie ganz frei seien für ihren Dienst. Sie fordert auch nicht das Versprechen einer über das Maß anderer Gemeindeglieder hinausreichenden Mitarbeit des Ehepartners. Wohl aber ist die Bereitschaft des Partners nötig zu akzeptieren, daß die Ordination den Mann bzw. die Frau stärker als ein anderer Beruf beansprucht und für den Dienst am Evangelium beschlagnahmt. Vielleicht waren die dadurch geforderten Verzichte in einem patriarchalischen Zeitalter verständlicher und leichter. Wir werden Formen finden müssen, wie eine partnerschaftlich gestaltete moderne Ehe sich, falls nicht beide Theologen sind, mit einer Beschlagnahmung des einen Eheteils vereinbaren läßt, die über das in vielen anderen Berufen übliche Maß hinausreicht. Hier könnten die „Pfarrmänner" Modelle entwickeln, die auch für „Pfarrfrauen", besonders für solche, die berufstätig sind, hilfreich werden könnten. Für eine Pfarrer-Pfarrerin-Ehe müßten sie noch weiter entwickelt werden als schon bisher. Ich wies beim Ordinationsgespräch freilich auch immer darauf hin, daß die jeweils zeitgemäßen Formen einer bürgerlichen Ehe nicht den einzigen Maßstab bilden sollten für den, der in der Bindung an seinen Herrn und in seinem Dienst die herrliche Freiheit der Kinder Gottes entdeckt hat, zu der es gehört, etwas zu haben, als hätte man es nicht.
Ich komme abschließend noch einmal auf eine ganz persönliche Erfahrung zurück. 25 Jahre nach unserer Ordination trafen wir Jahrgangskollegen aus dem Nürnberger Predigerseminar 1948/49 uns zusammen mit unseren Frauen zu einer Wiedersehensfeier. Ein Zweifaches hat sich meiner Erinnerung davon eingeprägt. In der „hora biographica" berichteten nicht wir Männer über unseren seitherigen Lebensweg, über die Stationen unseres Wirkens, über unsere Erfolge und unsere Probleme. Sondern unsere Frauen erzählten, was sie an uns selbst und in dieser Zeit mit uns in Ehe, Familie, Gemeinde und Kirche, was sie als Pfarrfrauen, Ehefrauen und Mütter erlebt hatten. Da begegneten wir nicht nur uns selbst in einer Art Selbsterfahrungsgruppe, da erfuhren wir zugleich, wie tief unser Beruf in das persönliche Leben unserer Frauen und Kinder hinein gewirkt hatte.
Und wir Pfarrer, die als Vikare im Predigerseminar theologisch sehr unterschiedliche Meinungen vertraten und darüber von Anfang bis Ende gestritten und Gruppen gebildet hatten, wir entdeckten auf einmal, daß diese theologischen Gegensätze gar nicht das Wesentliche in unserem seitherigen Leben gebildet hatten, sondern daß uns eine 25jährige Pfarrerstätigkeit mit ihren Freuden und Leiden, ihren Erfolgen und Niederlagen, ihren Bewährungen und Versäumnissen aufs engste verband. Wir waren nicht mehr nur Theologen, wir waren Pfarrer geworden. Und gerade dadurch erst ganz und im tiefsten Sinne auch Theologen. Das hatte der Weg zustandegebracht, den wir geführt worden waren, äußerlich voneinander getrennt, aber miteinander verbunden durch die bei der Ordination übernommene Verpflichtung und empfangene Sendung, durch ihre Wirkungsgeschichte an uns, ihren Trägern.

Gertrud Kapp

# Erste Schritte der Pfarrerfortbildung

Erinnerungen an das Pastoralkolleg

Es ist jetzt 18 Jahre her, daß ich mit meiner Mitarbeit bei Dieter Voll am Pastoralkolleg Neuendettelsau begann. Davon und von den folgenden Jahren möchte ich erzählen.

Um 1970 fanden die Methoden der „Selbsterfahrung" (des sensitivity-trainings) Eingang in der kirchlichen Arbeit. In den Predigerseminaren Nürnberg und Bayreuth traf ich schon auf einige Vikare, die während ihres Studiums an solchen Seminaren teilgenommen hatten und nun dafür sorgten, daß unsere Zusammenarbeit so „dynamisch" als möglich ablief. So warf beispielsweise während eines Rollenspiels der „Sohn" nach dem „verhaßten Vater" mit vollem Schwung einen Stuhl, und die verbalen Angriffe waren nicht weniger hart.

Ich war damals der Meinung, daß solche Szenen sich bei berufserfahrenen Pfarrern nicht ereignen würden. Diese hätten sicher ihre Autoritätsprobleme weitgehend verarbeitet, auch die Rivalität, die bei den Vikaren eine so große Rolle spielte. Aber ich wurde im Laufe der Jahre eines anderen belehrt.

Als Dietrich Stollberg, mit dem ich schon zusammengearbeitet hatte, mich aufforderte, in einem Selbsterfahrungsseminar in Neuendettelsau mitzumachen, war ich gerne dazu bereit. Da es sich um berufserfahrene Teilnehmer handelte, meinte ich, daß sich die Dynamik in Grenzen halten würde. Wir fuhren zusammen zum „Haus der Stille", das ich damals zum ersten Mal sah. Der Eingang durch den Garten, der Blick vom Flur in den schönen Innenhof, das ruhige Zimmer mit den leuchtenden Herbstbäumen vor dem Fenster, vor allem die freundliche Aufnahme durch die Hausschwester, wirkten sehr angenehm auf mich.

Bei der Vorbesprechung mit dem Rektor des Pastoralkollegs, Dr. Dieter Voll, sagte dieser, daß er nicht im Team mitarbeiten, sondern ein Teilnehmer als „Pfarrer unter Pfarrern" sein wollte. Auf die Frage, ob er wüßte, daß er in dieser Rolle alle Angriffe auf die Autorität auf sich konzentrieren würde, erklärte er mutig, daß er bereit wäre, das zu ertragen. Er gefiel mir in seiner ruhigen Entschlossenheit, und ich habe ihn während des Seminars bewundert, wie er die Angriffe ertrug und beantwortete, die sich in scharfer und heftiger Form an ihn richteten. Vielleicht hat der persönliche Einsatz von Dieter Voll dazu beigetragen, daß die Probleme der Autorität in gründlicher Weise bearbeitet werden konnten, die bei den berufserfahrenen Pfarrern eine ebenso wichtige Rolle einzunehmen schienen wie bei den Vikaren.

Als einzige Frau in diesem Männerkreis erlebte ich die Projektionen und Fantasien auf mich als Mutter, Geliebte, Braut oder Freundin, auch als unbeliebte harte Frau, mit der man nicht gerne etwas zu tun hatte, weil sie ständig etwas forderte. Gegen Ende meiner Mitarbeit beschäftigte sich die Gruppe über eine Stunde lang mit der Frage, ob und was sie mir zum Abschied schenken wollte. Das reichte über einen Blumenstrauß, über Pralinen oder geistige Getränke bis hin zu der eindeutigen Absage: „Von mir kriegt sie nichts!“ Was es nun schließlich war, weiß ich nicht mehr, ich glaube, es war ein Blumenstrauß. Nach der Mitarbeit in diesem Training blieb mir ein gutes und warmes Gefühl für das „Haus der Stille“ mit den Menschen, die ich darin erlebte. Die Kapelle mit dem Dornenbusch, mit dem großen Fenster, durch das ich ein Eichhörnchen im Baum herumspringen sah, der Klang der wunderbaren Musik, und die Worte, die Dieter Voll sprach, das sind Bilder und Eindrücke, die mir bis heute unvergeßlich sind.

Ich freute mich, als Dieter Voll mir zwei Jahre später vorschlug, im Rahmen des Pastoralkollegs einen Abschnitt zur Bearbeitung von Praxisproblemen zu übernehmen. Um mich besser an diesen ersten Kurs zu erinnern, schaue ich mir jetzt das Foto an, das Dieter Voll von dieser Gruppe machte. (Ob ich heute noch einen von den Pfarrern wiedererkennen würde? Und sie mich?) Wie auf dem Foto, so sahen die Teilnehmer mich an, als wir am ersten Abend im Kaminzimmer zusammensaßen. Erwartungsvoll, aber auch etwas mißtrauisch, wie mir schien, nicht sehr erfreut, weil die bisherige intensive Arbeit an einem theologischen Thema durch mich, die unbekannte Frau, unterbrochen wurde.

Dieses erste Zusammensein ist mir heute noch sehr erinnerlich. Es war auch lustig, weil Dieter Voll seine humorvollen Ergänzungen dazu gab, aber es machte mich doch unsicher, weil mir nicht klar war, wie die Gruppe meine Angebote aufnehmen würde. Das Thema hieß: „Formen der Zusammenarbeit“. Wie würde es mir gelingen, mit den Pfarrern zu einer guten und sinnvollen Zusammenarbeit zu kommen?

Damals begann ich meine Lehrgänge mit dem Angebot einer Kooperationsübung, die zunächst nichts mit dem spezifischen Berufsfeld der Teilnehmer zu tun hatte. Ich wies darauf hin, daß wir hinterher das gemeinsame Tun auswerten wollten. Nun erlebte ich, daß die Pfarrer pflichtbewußt meinen Anweisungen Folge leisteten und sehr vorsichtig arbeiteten, in dem nachfolgenden Auswertungsgespräch aber durch viele Fragen nach dem „warum“ einer solchen Übung und dem Wunsch nach Aufhellung durch die Theorie von den anstehenden Problemen ablenkten. Auch bei meinen nächsten Angeboten war es ähnlich. Mir kam es so vor, als wenn die Pfarrer Sorge hätten, von mir manipuliert zu werden. In diesen Jahren gingen Berichte über Selbsterfahrungsseminare und Gruppendynamik von Mund zu Mund, und es wäre möglich, daß die Widerstände, die ich erlebte, auch von daher beeinflußt waren. Ich erkannte, daß ich anders arbeiten mußte, und nachdem ich mich mit Dieter Voll beraten hatte, versuchte ich, anstelle der gruppendynamischen Übungen die Praxis des Pfarrers in den Mittelpunkt zu stellen. So bot ich Rollenspiele an und bat die Teilnehmer, ihre Themen selbst zu entwickeln. Da zeigten sich plötzlich die Lebendigkeit und die Fähigkeit der

Pfarrer, Situationen aus der eigenen Praxis so darzustellen, daß die Schwierigkeiten deutlich wurden. Ich kann mich heute nicht mehr an die genauen Formulierungen erinnern, aber meiner Erinnerung nach waren es Themen wie: der Kampf des Pfarrers mit dem Kirchenvorstand um eine nötige Veränderung – das Bemühen, mit den Kollegen im Amt zu einem gemeinsamen Konzept zu kommen – oder die Schwierigkeit, in der eigenen Familie den gemeinsamen Sommerurlaub zu planen. Jetzt gab es genug wichtige Fragen für das Nachgespräch, und manches konnte Dieter Voll aus diesem Abschnitt in die Fortführung seines Lehrgangs hineinnehmen.

Aus diesem ersten Zusammensein mit den Pfarrern hatte ich gelernt, wie ich in den folgenden Lehrgängen vorgehen mußte, um das Interesse und die aktive Mitarbeit der Teilnehmer zu gewinnen. Um den Anfang miteinander leichter zu machen, versuchte ich Verschiedenes: zum Beispiel das Anschauen einer Landkarte, auf der ich sehen konnte, woher die Pfarrer kamen, oder von Zeichnungen, auf denen die Teilnehmer ihr „Umfeld": das Pfarrhaus, die Kirche und die dazugehörige Gemeinde, darstellten und ihre Erklärungen dazu gaben. Dabei kamen wir ins Gespräch und lernten uns schneller kennen als bei der förmlichen Namensnennung am Beginn des Kurses.

An einen Lehrgang im Pastoralkolleg erinnere ich mich besonders gern. Das Thema hieß: „Der Hausbesuch des Pfarrers." Nachdem im ersten Teil die theoretischen Grundlagen von Richard Riess erarbeitet waren, konnte ich gleich in die Praxis mit Gesprächsübungen und Rollenspielen einsteigen. Ich habe selten so großartige Schauspieler erlebt, wie bei diesen Darstellungen. Eine Übung hieß: „der unbekannte Besucher" und brachte den „Pfarrer" in die schwierige Lage, den Gesprächspartner richtig zu verstehen und ihm gegebenenfalls zu helfen. So kam beispielsweise ein „Mann", der uferlos sprach, ohne daß man erkennen konnte, wo eigentlich das Problem lag, oder ein anderer, dem das Sprechen schwer fiel, so daß der „Pfarrer" immer wieder nachfragen mußte. Beim Rollenspiel „der Hausbesuch" brachten die Teilnehmer problematische Situationen, die sie selbst erlebt hatten, aber auch solche, die dem „Pfarrer" eine ausweglose Situation boten. Ich erinnere mich an einen „Hausbesuch", bei dem nichts – aber auch gar nichts – in Ordnung war, etwa so: Der Vater war Alkoholiker, die Mutter nervenkrank, die Tochter ausgeflippt, und der Sohn ein Schulschwänzer. Was sollte der „Pfarrer" sagen, was tun? Bei solchen oder ähnlich problembeladenen Darstellungen schienen die zuschauenden Teilnehmer gespannt zu warten: „Mal sehen, wie er damit fertig wird!" (Wie stand es wohl mit der Rivalität bei den berufserfahrenen Pfarrern?) Abends im Bierstüberl wurde weitergesponnen und manche lustige Begebenheit aus dem eigenen Erleben erzählt. Dieter Volls mundartliche Geschichten haben mich besonders ergötzt.

In den Kursen für Pfarrersehepaare, bei denen ich ab 1981 mitarbeitete, standen als Themen die Zweierbeziehung sowie die Kooperation zwischen den sechs Paaren im Mittelpunkt.

Das Bild dieser gemischten Gruppe mit den Frauen in ihrer hellen und bunten

Bekleidung zwischen den Männern wirkte auf mich lockerer und ungezwungener als die reine Männergruppe bisher. Ich weiß nicht mehr, wie mir der Einfall kam: Ich fragte die Gruppe zu Beginn, ob ich raten sollte, wer zueinander gehört. Die lustige Zustimmung gab mir Mut, und es gelang mir, die ersten vier Paare richtig zusammenzustellen. Bei den letzten zwei Paaren erschien es mir schwierig, und so entschloß ich mich, den jüngeren Mann einer jüngeren Frau, und die etwas ältere Frau einem älteren Mann zuzuordnen. Leider war das falsch. Es wurde zwar sehr gelacht und eine schnelle Richtigstellung vorgenommen, aber wahrscheinlich war dieser Spaß für die Betroffenen nicht ganz frei von Gefühlen der Verunsicherung, auch der Kränkung. Ich habe aus dieser Situation gelernt, daß ich eine Gruppenarbeit so nicht anfangen sollte, und habe dieses Angebot niemals mehr wiederholt.
Die Probleme der Partnerbeziehung wurden durch Übungen wie „Malen zu zweit", „Sprechen und Zuhören" u. a. deutlich gemacht. Am greifbarsten konnten die Schwierigkeiten beim „Malen des Beziehungsfeldes" dargestellt werden. Unabhängig voneinander zeichneten die Ehepartner ihr Beziehungsfeld und legten ihre Bilder nacheinander in die Mitte des Kreises. Sie durften erst miteinander sprechen, wenn jeder das Bild des Anderen in sich aufgenommen hatte.
Ein Pfarrer stellte dabei mit Erstaunen fest, daß seine Frau die Kirche und das Gemeindezentrum in die äußerste Ecke ihrer Zeichnung gesetzt hate, weit weg von ihrem eigenen Beziehungskreis.
Sie begründete das damit, daß ihr Mann sich den kirchlichen Aufgaben weitaus mehr widmen würde als der eigenen Familie, die ihr Leben eigentlich ohne ihn führen mußte.
Ein Pfarrer, der in seiner Zeichnung die Kirche, das Gemeindezentrum und sein stilles Arbeitszimmer im Dachgeschoß des Pfarrhauses als seine eigene Welt darstellte und beschrieb, sprach zwar über sein schlechtes Gewissen der Familie gegenüber, deren Erwartungen er aber nicht entsprechen konnte, weil sein Dienst ihn vorrangig forderte.
Die Zeichnungen aller Paare ähnelten sich so sehr, daß im Anschluß an diese Übung ausführlich über die Probleme einer Pfarrersehe gesprochen werden konnte, über die Erwartungen und Enttäuschungen von beiden Seiten, und über mögliche Wege, die Schwierigkeiten zu verringern. In der Mittagspause sah man die Paare im Garten oder im Wald intensiv miteinander sprechend spazieren gehen.
Ein Rollenspiel, an das ich mich noch genau erinnere, war in diesem Zusammenhang sehr aufschlußreich:
Der „Pfarrer" trat nach dem Gottesdienst aus der „Kirche". Zu unser aller Überraschung erklang dazu echte Orgelmusik. (Ein zuschauender Teilnehmer assistierte den Darstellern mit seinem Spiel auf der kleinen Hausorgel.) Nahe vom „Pfarrer" wartete die "Pfarrfrau" am „Auto" (was erklärt wurde) auf ihren Mann, um ihn schnell zur Nachbargemeinde zu fahren, wo der Gottesdienst gleich beginnen sollte. Da trat ein „Mann" auf den „Pfarrer" zu und verwickelte ihn in ein Gespräch, das der Pfarrer nicht abzubrechen

vermochte. Die „Pfarrfrau" rief und mahnte zur Eile, der „Pfarrer" aber stand wie auf glühenden Kohlen und wagte es nicht, das Gespräch zu beenden. In der Nachbesprechung kamen Fragen, wie: Ist es so schwer „nein" zu sagen? Ist der Beruf wichtiger als die Familie? Kann der Pfarrer als glaubwürdig bezeichnet werden, wenn er draußen immer freundlich ist, zuhause aber ...? und schließlich: Ist ein Christ immer im Dienst?

Der Kurs 1981 mit den Pfarrersehepaaren ist für mich besonders interessant, weil die Teilnehmer in drei Gruppen zu je zwei Ehepaaren Bilder im Rahmen einer Kooperationsübung malten, von denen ich Fotos besitze. Jedes dieser Bilder ist ein kleines Kunstwerk mit einem tiefen Sinn. Die große Verschiedenheit der drei Gruppen zeigte sich deutlich.

Das eine Bild stellt Kreise dar, die in eine Kreuzform hineingestellt sind. Es ist klar aufgebaut und schön in der Farbgebung. Das zweite zeigt Flüsse, die an vier verschiedenen Quellen entspringen, durch sehr unterschiedliche Landschaften fließen und sich schließlich im Mitelpunkt vereinigen, um gemeinsam ein Wasserrad zu bewegen. Das dritte Bild wirkt in seiner Komposition und Farbigkeit sehr emotional. Ein schönes Gesicht einer weinenden Frau ist an den Rand gedrängt, beherrscht aber die ganze Darstellung.

In den nachfolgenden Kursen versuchten wir, durch Rollentausch die Probleme einer Pfarrersehe noch deutlicher darzustellen. Jetzt war die Pfarrfrau „der Pfarrer", und der Pfarrer „die Pfarrfrau". Ich sehe ein Rollenspiel noch ganz deutlich vor mir. Die Information lautete: Die Pfarrersfamilie sitzt beim Mittagessen am Tisch. Da läutet es an der Haustür. Die „Kinder" maulen: „Immer werden wir beim Essen gestört. Laßt den doch ruhig läuten, wir machen nicht auf!" Nach einer Weile, als das Läuten nicht aufhört, sagt der „Pfarrer" zu seiner Frau: „Geh doch mal nachschauen, wer da ist!" Die „Pfarrfrau" steht vom Essen auf, man hört ein kurzes Gespräch an der Haustür. Die „Pfarrfrau" kommt zurück und sagt: „Herr M. ist da, er will dich sprechen. Es wäre wichtig." Der „Pfarrer" verärgert: „Immer werden wir beim Essen gestört!" Zur „Pfarrfrau": „Geh doch hin und sage Herrn M., daß er am Nachmittag wiederkommen soll." Ich erinnere mich, daß der richtige Pfarrer nach diesem Rollenspiel erklärte, er wüßte jetzt, wie es seiner Frau zumute wäre. Die echte Pfarrfrau hatte sich als „Pfarrer" auch nicht wohl gefühlt und meinte, daß es so nicht weiter gehen könnte.

In dem für mich letzten Kurs 1983 ging es in unseren Nachgesprächen um „das Eigentliche". Es wurde gefragt, ob durch solche Übungen und kleinen Rollenspiele „das Eigentliche" deutlich gemacht werden könnte. Es ginge – für uns als Christen – schließlich um mehr.

Diese Frage konnte ich nicht beantworten, weil für mich „das Eigentliche" im Alltag ständig geschieht und sichtbar werden kann, für mich selbst im Bemühen um Wahrheit und in meiner Begegnung mit dem Mitmenschen. Da ich das aber nicht in Worte fassen konnte, gab ich diese Frage an Dieter Voll weiter, der mir in allen meinen Kursen ein unentbehrlicher, wesentlicher und unvergeßlicher Begleiter geworden war.

Wolfgang Dietzfelbinger

# Evangelische Predigt in Nürnberg

Die Glanzzeit evangelischer Predigt in Nürnberg liegt zu Anfang dieses Jahrhunderts. 1902 wurde Christian Geyer als Hauptprediger nach St. Sebald, ein Jahr später Friedrich Rittelmeyer an die Heilig-Geist-Kirche berufen. Vom ersten Augenblick an gab es zwischen beiden eine tiefe persönliche Neigung und geistige Verwandtschaft, die länger als ein Jahrzehnt das Nürnberger kirchliche Leben befruchtet hat.

Die zwei Freunde wurden sehr bald zu bekannten Kanzelrednern, die die Bänke ihrer Kirchen unversehens füllten. Das aufgeklärte Bildungsbürgertum, das mit der Religion fertig zu sein glaubte, horchte plötzlich auf. In einer Stadt, in der man sich jahrzehntelang auf der Straße nicht mit dem Gesangbuch hatte sehen lassen, saß man auf einmal unter der Kanzel.

Rittelmeyer und Geyer waren bewußt moderne Menschen ihrer Zeit, die ein waches Interesse für Gegenwartsfragen mit einer umfassenden theologisch-philosophischen Bildung verbanden. Liebenswürdig und geistreich, frei von allem unangenehmen Pathos, Geyer mehr anschaulich und gewinnend, Rittelmeyer eher vergeistigt und suggestiv, so faszinierten sie die Gottesdienstbesucher.

1900 legten sie zum ersten Mal gedruckte Predigten vor: „Gott und die Seele" hieß der Band, zu dem beide beigesteuert hatten. Damit wurde die Nürnberger Botschaft weit hinausgetragen. In diesen Reden ist die biblische Wahrheit nicht etwas Vergangenes, sondern stets in Beziehung zu Fragen der Gegenwart. Nicht was der Apostel Paulus den Korinthern um die Zeitenwende, sondern was er den Nürnbergern vor dem Ersten Weltkrieg zu sagen hatte, wurde entfaltet, und zwar in einer persönlichen, wahrhaftigen und die Freiheit des Hörers respektierenden Diktion. Der tiefere Sinn der alten Erzählungen sollte hervortreten und sich mit der Überzeugung der Gläubigen verbinden. Selbstverständlich wurde vom Recht der psychologischen Interpretation Gebrauch gemacht, entsprechend der zentralen Bedeutung, die dem religiösen Erlebnis zukam.

Bedenken und Zweifel gegenüber den neutestamentlichen Wundergeschichten und dem biblischen Schöpfungsbericht wurden verstehend aufgenommen und nicht, wie es ein maßregelnder Hirtenbrief der kirchlichen Obrigkeit verlangte, in würdigem Trotze niedergerungen. Von objektiven Heilstatsachen, die man glauben müsse, hielten die beiden nicht viel; die Lebendigkeit hatte den unbestrittenen Vorrang vor der dogmatischen Richtigkeit. Lebendigkeit aber, so sagten sie, komme aus der lebendigen Persönlichkeit Jesu Christi.

„Liberal" (im Gegensatz zu orthodox) nennt man diese Art Frömmigkeit und Theologie bis heute. Konflikte mit der konservativen Richtung der bayerischen Landeskirche sind nicht ausgeblieben; sie haben bis hart an die Verurteilung von Geyer und Rittelmeyer durch den Oberkonsistorialpräsidenten Hermann Bezzel geführt. Jedoch ist das Ende dieser Glanzzeit durch den Ersten Weltkrieg markiert, währenddessen Rittelmeyer von Nürnberg wegging. Er kam nach Berlin, verließ später die evangelische Kirche und gründete, nachhaltig von der Anthroposophie Rudolf Steiners beeinflußt, die religiöse Gruppe der Christengemeinschaft. Geyer folgte diesem Wege nicht, sondern wandte sich gegen sein Lebensende hin wieder stärker dem traditionellen Glauben seiner Kirche zu.

1916, in eben dem Jahr als Rittelmeyer gegangen war, kam als zweiter Pfarrer nach St. Lorenz der 33jährige Wilhelm Stählin und wurde in kurzer Zeit ein Mittelpunkt des geistigen und religiösen Nürnberg. Er hatte die besondere Gabe, die Jugend aus den gebildeten Schichten zu gewinnen. „Seine Predigten waren formvollendet und inhaltsschwer, aber frei von Schöngeistigkeit und Effekthascherei. Wir warteten mit Spannung von einer auf die andere!" So urteilt Walther von Loewenich, der als junger Mensch Stählin in St. Lorenz gehört hat. Auch dieser Prediger war durch den Liberalismus geprägt; bei ihm kam hinzu eine besondere Vorliebe für die Liturgie. So war er der erste, der während der heiligen Nacht eine feierliche Christmette in der Lorenzkirche veranstaltet hat. Hundert Meter Tannengirlanden wurden geflochten, drei- bis vierhundert Kerzen aufgesteckt – aber die Veranstalter bangten bis zuletzt, und viele Kollegen Stählins hatten den verrückten Einfall belächelt und einen völligen Mißerfolg vorausgesagt. Der Zustrom übertraf jedoch alle Erwartungen: Sechstausend Menschen drängten sich zu jener ersten Christnacht in St. Lorenz und fast ebenso viele fanden keinen Einlaß mehr. Inzwischen ist die Christmette in vielen Kirchen zur festen Sitte geworden.

Ein Altersgenosse von Stählin war Julius Schieder. Er kam aber erst 1928 nach Nürnberg, zunächst für sieben Jahre als Direktor des Predigerseminars, danach als Kreisdekan und Dekan. Auch Schieder war im theologischen Liberalismus aufgewachsen, hatte sich jedoch zu jener Zeit bereits radikal davon abgekehrt. Er hatte den Umschwung zu einer strengen Bibel- und Bekenntnistheologie mitvollzogen, der nach 1918 durch Karl Barth und Luthers Wiederentdeckung erfolgt war. Diese Überzeugung bewahrte er vor allem in der Auseinandersetzung mit der Ideologie des Nationalsozialismus. In kritischen Stunden des Dritten Reiches hat er von der Kanzel unerschrokken, zupackend und zugleich besonnen die biblische Botschaft gepredigt: Im Bekenntnisgottesdienst von 1935 gegen den Blut- und Boden-Mythos der Deutschen Christen, 1938 zum gewaltsamen Abbruch der Münchner Matthäuskirche und vor Hitlers Einmarsch im Sudetenland. Die Euthanasie klagte er 1941 an und die große Zerstörung Nürnbergs durch die Bomben im Januar 1945.

Diese vier Namen erheben keinen Anspruch auf Vollständigkeit; statt aber zu diskutieren, welche weiteren erwähnenswert sein könnten – etwa Merkel,

Galsterer und Veit – sei abschließend die Frage nach der heutigen Predigt gestellt.
Von unseren geistlichen Vätern und Großvätern trennt uns viel: Den Idealismus um 1900, wie er nicht selten bei Geyer und Rittelmeyer zu finden ist, haben die Erfahrungen zweier Weltkriege gründlich zerschlagen, Stählins liturgische Bestrebungen wirken öfters antiquiert und das Schieder'sche Pathos zu undifferenziert. Viele von ihren ehemaligen Aufgaben hat die Predigt an die Massenmedien abgegeben, und längst ist der Gottesdienst nicht mehr der gesellschaftliche Mittelpunkt. Trotzdem läßt sich von jenen Männern bis heute etwas lernen: von Geyer die Aufgeschlossenheit und Wärme, von Rittelmeyer das Bewußtsein, daß sich der christliche Beitrag im Gespräch der Anschauungen nicht zu schämen braucht. Was Stählin über Symbole und Zeichen sagte, hat neue Aktualität, und Schieders Ruf zur Theologie Luthers ist weiter beherzigenswert.

Woty Gollwitzer

# „Etliches fiel unter die Dornen ..."

Dem Jubilar
einige Thesen zu einem brisanten Thema,
auf Bitte der Kirchenleitung anläßlich der Tagung
unserer Landessynode in Hof (20. 11.–25. 11. 1988)
eilig, jedoch mit beträchtlichem Herzklopfen
hinnotiert.
Sie blieben (nahezu) ohne Antwort.

*Marginalien, ganz ohne Förmlichkeit, zum Thema „Teildienst in unserer Kirche". Aufgelesen in St. Sebald und anderswo*

## 1. *Der Nachtportier*

Damals, vor gut einem Jahr, ich war gerade gefragt, ob ich nach St. Sebald gehen würde, die neu geschaffene Pfarrstelle für Touristenseelsorge zu übernehmen, sagte mir einer:
„Das ist nichts für Sie.
Das ist ein Job für einen Nachtportier."
Wie wahr, wenn ich nach langen Sebaldnächten um halb zwei in der Frühe endlich die Garagentür schloß.
Aber daß es dann so weitergehen würde:
In der Frühe die Gremien, die vielen Besprechungen, die Führungen, die ausgefallenen Mittagessen, und sitzt du gerade einmal am häuslichen Mittagstisch: Telefonate, „public relations", Presse, Rundfunk. Neue Dimensionen gehen auf: ihr Reiz, ihre Schatten. Nachmittags dann wieder Führungen, Gespräche, Besuche, abends der Gremien zweiter Teil: Sitzungen, Projektrunden, Seminare. Nicht eingerechnet die Termine auswärts: Tagungen, Konsultationen in Sachen Tourismus; an Interessenten fehlt es nicht.
Wenig an Übertreibung, wenn ich so schreibe.
Nach einem Jahr des Jasagens hat das Nein seinen legitimen Ort bekommen.
Aber:
Keine Klage. Es ist ja gut, daß es so geworden ist; es hätte ja auch anders ausgehen können.

## 2. *Kalkulation und Hingabe*

Der Teildienst lebt von der Beschränkung, vom Limit, das man sich setzt, von der Grenze, die einer zieht.
Der Teildienst braucht die Kalkulation, die Taktik, ist gesteuerter Einsatz, gemäßigtes Engagement.

Der Dienst an Menschen, in der Gemeinde, aus Liebe zur Kirche ist Hingabe, ist Verströmen; er wird in erster Linie von der Liebe, von der Leidenschaft diktiert, und die hat immer das Wesen der Verschwendung an sich.
Er ist deshalb nicht ohne Ordnung, nicht frei von Kalkül, nie konzeptlos. Aber er ist eines bestimmt nicht:
Er ist kein Teildienst.

### 3. *Das zersplitterte Amt*

Was die Ökumene tatsächlich behindert, liegt in der Tiefe. Ist im Sakralbereich verwurzelt, deshalb von einiger Intimität, oft verletzt und selten angegangen.
Was mag einer, der ein Gespür hat für das Gewicht des Priesterlichen, denken von einer Kirchenleitung, die die Tendenz zeigt, ihre Ämter in immer kleinere Teile zu zerlegen, sie halbiert, drittelt, gar viertelt?
Ganz abgesehen von den Zumutungen, die das für die Pfarrerinnen und Pfarrer bedeutet, die doch gerade am Anfang ihrer beruflichen Entwicklung stehen; der Umgang mit derart delikaten Dienstbeschreibungen überfordert zumeist.

### 4. *Die Sonderpfarrstelle*

Ich stehe zu dem Titel, den man meiner Stelle gab:
Pfarrstelle für *Touristenseelsorge*.
Nur wirft eine Kirche dieser Größe, dieser Dominanz, dieses Umfeldes ein Mosaik an Themen auf, die – sieht man genauer hin – allesamt mit meinem Thema verknüpft sind, so, daß eine Abgrenzung nicht möglich ist.
St. Sebald ist eben Kirche in der Stadt, Kirche in der Parochie, Kirche für 300000 Gäste im Jahr, und die Breite ihres Horizonts sollte der ihrer Denker und Mitarbeiter entsprechen.
Selbst wenn ich meine Mitarbeit da und dort kündigte:
Es bliebe noch immer die Last des Wissens, der Information, eben dessen, was vor Augen ist.
Ganz zu schweigen von den alten Geschichten im Gemäuer, den in die Jahrhunderte gekommenen, die einem ja auch nachgehen, täglich und nächtens.

### 5. *Pionier mit halber Kraft?*

Haben Sie schon einmal einen getroffen, der Neues geschaffen hätte mit halber Kraft?
Einen Visionär mit geregelter Arbeitszeit?
Die Pioniersituation, das Pilotprojekt und der Teildienst sind zwei Größen, die sich nicht miteinander vertragen.
Vielleicht gerade noch da vorstellbar, wo längst schon Spuren gezogen,

Schneisen geschlagen, Erfahrungen vorgelegt, Dienstverträge vereinbart wurden.
Es gibt einen Konsens zwischen Ihnen und mir, daß es für eine Dienstordnung zu früh ist.
Das ist gut so.
Und es wäre weise, wenn dies noch geraume Zeit so bleiben dürfte. Die Dinge finden doch erst allmählich ihre Gewichtungen.

*6. Die Öffentlichkeit oder: Was sagen die Leute, wer wir sind?*

Ich hatte es schon angedeutet: Ich muß viel für Presse und Rundfunk sprechen.
Zwei Dinge habe ich verschwiegen:
Der „z. A.-Titel" hat m. E. nichts in der Öffentlichkeit verloren; ich betrachte ihn als juristisches Adiaphoron.
Der „halbe z. A." erst recht nicht.
Solche Sprachregelungen liegen unter dem Niveau dieses Berufs.
Den Teildienst habe ich ebenso verschwiegen.
Wem nutzt diese Information denn, als mir allein?
Den, der anrufen möchte, weil ihm danach ist,
den, der ein Gespräch braucht, vielleicht noch in der Nacht,
den, der eben nur noch heute in der Stadt ist,
sie alle hält die Information vom Pfarrer, der jetzt nicht mehr im Dienst ist, doch nur ab, beweist wieder einmal, daß der Klerus seine Kraft investiert in den geordneten Kultus, nicht aber ins halbspontane Ja.
Der Schutz des Pfarrers vor Auszehrung, die Erlaubnis zur Rekreation müßten anderswie gesichert sein.
Aber das ist jetzt ein anderes Thema.

*7. Nebenschauplätze: Die Last der Geschichte. Die Treue im Kleinen*

Wenn man an die zehn Jahre in einer Region lebt, dann sind da Bindungen, die man nicht einfach abschneiden kann.
Wenn man es ernstgenommen hat mit der Vikariatszeit, dann bleiben da Menschen, Geschichten, Treue, die man erst lösen kann, wenn man eines Tages weggeht.
Das meine ich mit der Last der Geschichte.
Wenn man einen Kollegen zum Mann hat, dann kehrt man abends eben nicht heim ins Private, sondern ins Pfarrhaus auf dem Lande. Und hält wöchtlich seinen Mütterkreis.
Vielleicht auch ganz heilsam, nach soviel Stadtmenschen wieder einmal die durchgearbeiteten Hände und die geprägten Gesichter meiner Bauersfrauen zu sehen.
Das und anderes meine ich mit der Treue im Kleinen.

*8. Die Persönlichkeitsstruktur*

Ich will gerecht sein:
Daß ich dem Teildienst keine Chance gebe, ist nicht allein Summe objektiver Faktoren.
Es ist auch Bild meiner Persönlichkeit, ist Ausdruck des Arbeitsstils, der der meine geworden ist, ist Biographie und ist bewußter Akt.
Deshalb gibt es auch kein Selbstmitleid.

*9. „Für ein Butterbrot"*

Und das alles für ein Butterbrot.
Manchmal vierzehn Stunden Sebald für ein Taschengeld.
Gut 50000 Kilometer werden es sein, die ich nach meinem ersten Jahr im Auftrag des Heiligen gefahren sein werde.
Aus eigener Tasche bezahlt.
Sicher, irgendwann einmal von der Steuer absetzbar.
Schon ein amüsanter Gedanke, daß die große alte Kirche bei einem Anfänger mit einigen Tausend in Kredit steht.
Fahrten vom Wohnsitz zum Arbeitsplatz würden von der Kirche nicht ersetzt, heißt es.
Einmal und für drei Jahre kann man sich's leisten, so zu leben. Undenkbar für jeden in einer höheren Position.
Vorsicht jedoch mit denen, die davon leben müssen, vom schmalen Gehalt! Da liegt Sprengstoff.
Andere Reaktionen wären denkbar.
Doch ich denke mir:
Was ist das Butterbrot schon gegen mein tägliches Brot:
gegen das Faszinosum Kirche in der Stadt,
gegen das Wunder Mensch, das mir da täglich und nächtlich „in meiner Kirche" begegnet,
gegen das Privileg, als junger Mensch an einer solchen Kirche arbeiten und mit ihr leben zu dürfen.
Da unterlaufe ich doch das System.
Übergehe die Ärgernisse.
Ignoriere den Teildienst.
Verweigere die Frustration.

*10. Stellenprofil*

„Ganz ohne Förmlichkeit" hat es sein dürfen.
Das war es jetzt auch.
Ein Zwischenhalt der Gedanken.
Für ein Stellenprofil wäre es ohnehin noch viel zu früh. Nach drei Jahren aber, bevor ich gehe, sollten aus Marginalien Thesen, aus Streiflichtern Brennpunkte geworden sein.

# „Etliches aber fiel auf gutes Land und trug Frucht . . .“

Dem Jubilar
eine Predigt,
die Altes vergangen sein läßt und Neues einläutet.
Sie blieb nicht ohne Antwort:
Die Worte der Beichte sprachen wir miteinander,
feierten die Eucharistie,
fühlten die Entlastung,
atmeten die Befreiung:
die Träne im Kelch –
sie war Antwort genug.

*Predigt am Altjahresabend 31. Dezember 1988 St. Sebald Nürnberg, Röm 8,31b-39*

Liebe Gemeinde,
sagen Sie selbst:
Kann man sich noch fürchten vor dieser Nacht,
kann das Herz tatsächlich noch voller Angst sein vor dem neuen Jahr
bei einem solchen Predigtwort:
*Ist Gott für uns, wer kann wider uns sein?*
Haben Sie das gehört?
*Ist Gott für uns, wer kann wider uns sein?*
*Der auch seinen eigenen Sohn nicht verschont hat,*
*sondern hat ihn für uns alle hingegeben –*
*wie sollte er uns mit ihm nicht alles schenken?*
*Wer will die Auserwählten Gottes beschuldigen?*
*Gott ist hier, der gerecht macht.*
*Wer will verdammen?*
*Christus Jesus ist hier, der gestorben ist,*
*ja vielmehr, der auch auferweckt ist,*
*der zur Rechten Gottes ist*
*und uns vertritt.*
*Wer will uns scheiden von der Liebe Christi?*
*Trübsal oder Angst oder Verfolgung*
*oder Hunger oder Blöße*
*oder Gefahr oder Schwert? –*
*in dem allen überwinden wir doch weit durch den,*
*der uns geliebt hat.*
*Denn ich bin gewiß,*
*daß weder Tod noch Leben,*
*weder Engel noch Mächte noch Gewalten,*

*weder Gegenwärtiges noch Zukünftiges,*
*weder Hohes noch Tiefes,*
*noch eine andere Kreatur*
*uns scheiden kann von der Liebe Gottes,*
*die in Christus Jesus ist,*
*unserem Herrn.*
Wort Gottes für diese Nacht
aus dem Mund des Apostels
im Brief an die Römer
im achten Kapitel.

*I.*

Liebe Gemeinde,
eben haben wir die Worte der Beichte gesprochen,
eben sind wir zu unserem Gott gekommen mit unserer Sehnsucht nach Erlösung, und
eben hat Er uns Antwort gegeben:
*Ich bin für Euch.*
*Ich bin für Euch.* Sagt: *Wer kann wider Euch sein?*
Mit meinem ganzen Leben bin ich doch für Euch:
Ich war es, als ich dieser Welt meinen Herzschlag gab,
ich war es, als einer von Euch mich im Dornbusch entdeckte,
ich war es, als ich vor Euch herzog in Wolken- und in Feuersäule aus dem Land der Knechtschaft ins verheißene Land,
ich war es, als ich einem von Euch zurief:
„Steh auf, nimm dein Bett und geh heim!",
*ich bin es, der ich mich selbst für Euch hingegeben habe in meinem geliebten Sohn –*
*wie sollte ich Euch mit ihm nicht alles schenken?*
Eben habe ich Euch doch Antwort gegeben:
Los, ledig und frei seid Ihr von aller Eurer Schuld.
Sagt: *Wer kann da noch wider Euch sein?*
Aber das Herz von uns Menschen ist ein verzagtes Ding:
Ach,
Du,
unser Gott,
wenn Du wüßtest!
Wenn Du wüßtest, wie vieles einfach zum Fürchten war in diesem Jahr!
Sieh Dich doch um in unserem Leben:
Weißt Du,
es war einfach nicht recht, daß unser Sohn ums Leben kam,
daß diese üble Krankheit kam und kostbares Leben einfach aufgefressen hat,
weißt Du,
es war einfach schlimm, die Nachrichten über diese Welt – *Deine Welt* – zu ertragen ein ganzes Jahr lang,

und dann die vielen ohne Arbeit, ohne Geld, ohne Heimat,
ach, das alles und noch viel mehr war gegen uns –
und gegen Dich in diesem Jahr!
Ach,
Du,
unser Gott,
wenn Du wüßtest!
Und Er gäbe zur Antwort:
Seht Euch doch um in meinem Haus!
Seht Ihr da einen, der Euch bedroht, ist da ein Ding, das gegen Euch wäre?
Und er käme, nähme uns an der Hand und führte uns durch diese Kirche, durch Sein Haus, vor an den Altar, da, wo Seine Ehre wohnt, und Er würde nicht viel sagen, nur:
Seht her, hier bin ich.
Eßt, trinkt, schmeckt und seht meine Freundlichkeit!
Eßt vom Brot des Lebens.
Trinkt vom Kelch des Heils.
Und vergebt auch mir:
Natürlich habe ich gewußt. Alles. Und auch ich habe geweint.
Das namenlose Leid, das geschah,
die Schmerzen, die keiner Euch nahm,
Eure Schreie, auf die keine Antwort kam:
Verzeiht! Verzeiht!
Aber bitte geht nicht!
Bleibt doch!
Verlaßt mich nicht!
Verschmäht nicht meinen Leib und nicht mein Blut!
„Wenn der Schnee ans Fenster fällt,
Lang die Abendglocke läutet",
soll Euch Frieden werden und Erlösung Euren geplagten Seelen. So hat einer der Großen gedichtet, Georg Trakl, und für uns alle festgehalten, daß allem Glauben ein Schmerz innewohnt.

*Wenn der Schnee ans Fenster fällt,*
*Lang die Abendglocke läutet,*
*Vielen ist der Tisch bereitet,*
*Und das Haus ist wohlbestellt.*

*Mancher auf der Wanderschaft*
*Kommt ans Tor auf dunklen Pfaden.*
*Golden blüht der Baum der Gnaden*
*Aus der Erde kühlem Saft.*

*Wanderer tritt still herein,*
*Schmerz versteinerte die Schwelle.*
*Da erglänzt in reiner Helle*
*Auf dem Tische Brot und Wein.*

*II.*

Fast hätte Er, unser Gott, unser Herz befriedet mit Seiner Rede. Aber das Herz von uns Menschen ist ein hartnäckig Ding:
Ja,
unser Gott,
wir gehen nicht fort von Dir,
wohin auch sollten wir gehen?
Nur:
Was ist mit unsrer Schuld?
Gewiß: Du hast uns freigesprochen, hast unsre Füße wieder auf weiten Raum gesetzt, ja, das hast Du getan.
Und wir glauben Dir!
Ach,
Du,
unser Gott,
wenn Du wüßtest!
Wie grausam der Zweifel ist:
Ob wirklich alle Schuld abgetragen ist, ob wir wirklich frei geworden sind durch Dein lösendes Wort.
Weißt Du, wie hartnäckig sie sind, die bösen Stimmen, die Unheil flüstern und Enge und Zwänge und die ihre Boten schicken – kaum, daß wir bei Dir gewesen sind.
O, wie schnell wir doch rückfällig werden!
Ach,
Du,
unser Gott,
wenn Du wüßtest!
Und Er würde nicht viel sagen, nur:
Seht Euch doch um in meinem Haus!
*Wo ist da einer, der Euch Auserwählte beschuldigen könnte?*
*Seht Ihr einen?*
Nein:
Umgeben seid Ihr von lauter Licht und lauter Heil.
Seht doch:
Selbst die Dämonen, diese Wichtigtuer, die Popanze, die aufgeblasenen, sind gebannt in diesem Haus.
An der Orgel sitzen sie und können keinen Laut von sich geben,
Heilige müssen sie tragen, ins Gestein sind sie eingesperrt –
*ich* habe sie gefangengesetzt, einstimmen müssen sie in das Lob meiner Herrlichkeit.
Seht Euch doch um:
Es ist keiner da, der Euch anklagt. –
*Ich bin hier, der gerecht macht!*

*III.*

Und wieder hätten wir Seinen Worten um ein Haar getraut.
Aber das Herz von uns Menschen ist ein unruhiges Ding:
Ja,
wir glauben Dir ja,
Gott,
nur:
Es ist doch letzter Tag im Jahr.
Da werden Schlußstriche gezogen, Bilanzen gemacht,
da steht das Leben im Zeichen der Inventur.
Am Weltgerichtsportal scheiden sich die Geister.
Über der Sakramentsnische thront der Weltenrichter.
Ach,
Du,
unser Gott,
wenn Du wüßtest!
Wenn Du wüßtest,
*wie gerne* wir einst bei Dir sein wollten –
und wie uns graut davor, nicht heimzufinden zu Dir.
Und Er würde nicht viel sagen, nur:
Seht Euch doch um in meinem Haus!
Und Er käme und nähme uns an der Hand und führte uns durch die Kirche,
durch Sein Haus, am Altar vorbei, vor zum Kreuz.
Seht her: *Wer will verdammen?*
*Wer will denn verdammen, wo doch Er hier ist:*
*Christus Jesus ist hier, der gestorben ist,*
*ja, vielmehr, der auch auferweckt ist,*
*der zur Rechten Gottes ist*
*und uns vertritt.*
Und wir, die wir da standen,
verzagt, voller Herzenshärtigkeit, von Unruhe getrieben,
wir sahen mit einemmal Seine Liebe für uns,
die Tränen, die Er vergoß,
das Leben, das Er verschenkte.
Da endlich schenkten wir Seinen Worten Glauben,
da endlich wurden unsere Herzen befriedet und fest,
und wir wußten:
*Nichts würde uns scheiden können von Seiner Liebe,*
das vergangene Jahr nicht und das kommende nicht,
*die Trübsal* nicht, die uns erwartete,
*die Angst* nicht, die wir würden ausstehen müssen,
*die Verfolgung* nicht, die uns heimsuchen würde,
nicht *der Hunger* nach Arbeit, nach Brot, nach Liebe,
*die Blöße* nicht, deren wir uns schämen werden,

nicht *die Gefahr*, in die wir geraten werden,
ja, nicht einmal *das Schwert*, das uns nach dem Leben trachtet.
Keiner war mehr unter dem Kreuz, der *Ihn* nicht angebetet hätte.

*IV.*

Nur mein eigenes Herz war noch immer nicht gestillt.
Leise ging ich weg von denen, die den Frieden gefunden hatten,
nahm den Weg vor zum Turm.
In der Kälte der Nacht stieg ich die Treppen hinauf,
trat ins Freie oben:
Um mich eine ganze, große Stadt.
Die Anfechtung des Predigers am Ende eines Jahres:
die quälende Frage, ob man einer Stadt, ihren Menschen, Ihnen, die Sie hier vor mir sitzen, die Frohbotschaft hat ausrichten können. Ob ich sorgsam umgegangen bin mit der Treue, die Sie dieser Kirche gehalten haben, viele ein ganzes Jahr lang?
Ach,
Du,
mein Gott,
wenn Du wüßtest!
Wie schwer einem solche Gedanken werden können!
Und welche Sehnsucht aufkommt bei mir nach Vergebung und nach Freispruch.
Drüben von der Burg johlen sie dem Einsamen zu:
Ein gutes Neues Jahr!
Endlich beginnen die Glocken zu läuten,
schwer und unaufhaltsam, und ich finde die Sprache wieder:
*Nach meiner Reise durch die Jahre,*
*durch die Monate*
*und auch am Ende jeden Tages*
*laß mich zurückkehren zu dem einen Anfang.*
*Nach mancherlei Büchern, die ich las,*
*um mir Erkenntnis zu holen;*
*nach vielen Erfahrungen der Freude*
*und einigen des Leids;*
*nach langem Suchen nach Schönheit,*
*enttäuscht von dem, was ich sah;*
*nachdem ich meine Rechte wahrgenommen*
*und meine bescheidenen Pflichten erfüllt habe;*
*in all meiner Verworrenheit,*
*nach Fehlern und Sünden –*
*rufe mich zurück zu dem einen Anfang,*
*damit ich von neuem beginne.*
(aus: Eric Milner-White, My God and My Glory)

Und während ich den Weg zurück nehme, bin ich mit einemmal
*gewiß*
*so gewiß,*
*daß weder Tod noch Leben,*
*weder Engel noch Mächte noch Gewalten,*
*weder Gegenwärtiges noch Zukünftiges,*
*weder Hohes noch Tiefes,*
*noch eine andere Kreatur*
*uns scheiden kann von der Liebe Gottes,*
*die in Christus Jesus ist,*
*unserem Herrn.*
Wort Gottes für diese Nacht.
Und für Sie.

Und für ihn:
Dem Jubilar
die Fülle des Lebens!

Hans-Christoph Piper

# Zur Frage nach Krankheit und Schuld in der Seelsorge

Vor einiger Zeit besuchte ich als Krankenhausseelsorger einen Mann, der gerade im Radio eine Andacht über die Heilung des Blindgeborenen (Joh 9) gehört hatte. Da fragen die Jünger Jesus: „Meister, wer hat gesündigt, dieser oder seine Eltern, daß er ist blind geboren?" Jesus aber durchbricht den Kausalzusammenhang zwischen Schuld und Krankheit. „Es hat weder dieser gesündigt noch seine Eltern, sondern daß die Werke Gottes offenbar würden an ihm." Die Andacht hatte eindeutig betont: Seit Christus gibt es keinen Zusammenhang zwischen Krankheit und Schuld. Der schwerkranke Mann, an dessen Bett ich saß, sagte mir mit Nachdruck: Sie dürfen den Menschen das nicht nehmen, daß sie ihre Krankheit als Strafe für ihre Schuld verstehen! Davon ließ er sich in dem ganzen folgenden Gespräch nicht abbringen.

Wie ist dieser Widerspruch zu einer Botschaft, die einen kranken Menschen ja doch gerade entlasten sollte, zu verstehen?

Es ist natürlich gar nicht zu leugnen, daß es Krankheiten gibt, die auf ein bestimmtes Fehlverhalten zurückgehen, also schuldhaft verursacht sind. Die Ursachenforschung von Erkrankungen ist ein wichtiges Gebiet der Medizin. Es geht dabei um das Zurückdrängen, um das Vermeiden von Erkrankungen durch ein gesundheitsförderndes Verhalten und um die Abkehr von gesundheitsschädigendem Verhalten. Das Mittel, das dabei eingesetzt wird, ist das der breiten Aufklärung. Auf jeder Zigarettenpackung wird dem Raucher warnend mitgeteilt, daß Rauchen die Gesundheit gefährdet.

Aber dem Mann, den ich besuchte, ging es nicht darum, daß er sich gesundheitsschädigendes Verhalten vorzuwerfen hätte. Es ging ihm um eine andere Ebene. Er suchte in seinem Leben nach schuldhaftem Verhalten anderer Art, etwa wo er seinen Mitmenschen etwas schuldig geblieben war. Für irgendeine Verfehlung in seiner Vergangenheit – er nannte nichts Konkretes: er *suchte* nur nach Vorfällen und Anlässen – wurde er nun bestraft. Ich konnte ihm das durch rationale, verstandesmäßig durchaus einleuchtende Argumente nicht ausreden. Etwa der Hinweis, daß es Menschen gäbe, die Schuld auf sich geladen hätten, vor der die seine fast zu einem Nichts zusammenschmelzen müßte, die sich aber bester Gesundheit erfreuten, fruchtete nichts. Und obgleich er ein frommer Mann war, forderte der Hinweis auf die Geschichte in Joh 9 nur seinen bestimmten Widerspruch heraus. Wie ist das zu verstehen?

Ich vermute, der Schlüssel zu seinem beharrlichen Festhalten an einem ursächlichen Zusammenhang von Krankheit und Schuld liegt darin, daß er seine Krankheit als Strafe *erlebte*. Ich kann aber mein Erleben nicht mit Argumenten, mögen sie noch so einleuchtend sein, wegdiskutieren. Wir müssen uns also, wollen wir diesen kranken Mann verstehen, auf eine andere Ebene als die der Argumentationen begeben: auf die Ebene des Erlebens.

Wie erleben wir einen Schicksalsschlag? Eine plötzlich über uns hereinbrechende Erkrankung? Einen Unfall, bei dem wir verletzt werden? Das Wort sagt es: Wir erleben es als *Schlag*. Es nennt auch das, was da zugeschlagen hat: das Schicksal. Es lohnt, auf unsere Sprache zu achten, in diesem Fall auf den Gebrauch des Wortes „schlagen" und „Schlag" im Zusammenhang von „Schicksalsschlägen". Wir fühlen uns geschlagen, ja erschlagen. Und wir sagen teilnahmsvoll: „Das war ein schwerer Schlag für ihn." Das ist unmittelbar *einfühlbar* (was etwas anderes ist als daß etwas dem Verstand einleuchtet), denn das kennt jeder aus eigener Erfahrung. Ich vermute, daß die Menschen zu allen Zeiten und in allen Kulturen, vielleicht auch in den meisten Religionen Leid- und Krankheitserfahrungen so erleben, mögen auch die Anworten auf dies Erleben und die Deutungen, die man ihnen gibt, von Fall zu Fall unterschiedlich sein.

Damit begeben wir uns wiederum auf eine andere Ebene, auf der wir versuchen, unser Erleben zu *deuten* und zu *verstehen*, um überhaupt weiterleben zu können. „Es ist dafür gesorgt, daß die Bäume nicht in den Himmel wachsen" – ist eine zur Volksweisheit gewordene Deutung, die häufig von Patienten zitiert wird. Aus Schillers Ballade „Der Ring des Polykrates" sind vor allem drei Zeilen zu einem „geflügelten Wort" geworden:

> Mir grauet vor der Götter Neide –
> des Lebens ungemischte Freude
> ward keinem Irdischen zuteil.

Und vor all dem Glück des Polykrates „wendet sich der Gast mit Grausen". Es gibt – so die Ahnung, die aus diesem Gedicht spricht – so etwas wie eine „ausgleichende Gerechtigkeit" im Leben des einzelnen, so daß er mißtrauisch werden muß, wenn es ihm zu lange zu gut geht. „Uns ist es eben zu gut gegangen. Wir waren zu glücklich miteinander. Das konnte ja nicht gut gehen" – so lautet es bei denen, die es „getroffen" hat und die in ihrer Situation Schillers Ballade nicht mehr aufsagen können. „Dem Glück bezahlt ich meine Schuld", sagt der Freund des Polykrates und erzählt vom Tode seines Kindes und Erben. Hier taucht also auch der Begriff der Schuld auf, allerdings in einem theologisch noch völlig unqualifizierten Sinn. Das Schicksal hat eine Waage in der Hand (wie die Gerechtigkeit!); in die beiden Waagschalen werden Glück und Unglück gehäuft. Und wenn die Schale mit dem Glück zu tief sinkt, dann besteht ein Ungleichgewicht, eine „Schuld", die „bezahlt" werden muß, damit das Gleichgewicht wieder hergestellt wird. Von diesen Vorstellungen – oder besser: Ahnungen –, die sich in Schillers Ballade niedergeschlagen haben, tun wir einen Schritt in die Richtung biblischer Aussagen.

„Mein Herz ist geschlagen und verdorret wie Gras, daß ich vergesse, mein

Brot zu essen. Denn ich esse Asche wie Brot und mische meinen Trank mit Weinen vor deinem Drohen und Zorn, daß du mich aufgehoben und zu Boden gestoßen hast" (Ps 102). Spricht hier ein „Getroffener", so wird dem Hiob von einem seiner Freunde gesagt: „Siehe, selig ist der Mensch, den Gott straft, darum weigere dich der Züchtigung des Allmächtigen nicht. Denn er verletzt und verbindet; er zerschlägt, und seine Hand heilt" (Hiob 5,17-18).
Hier wird das Erleben des Geschlagen-werdens theologisch verarbeitet, und zwar so, daß dem Geschlagenen sein Erleben zwar zugestanden wird: Er fühlt sich mit Recht verletzt und geschlagen. Das wird dann gedeutet: Gott straft. Und nun wird das ganze gleichsam auf den Kopf gestellt. Der, der verletzt, verbindet auch; der, der zerschlägt, heilt auch. Darum – so lautet die Schlußfolgerung – wird der Mensch in diesem Zustand seliggepriesen. Und er wird aufgefordert, sich der Züchtigung des Allmächtigen nicht zu verweigern.
Es gibt einen Bibelvers, der diese Deutungen verkürzt zusammenfaßt und auf einen Nenner zu bringen sucht. Er ist ebenfalls zu einem „geflügelten Wort" geworden und ist nicht selten aus dem Mund von Patienten zu hören: „Wen Gott liebhat, den züchtigt er." Der Zusammenhang, in dem er steht, will beachtet sein. Es ist eine Ermahnung: „Ihr habt bereits vergessen, des Trostes, der zu euch redet als zu den Kindern: Mein Sohn, achte nicht gering die Züchtigung des Herrn und verzage nicht, wenn du von ihm gestraft wirst. Denn welchen der Herr liebhat, den züchtigt er; er geißelt aber jeden Sohn, den er annimmt" (Hebr 12,5-6). Diese Verse sind geeignet, heftige Abwehr hervorzurufen, zumal bei denen, die mit Hilfe elterlicher Züchtigungen erzogen worden sind. Sie bringen es nicht fertig, das Geschlagenwerden mit der Liebe der Eltern zusammenzureimen, von der sie gleichwohl überzeugt sein möchten. Aber vielleicht verhilft gerade die Abwehr und das Unverstehen gegenüber dem Verhalten der Eltern dazu, diesen Versen adäquat zu begegnen. Es steckt in ihnen ja dieselbe Erfahrung, die unseren Widerspruch provoziert. Sie versuchen ja, das, was nicht zusammenzubringen ist, auf einen Nenner zu bringen: Gottes Liebe auf der einen Seite – und die Erfahrung, geschlagen zu werden, auf der anderen Seite. Diese Verse sind ein hilfloser Versuch, das Rätsel meines Leidens, das Geschlagensein mit meiner Krankheit, in einen gewissen Einklang zu bringen mit Gottes umfangender Barmherzigkeit. Dann ist mein Widerspruch die adäquate Antwort auf die *unlösbare* Spannung, die mir in diesem Wort gleichwohl begegnet. Eine Patientin, die es zitierte, setzte nach einer kleinen Pause hinzu: „Aber *so* geliebt möchte ich nun auch wieder nicht sein!"
Doch spätestens an dieser Stelle muß ich zu jenem Mann zurückkehren, an dessen Krankenbett ich gesessen habe und der mir sehr eindringlich sagte: Nehmen Sie den Menschen nicht die Möglichkeit, ihre Krankheit als Strafe Gottes zu verstehen! Er hat sich ja nicht dagegen aufgelehnt, wie ich es eben als Möglichkeit aufgezeigt habe. Ich möchte verstehen, warum er offenbar ein Bedürfnis hat, seine Krankheit so deuten zu können – er steht damit ja keinesfalls allein. Viele Menschen, denen wir als Seelsorger begegnen, denken und suchen in diese Richtung. Mir halfen die Worte einer Patientin

weiter, die sagte: „Ich weiß wirklich nicht, womit ich dies hier verdient habe. Wenn ich doch wenigstens etwas in meiner Vergangenheit fände, wofür dies die Strafe wäre – ich könnte meine Lage besser ertragen." Vermutlich gehört die Frage nach dem Zusammenhang von Krankheit und Schuld in den Rahmen der großen Frage nach dem Sinn überhaupt. Das, was im Leiden am unerträglichsten ist, ist seine Sinnlosigkeit. Dann ist einem der Gedanke, daß das Leid selbstverschuldet ist, lieber, als im Dunkel der vollendeten Sinnlosigkeit zu tappen. Eine Seelsorgerin, die mit einer schwerkranken Frau um die Frage nach dem Sinn ihres Leidens und Sterbenmüssens rang, notierte in der Reflexion dieses Kontakts: „Ich hatte das Gefühl: Ob wir Schuld empfinden als etwas zum Festhalten, wenn um uns herum nur Wasser ist, wenn wir Angst haben zu versinken, weil das Ufer nicht mehr da ist, was wir verlassen haben und wir das Neue noch nicht sehen. Ist es einfacher, mich wenigstens an Schuld festzuhalten als gar nichts zu haben?"

Und wenn die Strafe dann noch von Gott kommt – zeigt dies nicht an, daß der Kontakt zu ihm nicht unterbrochen oder gar abgerissen ist? Auch Strafen bedeutet ja – wie paradox auch immer – noch Zuwendung. Furchtbarer noch als das Geschlagenwerden war in unserer Kindheit das tagelange Schweigen der Eltern, die Vermeidung jeglichen Blickkontakts mit uns, als seien wir Luft für sie. Dann haben wir uns nach einer handfesten Strafe gesehnt ...

Wir sind – in unseren Gedanken und in unseren Gefühlen – einen Weg gegangen, der seinen Ausgang von einem behaupteten Kausalzusammenhang von Krankheit und Schuld nahm, dann über unser Erleben (des Geschlagenwerdens) zu Deutungsversuchen führte, mit denen dies Erleben verarbeitet werden soll. Das lief auf die Frage nach dem großen Sinnzusammenhang hinaus, in den wir unser Leben und Erleben einzuordnen suchen.

Ich möchte an dieser Stelle unser Thema noch ein wenig erweitern. Es kann nämlich sein, daß wir in der Krise einer Krankheit zu der Erkenntnis kommen, daß wir „falsch" gelebt haben und daß in unserem Leben etwas anders werden muß. Uns geht auf, daß wir in unserer Vielbeschäftigung zu wenig zu uns selbst gekommen sind, daß wir auch zu unseren Mitmenschen zu wenig gekommen sind und daß wir wichtigen Fragen unseres Lebens ausgewichen sind. Wir ahnen, daß wir wesentliche Seiten unseres Wesens haben verkümmern lassen. Wir haben alles in die Waagschale „Aktivität" geworfen, während die andere Seite, die „Passivität", viel zu leicht geblieben ist. Wir nehmen das Bild von dem Schicksal wieder auf, das Glück und Unglück gegeneinander abwägt – aber nun verlegen wir diese Waage in uns selbst. Dann geht es um das sogenannte „seelische Gleichgewicht". Wenn es dort Störungen gibt, wenn wir eine wesentliche Seite in uns vernachlässigt haben, können Schuldgefühle entstehen: Wir sind uns selber, wir sind „dem Leben" etwas schuldig geblieben. Es ist wichtig, auf solche Gefühle zu achten und Signale wahrzunehmen, die uns eine Krankheit geben kann, daß etwas in uns selber im Ungleichgewicht ist. Wir berühren hier Probleme der psychosomatischen Medizin. Es kann sein (wohlgemerkt: es muß nicht so sein!), daß einem im nachhinein eine Krankheitserfahrung sinnvoll erscheint, weil sie einem geholfen hat, etwas Wichtiges in seinem Leben zu erkennen und zu verstehen, so daß man darangehen kann, sein Leben neu zu ordnen. Darin liegt dann der „Sinn" der Krise. Der entscheidende Unterschied dieser Erfahrung zu dem oben beschriebenen Festhalten an der Schuld ist, daß sie nach vorn ausgerichtet ist, während die Auffassung, daß Krankheit gleichsam die Quittung für begangene Schuld ist, der Vergangenheit verhaftet bleibt. Das Festhalten an der Vergangenheit führt in die Resignation und findet seinen sprachlichen Ausdruck in dem Satz, der so häufig an Krankenbetten zu hören ist und ein Signal dafür ist, daß der Patient das Gespräch abschließen möchte: „Es kommt doch, wie es kommen muß." Die Öffnung nach vorn spricht sich – noch sehr zaghaft – in den Worten aus: „Wir wollen mal sehen, was wird", und bestimmter: „Mein Leben wird anders aussehen als früher. Ich werde bewußter leben. Ich weiß jetzt: Meine Gesundheit ist keine Selbstverständlichkeit. Sie ist ein kostbares Gut, für das ich immer dankbar sein werde."

Kehren wir zum Schluß zu der Geschichte aus Joh 9 zurück. „Jesus ging vorüber und sah einen, der blind geboren war. Und seine Jünger fragten ihn und sprachen: ‚Meister, wer hat gesündigt, dieser oder seine Eltern, daß er ist blind geboren?' Jesus antwortete: ‚Es hat weder dieser gesündigt noch seine Eltern, sondern daß die Werke Gottes offenbar würden an ihm.'"

Jesu Antwort ist nicht logisch. Der zweite Teil paßt nicht zu dem ersten Teil, er spricht eine andere Ebene an. Der erste Teil geht auf die Frage der Jünger ein, und zwar, indem er sie verneint. Aber dann durchbricht Jesus jede Logik. Es heißt eben nicht weiter: Der mußte blind geboren werden, damit ich ein Wunder an ihm tun kann. Diese Fortsetzung wäre logisch. Sprachlich bricht der erste Teil der Antwort ab, zwischen den beiden Teilen entsteht eine Pause, in der ein Richtungswechsel geschieht. Nicht die Vergangenheit ist Jesus wichtig – dann wäre er auf die Schuld eingegangen, denn natürlich sind weder der Blindgeborene noch seine Eltern ohne jegliche Schuld! Vielmehr setzt er diesen Mann und seine Krankheit in die Beziehung zu sich selbst: Es geht um das, was im Hier und Jetzt geschieht, um das Heil, das in diesem Augenblick der Begegnung mit Jesus offenbar wird.

Wir haben gesehen: Es gibt auch andere Antworten in der Bibel. Aber Jesus läßt sich nicht darauf ein – er durchbricht den logischen Zusammenhang von Krankheit und Schuld. Die Schuldfrage interessiert ihn in diesem Augenblick überhaupt nicht. Ihn interessiert nur, daß Gottes Heil offenbar wird. Das ist eine andere Dimension des Sinns, nicht mehr rückwärtsgewandt, eine Antwort auf die Frage nach dem Woher und Warum suchend und schließlich in Resignation endend, sondern ausgerichtet auf die Berührung mit der heilenden Kraft Gottes, mit seiner Offenbarung.

An dieser Geschichte können wir uns orientieren, wenn wir uns geschlagen und erschlagen erleben, wenn wir Schuldgefühle haben und uns auf die Suche nach Schuld machen. Vielleicht können wir dann die Spannung aushalten zwischen dem uns zugesagten Heil und unserem Kranksein und Sterbenmüssen.

Klaus Winkler

# Der Tag des Theologen

Vom Umgang mit der Zeit

*Einstimmung:* „Zeit ist Gnade“. So lautete der Spruch, dessen einzelne Buchstaben das Zifferblatt der Kirchturmuhr bildeten. Es war die Kirche jener Gemeinde, der ich als Vikar zugeordnet war. Die Aussage, daß Zeit Gnade sei, machte auf mich zunächst einen unmittelbar tiefsinnigen und ungebrochen frommen Eindruck. Bei näherem Hinsehen bzw. längerem Erleben wurden allerdings die säkularen Anteile des „Sinnspruches an oberster Stelle“ sehr bald deutlich. Als ich meinen Vikarsmentor, unter dessen Leitung die Kirche erbaut worden war, fragte, wie er denn auf diesen Spruch gekommen sei, antwortete er: „Ich brauchte einen mit zwölf Buchstaben!“ – Und weiter: Immer wieder kamen aufgeregte, abgehetzte Leute an. Sie baten: „Schnell, schnell! Herr Vikar, wir sind auf einer Auto-Rallye. Es soll an dieser Kirche einen Spruch geben, den wir herausfinden müssen. ‚Zeit ist Gnade' in der Uhr? Wunderbar! Danke, wir müssen so schnell wie möglich weiter!“ – Umgang mit der Zeit: Tiefer Sinn und säkularer Gebrauch! Hier fühlt sich der Pastoralpsychologe herausgefordert, zeitgemäße Verstehenshilfe zu versuchen. Ist Zeit wirkliche und wirksame Gnade, wenn es um den (All-)Tag des Theologen geht, für den Sinnfindung und Sinngebung zum Beruf gehören? Oder ist der alltägliche Zeitgebrauch für ihn ebenso wie für seine Zeitgenossen ein Stück Aufwand an Kraft und Überlegung, um die Realität optimal bewältigen zu können? Diese offene Frage soll am Schluß noch einmal aufgenommen werden.

## *I. Umgang mit der Zeit: Strukturierung und Orientierung*

Für das kindliche Dasein gibt es zunächst keine Zeit*spanne*! Im „Augenblick“ liegen Himmel oder Hölle. Sowohl das eine wie das andere kann dabei als chaotische und d. h. willkürliche und unabgegrenzte Größe erlebt werden. Die Strukturierung des Tohuwabohu entspricht dabei einem allmählich fortschreitendem Lernvorgang. Hell und Dunkel in ihrem Wechsel werden erst zunehmend Wahrnehmungsinhalte. Wiederkehrende Geräusche, Gerüche, Berührungen, Geschmacksunterschiede, Bilder sind nur in ihrer Wiederholung registrierbar.
Mit der Ritualisierung dieser Wahrnehmungsinhalte entsteht das Gefühl der Verläßlichkeit als einer Grundlage tragfähigen Beziehungserlebens. Dabei hat dieses Verläßlichkeitsgefühl eine Affinität zu einem sich mehr und mehr entwickelnden Zeitgefühl. Zeiterleben will also eingeübt sein! Dann aber hängt von ihm die Möglichkeit der Lebensstrukturierung ab. Diese Struk-

turierung wiederum hat Folgen für menschliches Verhalten in einer ganz bestimmten Zeit. Man kann die Grundelemente dieses Strukturierungsvorganges einmal so beschreiben:

a) „Es" ist nichts gleichgültig! Was auch immer geschieht, hat seine begrenzte Dauer. Das ist tröstlich und schmerzlich zugleich!
b) „Ich" bin nicht gleichgültig! Was in Abständen, Phasen, Wiederholungen oder auch unvorhergesehen einmaligen Geschehnissen passiert, betrifft mich. Das ist tröstlich und schmerzlich zugleich!
c) „Über" allem herrscht etwas Gültiges! An dem, *was* kommt und geht, aber auch daran, *wie* es kommt und geht, d. h. also an dem, „was die Zeit bringt", ist nur in ganz engen Grenzen etwas zu ändern. Das ist tröstlich und schmerzlich zugleich!

So will Zeiterleben auf individuelle Erfahrungen mit der Umwelt und auf das von den verschiedensten Faktoren abhängige Selbstbewußtsein des Menschen bezogen sein. Mit diesem Faktum hängt die Möglichkeit der „Erlebens-Orientierung" eng zusammen. Denn jede „Orientierung" hat Folgen für das Verhalten des Menschen in einer bestimmten Zeit. Alle verschiedenen Arten unseres *Gültigkeitsgefühls* (= die Fakten, ich selbst, die Normen haben Gültigkeit) werden dabei über jene Personen vermittelt, mit denen wir entweder von vornherein oder später zusammenleben. Die Beziehungen zu ihnen sind Basis der Lebensorientierung. Anders gesagt: Im *Zusammenleben* entwickle ich „langsam" mein Zeiterleben, meinen Zeitbegriff. Aus der strukturierten Zeit wird mit der beziehungsabhängigen Entwicklung von sog. „Lebenspläne" der sachorientierte Zeitgebrauch. Möchte doch der einzelne „mit der Zeit" etwas erreichen. Er möchte „seine Zeit" auf besondere Weise (und das bedeutet „sinnvoll") einsetzen.

## *II. Umgang mit der Zeit: Erwartungshaltungen und deren Gegenläufigkeiten*

Sinngebungen, und das bedeutet Beziehungsgestaltungen und Lebensbewältigungsversuche, werden (charakter-)typisch vollzogen! Charaktere entstehen im Zusammenhang mit bestimmten Entwicklungsphasen. In ihnen werden durch Fixierungen im Rahmen des Sozialisationsprozesses „Schwerpunkte des Erlebens" ausgebildet. Eng verbunden mit solchen typischen Einstellungen sind ganz bestimmte *Erwartungshaltungen*: So wie ich sollten eigentlich alle Menschen mit sich selbst, mit der Welt und – mit der *Zeit* umgehen! Was mir „selbstverständlich" erscheint, möchte immer durch Allgemeingültigkeit bestätigt werden! Es lohnt sich, diese charaktertypischen Einstellungen einmal auf den Zeitgebrauch und auf die entsprechenden Erwartungshaltungen zu beziehen.

### 1. Der einsame Zeitunabhängige

Er hat erlebt, daß der Starke am mächtigsten allein ist. Grundlegend ist Beziehung „irgendwann" einmal sehr früh und tief als ängstigend erlebt worden. Deshalb ist innere und äußere Unabhängigkeit lebensnotwendig geworden. Schon Absprachen machen Unbehagen. Sie werden bevorzugt „vergessen". Zeitabsprachen sind (bewußt) wohl notwendig, aber (unbewußt) einengend. Ja, sie erscheinen als fremde Herrschaftsinstrumente, die das unentbehrliche Souveränitätsgefühl infrage stellen. Deshalb werden sie wohl getroffen, aber müssen nicht sklavisch eingehalten werden, wenn in der Skala der Wichtigkeiten plötzlich etwas in den Vordergrund tritt. Darüber muß dann auch nicht geredet werden. Denn Erklärungen über Zeitverschiebungen und deren Ursachen werden leicht als „Entschuldigungen" erlebt und deshalb als „unsachgemäß" unterlassen.

Beispiel: Superintendent A., der häufig dienstlich unterwegs ist, wird von seiner Frau gebeten, wegen der Essensvorbereitung und Tagesplanung wenigstens ungefähre Angaben über die Rückkehrtermine zu machen. Er sagt das grundsätzlich zu, wird aber fast regelmäßig durch unvorhersehbare Dinge festgehalten, sodaß er seinen Zeitplan ändern muß. Seine Frau sieht ein, daß es sich nicht um Unklarheit oder gar Böswilligkeit handelt, sondern die Sachgründe wirklich zwingend sind. Sie bittet ihren Mann deshalb, ihr zuliebe wenigstens anzurufen. Gerade das aber lehnt er energisch ab und reagiert empfindlich bzw. mit affektiver Abwehr, als sie ihn auf dieses „kleine Entgegenkommen" festzulegen versucht.

Summa: Es geht darum, Herr der Zeit zu bleiben und sich nicht emotional zu Zugeständnissen an das Zeiterleben anderer verführen zu lassen.

2. Der zugewandte Zeitverschwender

Er hat erlebt, daß Beziehung die Seele nährt und daß Selbständigkeit mehr oder weniger isoliert. Irgendwann einmal hat ihn geängstigt, bei Bedarf niemanden erreichen zu können und in entsetzlicher Weise mit sich allein auskommen zu müssen. Deshalb ist die Nähe zu anderen Menschen äußerlich und innerlich lebensnotwendig geworden. Absprachen sind deshalb nicht um der Sache willen da. Sie verbinden mit anderen Menschen. *Zeitabsprachen* sichern den Kontakt. Sie sind damit völlig relativ zum Begegnungserleben. Für den, der seinen Nächsten wirklich liebt und von ihm geliebt wird, ist es schlechterdings unmöglich, bestimmte Zeiten einzuhalten, weil das die emotionale Beziehung unterbricht, sogar abbrechen lassen könnte. Zwar muß man sich dann dauernd entschuldigen, aber gerade dieses latente Schuldgefühl verbindet über die Sachbeziehung und Sachtermine hinweg.

Beispiel: Vikar B. kommt am Samstagabend mit seiner Predigtvorbereitung nicht zurecht, obwohl mit dem Mentor sowohl Exegese als auch Predigtaufbau schon vor Tagen vorbesprochen wurden. Um 22.00 Uhr sucht er den Mentor in dessen Arbeitszimmer auf, entschuldigt sich immer wieder wegen der späten Störung, klagt über seine Arbeitsstörung, läßt sich alle möglichen Hinweise geben.

Schließlich ist zur Predigt eigentlich nichts mehr zu sagen. Vikar B. bleibt zunächst schweigend sitzen, sagt schließlich, er wolle bei dieser Gelegenheit eine alte Geschichte, die ihn immer wieder einmal beschäftige, mit dem Mentor besprechen. Sein Vater sei doch auch Theologe. Der Vikar frage sich immer neu, ob er seinen Beruf eigentlich nur in Identifikation mit der Vaterfigur ergriffen habe. Sein Mentor, der selber noch etwas erledigen möchte, wird schließlich ungeduldig. Herr B. habe heute ja noch viel zu arbeiten, vielleicht könne man das genannte Problem besser zu einer geeigneteren Zeit besprechen. Der Vikar erklärt sich sofort einverstanden, zögert den Abgang aber dennoch auch weiter merklich hinaus. Noch in der Haustür verweilt er sprechend, bis sein Mentor hinter ihm die Tür schließen kann. Jetzt ist es fast Mitternacht.

Summa: Es geht darum, ein latentes Zusammengehörigkeitsgefühl durch unabgegrenzten Zeitaufwand in manifestes Miteinander zu verwandeln und diesem Rahmen, so weitgehend wie möglich, Harmonieerleben zu erzeugen.

### 3. Der genaue Zeitverwalter

Er hat erlebt, daß Regelmaß vor drohender Verwahrlosung und unberechenbaren Affektdurchbrüchen schützt. Ordnung ist deshalb nicht das halbe, sondern das ganze Leben. Irgendwann einmal hat ihn geängstigt, daß Menschen plötzlich mit Wut oder mit unvorhersehbaren Freudenschreien agieren und reagieren können. Das hat ihn in tiefster Seele erschreckt. Deshalb erscheinen genaue Regelungen aller Handlungs- und Denkvollzüge lebensnotwendig. Die Uhr kann zum Fetisch werden. Genaue Zeitbeachtung gehört zum ordentlichen Dasein. Pünktlichkeit ist und bleibt Charaktersache. Zeitabsprachen sind stets gleichzeitig Test. Zeit wird so zum nächstliegenden Herrschaftsinstrument über andere, aber auch über sich selbst. Ist doch Zeit etwas Objektives! Sie ist etwas, worüber eigentlich nicht diskutiert werden muß. Wer zu spät kommt, hat einen defizitären Charakter. Letztendlich weiß er nichts vom Ernst des Lebens.

Beispiel: Pfarrer C. erlebt sich selbst als liebevoll und vor allem als geduldig. Der neuen Gemeindediakonin erklärt er lange und durchaus mit besonderer Zuwendung, daß das Gemeindeleben ohne Verläßlichkeit im Hinblick auf Sprechstunden, Gottesdienstbeginn, Bibelstunden nicht denkbar sei. Die Gemeindediakonin hört das mit eher willigem Staunen an, verspricht, ihr Bestes zu tun, kommt bei späteren Gelegenheiten aber doch immer wieder einmal etliche Minuten zu spät. Pfarrer C. macht sie zunächst mit zunehmendem Nachdruck auf ihre unmögliche Dienstauffassung aufmerksam. Später lauert er ihr regelrecht auf, um die Unpünktlichkeit nachweisen zu können, ist dann sehr angespannt und von einem ständigen latenten Konfliktgefühl besetzt. Zwischen beiden liegt kontinuierlich etwas in der Luft. – Die Gemeindediakonin ist ihrerseits entsetzt, daß Pfarrer C. Besucher im Pfarrbüro, die eine Taufe anmelden wollen, schroff darauf hinweist, daß die Bürozeit – wie das Schild deutlich zeige! – seit zehn Minuten zuende sei. Man möge sich also an die Zeiten halten und morgen wiederkommen. Man müsse die Leute eben erziehen, seufzt Pfarrer C. dann. Die Gemeindediakonin solle ja nicht denken, daß ihm seine Konsequenz in solchen Dingen Spaß mache. – Als Pfarrer C. selbst einmal einen Termin vergißt, ist er nachhaltig gestört und versucht, die Ursachen dieses Unglücks immer neu zu erklären.

Summa: Zeit ist nicht einfach nur Geld, sondern Basis einer Ordnung, die bis hin zur Eigensinnigkeit durchzusetzen ist.

4. Der genialische Zeitverächter

Er hat erlebt, daß das Leben ein ständig aufregendes Spiel mit wechselnden Rollen ist. Irgendwann ist von ihm einmal ängstigend erlebt worden, daß die Festlegung auf eine einzige Rolle zum schlimmsten Zustand führen kann, der überhaupt vorstellbar ist: eine bis in die Seelentiefe reichende Langeweile. Deshalb ist alle Regelhaftigkeit und Wiederholung mit der Zeit jedenfalls tödlich. Das Nichtvorherzusehende macht lebendig! Deshalb ist Zeit ein Faktor, der ständig überlistet werden will. Zeitabsprachen sind etwas für Treuherzige. Dagegen ist jede Form von Überraschung, Willkür, plötzlichem Stilbruch „interessant", ist die Würze des Daseins. Wer sich an Zeiten hält, ist selbst schuld und muß sich darüber hinaus dauernd ärgern, wenn bei normalen Menschen etwas dazwischenkommt. Pünktlichkeit hat eben etwas Kleinbürgerliches!

Dagegen hat der großzügige Umgang mit der Uhr, die ja doch ständig vor- oder nachgeht bzw. verlegt worden ist, absolut nichts mit Faulheit zu tun. Viel eher ist Spontaneität Trumpf. Die plötzlichen Einfälle werfen zwar den Zeitplan durcheinander, sind aber die fruchtbarsten und bringen vorzeigbaren Gewinn.

Beispiel: Frau Pastorin D. wird von ihrer Gemeinde als Glücksfall empfunden. Sie hat Ideen und bringt das kirchliche Leben von Schwung zu Schwung. Freilich wirkt sie oft etwas nervös. Aber wer sich dauernd um neue Ideen bemüht, Anstöße liefert, Streitigkeiten wacker durchficht, hat schließlich ein Recht auf gelegentliche Überarbeitung und Mißlaunigkeit! Dafür macht ihr die örtlichen Kirchgemeindefeste so leicht keiner nach. – Manche Dinge muß man ihr freilich nachsehen, so schwer es manchem fällt. Als Pastorin D. kürzlich nach einem Gottesdienst von zwei jungen Leuten nach einem Termin für ein Traugespräch gefragt wurde, reagierte sie spontan: „Ihr wollt heiraten? Fein! Ist ja nicht gerade selbstverständlich heute! Ich gratuliere zum Entschluß. Könnt Ihr am Mittwoch um 17.00 Uhr? Dann hätten wir vom Termin her eine ‚open-end-Situation'. Mittwochs habe ich in aller Regel die meiste Zeit." Die jungen Leute besprechen sich kurz. Beide seien eigentlich verhindert, wollten sich aber frei machen. – Abends fällt Pastorin D. ein, daß an dem abgesprochenen Mittwoch die monatliche Pfarrkonferenz stattfindet. Sofort ruft sie das Paar an. Sie habe sich geirrt, ob's auch am Donnerstag passe. Der junge Mann reagiert irritiert, das könne er erst morgen klären. Pastorin D. entschuldigt sich wiederholt. Es sei ihr furchtbar peinlich. Pfarrkonferenzen seien so sinnlose Termine. Man müsse aber teilnehmen. – Nachts überlegt sie immer wieder, wie sie die „blöde Situation" retten könne. Am nächsten Morgen teilt sie dem Brautpaar durch einen Anruf in der Firma der Frau mit, daß sie sich entschlossen habe, diesmal nicht an der Pfarrkonferenz teilzunehmen. Die junge Frau seufzt: „Jetzt haben wir gerade unsere Mittwochfreistellung rückgängig gemacht!" Pastorin D. tröstet sie: „Schieben Sie ruhig alles auf mich, wenn Sie nun nochmals fragen müssen. Wir werden das Kind schon schaukeln! Ach so, das sollte natürlich keine Anspielung sein. Ich rechne jetzt fest mit Mittwoch. Wenn wieder etwas dazwischen kommen sollte, sagen Sie bitte Bescheid."

Summa: Es geht darum, den zeitlichen Anforderungen des Lebens jedenfalls dynamisch zu begegnen und dabei Entscheidungen ernst aber nicht tragisch zu nehmen. Daß dann direkt und indirekt immer mehr Menschen am „Zusammenspiel" beteiligt werden, zeigt nur, daß das Leben eine aufregende Sache sein kann.

Soviel zu den Möglichkeiten charaktertypischen Zeiterlebens. Wie gesagt, ist es (und das nun auch im Rahmen jeder denkbaren „Mischtypik") mit der Erwartungshaltung verbunden, der jeweiligen Beziehungsperson, dem Gegenüber, dem Gesprächspartner möge genau so zumute sein, wie mir selbst. Die tatsächliche „Gegenläufigkeit" des Zeiterlebens beinhaltet dann das eigentliche Konfliktpotential im Umgang mit der Zeit. Man bemerkt ja sehr wohl: Um den tatsächlichen „Zeitwert", also um die effektivsten Zeitnutzungen im Dienst der Sache, geht es bei entsprechenden Auseinandersetzungen in den wenigsten Fällen! Es handelt sich vielmehr um einen ständigen „Enttäuschungsprozeß": der (geliebte, gehaßte, ambivalent erlebte) Mitmensch hat bei näherem Hinsehen nicht nur ein anderes „Weltbild" oder sogar eine andere „Weltanschauung", sondern auch ein anderes „Zeitverständnis". So prägen uns die Verschiedenheiten und Getrenntheiten mehr, als unsere auf Gemeinsamkeiten gerichtete Einstellung zum Dasein es wahrhaben möchte.
An diesem Erwartungs- und Enttäuschungsprozeß des Theologen hat übrigens die Gemeinde einen ganz bestimmten Anteil. An der von ihr häufig entwickelten und damit jedenfalls typischen Grundeinstellung läßt sich ein wirksamer *Projektionsmechanismus* noch einmal verdeutlichen. Danach soll der andere nicht nur so sein, wie ich mich selbst *bewußt* vorfinde. Er soll darüber hinausgehend auch meinen *unbewußten* Bedürfnissen entsprechen: Der Pastor/die Pastorin soll sich zu möglichen und unmöglichen Stunden für das Gemeindeglied Zeit nehmen können! In der Kirche soll etwas möglich sein, was „man" sich üblicherweise nicht leisten kann: nach Bedarf *Zeit geben* und *Zeit nehmen* bei Relativierung aller notwendigen Alltagsgeschäfte. So gesehen könnte es sogar sein, der alte Spott, Pastoren hätten es gut, weil in ihrem Beruf nur sonntags etwas zu tun wäre, entspräche einer unbewußten Sehnsucht. In diesem Falle gäbe es jemanden, der immer für mich bereitstünde, ohne mir etwas von meiner knappen Zeit abzufordern.

## *III. Umgang mit der Zeit: Zusammenarbeit zwischen Einsicht und Kontrolle*

Natürlich ist kein Mensch seinem Einstellungs- und Weltverarbeitungstypus einfach passiv ausgeliefert! Die Einwirkung des einen Individuums auf das andere Individuum kann dabei allerdings hart zwingend oder aber konstruktiv korrigierend geschehen. Dabei ist eine auf Einsicht ausgerichtete korrigierende Einwirkung aufeinander die Grundlage jeder Zusammenarbeit in einem Team. Der positive Effekt hängt freilich vom rechten Mischverhältnis von Einsichts- und Kontrollverhalten ab. In diesem Zusammenhang entspricht *Einsicht* einer kognitiven *und* emotionalen Leistung, die die probeweise Identifikation mit einer anderen (äußeren und inneren!) menschlichen *Vorfindlichkeit* ermöglicht und in deren Folge das Zusammenleben vorurteils-

und illusionsärmer gestaltet werden kann. – *Kontrolle* entspricht der Zuordnung von Wahrnehmungen und Erfahrungen zu einer urteilenden bzw. wertenden Instanz, die mehr oder weniger verinnerlicht erscheint und dann dem eigenen Gewissen entspricht. Vereinseitigtes *Einsichtsverhalten* führt zu dem Motto: „Alles verstehen, heißt alles verzeihen". Die notwendige Korrektur im eben genannten Sinne ist dann ausgeschlossen. Vereinseitigtes *Kontrollverhalten* führt zu dem Motto: „Vertrauen ist gut, Kontrolle ist besser". Die notwendige Korrektur geht dann leicht in (ideologischem) Machtkampf oder aber in einer ständigen Mißtrauenshaltung unter. Für unsere spezielle Fragestellung hat das Konsequenzen. Will der eine Theologe dem anderen Theologen mit individuellem Zeitgefühl beeindruckend oder helfend begegnen, so muß er dessen menschlichen *Eigenarten* gegenüber Einsicht und Kontrolle in geeignet gemischter Form entwickeln und die gemeinsamen Handlungsvollzüge davon abhängig machen.
In der praktischen Zusammenarbeit geht es dabei gleichzeitig auch immer um das Gleichgewicht zwischen den einzelnen Arbeitsschwerpunkten. Seelsorge, Unterricht, Gottesdienstvorbereitung (Predigt), Teambesprechung brauchen jeweils Zeitaufwand. Hierbei kann die Verteilung der Zeit signifikant für eine notwendige Schwerpunktbildung, aber auch für eine folgenreiche *Vereinseitigung* der pastoralen Tätigkeit sein. Jeder der genannten Schwerpunkte kann so zeitaufwendig betrieben werden, daß die anderen Aufgabengebiete unsachgemäß relativiert erscheinen. Schwerpunktmäßiger Zeitaufwand ist nicht einfach falsch oder richtig, vermeidbar oder begrüßenswert! Er kann entweder einem besonderen Interesse bzw. einer besonderen Begabung oder aber einer Arbeitsstörung entsprechen. In dem einen Fall ist die drohende Vereinseitigung durch gezielte Arbeitsteilung zu kompensieren. Dafür ist freilich ein Team nötig, dessen Mitglieder sich durch ihre unterschiedlichen Interessengebiete gegenseitig entlasten können. Im zweiten Fall erscheint unabdingbar ein zusätzlicher Zeitaufwand notwendig. Bei tatsächlichen *Arbeitsstörungen* geht es darum, diese nicht immer wieder neu zu kaschieren und Zeit in subjektiv quälender und objektiv kaum verantwortbarer Weise zu vergeuden. Sie müssen vielmehr einer geeigneten Therapie zugeführt werden.

So sind zum Beispiel Einsicht und Kontrolle nötig, um herauszufinden und in den einzelnen Komponenten ganz deutlich werden zu lassen, ob ein Vikar, der drei bis vier Tage lang seine Predigt vorbereitet und diesen Aufwand mit seiner Überzeugung begründet, die Predigt sei nun einmal das Hauptstück reformatorisch geprägter Theologentätigkeit,

a) ein genialer Prediger ist, der seine Stärke zu Nutz und Frommen seiner Predigthörer ausdifferenziert;

b) ein fauler Mensch ist, der seine theoretisch-exegetischen Liebhabereien aus der Zeit des Studiums einfach fortsetzen möchte und dieses egoistische Interesse rationalisiert;

c) ein zwanghafter Grübler ist, der jeden gepredigten Satz, ja jeden auftauchenden Gedanken immer noch einmal und immer weitergehend absichern muß.

So ist in jedem Einzelfall der tatsächliche Zeitaufwand von seinen Hintergründen her zu verstehen und gegebenenfalls in geeigneter Weise zu korrigieren. Der Gedankengang kann nicht ohne einen Hinweis abgeschlossen werden: Die Bearbeitung des unausrottbaren bzw. offensichtlich kaum lösbaren Theologenproblems, für die *Familie* keine Zeit zu haben, bedarf ganz deutlich einer besonders gelungenen Mischung von Einsicht und Kontrolle. Hier geht es um die *Einsicht,* daß vor allem die Unabgegrenztheit beider Aufgabengebiete (ein Pfarrer sei immer im Dienst, doch stets bei seiner Familie!) eine ständige *Anspruchshaltung* sowohl von Seiten der Gemeinde als auch von Seiten der Angehörigen fördert. Deshalb geht es gleichzeitig um die *Kontrolle* eines ganz bestimmten Verhaltens. Dieses besteht darin, sich ständig und nach den verschiedenen Seiten hin zu entschuldigen. Zu diesem Entschuldigungsritual kommt es immer dann, wenn sowohl der private als auch der berufliche Zeitaufwand als Pflicht erlebt und gegeneinander ausgespielt werden, gerade deshalb aber zu einem sehr unbehaglichen Gefühl führen. Es ist das Gefühl des Theologen, immer für das, was er gerade tut (sei es für den Beruf oder für die Familie), eigentlich gar keine Zeit zu haben.

*Schlußbemerkung:* Zeit ist Gnade! Ich stelle mir den „Tag des Theologen" so vor, daß eben dieser Theologe nicht nur kognitiv weiß, sondern auch emotional empfindet, daß er mit dem, was er tut „zwischen den Zeiten" lebt. Er hat begriffen, daß alle *Zeitgenossenschaft* grundsätzlich vom eschatologischen „Ende aller Zeiten" relativiert wird. Geht es den Christen doch immer auch um ein ganz anderes Dasein und damit um die Möglichkeit, alle Dinge dieser Welt lediglich „vorläufig" zu erleben. Das gilt für alle Strukturierungen und Orientierungen, für alle typenverschiedenen Erwartungshaltungen und zwischenmenschlichen Gegenläufigkeiten, für alle Arbeit zwischen Einsicht und Kontrolle.

Im Bewußtsein der Relativität alles Zeitlichen gegenüber dem in Ewigkeit Gültigen besteht die christliche Aufgabe freilich dann auch darin, nicht nur jeweils individuell, sondern auch miteinander die Zeit „auszukaufen".

Wenn bei allem Kopfzerbrechen über den höchst unterschiedlichen Zeitgebrauch durch uns Theologen Zeit dennoch hier und jetzt schon als *Gnade* erlebt werden soll, kann ich mir für dieses weise Erleben einen Indikator vorstellen: Anzeichen für einen auf Gnade bezogenen Zeitgebrauch könnte der *Humor* sein. Humor und Weisheit sind nämlich Geschwister. Wenn wir wahrnehmen, wie der andere anders mit Zeit umgeht, und darüber nicht grimmig, sondern *heiter* werden, könnte es immer mehr zu einer gegenseitigen Vermittlung von „Zeitgewinn" im doppelten Sinne des Wortes kommen.

Waldemar Pisarski

# In der Todeswelt der Mörder

## Pfarrer sein in der KZ-Gedenkstätte Dachau

Mein Telefon klingelte. Ein Kollege in der Kirchenleitung. Ob ich einen Ruf nach Dachau annehmen würde. Dachau? Ja, an der Versöhnungskirche in der KZ-Gedenkstätte. Mein Gott! Ich kannte die Gedenkstätte von mehreren Besuchen her. Jedesmal fühlte ich mich zerschlagen, erschöpft, elend. Dort arbeiten? Tag für Tag? Nein, ich glaube nicht, daß ich das schaffe. Ich bitte um Verständnis. Danke jedenfalls, daß Sie an mich gedacht haben.

Ein paar Wochen später wieder das Telefon. Ob ich mir es vielleicht noch einmal überlegt habe? Die Sache mit Dachau. Die Arbeit dort sei sehr wichtig. Die Synode hätte diese Stelle eigens errichtet. Einstimmig. Und dies bei über hundert nicht besetzten Pfarrstellen in der Landeskirche. Bedenkzeit? Ja, nehmen Sie sich Zeit. Und melden Sie sich wieder, wenn Sie soweit sind! In etwa zwei Wochen, ja, das wäre gut!

Vierzehn Tage später rufe ich zurück. Ich sage ja. Ja zur Versöhnungskirche. Ja zur Gedenkstätte. Ja zu Dachau. Die Reaktion eines befreundeten Kollegen: Sag' mal, wir kennen uns doch gut, was ist denn passiert, daß du nach Dachau mußt?! Was, du *willst* dorthin? Ja, ich will! Im Mai 1985 beginne ich als Pfarrer der Versöhnungskirche. Ich habe diese Entscheidung nicht bereut. Aber ich kenne Zeiten, in denen es mir schwer wird. Unendlich schwer. Die Steine, die Bilder, die Fundamente. Zeugnisse einer unvorstellbaren Gewalt.

> „Wie es den Russen geht, wie es den Tschechen geht, ist mir total gleichgültig. Das, was in den Völkern an gutem Blut unserer Art vorhanden ist, werden wir uns holen, indem wir ihnen, wenn notwendig, die Kinder rauben und sie bei uns großziehen. Ob die anderen Völker in Wohlstand leben oder ob sie verrecken vor Hunger, das interessiert mich nur soweit, als wir sie als Sklaven für unsere Kultur brauchen, anders interessiert mich das nicht. Ob bei dem Bau eines Panzergrabens 10000 russische Weiber an Entkräftung umfallen oder nicht, interessiert mich nur insoweit, als der Panzergraben für Deutschland fertig wird." (Heinrich Himmler am 4. Oktober 1943)

Wie in aller Welt konnte es soweit kommen? Wie, um Himmels willen, konnte dies geschehen? Fragen über Fragen.

Mit einer Gruppe junger Leute sitze ich im Gesprächsraum der Versöhnungskirche. 15jährige, 16jährige, 17jährige. Sie kommen aus Israel. Einen Tag vorher waren sie noch auf dem Olympiaturm in München oder im Deutschen Museum oder bei BMW. Sie waren durch die Fußgängerzone gestreift, hatten sich Schallplatten vorspielen lassen oder adidas-Schuhe anprobiert. Die Bundesrepublik mit ihrer Glitzerseite. Aber jetzt ist es ganz anders. Was bringt ihr denn mit, frage ich, und kenne die Antwort. Unsere toten Großeltern, unsere Onkel und Tanten. „Der Tod ist ein Meister aus Deutschland ..."

(Paul Celan) Und ich weiß, daß jetzt die Frage kommt: Wo, wo waren deine Eltern damals? Wo waren die Christen? Die Kirche? Und ich spüre, wie mir die Worte im Hals stecken bleiben.

*Musterlager Dachau*

Am Dienstag, dem 21. März 1933, erscheint eine kleine Meldung im Völkischen Beobachter:

> „Am Mittwoch wird in der Nähe von Dachau das erste Konzentrationslager mit einem Fassungsvermögen für 5000 Menschen errichtet werden. Hier werden *die gesamten kommunistischen* und soweit dies notwendig ist, *Reichsbanner- und sozialdemokratischen Funktionäre*, die die Sicherheit des Staates gefährden, zusammengezogen, da es auf die Dauer nicht möglich ist und den Staatsapparat zu sehr belastet, diese Funktionäre in den Gerichtsgefängnissen unterzubringen. Es hat sich gezeigt, daß es nicht angängig ist, diese Leute in die Freiheit zu lassen, da sie weiter hetzen und Unruhe stiften. Im Interesse der Sicherheit des Staates müssen wir diese Maßnahme treffen ohne Rücksicht auf kleinliche Bedenken. Polizei und Innenministerium sind überzeugt, daß sie damit zur Beruhigung der gesamten nationalen Bevölkerung und in ihrem Sinne handeln."

Die Steinbauten einer alten Munitionsfabrik, nach dem Ersten Weltkrieg stillgelegt, eine verschwiegene und unwirtliche Gegend im Dachauer Moor und dennoch die Nähe zur großen Stadt München – der Ort schien ideal, um mißliebige Stimmen zum Schweigen zu bringen. Sozialdemokraten und Kommunisten vor allem, dann aber auch Juden, Monarchisten, Sinti und Roma, Zeugen Jehovas, Geistliche, Homosexuelle. Schon im April 1933 übernimmt die SS das Kommando. Noch im selben Jahr formuliert Himmler, worum es geht: „Wir sehen vor uns eine vordringliche Aufgabe: Sämtliche offenen und geheimen Feinde des Führers, der nationalsozialistischen Bewegung und unserer völkischen Auferstehung zu finden, zu bekämpfen und zu vernichten. Bei diesem Werk sind wir willens, weder eigenes noch fremdes Blut zu schonen, wenn es das Vaterland erfordert."
Bald schon breitet sich der Ruf des Schreckens aus. „Halt's Maul, sonst kommst nach Dachau!" Eine Redewendung, im ganzen Deutschen Reich bezeugt. Wem in dieser Volksgemeinschaft ist noch zu trauen? Ein Kindergebet wird abgewandelt und hält die Ängste fest: „Lieber Gott, mach mich stumm, daß ich nicht nach Dachau kumm!"

> „Von außen sah das Land aus wie immer. Die Straßenbahnen, die Autos fuhren, Geschäfte, Restaurants, Theater, zu einem großen Teil gezwungen, hielten ihren Betrieb aufrecht, die Zeitungen hatten die gleichen Köpfe, die gleichen Lettern. Aber innerlich verwilderte, verlumpte, verfaulte, verkam das Land von Tag zu Tag mehr, Roheit und Lüge fraßen an ihm, das ganze Leben wurde übelriechende Schminke." (Lion Feuchtwanger, Die Geschwister Oppermann)

Musterlager Dachau, das Modell für alle anderen Konzentrationslager. Auf der einen Seite des Zaunes die Häftlinge, auf Gedeih und Verderb der SS

ausgeliefert. Immer perfekter wird ihre Arbeitskraft ausgebeutet. Ein Wirtschaftsimperium entsteht, von Berlin aus zentral gesteuert, das Millionen und Abermillionen umsetzt. Auf der anderen Seite die Männer unter dem Totenkopf. Dachau – Ausbildungsstätte der SS. „Toleranz ist Schwäche!" lernen sie und „Gelobt sei, was hart macht!"
Mehr als 200000 Menschen sind nach Dachau gekommen. 1937 werden die Gebäude der alten Pulverfabrik abgebrochen, das Lager wird erweitert und vergrößert. Ein Rechteck entsteht von etwa 300 Meter Breite und 600 Meter Länge. Durch seine Mitte führt die Lagerstraße, von Pappeln umsäumt, an der links und rechts je 17 Baracken stehen. Von 1939 an sieht man, wie deutsche Truppen die Nachbarstaaten überfallen. Bald nach jedem neuen Überfall kommen die ersten Häftlingstransporte aus dem besetzten Land. Zum Schluß sind es Menschen aus 27 Ländern. Neben Deutschen und Österreichern vor allem Polen, Russen, Ungarn, Franzosen und Italiener. Am 29. April 1945 wird das Lager befreit. In den überfüllten Baracken sind über 30000 Häftlinge zusammengepfercht. In den vielen Außenlagern, die um das Stammlager entstanden sind, befinden sich noch einmal so viele Menschen.
Ein *Arbeitslager* sei Dachau gewesen, so heißt es manchmal. Aber diese Bezeichnung nimmt die nationalsozialistische Propaganda auf. So als sei es darum gegangen, lichtscheue und national unzuverlässige Elemente bei guter Kost und Logis wieder an ein geregeltes Leben heranzuführen. Gewiß, Dachau war nicht eines jener Vernichtungslager, in denen Menschen fabrikmäßig ermordet wurden. Von den Güterzügen direkt in die Gaskammern. So war es in Dachau nicht. Aber *Arbeitslager?* Einer der SS-Führer traf die Wirklichkeit wohl am besten, als er eine Gruppe von Neuankömmlingen mit den Worten begrüßte: „Ihr habt hier zwei Aufgaben zu erfüllen. Erstens, ihr habt zu verrecken und, zweitens, ihr habt zu arbeiten, bis ihr endlich krepiert seid!" Arbeitslager Dachau. Mehr als 30000 Menschen sind hier ermordet worden. Erschlagen, aufgehängt, erschossen, verhungert, an Krankheiten und an Erschöpfung gestorben, von Hunden zerbissen, in den elektrischen Draht getrieben, zu Tode gefoltert.

### *Die Gedenkstätte*

Nach der Befreiung diente das ehemalige KZ der US-Armee als Internierungslager für SS-Leute, die jetzt vor Gericht gestellt wurden. Im November 1945 wird der erste Dachauer Prozeß eröffnet. Auf der Anklagebank sitzen 42 Angehörige der SS. Am 16. November erscheint die Süddeutsche Zeitung mit der Schlagzeile „Konzentrationslager Dachau als Mörderschule". Von nun an gehen täglich Bilder des Grauens um die Welt. Mit Abscheu und mit Entsetzen nimmt die internationale Öffentlichkeit wahr, was im Musterlager der Nationalsozialisten geschehen ist. Die alte malerische Stadt Dachau, im 19. Jahrhundert als Künstlerort gepriesen, wird überall mit dem Konzentrationslager gleichgesetzt.
Am 14. Dezember werden die Urteile gesprochen, darunter 36mal „Tod

durch den Strang". Weitere Prozesse schließen sich an und bringen immer neue Greueltaten ans Licht. Im Jahre 1948 lösen die Amerikaner das Internierungslager auf.
Nun ziehen Flüchtlinge und Heimatvertriebene in die leerstehenden Baracken ein. Ein richtiges Gemeinwesen entsteht. Mit einer Kirche, mit einer Schule, mit kleinen Geschäften, mit einem Gasthaus. Immer wieder besuchen mich Menschen, die jahrelang im ehemaligen Konzentrationslager lebten. Ihre Berichte fallen ganz unterschiedlich aus. Die damals Kinder waren, erzählen oft in warmen Farben. Spannend sei es gewesen. Viele Freunde habe man gehabt und unzählige Abenteuer bestanden und so manchen Streich ausgeheckt. Bei denen, die damals Eltern waren, klingt es ganz anders. Von Enge und Not und Armut und Kummer. Ständig mußte man improvisieren, ausbessern, reparieren. Aber so gut man sich auch zu helfen versuchte, die Unterkünfte verfielen mehr und mehr.
Zehn Jahre nach der Befreiung des Lagers kamen Überlebende aus aller Welt nach Dachau. Sie erschraken darüber, in welchem Zustand sich der Ort befand, in dem Tausende ihrer Kameraden ermordet wurden. Das Internationale Dachau-Komitee, ein Zusammenschluß von Häftlingsvereinigungen aus 21 Ländern, verstärkte seine Bemühungen um die Errichtung einer Gedenkstätte. Der Eucharistische Weltkongreß 1960 in München wurde zu einem wichtigen Meilenstein. In einem feierlichen Gottesdienst wurde im Nordbereich des alten Lagers die katholische Todesangst-Christi-Kapelle eingeweiht. Zur gleichen Zeit konnte im ehemaligen Krematoriumsgebäude eine erste, kleine Dokumentation eröffnet werden.
Weitere zehn Jahre später, am 9. Mai 1965 war es dann soweit. Die „Gedenkstätte des ehemaligen Konzentrationslagers Dachau" war errichtet. Die Flüchtlinge hatten neue Wohnungen gefunden, das ehemalige Wirtschaftsgebäude nahm ein Museum auf, die beiden ersten Baracken am Appellplatz wurden rekonstruiert, die restlichen weithin baufällig geworden, wurden abgetragen, und nur ihre Fundamente blieben bestehen.

> „Tote kann man nicht mehr erwecken. Das getragene Leid, die geflossenen Tränen kann niemand ungeschehen machen. Als ein großes Gedenk- und Mahnmal aber soll der gesamte hiesige Lagerkomplex in seinem Grundcharakter und in würdiger Form erhalten und gestaltet werden, den kommenden Geschlechtern zur bleibenden Erinnerung und Warnung ... In unserem Leben haben die Nationalsozialisten das deutsche Volk und einen großen Teil der europäischen Nachbarvölker in ein Unglück hineingerissen, das in der Weltgeschichte kaum ein Beispiel hat. Sie haben den deutschen Namen mit Schmach und Schande bedeckt. Unser Bestreben und das derer, die nach uns kommen, muß und wird es sein, dem Grundsatz der Achtung menschlicher Würde und Freiheit dauernde Geltung zu schaffen. In diesem Sinne sollen und wollen wir, die Vertreter all der Nationen, die hier in Dachau gelitten haben und gemartert wurden, uns die Hände reichen und über alles andere hinweg für immer zusammenstehen ..." (Minister Alois Hundhammer, selbst ehemaliger Dachauhäftling, in seiner Ansprache am 9. Mai 1965)

Heute wird die Gedenkstätte jährlich von fast einer Million Menschen besucht. Sie kommen aus über 100 Ländern der Erde. In der Besucherstatistik aller bundesdeutschen Museen nimmt die KZ-Gedenkstätte den fünften Rang ein. Etwa auf der gleichen Stelle die bayerischen Königsschlösser, z. B. Neuschwanstein. Für mich liegt darin etwas Zeichenhaftes. Neuschwanstein – die Schokoladenseite unseres Landes, bekannt in aller Welt. Kaum ein amerikanisches Wohnzimmer ohne „Mad Ludwig's Castle". Als Photo, als Puzzle, in Zuckerguß oder mit Streichhölzern nachgebaut. Everybody loves it. Und auf der anderen Seite „Dachau". Die Nachtseite unseres Landes. Beide gehören zusammen, sind Teil unserer Geschichte und Teil unserer Identität. Würde man eines wegnehmen, man würde einen Teil unseres Wesens amputieren.

Der Besucher, der die Dokumentation betritt, sieht zunächst eine riesige Tafel, 8 mal 4 Meter. Darauf unendlich viele Namen, fast 500. Mitteleuropa in den frühen vierziger Jahren. Ein Kontinent, übersät mit Konzentrationslagern. Ein dichtes Netz des Terrors, der Einschüchterung, der Ausbeutung und des Mordens. So mancher Besucher wandert mit seinen Augen über diese endlosen Namen. Er entdeckt Dachau, den Ausgangspunkt dieses Schreckenssystems. Dann Flossenbürg im Nordosten, Mauthausen im Süden. Und dann – vielleicht – auf einmal der Name seiner Heimatstadt. Was? Auch bei uns? Ein Nebenlager? Ein Außenkommando? Bei uns? Vielleicht in meiner Nachbarschaft?

*Der Versöhnung einen Raum geben*

Eine „Zone der Meditation" hatten sich die ehemaligen Häftlinge für den Bereich gewünscht, in dem einmal die Lagergärtnerei war. Also: nicht neue Bilder, neue Dokumente, neues Grauen. Eher einen Ort der Stille und der Besinnung. Aber wie sollte dieser Ort aussehen? Die Evangelische Kirche tat es sich nicht leicht. Ein schlichtes Holzkreuz – würde das nicht genügen? Genügen angesichts der vielen Toten? Angesichts der Schuld der Christen?

Überlebende aus der Ökumene, vor allem aus den Niederlanden, machten Mut. Auch wenn es uns die Sprache verschlägt, wir dürfen nicht stumm bleiben. Unsere Trauer braucht einen Raum, unsere Erinnerungen brauchen einen Raum, unsere Hoffnung braucht einen Raum. Am 30. April 1967 wurde die Versöhnungskirche eingeweiht. Zusammen mit der katholischen Todesangst-Christi-Kapelle und der Jüdischen Gebetsstätte bildet sie heute den Abschluß der Gedenkstätte nach Norden hin. Ein Ort zum Innehalten, zum Verweilen, zum Ausatmen, zum Gebet.

Ich muß gestehen: Ich hatte zunächst Schwierigkeiten mit diesem Bauwerk. Meine Augen blieben am Vordergründigen hängen. Graue Betonwände, eine eigenartig skurrile Gestalt, Kargheit und Kühle überall. Aber langsam begann ich zu verstehen. Alles in diesem Lager war geradlinig. Der Appellplatz, die Baracken, der Prügeltisch, die Wassergräben, die Wachttürme, die Stehbunker. Alles geradlinig und im rechten Winkel. Eine tödliche Zwangsordnung. Von der „Genauigkeit im Abscheulichen" hat Heinrich Mann einmal gesprochen.

„Öde und Trostlosigkeit kennzeichnen heute noch das ehemalige Konzentrationslager Dachau. Das sollte nicht verwischt oder gar verniedlicht werden. Die Monotonie der rechtwinklig-schematischen Grundfigur des Lagers ist eindringliches Symbol dieser tödlichen Polizeiordnung, denn die Rechtwinkligkeit war wichtiger Teil des Mordsystems.
Rechtwinkligkeit war mir nach so viel Mißbrauch für ein Bauwerk im Lager unmöglich erschienen. Ich hielt es zunächst für unerreichbar, etwas zu bauen, ohne in den Sog dieser Rechtwinkligkeit zu kommen. Was zu bauen war, mußte ohne jede Monumentalität bleiben und dabei gleichzeitig die primitive Gesetzmäßigkeit der Lagerwelt überwinden.
Die Gestalt der Versöhnungskirche ist daher eine Antwort, ein Gegenort, zu all den Einrichtungen des Terrors. Sie ist als eine lebendige Spur in die unbarmherzige Fläche des Lagers eingegraben, als eine bergende Furche gegen das unmenschliche Ausgesetztsein, das man auch heute immer wieder spürt, wenn man durch das Lager geht." (Der Architekt der Versöhnungskirche, Helmut Striffler)

Wie ein Weg ist diese Kirche gebaut. Ein Weg, der die Besucher aus der weiten Verlorenheit des Lagers aufnimmt. Ein Weg, der in die Tiefe führt. Schritt für Schritt. Tiefe als Symbol von Scham, von Dunkelheit, von Leiden, von Sterben. Dann auf einmal ein kleiner Innenhof. Die tiefste Stelle auf diesem Weg. Kalt, abweisend und – im rechten Winkel. Ein ähnliches „Bauwerk" findet sich einen Kilometer von diesem Innenhof entfernt. Ein Schießplatz der SS. Tausende von sowjetischen Kriegsgefangenen wurden dort ermordet. Es war „der lange erwogene Wille des Führers".
Nur ganz behutsam, beinahe zögernd, Symbole der Hoffnung in der Versöhnungskirche. Das Eingangstor, ein Geschenk von Christen aus der DDR, mit der Inschrift: „Zuflucht unter dem Schatten deiner Flügel". Der Weg, der zum Ausgang hin wieder ansteigt. Einfallendes Licht. Ein Psalmwort, in die Wand eingelassen: „Aus der Tiefe, Herr, rufe ich zu dir..." (130,1) Dann das Kruzifix.
Manchmal klopft ein Besucher ganz energisch an die Tür zur Sakristei. Was soll denn das, eine Kirche ohne Kreuz?! Dann stehen wir gemeinsam vor dem Bronzekubus, der aus der Wand tritt. Professor Fritz König, Landshut, hat dieses Kruzifix gestaltet. Nein, er hat es sich von der Seele gerissen. Ein Kreuz an dieser Stelle? Was sollte das Sterben dieses einen an einem Ort, an dem über 30000 erwürgt worden sind? Ein Entwurf, im Morgengrauen entstanden, gefunden nach langen Stunden der Nacht. Die Wand des Kirchenraumes scheint aufzuspringen. Eine Gestalt, die von dem Gewicht, das sie umgibt, zermalmt wird. Oder ist es eine Gestalt, die das Gewicht, das sie umgibt, von innen her aufbricht? Oder ist es beides? Widerstand und Ergebung? Karfreitag und Ostern?
Zur Versöhnungskirche gehört ein Gesprächsraum. Es ist der einzige Ort in der Gedenkstätte, an dem sich ein Besucher niederlassen kann. Ausruhen, den Kopf in die Hände legen, die Augen schließen, eine Kerze anzünden, in Büchern blättern, einen Gesprächspartner finden. Ein behüteter Raum, in dem Menschen sein dürfen, sein wie sie sind.

Die meisten Menschen, die zu uns kommen, – mit mir arbeiten ein Diakon und zwei Freiwillige der Aktion Sühnezeichen, – standen noch kurz vorher in den Krematorien, waren durch eine Gaskammer gegangen und vorbei an Massengräbern. Sie kommen, zutiefst durchgeschüttelt. Kommen mit Tränen, mit Zorn, kommen mit tausend Fragen. Zeugnissen einer beispiellosen Menschenverachtung sind sie begegnet.

> „Von euch werden die meisten wissen, was es heißt, wenn 100 Leichen beisammen liegen, wenn 500 daliegen oder wenn 1000 daliegen. Dies durchgehalten zu haben, und dabei – abgesehen von Ausnahmen menschlicher Schwächen – anständig geblieben zu sein, das hat uns hart gemacht. Dies ist ein niemals geschriebenes und niemals zu schreibendes Ruhmesblatt unserer Geschichte." (Heinrich Himmler am 4. Oktober 1943 vor SS-Führern)

Wenn ich selbst traurig bin, dann brauche ich jemanden, der mir zuhört, der mich ernst nimmt, der mich aushält. Jemanden, der oder die mir weinen hilft, schreien hilft, klagen hilft. So sollen es die Besucher(innen) der Versöhnungskirche erleben. Trauer nicht wegmachen, sondern annehmen und gestalten. Manchmal haben wir nur ein paar Minuten miteinander. Zeit gerade für eine Berührung. Und dennoch heilend, wegweisend, versöhnend. Ich habe viel Vertrauen gewonnen gerade zu solch kurzen Begegnungen. Sie setzen manchmal eine lange Geschichte in Gang.
Gruppen, Schulklassen oder Gemeindekreise, bringen oft mehr Zeit mit. Wir sitzen dann im Kreis, gehen noch einmal durch, was wir gesehen haben, schweigen, malen, tauschen uns aus, entdecken die weiche, einfühlsame, mitfühlende Seite in uns. Menschen, nicht „gewalttätig, herrisch, unerschrocken und grausam", wie sie der Führer wollte, sondern herzlich, persönlich, durchlässig und solidarisch.
Oft erlebe ich, wie es Menschen die Sprache verschlägt. Manchmal hatten sie sich zu einem Gespräch angemeldet, aber dann, als wir uns gegenübersitzen, wollen die Worte nicht kommen. Ich kenne das sehr gut. Damals, vor ein paar Jahren, in Auschwitz haben mir auch die Worte gefehlt. Oder in Jad Waschem in Jerusalem oder in Chatyn in Weißrußland. Auf dem Jüdischen Friedhof an der Schönhauser Allee in Berlin, DDR, gibt es eine Inschrift. Sie hilft mir, solche Augenblicke anzunehmen:

> „Hier stehst du schweigend.
> Doch wenn du dich wendest,
> schweige nicht."

Im Jahre 1967 veröffentlichten Alexander und Margarete Mitscherlich ihr Buch mit dem schon sprichwörtlich gewordenen Titel „Die Unfähigkeit zu trauern". Eine schonungslose Zeitanalyse der Bundesrepublik Deutschland. Die 68-Generation – hier spreche ich ein Stück weit auch aus eigener Erfahrung – hat diese Analyse den Vätern unerbittlich um die Ohren geschlagen. Ein Schuldbekenntnis, das war es, was wir wollten, ein Eingeständnis des

Versagens. Heute, so scheint mir, fragen wir anders. Mit mehr Bereitschaft zum Hören, zum Wahrnehmen, zum Lernen. „Das Vergessenwollen verlängert das Exil", heißt es in der jüdischen Weisheit, „und das Geheimnis der Erlösung heißt Erinnerung". Erinnerung, so verstehe ich mein Pfarramt in der KZ-Gedenkstätte in Dachau. Ein paar Gedanken dazu:

1. Nicht vergessen

Zwei Dinge braucht der Pfarrer, so habe ich es im theologischen Studium gelernt, die Bibel und die Zeitung. In der Versöhnungskirche kommt noch etwas Drittes hinzu, der Kalender. Immer wieder haben Christen versucht, ihr Glauben, ihr Hoffen und ihr Lieben auszusprechen. Dies soll nicht vergessen sein. In den Gottesdiensten und in den Andachten, bei unseren Besuchen in Schulen und Gemeinden, bei den Abendveranstaltungen der Versöhnungskirche, in Seminaren und Workshops denken wir an solche Ereignisse. An den Aufruf Martin Niemöllers zur Bildung des Pfarrernotbundes z. B. am 12. August 1933. An die 1. Bekenntnissynode in Barmen vom 29. bis 31. Mai 1934. An die Auseinandersetzungen in der Pfarrerschaft um den Treueid auf Hitler in den Monaten April bis Juli 1938. An das Schreiben von Bischof Wurm zur Euthanasie vom 19. Juli 1940. Oder, nach dem Krieg, an das Stuttgarter Schuldbekenntnis vom 19. Oktober 1945 oder an das Darmstädter Wort vom 8. August 1947 usw. usw.

*Menschen* dürfen nicht vergessen sein. Gewiß, Martin Niemöller und Dietrich Bonhoeffer sind in aller Munde. Aber wer denkt heute noch an *Friedrich Weißler*, den ersten Märtyrer der Bekennenden Kirche. Am 19. November 1937 hängen ihn SS-Wachen im Konzentrationslager Sachsenhausen auf, um einen Selbstmord dieses „Judenschweins" vorzutäuschen. Ihn, den sie vorher zu Tode getrampelt haben. Wer denkt noch an *Hermann Stöhr*, den einzigen evangelischen Christen, der den Eid auf Hitler und den Kriegsdienst verweigerte, weil er die Bergpredigt und das fünfte Gebot nur *so* verstehen konnte. Am 21. Juni 1940 wird er dafür enthauptet. Wer denkt noch an *Lothar Kreyssig*, Mitglied der Bekennenden Kirche, der einzige Jurist im Deutschen Reich, der gegen Hitlers Gnadentod protestierte, der Begründer der Aktion Sühnezeichen im April 1958. Am 5. Juli 1986 ist er gestorben. Wer denkt noch an ihn?

Wer denkt an *Jochen Klepper*, dessen Verse uns auch heute noch anzurühren vermögen, an *Paul Schneider*, den Prediger von Buchenwald, wer denkt an die Märtyrer von Dachau, an *Ernst Berendt, Hans Buttersack, Helmut Hesse, Ernst Kasenzer, Paul Richter, Erich Sack, Ludwig Steil* oder *Werner Sylten*? „Gott gibt uns in jeder Notlage soviel Widerstandskraft, wie wir brauchen", heißt es in Dietrich Bonhoeffers Glaubensbekenntnis. Im Leben und im Leiden so vieler Christen ist etwas davon deutlich geworden.

2. Zu verstehen versuchen

Immer wieder zeigen wir im Gesprächsraum der Versöhnungskirche Ausstellungen, laden – solange es noch irgend geht – Zeitzeugen ein, bitten Referenten zum Gespräch. Wir versuchen zu verstehen. Wie war das damals mög-

lich? Der Völkermord an den Juden? Die Vernichtung der Kranken und Schwachen? Der Überfall auf andere Länder? Wie war es möglich, daß Menschen zu Ungeziefer erklärt wurden? Oder Völker zu Sklavenstämmen? Wieso machten so viele mit? Wieso schauten so viele weg? Wieso gab es so wenig Protest?
Vor einiger Zeit schrieb ein junger Mann in das Gästebuch unserer Kirche: „Ich war in Nürnberg auf dem Reichsparteitagsgelände und muß gestehen, daß ich mich der Ausstrahlung dort nicht entziehen konnte. Auch ich wäre damals wie Millionen Deutsche den Lügen und der Propaganda zum Opfer gefallen. Auch ich wäre zu schwach gewesen, um gegen den Strom zu schwimmen." Liegt in diesen so ehrlichen Worten eine Verstehenshilfe? Ging nicht in der Tat von jenem Regime eine gewisse Faszination aus? Die Fahnen, die Farben, die nächtlichen Lichterdome, die Aufmärsche. Unzähligen Menschen ist es in der Nazizeit wohl gut gegangen. Hat Lion Feuchtwanger nicht recht: „... und die ganze völkische Revolution, sah man genauer hin, zerfiel in Millionen kleiner Geschäfte auf Gegenseitigkeit."?
So versuchen wir, uns dem Fassungslosen zu nähern, das Unbegreifliche zu begreifen. Dabei komme ich immer wieder an eine Grenze. Verstehen – ist dies überhaupt möglich? Oder geht es vielleicht viel mehr darum zu verstehen, daß das alles unverständlich ist?
Wichtig scheint mir, nicht nur den Zeitraum von 1933 bis 1945 anzuschauen. „Faschismus", sagt Wilhelm Reich einmal, „ist keine politische Partei, sondern eine bestimmte Lebensauffassung und Einstellung zu Mensch, Liebe und Arbeit." Welche Linien gibt es da vor Hitler? Welche Spuren gehen durch die Geschichte hindurch? Und: wie ist das nach 45 weitergegangen?

Über einige Davongekommene

Als der Mensch
Unter den Trümmern
Seines
Bombardierten Hauses
Hervorgezogen wurde,
Schüttelte er sich
Und sagte:
Nie wieder.
Jedenfalls nicht gleich.

(Günter Kunert)

Wie sieht das in mir selbst aus? Wie in unserem Land? Wie in meiner größeren Heimat, der Welt? Wie gehen wir heute mit dem Schwachen um und mit den Schwachen? Wie mit Minderheiten? Wie arbeiten wir? Wie lieben wir?

3. Theologie in Trauer

Mit Spannung und mit innerer Erregung habe ich in Dachau nach der Rolle der Kirchen gefragt. Wo war *meine* Kirche? Zunächst nahm ich das Entlastende wahr. Den kleinen Ausweis des Pfarrernotbundes etwa. Oder so manche mutige Predigt, z. B. die von Helmut Gollwitzer am Bußtag 1938. Auf dem Weg zur Versöhnungskirche blieb ich oft an den Fundamenten des „Pfaffenblocks" stehen. Ich dachte an die vielen hundert Brüder, die hier eingesperrt waren. Die Zelle Martin Niemöllers wurde für mich wichtig und die Erzählungen eines Mithäftlings von ihm. Ja, ich fand Namen, Daten, Dokumente, die mich aufatmen ließen. Aber bald holte mich das andere ein. Die Flut von Glückwunschtelegrammen, Ergebenheitsadressen, Grußworten, Danksagungen, Segensgebeten, nicht endenwollende Preisungen des großen Führers.

Immer schmerzlicher wurden die Fragen. Wo war meine Kirche, als das Ausnahmerecht für die Juden verkündet wurde. Jene Flut von Gesetzen, Verordnungen, Erlassen und Verfügungen, die das Leben der jüdischen Bürgerinnen und Bürger immer mehr einschränkten, behinderten und bedrohten? Wie war das mit der so dunklen Geschichte des Antijudaismus im Christentum? Und mit Luthers Schriften zur „Judenfrage"? Und weiter: Wo war meine Kirche, als sich die Konzentrationslager füllten? Wo, als der Kreuzzug gegen den Bolschewismus ausgerufen wurde? Dann: als die Güterzüge rollten, vollgepfercht mit Menschen? Fragen über Fragen. Der Holocaust, Auschwitz war das nicht auch eine ungeheure theologische Katastrophe?

Trauerarbeit, so Margarete Mitscherlich, erfordert eine Beschäftigung mit sich selbst, eine zeitweilige innere Einsamkeit. Wo haben wir getrauert? Die berühmte Stuttgarter Erklärung des Rates der Evangelischen Kirche in Deutschland vom 19. Oktober 1945 erwähnt den millionenfachen Mord an den Juden mit keinem Wort. Das viel gelobte Darmstädter Wort des Bruderrates der Evanglischen Kirche in Deutschland vom 8. August 1947, gelobt wegen der Konkretionen, die in Stuttgart noch fehlten, dieses Darmstädter Wort geht mit keiner Silbe auf den Holocaust ein. Herrschte nicht auch in der Kirche im Nachkriegsdeutschland jenes „konstitutive Beschweigen", das der Züricher Philosoph und Politologe Hermann Lübbe für die Bundesrepublik insgesamt beobachtet hat? Eine zeitweilige innere Einsamkeit. Ich weiß inzwischen, was das heißt.

„Nach Auschwitz", sagt Eli Wiesel einmal, „haben die Worte ihre Unschuld verloren." Wie steht das mit unseren theologischen Worten? Klingen sie noch genauso wie *vor* Auschwitz? Die Worte in unseren Dogmatiken. In unseren Gebeten. In unseren Agenden. In unseren Liedern. Welche Worte haben Auschwitz möglich gemacht oder zumindest nicht verhindert? Und wie ist das heute mit unseren Worten? Ich spüre, wie entscheidend das für mich geworden ist: ob unser theologisches Reden offen ist für Erfahrungen des Erbarmens, des Mitfühlens, der Geschwisterlichkeit, offen für Widersprechen und Widerstehen. Jede Theologie nach dem Holocaust muß sich vor den Opfern von Auschwitz verantworten können.

Beinahe schrankenlos war ihre Macht. Fast alles war ihnen möglich. Millionen haben sie beleidigt und gequält, Millionen in den Tod geschickt. Aber eines vermochten sie nicht. Den Himmel, den Himmel vermochten sie nicht zu ändern.

Auschwitz

Den Himmel konnten sie
nicht verändern
die Mörder von Auschwitz.
Sie färbten ihn blutrot
und schwarz
mit den Schornsteinen
der Krematorien.
Doch verändern konnten sie
ihn nicht
den Himmel
der die Erinnerungen in die
Herzen der Geschundenen trug
ihnen zur Kraft
der ihre Träume aufnahm
und bewahrte
für die Zukunft der Lebenden
der mit seinen Tränen
die Wangen
der Gefolterten zärtlich
benetzte
als wär's die Frau, die Mutter,
der Freund.
Der Himmel schenkte ihnen
den Glauben
an das Leben
in der Todeswelt ihrer Mörder.

(Andreas Altmann)

Den Himmel verändern konnten sie nicht. Eine große, eine immer größer werdende Sehnsucht nach Himmel ist in mir, seitdem ich in Dachau bin. Ohne Himmel kann ich nicht mehr leben, nicht mehr atmen, nicht mehr sein. Himmel über mir und neben mir und in mir. Der Himmel, der mir den Glauben an das Leben schenkt in der Todeswelt der Mörder.

Robert Leuenberger

# Von der Kraft der Ohnmacht*

*I.*

Anläßlich seiner Auszeichnung mit dem Friedenspreis durch den Börsenverein des deutschen Buchhandels am 9. Oktober 1988 hat sich Siegfried Lenz über den geringen Einfluß geäußert, welcher der Literatur gegenüber den Mächten zukommt, die das Schicksal der Welt tatsächlich bestimmen. Was auf der Welt in Wahrheit geschehe, meinte er, darüber verfüge das Wort der Dichter über keine nennenswerte Macht. Mit keinem Wort aber bedachte Siegfried Lenz dabei die mögliche Konsequenz, nämlich, es sei deshalb sinnlos, Schriftsteller zu sein. Ganz im Gegenteil: Er begann sogleich das Kampffeld abzustecken, auf dem der Schriftsteller mit seinem schwachen Wort für Friede, Gerechtigkeit, für die Versöhnung unter den Völkern, für die Bewahrung der Natur usf. zu kämpfen habe.

Dazu gibt es freilich auch Gegenbeispiele. Vor Jahresfrist hat ein anderer Schriftsteller, Wolfgang Hildesheimer, in einem bitter-vergnüglichen Buch Abschied genommen von seiner Leserschaft[1]. Die Welt, meint er, sei nach seiner Überzeugung hoffnungslos verloren und damit auch die Schriftstellerei sinnlos geworden. Die Ohnmacht des Wortes hat diesen Dichter zum Verstummen gebracht.

Es lohnt sich, bei solchen Vorgängen einen Augenblick zu verweilen. Setzen wir einmal den Fall, die Literatur, die Kunst überhaupt, würden endgültig verstummen, weil sie sich ihrer Ohnmacht bewußt geworden sind! Jedermann dürfte spontan empfinden, daß dies einer Katastrophe von unermeßlichem Ausmaß gleichkäme. Eine der tiefsten Energiequellen der Menschheit würde damit versiegen, als ein Vorspiel vielleicht der totalen Verfinsterung und Erkaltung unseres Planeten. Und ohne daß man darüber viel nachdenken müßte, wird an diesem Beispiel evident, daß in den Dingen, denen keine äußere Macht zukommt, bisweilen die Quelle einer Kraft liegt, über welche die sog. Mächtigen nicht verfügen, ja, der gegenüber sie machtlos sind. Daß dies auch für die Dichtung zutrifft, dies scheint Siegfried Lenz aber deshalb bewußt geworden zu sein, weil ihm auch deren Ohnmacht vor Augen stand. Indem er der Schwachheit des Wortes innewurde, bezeugte er in seiner Rede dessen Kraft. So ist aber auch das Verstummen Wolfgang Hildesheimers zu verstehen. Dieses ist, wie beim Verstummen eines Propheten, das vielleicht vollmächtigste Wort, das er als Dichter je gesprochen hat. Jedenfalls wird man inskünftig von Wolfgang Hildesheimer nicht mehr reden können, ohne die Botschaft zu entziffern, die in seinem verfrühten Schweigen liegt.

*II.*

Macht und Ohnmacht bilden nicht einfach Gegensätze. Ohnmacht heißt nicht in jedem Fall, daß in ihr nicht auch eine Macht läge, und Macht kann auch einmal eine besondere Weise der Ohnmacht sein. Nichts ist so ohnmächtig wie eine Regierung, welche zwar über alle äußeren Mittel der Macht verfügt und diese auch fortwährend einsetzt, jedoch nichts vermag über die Herzen der Bürger, ja, deren Vertrauen in dem Maße verspielt, in dem sie ihre Machtmittel einsetzt.
Was ist das: „Macht"? Und was heißt dies: „Ohnmacht"? Die beiden Worte sind nicht voneinander zu trennen, sondern eines ist der Schatten des andern. Wie alle Begriffe, welche als Chiffren für eine unserer elementaren Erfahrungen dienen, lassen sich auch diese nicht eindeutig definieren. So wenig, wie wir den Begriff „Leben" eindeutig zu definieren vermöchten, und damit auch dessen – scheinbaren – Gegensatz, den Begriff „Tod". Was ist das Leben, was ist der Tod? Zwischen diesem Begriffspaar und dem der Macht und der Ohnmacht bestehen offensichtlich Zusammenhänge.
Unter dem Stichwort „Macht" nennt Dudens „Großes Wörterbuch der deutschen Sprache" nicht weniger als fünf Hauptbedeutungen, denen es wiederum mehrere Nebenbedeutungen unterordnet. Nur im Sinn einer erheblichen Vereinfachung darf man sich denn auf die erste dieser Hauptbedeutungen stützen. Macht, heißt es da, bezeichne die „Gesamtheit der Kräfte und Mittel, die jemandem oder einer Sache gegenüber Lebewesen oder Dingen zur Verfügung stehen". Und Duden stellt als Synonym daneben: „Kraft". Merkwürdigerweise bezieht das Wörterbuch von Duden den deutschen Ausdruck „Macht" nicht auf die diesem zugrunde liegenden Verben „vermögen" und „machen". Und doch wäre eben dies keine schlechte Erklärung des Begriffs: Macht bedeutet die Summe der Möglichkeiten, über die jemand verfügt, also das, was jemand zu machen vermag.
So einfach gesehen, wäre die Macht etwas, das, wie eben bemerkt wurde, natürlicherweise zu allem Leben gehört, ja, beinahe ein anderes Wort für „Leben". Vorsichtiger ausgedrückt: Über das Leben vermag man nicht zu reden, ohne dabei an die in ihm angelegten Möglichkeiten zu denken, Wirkung zu tun. Nichts, was einmal zum Leben erweckt worden ist, kann deshalb in einem absoluten Sinn des Wortes ohnmächtig sein. Schon das neu empfangene Leben im Mutterschoß hat Macht sowohl über die Mutter wie auch über andere, also schon lange vor der Geburt. Und nichts war in alten Zeiten so mächtig wie das letzte Wort eines Sterbenden. Ohnmächtig ist nur, was endgültig der Macht des Todes anheimgefallen ist. Ohnmacht, im strengen Sinn des Wortes, wäre somit ein Attribut der Toten – vorausgesetzt, daß nicht selbst diese noch Macht haben über die Lebenden. Auf alle Macht verzichten, d.h. auf jede mögliche Wirkung des, was jemand vermag, vermöchte deshalb nur, wer auf das Leben überhaupt verzichtete, wäre also der Freitod. Wenn nicht gerade der Freitod selbst nur ein letzter Gebrauch wäre von Macht. Anders gesagt: Jede bewußte Entscheidung zur Ohnmacht

ist als solche nicht ein Akt der Ohnmacht, sondern das Zeichen dafür, daß ein Mensch vielleicht von der letzten und entscheidenden Macht Gebrauch macht: der, über sein Leben und sich selbst zu verfügen.

*III.*

Sofern ihm diese Macht tatsächlich zukommt! Das Beispiel des Suizids ist es, das auch eine gegenläufige Reihe von Überlegungen auslösen muß. Gewiß ist die letzte Macht, über die jemand in einer Situation völliger Ohnmacht noch verfügt, die, über sein eigenes Leben zu verfügen: ein Machtgebrauch, über den unter allen Geschöpfen nur der Mensch verfügt. Deshalb ist der sog. „Selbstmord" von den Kirchen aller Konfessionen durch Jahrhunderte einhellig verdammt worden. Selbstmord, so wurde erkannt, bedeute den Mißbrauch der einem jeden Menschen anvertrauten Macht über das ihm von Gott anvertraute Leben, sei also ein durch niemanden und nichts wieder gutzumachender Frevel, ein Anschlag sondergleichen auf die Schöpfermacht Gottes.

So richtig nun aber diese Erkenntnis in einem abstrakten Sinn des Wortes ist, so wenig hält sie der tatsächlichen Erfahrung stand, die jedermann, der mit Suizidgefährdeten zu tun hat, machen muß. Man weiß nur zu gut, wie wenig diesen durch den Appell geholfen ist, die Freiheit über ihr Leben doch ja nicht zu mißbrauchen, sondern in der Verantwortung vor Gott und den Menschen ihrer selbst mächtig zu bleiben. Die Tatsache ist ja in der überwiegenden Mehrzahl der Fälle die, daß der sog. Selbstmörder seiner Freiheit eben nicht mächtig ist und seine Tat nur aus einer tiefsten inneren Unfreiheit und Ohnmacht heraus verstanden werden kann. Luther ist es, der dies, aller späteren Tiefenpsychologie weit voraus, und als erster Theologe bis an D. Bonhoeffer und K. Barth heran, gewußt hat. Würde man einen Selbstmörder nach geschehener Tat fragen können, meinte Luther, weshalb er so gehandelt habe, dann würde dieser vielleicht antworten: „Ich weiß nicht, wie mir geschehen ist."[2] Es könnte sein, daß Luther selbst entsprechende Versuchungen nicht fremd gewesen sind, und so vermochte er in seinem Herzen die Ohnmacht des Selbstmörders zu teilen. Darin liegt die große seelsorgerliche Kraft seines Wortes über die „Selbstmörder".

Wie alle pathologischen Phänomene, vermag das Problem des Suizids tiefste anthropologische Aufschlüsse zu geben über die faktische Ohnmacht des Menschen den wahrhaft mächtigen Mächten gegenüber, denen, die außer ihm und mehr noch denen, die in ihm sind. Daß Macht zu allem Leben gehöre, dies trifft jedenfalls nur soweit zu, als auch die entgegengesetzte Tatsache in ihrem ganzen Umfang gesehen wird: daß alles, was lebt, seine Ohnmacht erfahren muß. Denn so, wie es eine anthropologische und selbst eine biologische Wahrheit ist, daß allem Leben Energie innewohnt und somit alles, was lebt und solange es lebt, über Quellen von Macht verfügt, so gewiß trifft auch das Gegenteil zu, daß nämlich die Ohnmacht zum Dasein aller

Kreatur gehört und somit die Erfahrung von Ohnmacht unausweichlich zum Wesen des Menschen. Der erste Laut, den ein neugeborenes Kind von sich gibt, ist ein Schrei nach Hilfe und die letzte Gebärde eines Sterbenden vielleicht die, daß er die Hand ausstreckt, damit jemand sie ergreife. Jede wahrhaftige Biographie eines Menschen – doch wie wenig wahrhaftige Biographien gibt es außer in den Transformationen großer Dichtungen! – müßte auch jene vielen Situationen bezeugen, da ein Mensch der inneren oder äußeren Ohnmacht ausgesetzt war. Daran, wie ein Mensch im Laufe seines Lebens lernt, mit den vielen Erfahrungen von Ohnmacht umzugehen, daran zeigt er sich selbst, genau, wie er sich zeigt an der Art und Weise wie er mit seiner großen – oder eher noch kleinen! – Macht umzugehen pflegt. Und daran, wie er mit dem einen wie dem andern umgeht, daran bildet sich das innere Gesetz seines Lebens.
Macht, das ist wahr, ist uns anvertraut, ob wir sie suchen oder nicht. Ohnmacht ist demgegenüber unser Schicksal. Niemand sucht sie. Doch anvertraut ist uns auch unser Schicksal, oder was wir so zu nennen pflegen. Auch die Ohnmacht ist uns anvertraut.

*IV.*

Macht ist uns anvertraut. Nichts befreit uns von einem Dasein, das uns mit schier unerschöpflichen Möglichkeiten begabt hat und mit Kräften, diese ins Werk zu setzen: mit „Energie". Die Frage, mit der wir einmal vor Gott stehen werden, ist, nach dem Evanglium, nicht zuletzt die, wie wir umgegangen sind mit unsern Talenten. Talent ist ein anschauliches Wort für Macht. Heute reden wir eher von Kapital, und jedermann leuchtet es ein, daß Kapital eine Gestalt der Macht ist. Und die Frage, mit der jedes Volk vor der Geschichte bestehen muß, ist die, wie es umgegangen ist mit der ihm anvertrauten Macht – ob es mit ihr einen verantwortlichen Gebrauch gemacht hat oder das Gegenteil. Wenn nun aber Macht gleichbedeutend ist mit den einem Menschen oder einem Volk gewährten Möglichkeiten, dann kann die Macht nicht, wie u. a. Jacob Burckhardt gesagt hat, an und für sich böse sein[3]. Böse ist einzig der Mißbrauch von Macht. Doch könnte man in der Tat zur Einsicht des Historikers Burckhardt kommen, die Geschichte der Völker sei nichts anderes als die einer unendlichen Kette von Machtmißbrauch, d. h. von Gewaltanwendung gegenüber Schwächeren.
Wer an den Mißbrauch von Macht denkt, wird denn wohl zunächst die unzählbaren Fälle von Gewalt vor Augen haben, die im Leben der Völker so gut wie in dem der Einzelnen fortwährend geübt worden sind und noch geübt werden. So furchtbar nun aber der Machtmißbrauch in der Form eines offenen oder cachierten Terrors ist, so sehr kann er uns den tiefen Zwiespalt verdecken, der tatsächlich im Wesen aller Macht liegt. Im Rückblick erscheint uns jede Unterwerfung eines anderen Volkes oder eines Menschen, und, davon nicht ablösbar, jede wirtschaftliche Ausbeutung anderer, als verwerf-

lich. Wo aber hört der verantwortliche Gebrauch von Macht auf und wo fängt der Mißbrauch an? Nicht einmal rückblickend läßt sich dies oft eindeutig sagen, weil hier ein dem Menschen tief innewohnender Konflikt herrscht. Wir alle leben bis zu einem gewissen Grade auf Kosten anderer, vor allem ja auf Kosten der nichtmenschlichen Kreatur, die mit uns zusammen lebt. Dies aber gilt schon für diese Kreaturen selbst, obgleich es unsinnig wäre, hier von gut und böse und damit von Schuld zu reden. Große Fische fressen ihre kleineren Artgenossen ohne die geringsten moralischen Bedenken auf, und das ist ein Glück für sie, da sie für etwas anderes als auf den Raub kleinerer Fische nicht ausgerüstet sind. Bei den Menschen verhält es sich diesbezüglich ein wenig anders, wenn auch nicht in so hohem Maße, wie wir oft meinen: Auch der Mensch ist aus Natur gemacht.

Muß uns somit alle Macht, wie Jacob Burckhardt meinte, immer schuldig machen und vermöchten wir uns nur durch das Bekenntnis zur totalen Machtlosigkeit aus der Schuld herauszulösen, wie eine gewisse Ideologie der Gewaltlosigkeit es heute verkündigt? Bleiben wir einmal bei dem Beispiel menschlicher Ausbeutung der Natur, die uns heute beinahe noch mehr beschäftigt und belastet als die gegenseitige Ausbeutung unter den Menschen! Was in den letzten 100 bis 200 Jahren durch die unaufhaltbar scheinende Machtausweitung der Menschen über die Natur geschehen ist, dies ist der Zivilisation von deren Ursprung her so wesentlich als Lebensgesetz eingeschrieben, daß man sie nicht zu beseitigen vermöchte, ohne damit die Zivilisation als solche, und damit den Menschen überhaupt, zu beseitigen. Theologisch gesehen, geht es hier um das Wesen der Sünde – wenn man will: der „Erbsünde". Darum aber die furchtbare, vor allem unsere Jugend belastende Erfahrung, daß sich die uns innewohnende Macht über die Natur heute wider uns selber richtet. Die Folge menschlicher Allmacht über die Natur zeigt sich in der Ohnmacht des Menschen vor seiner eigenen Allmacht. Was ja schon im Leben der Staaten, d. h. der Menschen untereinander, zu beobachten ist. Ein Staatswesen, das sich innerhalb seines Herrschaftsbereiches die totale Macht erobert hat, hat sich damit jener Kräfte beraubt, die seine eigene Macht in Grenzen halten könnten. Totale Macht macht sich selbständig und verurteilt alle, selbst die, welche sie tragen, zur Ohnmacht: Darin besteht die Tragödie aller totalitären Systeme.

## *V.*

Der Hinweis auf den totalen Machtstaat macht nun aber deutlich, daß auch der Verzicht auf anvertraute Macht eine verhängnisvolle Weise des Umgangs mit Macht bedeuten kann. Es ist Schuld, anvertraute Macht nicht da einzusetzen, wo es z. B. gilt, Macht durch Macht zu begrenzen, Macht also zu organisieren durch Machtverteilung, so, daß sie insgesamt einer erträglichen Ordnung dient, daß sie einen Lebensraum läßt für eine relative Freiheit, für eine relative Gerechtigkeit, einen relativen Frieden inmitten des unaufhörli-

chen Widerstreits der Mächte. Es ist Schuld, auf die Macht zu verzichten, die uns anvertraut ist als Eltern, als Erzieher, als Ärzte und Pfleger und uns statt dessen aus der Verantwortung zu ziehen, die immer mit der Wahrnehmung der uns zugemessenen Macht verbunden ist. Wer die Ausübung von Macht grundsätzlich verweigert – und die Versuchung ist heute von Seiten mancher Ideologien groß –, überläßt diese keineswegs einer gewaltlosen Gesellschaft, sondern nur andern Mächten. Es gibt nun einmal eine Last des Machtbesitzes, auch der Macht der Großmächte. Indem Pilatus seine Macht über Jesus, die ihm nach römischem Recht überbunden war, aus der Hand gab, überließ er sie dem aufgewiegelten Volk und den Mächten, die hinter diesem standen. Er machte sich selber zum Instrument der Macht des Bösen.
Die moderne Literatur kennt eine besonders eindringliche Metapher, um die Schuld selbstgewählter Ohnmacht darzustellen: die von den ohnmächtigen Göttern oder dem ohnmächtigen Gott. In dem Drama „Der gute Mensch von Sezuan" läßt Bert Brecht die Götter, die wieder einmal die Erde besuchen, angesichts des irdischen Elends rat- und hilflos in die Himmelshöhen zurückschweben, sich also ihrer Macht entledigen. Nach dem Dichter wäre es nun an den Menschen selbst gewesen, Macht in die Hand zu nehmen und so eine gerechtere Ordnung zu schaffen. Eine Generation später jedoch, d. h. nach der Desillusionierung der Brecht'schen Ideologie, hat Friedrich Dürrenmatt dieselbe Metapher in neuer, nunmehr viel bitterer Deutung verwendet. In der Novelle „Der Auftrag – oder vom Beobachter des Beobachters der Beobachter" vermag er Gott nur noch zu denken als ein Wesen, das in ohnmächtiger Kälte zuschaut, wie sich vor seinen Augen die Welt selbst zerstört.[4] Gott ist zum Symbol der Hoffnungslosigkeit geworden, was nichts anderes bedeutet als die Projektion menschlicher Kapitulation von der eigenen Macht auf die „Idee" Gottes.
Macht ist uns anvertraut. Anvertraut aber ist uns auch jene Macht, die in der Ohnmacht liegt. Ohnmacht an sich ist so wenig gut und so wenig böse wie die Macht, deren Schatten sie ist. Sie ist aber auch so wenig neutral wie diese. Nicht einmal die Toten sind neutral, wenn wir nur einmal anfangen, uns ihres Erbes zu erinnern. Wie alle Macht, will auch die Macht der Ohnmacht verantwortet werden. Wir kennen die Energien der Ohnmacht aus der täglichen Erfahrung als Erzieher, als Ärzte und Seelsorger, um von der Erfahrung der Politiker zu schweigen. Wie mächtig kann ein Kind sein, das, wenn ihm ein Wunsch versagt wurde, in seiner Ohnmacht solange herausschreit, bis die Eltern unter den Schlägen von soviel Ohnmacht weich geworden sind. „Um seiner Unverschämtheit willen wird er aufstehen und ihm geben, soviel er bedarf" (Luk 11,8). Und man kennt aus der Psychotherapie und der Seelsorge die Macht von Depressiven und Hysterikern, die dadurch, daß sie sich vor jeder Hilfe verschließen, auf die Helfer selbst eine lähmende Gewalt ausüben – ohne dies bewußt zu wollen. Die Ohnmacht hat ihre Waffen und verfügt über ihr wohlkalkulierten Strategien.
Damit ist noch einmal das Gebiet der pathologischen Grenzfälle sichtbar geworden. Aus welchen psychologischen Gründen vermag sich eine Ohn-

macht bisweilen wie eine schwere Bedrohung gegen die Mitwelt zu richten? Die Antwort müßte tief in die Mechanismen des Unbewußten führen. Jedoch ein einfacher Grund liegt vor Augen. Seelisch Kranke haben sich nicht aus freiem Willen zur Ohnmacht entschieden – wenigstens vordergründig nicht. Diese ist ihnen aufgezwungen worden, und so sind sie in ihrer Ohnmacht nicht frei, wenn sie deren Energien nur aggressiv umsetzen. Aufgezwungene Ohnmacht führt ebenso zur aggressiven Mobilisation von Macht, wie die angemaßte Übermacht schließlich in die Ohnmacht führt, auch derer, die sich ihrer bedienen und zuletzt wider den eigenen Willen bedienen müssen. Gibt es aber eine andere als die uns aufgezwungene Ohnmacht? Der Tod ist uns aufgezwungen. Krankheit ist uns aufgezwungen. Auch eine Niederlage ist uns immer aufgezwungen, weshalb besiegte Völker zumeist gefährlich sind.

*VI.*

Es sei denn, daß ein Volk aus seiner Niederlage etwas anderes lernen würde, als in ohnmächtigem Zorn seine Schmach neu zu mobilisieren; daß es sie vielmehr aus Einsicht in deren tiefere Gründe annähme als ein Signal zur eigenen Selbstveränderung in der Tiefe. Die einzig fruchtbare Möglichkeit, die in einer erlittenen Ohnmacht liegt, ist dieselbe, welche in einer Krankheit liegt: deren Botschaft zu entdecken. Jede Niederlage, jede erlittene Ohnmacht hat ihre Botschaft. Auch das Signal zum aktiven Widerstand trotz allem kann einmal eine solche Botschaft sein. Diese kann aber auch das Gegenteil signalisieren, nämlich sich zu ergeben. Was immer ihre Botschaft ist: Sie fordert dazu heraus, entziffert zu werden. Selbt noch die Botschaft des Todes entziffern zu können, dies ist die letzte Möglichkeit, die dem Menschen gegeben ist.

Aus der Erfahrung im Umgang mit Kranken und Sterbenden weiß man, wie deren Ja zu ihrem Schicksal sie davon befreien kann, in ohnmächtiger Angst auf den Tod fixiert zu bleiben, diesen zu verdrängen oder sich in verschwiegener Verzweiflung gegen ihn aufzulehnen. Und man weiß, wieviel seelische Verwandlung bei den Kranken wie bei ihren Begleitern nötig ist, um die Energien freizumachen, die bei ihnen immer verborgen sind. Energien, die oft schöpferisch zurückwirken auf das jetzt zu Ende gehende Leben, so, daß sie dieses noch einmal zu verwandeln vermögen, als Kräfte der Versöhnung, der Wahrhaftigkeit, der Dankbarkeit.

Im Gebet von Gethsemane lernt Jesus Ja zu sagen zu dem Weg, den er ans Kreuz gehen muß. „Es ist genug, die Stunde ist gekommen, stehet auf, lasst uns gehen" (Mk 14,41,42). Indem Jesus die Ohnmacht annimmt, findet er, nach heutiger Sprache gesprochen, seine Identität. Er steht nun, verwandelt durch sein Gebet, dazu, daß er diesen und keinen andern Weg zu gehen und auch in seinem Sterben Zeugnis abzulegen hat für den Vater. Das Ja Jesu ist das Gegenstück zum Verstummen der Götter Bert Brechts und des Gottes von Dürrenmatt, der bloß noch von oben zuschaut, wie die Welt sich selbst zerstört. Jesus nimmt die Ohnmacht auf sich, indem er die Macht der Mächtigen dieser Welt aushält im Wissen, daß er nicht ihnen, sondern seinem Vater gehört. Darin liegt die Macht der Kreuzesohnmacht.

*VII.*

Bei solcher Erfahrung geht es jedoch um mehr – oder jedenfalls auch noch um anderes – als um die der Krankheit und des Sterbens. In der berühmten Fragmentenreihe über die „Disproportion de l'homme" hat Blaise Pascal das Problem in einen anderen, nämlich kosmologischen Zusammenhang gestellt.[5] Als der Naturwissenschaftler, der er war, hatte Pascal Einsicht gewonnen in die physikalische Beschaffenheit des Universums. Anders als die optimistische Naturphilosophie seiner Zeit, die noch an die Harmonie des Kosmos glaubte und in ihm, wie Leibniz, die beste aller möglichen Welten zu erkennen meinte, wußte Pascal um die Ungeheuerlichkeit der Welträume, die sich in einer Unzahl von Sonnensystemen ins Weltall hinaus bewegen, ohne Ziel und ohne erkennbaren Sinn. Darüber bekommt ihn das Entsetzen: „Das ewige Schweigen dieser unendlichen Räume erschreckt mich." Und dem Gefühl hoffnungsloser Ohnmacht preisgegeben, fängt er an, über die Beziehung nachzudenken, in der sich der Mensch zu den ihn umgebenden Mächten des Kosmos befindet. Diesen gegenüber ist er, der Mensch, das zerbrechlichste „Stück" des Kosmos, das es gibt, ein Schilfrohr: ein Dampf, ein Wassertropfen genügt, ihn zu töten. Aber es ist ein Schilfrohr, sagt Pascal, welches denkt. Sollten die atomaren Kräfte des Universums ihn vernichten, so wäre er dadurch, daß er dies zu denken vermag, dennoch edler als diese. Denn der Kosmos weiß nicht, was er tut, wenn er den Menschen zermalmt, dieser aber weiß in seiner Ohnmacht, daß er gänzlich preisgegeben ist, und darin liegt seine Würde. Zu wissen aber, daß er dem Untergang durch die blinde Übermacht der Atomkräfte ausgesetzt ist, dies war für Pascal mehr als nur ein Resultat naturwissenschaftlicher Forschung, obwohl es dieses auch war. Wirklich wissend ist für ihn nur das Herz, das, weil es in Gott geborgen ist, die Dinge nicht nur in der Weise der forschenden „raison" erkennt, sondern sie in einer tieferen Schicht des Denkens bedenkt, so daß es in eine Beziehung tritt zu ihnen, sie hineinläßt in sein inneres Gespräch vor Gott und sie damit ihrer Allmacht beraubt. Um einen Vergleich zu ziehen: So, wie ein Schwerkranker seine Krankheit hineinzuholen vermag in sein inneres Gespräch, wenn nämlich sein Herz bei Gott geborgen ist.

*VIII.*

Und das Herz, das sich nicht bei Gott geborgen weiß? Tatsache ist ja, daß wir christlichen Glauben in unserer Gesellschaft immer weniger voraussetzen dürfen und daß es nicht möglich ist, diesen auf Kranke, die einem etwa als Seelsorger begegnen, einfach zu übertragen. Und es wäre zumeist auch nicht gut, den Leidenden als Missionare gegenüberzutreten, d. h. als solche, die ihnen in allem schon voraus sind. So bleibt oft nichts anderes übrig, als mit ihnen deren Ohnmacht zu teilen.

Der erste Seelsorger, der sich meines Wissens in voller Kenntnis der Dinge schwer Depressiven zugewandt hat – ohne daß ihm der Begriff schon bekannt gewesen wäre –, der wegen seiner Lehre durch Rom verurteilte François Fénelon (1651–1715), zeigt in seinen Briefen selber Merkmale tiefer Depressivität.[6]

So wußte er aus Erfahrung, wie sinnlos es wäre, Depressiven aus der Position der Glaubensstärke heraus zuzureden und sie in tröstlichen Worten auf die Liebe Gottes zu verweisen. Also, sagt Fénelon, bleibe nichts anderes übrig als schweigend bei ihnen zu sein und ihnen in der Liebe die Treue zu halten. Solange, bis sie vielleicht die Gegenwart dieser Liebe – der Liebe Gottes – spüren und sich vielleicht bei ihnen etwas löst. Vielleicht. In der Hand haben wir nichts. Der Trost, der wirklich tröstet, ist kein Psychopharmakon, auch kein geistliches. Also ist das einzige, was dem Seelsorger (jeden Berufes) möglich sein wird, dies, stellvertretend für den Leidenden dessen Ohnmacht und die eigene Gott zu übergeben.

Im Kreuzestod teilt Jesu die Ohnmacht der von Gott und den Menschen Verlassenen. Theologisch gesprochen, liegt unsere Ohnmacht aufgehoben in der Ohnmacht des Kreuzes, was zunächst heißt, daß wir die Ohnmacht bei uns selbst nicht überspringen, sondern sie vor Gott zugeben sollen. Darin liegt auch eine psychologische Möglichkeit, nämlich die einer Objektivierung unserer Ohnmacht, da diese ja nicht einfach unsere, sondern die Ohnmacht des Kreuzes ist, unter dessen Schutz wir stehen. Das Kreuz Jesu gibt Distanz zu unserem eigenen Kreuz und zu dem der Menschen, die uns anvertraut sind. Anders gesagt: Der Glaube ermöglicht es, unsere Ohnmacht nicht nur zu erleiden, sondern mit ihr, ohne sie leugnen, ohne sich ihr unterwerfen zu müssen, umzugehen.

Wie aber geschieht dies? Im Brief an die Galater schreibt Paulus: „Von mir aber sei es ferne, mich zu rühmen, als nur des Kreuzes unseres Herrn Jesus Christus, durch das mir die Welt gekreuzigt ist und ich der Welt. Denn weder Beschneidung gilt etwas noch Unbeschnittenheit, sondern nur eine neue Schöpfung" (Gal 6,14,15). Die Ohnmacht des Kreuzes also bedeutet für Paulus die Geburt einer neuen Schöpfung. Diese aber ist noch etwas anderes als die christliche Vision eines kommenden Aeon, nämlich die Realität der Gemeinde, verstanden als „Leib Christi". Wie das gesamte Briefwerk des Paulus, ist auch der Brief an die Galater ein Dokument gelebter Gemeinschaft derer, die in der Ohnmacht des Kreuzes lernen, miteinander zu leben. Anders gesagt: Die Erfahrung des Glaubens wird in Arbeit genommen, in die der Kommunikation, d. h. der „Communio Sanctorum". Und deren weltliche Wirklichkeit bedeutet den Austausch, in dem die Liebe Christi herrscht und damit die Wahrhaftigkeit. Im gegenseitigen Ernstnehmen der Erfahrung, die in der Liebe Christi gemacht wird, erweist sich die Ohnmacht des Kreuzes als die Kraft, die den Brüdern und Schwestern hilft, im Kommen der neuen Schöpfung aneinander zu lernen und so einander zu helfen.

*Anmerkungen*

* Überarbeitete Fassung eines Vortrags, gehalten am Medizin-Theologie-Symposium der Evangelischen Akademie Tutzing über das Thema „Zwischen Macht und Ohnmacht. Selbstverständnis, Rollenbilder und Praxiserfahrung heilender und helfender Berufe", vom 21. bis 23. Oktober 1988 auf Schloß Schwanberg.

1 Wolfgang Hildesheimer, Nachlese. 1987.

2 WTi 1, 145, 7.

3 Jacob Burckhardt, Weltgeschichtliche Betrachtungen, Kapitel 2 (Von den drei Potenzen: Der Staat) Ausg. Kröner Stg. 30–39.

4 F. Dürrenmatt, Der Auftrag etc., Zch 1986, 23.

5 Blaise Pascal, Pensées. Nach der Zählung Brunschcicg, der die meisten deutschen Übersetzungen folgen, Fragment 347.

6 Fénelon, Correspondance, Bde 1–9, Paris und Genf 1972/87 Zum Problem der Drepession bei Fénelon vgl. R. Leuenberger, „Gott in der Hölle lieben". Bedeutungswandel einer Metapher im Streit Fénelons mit Bossuet um den Begriff des „pur amour", in: Erwogenes und Gewagtes. Eine Sammlung seiner Aufsätze als Festgabe zum 70. Geburtstag, hrsg. F. Grünewald, Zch 1986, 177–200.

# II.
# Zur Praxis geistlichen Lebens

Josef Sudbrack SJ.

# Das spirituelle Proprium des evangelischen Glaubens

Anfrage von einem Katholiken

Die vielen Male, die ich als Referent mit *Dr. Voll* im Haus der Stille zusammenarbeiten durfte, geben mir den Mut, eine, wie mir scheint, zentrale Frage an die „evangelische" und damit auch an unsere gemeinsame christliche Spiritualität zu richten.

## *Eine Vorüberlegung*

Während meiner voluminösen Doktorarbeit über einen spätmittelalterlichen Benediktiner, „Die geistliche Theologie des *Johannes von Kastl*, Studien zur Frömmigkeitsgeschichte des Spätmittelalters"[1], drängte sich mir stets die Frage auf: Wo liegt eigentlich das „Neue", das *Martin Luther* und die Reformation über dasjenige hinaus gebracht oder neu-entdeckt haben, was in der vorangehenden Tradition enthalten war?

Natürlich kann man auf manche Radikalisierung traditioneller Themen hinweisen. Aber das darf nicht genügen zur Beurteilung. Das wird der Größe des Reformators nicht gerecht.

Auf der Linie der Rechtfertigung (sola gratia) liegt der Neuansatz auch nicht. Das hat *Otto-Hermann Pesch* zur Genüge gezeigt. Die Frömmigkeitsgeschichte macht es noch deutlicher. Von wem stammen z. B. solche (sola-gratia, sola-fides)-Sätze wie: „Wenn du auf dich schaust, kannst du nichts derartiges aus dir. Wenn du aber auf Gott vertraust, wird dir Kraft vom Himmel zuteil"; oder „Gedenke dennoch, Gott, ich bin nichts, habe nichts, und kann nichts"; oder „Denn die Verdienste sind nicht hieraus zu bemessen, ob einer ... Sondern wenn sich jemand für nichts hält und wahrhaftig verachtet"; oder „Belehrt durch das Geschenk der Gnade ... wird er sich nicht erkühnen, irgend etwas Gutes sich zuzuschreiben"? – Nicht aus reformatorischen Schriften, sondern aus der Erbauungsschrift des Späten Mittelalters, die nach der Bibel die weiteste Verbreitung überhaupt gefunden hat, aus dem repräsentativen Buch katholischer Spiritualität, aus der „Imitatio Christi", die man *Thomas von Kempen* zuschreibt. *Dietrich Bonhoeffer* spürte den „evangelischen" Geist dieses Büchleins, als er seinen Gefängnisbrief schrieb, den gleichen, in dem er seine als „Tod-Gottes-Theologie" verkannte Theologie von der totalen Weltlichkeit entwarf; am Schluß heißt es: „Nur noch einige Stellen aus der Imitatio Christi, die ich jetzt in der lateinischen Ausgabe hin und wieder lese – sie ist übrigens lateinisch doch unendlich viel schöner als deutsch–, gehören hierher."[2]

Soll man den Neuansatz in der Kirchentheologie (mit der Mariologie) suchen? Sicher ist hier ein (der) Kontroverspunkt der Konfessionen – aber *Martin Luther* entwickelt seine Kritik in negativer (protestierender) Absetzung. Ihn auf „Protest" festzulegen, würde seinem religiösen Genie nicht gerecht – das ist mit ein Grund, weshalb ich die Bezeichnung *protest*antisch für ebenso unglücklich halte wie die *römisch*-katholisch.

Die Arbeit an der Herausgabe der „Großen Mystiker"[3] und an dem bald erscheinenden Textband dazu (etwa 80 Texte) mit einer wunderschönen, mystischen Psalmen-Predigt des späten *Luthers*[4] machte mir immer deutlicher, daß es der Zugang zum Wort ist, der den Reformatoren in seiner Theologie und mehr noch in seiner Spiritualität auszeichnet, zum Wort der eigenen Sprachgewalt, und damit vor allem zum Wort Gottes der heiligen Schrift.

*Auf der Suche nach dem Proprium evangelischer Spiritualität*

Verständlich ist, daß ich in meiner nun 30 Jahre dauernden Beschäftigung mit spiritueller Theologie stets auf der Suche war, eine Spiritualität des Wortes im Evangelischen Bereich zu entdecken. Aber – ich glaube, daß mein Urteil hier objektiv ist – es war vergeblich; eine Theologie des Wortes gibt es in eminentem Maße; ebenso eine entsprechende Pastoral: aber eine Spiritualität des Wortes (das meint mehr als nette Geschichtchen oder provokative Gedichte)?

Was ich damit meine, möchte ich „e contrario" verdeutlichen. Wenn es heute ein christlich-kirchliches Anliegen gibt, dann ist es der Dialog mit den Weltreligionen, besonders mit der fernöstlichen „meditativen" Religiosität. Hier geschieht vieles, auch im evangelischen Bereich – Bild-Betrachtung, Zen-Meditation (die ich bei der ersten Einladung von Dr. Voll in Neuendettelsau mit der Gruppe der Pfarrer übte), Neuentdeckung von Riten, sakramentales Bewußtsein usw. Vernünftigerweise sollte man die Fruchtbarkeit solcher Begegnung nicht bezweifeln. Aber ich bin überzeugt: Die gültige und integrierende christliche Ant-Wort muß vom Wort her geschehen, und nicht – wie ich weithin auch in evangelischen Kreisen beobachten kann – in der Flucht vor Sprache-Wort-Dogma usw. Hier sollten eigentlich die evangelischen Brüder – aus ihrer großen „Wort"-Tradition – uns Katholiken Lehrmeister sein.

Wie schwierig die Lage aber ist und wie wichtig eine gute Ant-Wort sein könnte, kann man aus der mißlichen Tradition des evangelischen Umgangs mit „Mystik" sehen, die niemand besser als *Hasso Jaeger* beschrieben (vielsagend, daß der wichtige Beitrag eines deutschen Theologen in Deutschland fast unbekannt blieb) und *Fritz-Dieter Maaß*[5] für Deutschland aktualisiert hat (vielsagend, daß diese vorzügliche evangelische Dissertation wegen ihrer kritisch-offenen Stellung zur deutschnationalen „Mystik" an ihrer Fakultät Schwierigkeiten bekam). Die Kategorien Hegels, mit denen *Michael von Brück*[6] das Gespräch versucht, verfehlen sowohl das christliche Wort wie die irdische Kontemplation.

Ich kenne kaum eine evangelische Arbeit, die man im Gespräch mit den östlichen Spiritualitäten für den Wort-Charakter von christlicher Spiritualität und Mystik in Anspruch nehmen könnte, die in der Meditation sich nicht in vor- oder nicht-christliche Methoden hineinflüchtet, sondern das Wort mitten ins Meditieren hineinstellt. Wichtig unter den wenigen scheinen mir immer noch *E. Schering*, Mystik und Tat, Therese von Jesu, Johannes vom Kreuz und die Selbstbehauptung der Mystik[7], und *E. Lohmeyer*, „Und Jesus ging vorüber"[8] dazustehen. Aber wiederum Arbeiten, die im Vergessen untergegangen sind. Bei *Winfried Zeller*[9] finden sich – wie mir dünkt – die besten Ansätze zum Weiterarbeiten; er kennt den Begriff „Mystik des Wortes", womit er die „Transzendenz der Offenbarung gegenüber dem rein rational-diskursiven Erkennen zum Ausdruck" bringen will; aber offensichtlich genügt dies nicht, um eine Wort-Spiritualität zu erstellen, d. h. von innen her den Vollzug dieser Mystik meditativ zu erschließen. Sein Hinweis auf die Musik könnte weiterführen.

Das Anliegen wäre also: vom biblischen Wort in seiner Worthaftigkeit her eine Spiritualität, eine Mystik, eine Methode der Meditation zu entwickeln, die den Reichtum östlicher und anderer Spiritualität integriert, nicht aber gleichsam auf zwei Schienen zu fahren: erst eine meditative Erfahrung einzuüben und dann das Wort wie einen Schwanz anzuhängen; das Wort selbst müßte aus sich einen Reichtum von Erfahrung entlassen; in dem die östliche Spiritualität eingeborgen wäre. Dabei gibt es im evangelischen Raum so wichtige Ansätze dafür: z. B. die Namen-Jesu-Frömmigkeit *Tersteegens*[10] oder, was mir noch wichtiger erscheint, die Spiritualität der Musik eines *Johann Sebastian Bachs*[11], die geradezu eine Brücke bildet zwischen Wort-Botschaft und Erfahrungs-Werten, also Spiritualität.

Über die exakte Begrifflichkeit von Mystik und Spiritualität soll hier nicht abgehandelt werden; eine Aufschlüsselung würde mein Anliegen dick unterstreichen.[12] Die zugrunde liegende Sache scheint mir in sich klar genug zu sein. Und ein Blick in typische Arbeiten bestätigt es. Das in sich vorzügliche Arbeitspapier Evangelische Spiritualität (hrsg. von der Kirchenkanzlei im Auftrage des Rates der Evangelischen Kirche in Deutschland)[13] macht viele Anleihen an der katholischen und orthodoxen Spiritualität; doch wo man das evangelische Proprium sucht, im Kapitel „Bibelverständnis", findet man über fach-exegetische Hinweise und den Rat zum „beschauenden Betrachten der Bibel" nichts Besonderes. Die Arbeiten der beiden wichtigsten deutschsprachigen Theologen einer reifen evangelischen Spiritualität führen auch nicht weiter. Bei *Manfred Seitz*, „Erneuerung der Gemeinde"[14] findet sich im Teil: Spiritualität, der Ratschlag: „Es ist unumgänglich, die Bibel wissenschaftlich zu erforschen. Aber durch Analyse hält man sie sich auch fern. Es ist jetzt Zeit, die biblischen Worte wieder vor Augen zu halten, über ihnen innezuhal-

ten und ihre Bilder zu behalten, oder mit einem Wort: Durch ein neues Unmittelbarkeitsverhältnis zu ihnen wieder einen Halt zu bekommen." Doch damit ist eher das Dilemma der „Ehescheidung zwischen Theologie und Spiritualität"[15], als ein Weg darüber hinaus aufgezeigt. Auch *Gerhard Ruhbach*, „Evangelische Spiritualität – Überlegungen und Kriterien"[16] zeigt in dem Unterabschnitt „Der Umgang mit dem Wort Gottes" und im Kapitel: „Meditation der Heiligen Schrift im Vollzug" die Notwendigkeit der Wort-Spiritualität und klassische Wege dazu auf, geht aber nicht auf die Herausforderung der Wort-Spiritualität durch die so aktuellen, und in vielen evangelischen Kreisen gepflegten fernöstlichen Meditationsmethoden ein. Typisch war für mich, daß bei der Darstellung der Meditationsmethode *Pierre-Yves Emery* (Taizé) übersehen wurde, daß gerade er die von vielen evangelischen Theologen verfemte mittelalterliche Methode der „Vier Sinne der hl. Schrift" aufgreift und daß bei der Darstellung der ignatianischen Methode die ganzheitliche „Applicatio Sensuum", die die Brücke zur Mystik[17] schlägt, vergessen wurde.
Daß ein Mangel an Reflexion über diese Thematik besteht, zeigt nichts besser als die Tatsache, daß unter den 49 internationalen Mitarbeitern an der großartigen, bahnbrechenden Darstellung der „Christian Spirituality" in der Reihe „World Spirituality" bei den beiden ersten, bisher erschienenen bahnbrechenden Bänden: „Origins to the twelfth Century", und „High Middle Ages and Reformation"[18] selbst für typisch „deutsche Themen" wie „Luther and the Beginnings of the Reformation" die deutsche Theologie (außer dem Augustiner *Adolar Zumkeller*) ausfällt.

### *Gemeinsame evangelisch-katholische Aufgabe*

Mit dem „Ausfall der deutschen Theologie" stehe ich wieder innerhalb der „Ökumene" (allerdings der defizitären), was mir die weiteren Ausführungen erleichtert. *Bernd Jaspert* hat in „Frömmigkeit und Kirchengeschichte"[19] auf die Notwendigkeit hingewiesen, Frömmigkeitsgeschichte in die Kirchengeschichte zu integrieren. Das nämlich gilt in noch stärkerem Maße von Frömmigkeit und systematischer Darstellung des Glaubens. Und hier macht er darauf aufmerksam, wie naiv es ist, wenn das prominente evangelische Lexikon der „Theologischen Realenzyklopädie" in der neuesten Auflage als Proprium „evangelisch-reformatorischer Frömmigkeit" aufzählt: „Gottesdienst, Taufe, Beichte, Abendmahl, Seelsorge, Lied, Lesung, Gebet und Katechismus. Als ob das alles nicht auch beispielsweise auf die katholische und anglikanische Frömmigkeit zuträfe! So wenig hier das protestantische Proprium an Frömmigkeit klar gezeichnet ist, so wenig wird auch das ökumenische Gemeingut der evangelischen Frömmigkeit deutlich."
Die Entfaltung des Propriums evangelischer Spiritualität ist wahrlich eine ökumenische theologische Frage. Es geht nicht nur um Übernahme irgendwelcher Methoden, die man um das Wort der Bibel legt; es geht um die

Geburt der Spiritualität aus dem Wort; es geht um das Wort als Kraftprinzip aller Spiritualität. Es geht um die reflexe Aufarbeitung und praktische Auswertung dessen, was *Max Picard*[20] in poetischen Sätzen zum Verhältnis von Wort und Schweigen schrieb: „In jedem Wort ist etwas Schweigendes, als ein Zeichen davon, woher das Wort kam, – in jedem Schweigen ist auch etwas Redendes, als ein Zeichen davon, daß aus dem Schweigen die Rede entsteht." Daß in der Neuauflage der einleitende *Franz Alt* die Worthaftigkeit des Schweigens unterschlägt und zum Beispiel den richtungsweisenden Vorspruch *Picards*: „Lingua Fundamentum Sancti Silentii" (Die Sprache ist der Mutterboden des heiligen Schweigens) mit seinem Vorspruch: „Die Stille ist der Mutterboden für die Liebe", verballhornt, mag die Gefahr signalisieren, daß die christliche Spiritualität ihre Herkunft aus dem Wort gegenüber meditativen und ähnlichen Praktiken vernachlässigt; mit anderen Worten, daß das „Proprium evangelischer Spiritualität" vergessen wird.

1. Das Bibelwort und der psychologisch-subjektive Zugang

Ein Aspekt unserer Frage ist durch den Generalangriff *Eugen Drewermanns* gegen die Alleinherrschaft der historisch-kritischen Exegese (de Certeau nennt es „Festung Exegese") glücklicherweise ins Licht der Öffentlichkeit (auch der theologischen!) getreten. Von vorneherein sei festgehalten, daß sein Zugang zum Wort der Bibel mit den Subjektivismen einer ins Kraut schießenden „psychoanalytischen Exegese" kaum etwas zu tun hat. *Drewermann* weiß, wovon er redet, kennt und schätzt die Ergebnisse der großen Exegese.

Seine These lautet zuerst: „Ich verlange nicht mehr und nicht weniger als ein Ende des objektiven Dozierens in Sachen Christentum."[21] Im Grunde müßte das für jeden christlichen Umgang mit dem Worte Gottes selbstverständlich sein: Je näher man dem eigentlichen Anliegen des biblischen Wortes kommt, desto größer wird die Rolle der subjektiven Betroffenheit für das Verständnis; – so wie es seit der Hermeneutik *H. Gadamers* selbstverständlich geworden ist, und der Marxist *Joachim Seyppel* für den Umgang mit mystischen Zeugnissen postuliert: „Als Teil des Untersuchten muß er (der Forscher) sich selbst mit in die Untersuchung einbeziehen ... ‚Reine' Forschung wird unmöglich."[22] Denn, „es ist nicht möglich, ein fremdes Du zu verstehen, ohne das eigene Ich dabei ins Spiel zu bringen und aufs Spiel zu setzen."

Im zweiten Schritt fragt *Drewermann*, wie diese Einbeziehung der Subjektivität methodisch zu greifen ist – das genau ist die Frage nach einer Spiritualität des Wortes. In der methodischen Einleitung zur Kommentierung des Markusevangeliums[23] bringt er Verständnishilfen für seinen Weg. Er fragt z. B.: Wie läßt sich das Kreuz Jesu Christi begreifen? und argumentiert radikal: „Wenn Gott bedingungslos vergebungsbereit ist, wie Jesus lehrte, braucht es nicht den zusätzlichen Sühnetod seines ‚Sohnes' ... Was für ein Moloch von Gott braucht denn solche ‚Sühnopfer'? ... Es gilt gerade *theologisch* zu begreifen, daß der Gott der Vergebung kein Golgotha für seine Gerechtigkeit braucht, psychologisch aber läßt es sich zeigen, was alles wir

Menschen erst tun müssen, um zur Vernunft zu kommen." Hier also, in der Erfahrung des Menschen von sich und seinen Nöten, muß der Schlüssel für das Verständnis von Golgotha gesucht werden.
Nach einer Darstellung der *Freud*'schen Theorien über diesen patriarchalischen Moloch-Gott heißt es: „Allerdings kommt es darauf an, das Drama der Kreuzigung nicht als symbolische Ätiologie des Ödipuskomplexes, sondern im Gegenteil als *ein Psychodrama der Heilung*, als eine symbolisch-stellvertretende Durcharbeitung der verdrängten Gefühle von Haß, Zerstörung und Rache zu verstehen, als eine Darstellung mithin all dessen, was Menschen erst einmal erleben und tun müssen, ehe sie im Ghetto der Angst an so etwas wie eine Vergebung jenseits *aller* Schuld wirklich und unzweideutig wieder glauben können."
Den Schlüssel nun zur Subjektivität, in der sich die Objektivität der biblischen Botschaft erst voll öffnen kann, findet *Drewermann* im Phänomen der Angst. Seine Trilogie „Strukturen des Bösen"[24] ist dem gewidmet. Man könnte diesen Ansatz theologisch umschreiben: Angst ist die „sakramentale" Erscheinungsform der „Sünde", also das „zeichenhafte", psychologisch greifbare Sichtbarsein für eine Wirklichkeit, die letztlich in die Dimension des Glaubens hineingehört. Erlösung ist deshalb umgekehrt eine Tiefendimension, die im zeichenhaften Bereich heißt: Befreiung von Angst; Vertrauen auf die verzeihende Güte des Vatergottes, der in der Theologie *Drewermanns* nur personal verstanden werden kann.
Um dies aufzuzeigen, schlägt *Drewermann* nun alle Seiten von Mythenforschung, Märchendeutung, Traumanalysen, literarisch-ästhetischen Zeugnissen, Religionsphänomenologie usw. auf.
Die Diskussion, ob *Drewermann* nun in allem dem eigenen Anspruch (und dem Glaubensanspruch des Wortes Gottes) gerecht wird, ist nicht unser Thema[25]; sie kann aber nur geführt werden, wenn seine Grundanliegen theologisch und anthropologisch richtig gewürdigt werden. Die wichtigste Frage wäre nicht die „kritisch-zweifelnde", sondern die andere, ob wirklich die Angst der zentrale psychoanalytische Zugang (oder doch ein zentraler) zur menschlichen Betroffenheit ist; *Drewermann* selbst geht in seinen „Strukturen des Bösen" bei der Frage nach der ursakramentalen Sichtbarkeit des „Bösen" auch auf die Haltung der „akedia"[26] ein. Paul Ricœurs Phänomenologie des Bösen bietet einen Schlüssel zur Unterscheidung von Erscheinungsform und Tiefenwirklichkeit.
Für unser Anliegen ist ein Zweifaches wichtig:
a) die These von dem „subjektiven" Zugang zum biblischen Wort, der allein der „objektiven" Botschaft gerecht wird;
und b) das Aufzeigen zumindest eines und sicher auch eines wichtigen Weges, um das Wort der hl. Schrift zu verlebendigen, um seine „Spiritualität" zu erspüren.
Ein Drittes, die Frage nach Mythen, Märchen usw. als Weg, das Bibelwort zu verstehen, soll uns noch beschäftigen.

2. Das Bibelwort und der poetische Zugang

Drewermann selbst führt zu einem zweiten, methodisch objektivierbaren Zugang zur Schrift von der Subjektivität des Menschen her. Der 10. und letzte Abschnitt im Literaturverzeichnis seines grundlegenden Werkes „Tiefenpsychologie und Exegese“[27] lautet: Belletristik, Malerei, Film. Es geht ihm zwar dabei weniger um die formalen Elemente der Kunst als um die materiellen, inhaltlichen Aussagen. Aber damit berührt er die innere Nähe von Kunst zur Religion – auf unser Thema des „Wortes“ präzisiert, von „Poesie“ und „Offenbarungswort“. In einer bissigen Abrechnung mit der akademischen Theologie („die klügsten Köpfe der westdeutschen Theologie (benutzen) ihre schärfsten Messerchen, um die dünnsten Haare zu spalten“) meint *Dorothee Sölle*[28]: „(Die Theologie) ist eigentlich näher an der Kunst als an der Wissenschaft. Das ist auch jahrhundertelang so gewesen ... Dann wäre dieses theologische Reich Gottes doch eine Vorstellung, in der die Theologie dazu dient, die Visionen, Träume und Ängste der Menschen in ihrer Praxis zu klären ... Der Theologe hat dann eine beratende oder katalytische Funktion, und die geht ganz über das Kreative und nicht nur über das Analytische.“

Deutlicher wird die Nähe des Poetischen noch in der Spiritualität. Wiederum etwas, was anderswo besser bedacht wird; man denke an Autoren wie *Henri Bremond, Léonce de Grandmaison, Paul Claudel, Jacques Maritain, Vladimir Lossky, Thomas Merton* usw.[29], aber auch an den genialen Entwurf einer theologischen „Ästhetik“ von *Hans Urs von Balthasar*[30].

Die gründliche Begriffs-Untersuchung, in der *Günter Bader* sich anhand der Renaissance-Philosophie über die Patristik zurückfrägt in den klassischen Raum griechischer Philosophie, „Theologia poetica“, Begriff und Aufgabe[31], bringt wichtige Einsichten: „Theologia poetica ist früheste Schicht nicht nur des Wortes Theologie, sondern auch der Sache Theologie.“ „Der qualitative Übergang vom Bezug der Sprache auf Sprache zum Bezug der Sprache auf das, was nicht mehr Sprache ist“, macht „die Sprache selbst zur Allegorie dieser Wirklichkeit ... als notwendige Anders- und Sprachwerdung dieser stumm sprechenden und drängenden Wirklichkeit“. Dort trifft den Menschen Entsetzen vor der Wirklichkeit „die nichts als ein einziger Horror ist“. „Dies ist der Ort von Theologia poetica ..., die ... ihre älteste Aufgabe im Finden des Gottesnamens hat: Ablösung des Horrors durch Nennung des Unnennbaren.“ Leider übersieht *Bader* so gut wie völlig ähnliche Bemühungen der Aufarbeitung einer „theologia poetica“, wie sie z. B. bei den eben genannten Autoren zu finden ist; so hat *Hans Urs von Balthasar*[32] im 3. Band seiner „Herrlichkeit“: „Grundlegungen“ den Weg gezeigt vom „Mythos“ (*Homer* usw.) über Philosophie *(Platon)* bis zur Religion *(Vergil, Plotin)* und damit auch den Weg in die christliche Offenbarung gezeigt. Das kaum zu verstehende Übersehen der Arbeiten *Hugo Rahners*, besonders „Griechische Mythen in christlicher Deutung“[33] führte zum Fehlurteil, daß die Christenheit vor der Renaissance die mythisch-poetische Welt der Antike nur negativ beurteilt habe.

Mit der Unterscheidung *Henri de Lubacs*[34] von geistlich-religiöser (poetischer, jedem Fühlenden zugängiger) und geistlich-christlicher (auf der Basis des Glaubens an das Wort Gottes beruhender) Hermeneutik wird der Schritt getan von einer allgemeinen „theologia poetica" zum christlich-poetischen Schriftverständnis. Hier gilt es eine Synthese zu finden über der totalen Abwertung alles Religiösen, wie es der frühe *Karl Barth* tat, und über dem heute sich breitmachenden Schriftverständnis, als sei „Inspiration" nach *Oswald Loretz* Behauptung vom „Ende der Inspirations-Theologie"[35] (1974) nur das Relikt vergangener Unwissenschaftlichkeit. *Karl Rahner* und auch *Norbert Lohfink*[36] haben den Inspirationscharakter in der Selbstfindung der jungen Kirche gefunden, als sie sich ihrer Einheit und ihrer Herkunft von Jesus bewußt wurde und dies im Kanon der hl. Schriften dokumentierte – sicher ein Verständnis von Inspiration, das für die heutige Ökumene von Bedeutung sein kann.

Inhaltlich wäre das Verhältnis von „allgemeiner Religiosität" und „christlicher Glaubenszusage" zu suchen zwischen *Romano Guardinis*[37] scharfer Unterscheidung von poetischer Religiosität und christlicher Glaubenserfahrung und *Henri de Lubacs* Versuch, beides mit dem „Desiderium naturale in Supernaturam"[38], dem natürlichen, auch positivem Offenstehen des Menschen zur Offenbarung. *Karl Rahners* These vom „Übernatürlichen Existential"[39], die eng verbunden ist mit seiner These vom „anonymen" Christen[40] ist hier wichtiger, als die meist mißverstehende Diskussion[41] an den Tag fördert. Aber vorher noch wäre die Verknüpfung des Religiösen mit dem Poetischen zu bedenken.

Von zwei Stellen aus schlägt sich eine Brücke zwischen Spiritualität und Poesie: von der inhaltlichen her, wie schon in der Erörterung *Drewermanns* gezeigt wurde. Diese Erörterung von „Archetypen in der Literatur", wie *Thomas Immoos*[42] seine diesbezügliche Arbeit nennt und wie es manche andere untersuchen, führt nicht grundsätzlich über das Gesagte hinaus.

Wohl aber wäre es wichtig, mit *Hans Rudolf Picard* die eher formalen Züge der Verwandtschaft von „Dichtung und Religion"[43] herauszuarbeiten. Man muß dabei fragen: Welche sprachlichen Mittel werden benutzt, um etwas unsagbar Geheimnisvolles dennoch sag-bar zu machen? Wie gelingt es, religiösmethaphysische Ergriffenheit in Sprache zu übersetzen? Welche Rolle spielen Bilder, Paradoxa, Synonyme? Wie wird in der Vermittlung der Sprache dennoch die Unmittelbarkeit von Erfahrung hörbar? Die Rolle des Schweigens beim Sprechen, des Sprechens für das Schweigen, wie sie oben mit *Picard* angedeutet, wäre zu klären.

Das bahnte den Weg, Bibel-Sprache neu zu verstehen. Und man könnte dann große moderne Dichtung (von *Rainer Maria Rilke* bis *Hilde Domin*) aufschließen für den Zugang zum biblischen Wort. In einigen Schriften habe ich dergleichen versucht.[44]

### 3. Das Bibelwort und seine imaginative oder dramatische Vergegenwärtigung

Gehen wir auf der Brücke ein Stück näher zum Menschen, der die Bibel liest. *Drewermann* spricht vom „Psychodrama der Heilung". Er empfiehlt damit implizit, die „Dramatik" der Bibel persönlich nachzuvollziehen, um dadurch ihre Botschaft zu verstehen. Nun, das sind Verfahren, die heute immer mehr an Bedeutung gewinnen.

Im Grunde sind es zwei Möglichkeiten – eine, die auf der Raum-Achse angesiedelt ist und die Szene schaut, gegenwärtig erlebt. *Ignatius von Loyola* empfiehlt: „Ich mache mich dabei zu einem kleinen armen und unwürdigen Knechtlein, indem ich sie anschaue, sie betrachte und ihnen in ihren Nöten diene, wie wenn ich mich gegenwärtig fände."[45] Vieles, was man heute als Bildbetrachtung usw. vorstellt, gehört theoretisch in diesen Bereich, wird aber nur selten qualitätsmäßig dem gerecht, was heute billigerweise gefordert werden muß.

Wichtiger für heute ist die „dramatische Schriftmeditation", die den Menschen noch ganzheitlicher einbezieht in die Kraft des Bibelwortes. Erstaunlicherweise fand ich den klügsten Hinweis dazu bei dem atheistischen Soziologen *Georges Bataille*, der mit seiner erotisch-psychoanalytischen Philosophie einiges Aufsehen erregte. In „L'expérience intérieure"[46] schreibt er: „Hierbei geschieht ein klassischer Irrtum, die ignatianischen Exerzitien der diskursiven Methode zuzurechnen: Sie weisen ein in einen Diskurs, in dem zwar alles geregelt, aber für den dramatischen Nachvollzug geregelt ist. Der Diskurs mahnt: Stelle dir den Ort, die Personen des Geschehens vor und verhalte dich, als wärst du eine von ihnen; vertreibe die Stumpfheit (wozu der Wille neigt) und die distanzierte Trennung (wozu Worte verführen). Die Exerzitien verabscheuen jede Distanziertheit und versuchen sie durch die Methodik des Diskurses zu überwinden, was allerdings oft mißlingt."

Ich habe keinen Zweifel, daß ausgerechnet *Georges Bataille* mehr von der ignatianischen „Anwendung der Sinne" begriffen hat, als manch einer, der vorgibt, ignatianische Exerzitien in genuiner Weise zu begleiten. Die Ganzheitlichkeit der Botschaft Jesu, der „in ganz Galiäa umherzog, lehrte ... verkündete ... und heilte", verlangt vom spirituellen Umgang mit einem solchen „Summarium" der Bibel eine ebenso runde Ganzheitlichkeit. Es ist nicht von ungefähr, daß aus der Barockzeit nicht nur ein Jesuitentheater, sondern sogar ein „Jesuitenballett"[47] überliefert ist.

Beim Nachsinnen über den Reichtum, den die christliche Tradition an solchen dramatischen und imaginativen Zugängen zum Bibelwort hatte[48], wird einem das „ökumenische" Defizit im meditativen Umgang mit dem Bibelwort nur allzu bewußt.

### 4. Das Bibelwort und der vierfache Sinn der Schrift

Die traditionellen Zugänge zum vollen Bibelwort haben sich in der bekannten Lehre von dem vierfachen Sinn der Schrift niedergeschlagen. Sie gilt immer noch als ein von der Reformation überwundener mittelalterlicher Irrweg. Doch ein Germanist, *Friedrich Ohly*, muß uns belehren[49]: „Der von der Theologie durch andere Geisteswissenschaften übernommene Gemeinplatz, daß die Reformation der allegorischen und typologischen Bibelexegese für die protestantische Welt ein Ende gesetzt habe, ist wie für die Reformatoren selbst auch für die Zeit vom 16. bis über das 18. Jahrhundert hinaus in seiner Undifferenziertheit schlicht unhaltbar."

Reformatorische Zeugnisse für diese Behauptung findet man im gleichen wertvollen Sammelband überdies noch besonders bei *Thomas M. David*[50]. Wer z. B. die Schriften *Luthers* nicht mit ideologischer Brille einer nominalistisch fixierten Vier-Sinne-Exegese, sondern in Offenheit für die Sache liest, muß *Ohly* rechtgeben.[51] Sachlich haben so hervorragende Forscher wie die beiden Jesuiten, die später zum Kardinal erhoben wurden, *Jean Daniélou*[52] und *Henri de Lubac*[53] die historische, aber auch aktuelle Bedeutung dieser Methode der Bibel-Meditation dargestellt.

Eine kurze Skizzierung dieser ganzheitlichen Methode der Bibelexegese mag zeigen, wie sehr gerade sie die Forderung nach Wort-Spiritualität erfüllt; selbstverständlich muß dabei von historischem Ballast abstrahiert und die Methodologie heutiger Bibelwissenschaft integriert werden. Wir lehnen uns dabei eher an *de Lubac* als an *Daniélou* an.

*1. Der „buchstäbliche" Sinn.* Das ist mehr als nur das Ergebnis historisch-kritischer Exegese; das impliziert die Bilder und das dramatische Geschehen der hl. Schrift; das berücksichtigt den religionsgeschichtlichen Hintergrund usw. Dies alles aber noch in distanzierter Objektivität. Für die Kirchenväter ist dies noch kein echtes Bibelverständnis.

*2. Der „Jesus-bezogene" Sinn.* Das christliche Verständnis der Bibel fängt erst an, wenn man sie auf Jesus bezieht – ganz im Sinne *Martin Luthers*: „Entferne Christus aus der Schrift – was bleibt dann noch von ihr?"[54] Natürlich ist dies heute anders zu realisieren als im Mittelalter. Aber auch heute schreibt der evangelische Kirchenhistoriker *Hans Freiherr von Campenhausen*[55]: „Die christliche Bibel – das ist die erste und durch nichts zu erschütternde Erkenntnis – entsteht und gilt als das *Christusbuch*. Die ‚Herrenschriften' bezeugen den Herrn – das Alte Testament prophetisch, das Neue Testament historisch. Christus spricht in beiden Testamenten und ist ihr eigentlicher Inhalt. Dies allein macht sie zur christlichen Bibel, zum Buch der christlichen Kirche." Das ist nicht weit entfernt von der Inspirationstheologie *Karl Rahners* und *Norbert Lohfinks*[56]. Wir sind immer noch auf streng bibelbezogenem exegetischem Weg – nur wird die Schrift jetzt als kanonisches Ganzes und als Kerygma ernstgenommen. Was dies für die Spiritualität bedeutet, muß nicht eigens herausgearbeitet werden.

*3. Der „ich- (wir-)bezogene" Sinn.* Auch jetzt noch befinden wir uns im hermeneutischen Bereich der Bibelexegese. Wer die kerygmatische Intention der Schrift ernst nimmt, muß die eigene Betroffenheit hineinnehmen in das streng wissenschaftliche Bibelverständnis.

Was heute über die existenzielle Exegese der dreißiger Jahre hinaus wichtig wird, ist etwas anderes: Der ganze Mensch in seiner leibseelischen Betroffenheit und in seiner Wir-haftigkeit, oder noch deutlicher: und in seiner „Kirchenhaftigkeit", der Realität seiner christlichen Solidarisierung, muß in die Reflexion einbezogen werden, um den gültigen „Sitz im Leben" für das Bibel-Verständnis zu finden.

Was das für die Ganzheitlichkeit der meditativen Bemühungen bedeutet, kann *Jean Chatillon*[57] deutlich machen: „Im 12. Jahrhundert wird das Tun noch nicht als Hindernis für die Kontemplation angesehen. Gegen Ende des Jahrhunderts aber beginnen weniger offene Geister und Mystiker, die mehr spekulativ als praktisch sind, die Tätigkeit mit mißtrauischem Blick zu beobachten." Anders gesagt: Die Flucht in eine apolitische Mystik widerspricht der biblischen Mystik.

4. *Der erwartende „eschatologische" Sinn.* Hiermit stehen wir auf dem Boden einer eminent christlichen Forderung an jede Spiritualität, die zugleich eine eminent humane Grundlage hat: Daß nämlich alle Gotteserfahrung und damit jede Spiritualität ein Moment des Noch-nicht-Erfüllt-sein mit sich tragen muß. Für die Mystik heißt dies: Wo jemand vorgibt, die ganze Gotteserfahrung zu haben, gleichsam „Meister" zu sein auf dem mystischen Weg, hat er den Bereich des Christentums verlassen und – wie mir scheint – ist er in ein a-humanes, vorgebliches Gott-Gleichsein eingetreten.

Johannes vom Kreuz schreibt[58]: „Es ist klar, daß der Glaube für die Seele dunkle Nacht ist und ihr gerade dadurch Licht gibt. Und je mehr er sie verdunkelt, um so heller leuchtet ihr sein Licht; denn indem er sie blendet, ist er ihr Licht. Der Glaube, der eine dunkle und finstere Wolke für die Seele ist – und zugleich Nacht –, leuchtet mit seiner Finsternis und spendet der Finsternis der Seele Licht." Für diesen Kirchenvater christlicher Mystik ist der Höhepunkt der Erfahrung immer noch und notwendig offen auf „Mehr" und „Neues", „Unbekanntes".

Jede Bibelhermeneutik, die den religiös-christlichen Gehalt gleichsam ausschöpfen will, versündigt sich gegen dieses Gesetz des „eschatologischen Vorbehalts".

Eine wahre Spiritualität des biblischen Wortes muß dessen Unausschöpfbarkeit mitbedenken – unausschöpfbar, weil letztlich in Jesu Christus gipfelnd. Der „Bild"- und „Erzähl"-Charakter des biblischen Wortes führt von selbst in diese Richtung.[59] Ein rein rationaler, historisch-kritischer Zugang zur Schrift jedoch verschließt sich dieser Grundforderung.

### *Christliche Wort-Spiritualität und christliches Menschenbild*

Die Suche nach einer Spiritualität des (biblischen) Wortes ist wahrlich keine Nebenaufgabe unseres heutigen Christseins. Sie führt sicherlich auf den Weg der christlichen Ökumene, aber auch, wie ich glaube, auf den Weg des ökumenischen Dialoges mit den Weltreligionen; einen Weg, den *Eugen Drewermann* mit seiner Mythen-Theologie einschlägt, den aber *Hugo Rahner* schon Jahre zuvor in grundlegenden Werken und mit historischer und dogmatischer Sorgfalt vorbereitet hat. Auch er beruft sich in „Griechische Mythen in christlicher Deutung"[60] auf die archetypische Gemeinsamkeit religiöser Sehnsucht in den großen Religionen[61]: „Die Bedeutungskraft der Symbole aber ist in ihren Urformen in jeder Religion vorhanden und gehört zu den Archetypen alles menschlichen Gottsuchens. Die Forschung C. G. Jungs ist nicht etwa eine Repristination alter liberaler ‚Religionsgeschichte', sondern stößt in eine viel tiefer liegende Schicht der Gemeinsamkeit alles Religiösen hinab, in die geheimnisvolle Welt der urmenschlichen Archetypen – die katholische Theologie würde sagen, in die allen Menschen gemeinsame, auf Gott hin angelegte Natur, die in eben dieser ‚Religiosität' auch ansprechbar ist für eine mögliche Offenbarung des ansprechenden Gottes, der dann nur in ‚menschlichem' Wort sprechen kann, wenn er vom Menschen verstanden werden soll." Es geht *Hugo Rahner* um „die Möglichkeit eines Kontaktpunkts von der Mitte her" zwischen Christentum und gesamt-menschlicher Religiosität: „Es geht ein Gott gewirkter Sinn durch die religionsgeschichtliche Entwicklung der Menschheit, und sie ist nicht nur Krisis, sondern auch Pädagogie auf Christus hin."

Theologisch Interessierte werden in diesen Worten das Anliegen der sogenannten „théologie nouvelle" Kardinal *Henri de Lubacs* entdecken ; sie vermeidet die Schwarz-Weiß-Zeichnung der Dialektischen Theologie, ohne das Proprium der christlichen Botschaft aufzugeben. Sie zeichnet ein Menschenbild, das die gewaltigen Ströme nicht-christlicher Religiosität aufgreift und in die Fülle der Offenbarung leitet.

Ist es nicht kennzeichnend, daß die „théologie nouvelle" *de Lubacs* ihren Focus hat in einer „Spiritualität des Wortes"?

*Anmerkungen*

1 I. Darstellung, II. Texte und Untersuchungen, Münster 1966/7.

2 Vgl. meine Arbeit, Das geistliche Gesicht der vier Bücher von der Nachfolge Christi, in: Thomas von Kempen, Beiträge zum 500. Todesjahr, Kempen 1971, 14–36.

3 München 1984, zusammen mit G. Ruhbach; den Luther-Beitrag schrieb Reinhard Schwarz.

4 Während ich beim ersten Band gegenüber meinem Mit-Herausgeber mich für Luther als Mystiker stark machen mußte, ist die von Prof. Reinhard Schwarz für den Text-Band ausgewählte Predigt des späten (!) Luther über Psalm 45 so überzeugend, daß ein Zweifel an dem „Mystiker" Luther kaum noch möglich ist; der Textband „Christliche Mystik. Texte aus zwei Jahrtausenden" erscheint Herbst 1989, München.

5 La mystique protestante et anglicaine, in: A. Ravier, La mystique et les mystiques, Paris 1964, 156–407. Mystik im Gespräch, Materialien zur Mystik-Diskussion in der katholischen und evangelischen Theologie Deutschlands nach dem Ersten Weltkrieg, Würzburg 1972, Berlin 1981.

6 Einheit der Wirklichkeit. Gott, Gotteserfahrung und Meditation im hinduistisch-christlichen Dialog. 1986.

7 München – Basel 1959.

8 In: Urchristliche Mystik, Neutestamentliche Studien, Darmstadt 1956.

9 Luthertum und Mystik. Von Johann Tauler bis Matthias Claudius, in: Herausforderung: Religiöse Erfahrung, Vom Verhältnis evangelischer Frömmigkeit zu Meditation und Mystik (hrsg. v. H. Reller, M. Seitz) Göttingen 1980, 97–125, 103. 116. Zeller gehört zu den wenigen, die sich auch um Arbeiten katholisch-französischer Provenienz kümmern; vgl. die Erwähnung der Arbeit von H. Jaegers (o. Anm. 5); erfreulich, daß B. Jaspert die schöne „Werkauswahl" (Tauler, Sense) seines Lehrers 1988 neu herausgegeben hat. Wie wenig aber das Sammelwerk den Anforderungen seines Untertitels gerecht wird, kann z. B. die kontradiktorische Beurteilung von Angelus Silesius zeigen (117 gegen 65, im Sinne des frühen Karl Barth), dessen feines Sprachgefühl (gegen die unverständliche Geringschätzung J. Moltmanns) einen Weg zur „evangelischen Spiritualität" zeigt.

10 Vgl. Hans Ludewig, Gebet und Gotteserfahrung bei Gerhard Tersteegen, Göttingen 1986; oder Albrecht Goes, Gerhard Tersteegen, Andacht bei nächtlichem Wachen, in: W. Böhme (Hrsg.), Christus in uns, Mystische Strömungen von Angelus Silesius bis Tersteegen, Karlsruhe 1983, 94–98.

11 Die Arbeiten Walter Blankenburgs sind bekannt; ganz vorzüglich über die Mystik Johann Sebastian Bach auch H. Jaeger (o. Anm. 5).

12 Dazu meine Veröffentlichungen: Neue Religiosität, Herausforderung für die Christen, Mainz³ 1988, 75–81; und: Mystik, Selbsterfahrung – kosmische Erfahrung – Gotteserfahrung (Reihe Unterscheidung), Mainz 1988, besonders: 17–29.

13 Überlegungen und Anstöße zur Neuorientierung, Gütersloh, 1979.

14 Gemeindeaufbau und Spiritualität, Göttingen 1985, 63.

15 So die berühmte Arbeit des Benediktiners Francois Vandenbroucke.

16 Theologie und Spiritualität, Beiträge zur Gestaltwerdung des christlichen Glaubens, Göttingen, 1987, 126f, 155–167.

17 Vgl. Fridolin Marxer, Die inneren geistlichen Sinne, Ein Beitrag zur Deutung ignatianischer Mystik, Freiburg 1963.

18 Hrsg. Bernard McGinn, John Meyendorff, Jean Leclercq, Jill Rait, London 1986, 1987.

19 St. Ottilien 1986, 40.

20 Die Welt des Schweigens, Erlenbach 1948, 18; Neuauflage mit einer Einleitung von Franz Alt, München 1988.

21 „An ihren Früchten sollt ihr sie erkennen", Antwort auf Gerhard Lohfinks und Rudolf Peschs „Tiefenpsychologie und keine Exegese", Olten 1987, 32.

22 Zitiert nach meinem Buch „Mystik" (o. Anm. 12) 35f.

23 Das Markusevangelium, I. Teil: Mk 1,1 bis 9,13, Olten 1987, 64f., 72.

24 In verschiedenen Auflagen, Paderborn (bis 1987).

25 Vgl. den Sammelband: Tiefenpsychologische Deutung des Glaubens? Anfragen an Eugen Drewermann, Freiburg 1987.

26 Dazu hervorragend in historischer Kenntnis und aktueller Deutung Gabriel Bunge, Akedia, Die geistliche Lehre des Evangrios Pontikos vom Überdruß, Köln 1983.

27 I. Die Wahrheit der Formen, Traum, Mythos, Märchen, Sage und Legende; II. Die Wahrheit der Werke und der Worte; Wunder, Vision, Weissagung, Apokalypse, Geschichte, Gleichnis, Olten 1964, 1965 (dann mehrere Auflagen), II, 818–821.

28 Dorothee Sölle im Gespräch, hrsg. von. T. Christiansen, J. Thiele, Stuttgart 1988, 109ff.

29 Dazu in meinem Buch „Mystik" (o. Anm. 12) 19f.; auch in dem oben (Anm. 3) erwähnten Textband zur „Christlichen Mystik".

30 Besonders der 1. Band. Herrlichkeit, I. Schau der Gestalt, Einsiedeln² 1961.

31 ZThK, 83, 1986, 188–237, unsere Zitate aus dem Schlußteil.

32 Eine theologische Ästhetik, Einsiedeln, 1965, 243–281.

33 Hugo Rahner, Griechische Mythen in christlicher Deutung, Basel²⁽³⁾; Symbole der Kirche, Die Ekklesiologie der Väter, Salzburg 1964; Hugo Rahner belegt die erstaunlich reiche Übernahme und allerdings Neuinterpretierung antiker Mythen aus christlichem Geist; verständlich wird diese Art der Übernahme über ein Vertrautsein mit der „geistlichen Deutung" alter Zeugnisse, die z. B. de Lubac (den Bader erwähnt!) entfaltet.

34 Vgl. Christliche Mystik in Begegnung mit den Weltreligionen, in: J. Sudbrack, Das Mysterium und die Mystik, Beiträge zu einer Theologie der christlichen Gotteserfahrung, Würzburg 1974, 77–110.

35 Chancen eines Neubeginns, besonders Bd. I, Stuttgart 1974

36 K. Rahner, Über die Schriftinspiration (Quaest. Disp. I) Freiburg² 1959; N. Lohfink, schon in Stimmen der Zeit, 1964, 161–181.

37 Bekannt ist seine Auseinandersetzung mit Rainer Maria Rilke, dessen Dichtung er liebte, als natur-religiös deutete, aber als grundsätzlich christentumfeindlich interpretierte.

38 Die Freiheit der Gnade, 2 Bde., Einsiedeln 1971.

39 Die Begrifflichkeit des „Übernatürlichen Existential" benutzt zum erstenmal K. Rahner in der „Widerlegung" der von de Lubac entworfenen „théologie nouvelle"; vgl. Ein Weg zur Bestimmung des Verhältnisses von Natur und Gnade, in: Orientierung, 14, 1950, 141–146.

40 Vgl. H. Waldenfels, Die neuere Diskussion um die „anonymen Christen" als Beitrag zur Religionstheologie, in: ZMRW 60, 1976, 161–180; K. H. Weger, Das „anonyme" Christentum in der heutigen Theologie, in: StZ. 194, 1976, 319–322.

41 Vgl. H. Küng, Anonyme Christen – wozu? In: Orientierung, 39, 1975, 214–216; L. B. Puntel,

Hans Küng, Die Logik und die theologische Redlichkeit. Bemerkungen zur Kritik des Tübinger Theologen am Begriff „anonymes Christentum", ebd. 40, 1976, 3–6.

42 Die Sonne leuchtet um Mitternacht, Olten 1986.

43 Die Kunst der Poesie im Dienst der religiösen Rede, Konstanz 1984.

44 J. Sudbrack, Meditation des Wortes, Hinführung und Einübung, Würzburg 1974; Worte sind Brücken, Hinführung zur Gedichtmeditation, Frankfurt 1977; Zwischen Rosen und Schatten, Ikebana-Meditationen zu Gedichten unserer Zeit, München² 1979; Sensibel ist die Erde (zu Gedichten von Reiner Kunze) München 1988 (die beiden letzten zusammen mit Horst Nising und Christof Eichler).

45 Geistliche Übungen und erläuternde Texte, (Hrsg. P. Knauer), Graz 1978, Nr. 114.

46 ... suivi de Méthode de méditation et de Post-scriptum 1953, Paris² 1954, 30; „Übrigens, das Objekt der jesuitischen Kontemplation ist zweifelsohne ein Drama, aber eines, das in die geschichtliche Kategorien des Diskurses einführt; (die Jesuiten) sind damit von dem Gott ohne Form und Gestalt der Karmeliten, die noch mehr als die Jesuiten nach innerer Erfahrung, weit entfernt."

47 R. Lebéque, Les Ballets des Jésuites, in Revue des Cours et Conférences, 37, 1936, 127–139, 208–222, 321–330; vgl. meine Analyse: „Schließt euch zusammen zum Reigen!" (Ps 118,27) Eine Aufforderung zum liturgischen Tanz, in: Liturgie und Dichtung II (H. Becker, R. Kaczynski), St. Ottilien 1983, 207–226.

48 Dazu Hans Urs von Balthasar, Herrlichkeit I (o. Anm. 30): „Die geistlichen Sinne", 352–410.

49 Typologie als Denkform der Geschichtsbetrachtung, 22–63, in: Typologie (hrsg. Volker Bohn) Frankfurt 1988, 41.

50 Ebd. Die Traditionen puritanischer Typologie, ebd. 236–276.

51 Vgl. die zu Anfang (Anm. 4) erwähnte Predigt des späten Luther. Die vorzügliche Luther-Deutung von Oswald Bayer „Oratio, Meditatio, Tentatio. Eine Besinnung auf Luthers Theologieverständnis" (Lutherjahrbuch 1988), verkennt die Schriftmeditation des Ignatius von Loyola (und Karl Rahners) so schlimm, daß einem die alte Devise in Erinnerung kommt: „Catholica non leguntur!"

52 Besonders: Sacramentum Futuri. Etudes sur les origines de la typologie biblique, Paris 1950.

53 Besonders: Exégèse médiévale, Les quatre sens de l'écriture I–IV, Paris 1959–1964; leider ist dieses Werk von schier unerschöpflicher Materialfülle auf Deutsch nicht greifbar.

54 Vgl. meine Ausführungen in: Meditation: Theorie und Praxis, Würzburg 1971, 47–52.

55 Die Entstehung der christlichen Bibel, Tübingen 1968, 378.

56 Vgl. o. Anm. 36.

57 Art Contemplation in: DictSpir. II, Paris 1958.

58 Zitiert nach Sudbrack, Mystik (o. Anm. 12) 141.

59 In meinem Buch, Sich in Gottes Ordnung bergen. Vom Reichtum christlicher Meditation, Würzburg 1986 (erscheint Anfang 1990 als Herdertaschenbuch), habe ich diese „eschatologische Offenheit" für ein Gebiet christlicher Spiritualität thematisiert.

60 Vgl. o. Anm. 33.

61 Zitiert nach meinem Aufsatz „Exegese und Tiefenpsychologie aus der Sicht geistlicher Exegese", im Sammelband Anm. 25.

Christian Blendinger

# Verkündigungsbilder

## Ein blinder Fleck in der protestantischen Tradition

*Zur Geschichte des Problems*

„Die Evangelischen und die Bilder" – unter diesem Titel steht eine Dokumentation von Reiner Sörries zum Evangelischen Kirchenbautag 1983 in Nürnberg. In Beispielen aus fünf Jahrhunderten belegt das Bändchen die zwiespältige Haltung der evangelischen Tradition, vor allem des Luthertums, zum Bild als Verkündigungsträger.
Die verschiedenen Religionsparteien der Reformationszeit und danach verhielten sich ganz unterschiedlich zum religiösen Bild: Zwingli und Calvin nahmen das biblische Bilderverbot radikal ernst: Du sollst dir kein Bildnis machen! Sie duldeten in ihren Kirchen nicht einmal Kruzifixe. Für die Wiedertäufer, den linken Flügel der Reformation, wurde Bilderstürmerei zu einem Hauptkennzeichen. Auf der anderen Seite verharrte der Katholizismus in ungebrochener Bilderfreude: Wundertätige Andachtsbilder machte er zum Mittelpunkt volkstümlicher Wallfahrten. Dies wurde noch verstärkt, als in der Gegenreformation, das heißt in der Barockzeit, mit einer Flut von Bildern aus Bibel, Legende, Kirchen- und Ordensgeschichte, massive und offensive Glaubenspropaganda gemacht wurde. Zwischen diesen Extremen bleiben Luther und das ihm folgende Luthertum eigentümlich unentschieden.
Als Theologe setzte Luther allein aufs Wort. Nur die Musik, der er persönlich zuneigte, hatte eine Funktion zur Erhöhung des Wortes. Dahinter steht eine theologische Grundeinsicht: Gott wendet sich den Menschen über das Hören zu, in zweiter Linie erst über das Schauen. Sozusagen: Gott malt nicht, er spricht. Dazu singen dann die Engel. Luthers Botschaft von der „Rechtfertigung aus Glauben allein ohne des Gesetzes Werke" nahm den Stiftungen und Wallfahrten, also allem frommen Tun, sozusagen die Luft. In ihrem Umkreis hatte aber das religiöse Bild seinen kultischen Ort. Nun hatte es keinen mehr. Zum anderen aber widersetzte sich die im Grund konservative Einstellung des Reformators einem radikalen Wegräumen oder gar Zerstören der Bilder. Er ließ stehen, „was nicht gegen das Evangelium ist". Das Ergebnis dieser undeutlichen Haltung hat man zugespitzt so zusammengefaßt: „Wenn Luther die Bilder nicht verboten hat, so hat er sie doch der Gleichgültigkeit preisgegeben." (Sörries)
Ihm folgte das Luthertum. Es verband mit den Bildern eine seelsorgerlich-pädagogische Absicht. Sie sollten der Unterrichtung des ungebildeten Volkes dienen, wie schon im Mittelalter; sollten vor allem lehrhaft sichtbar machen,

was die Theologie viel genauer sagte. So entstand vielfach gemalte Dogmatik, die auch in ihren besten Beispielen, wie etwa bei Lukas Cranach, Vater und Sohn, eher trocken wirkt. Der Dialog zwischen Bild und Mensch wurde so auf eine problematische Verständigungsebene herabgesenkt: auf die pädagogische. Belehrung und Offenbarung sind zwei Dimensionen, die miteinander schwer auskommen. Offenbarung erleuchtet und erfüllt mit Freude. Kaum eine Situation weckt aber soviel Unlust, wie die, rational belehrt zu werden von einem, der es besser weiß. Ist das Bild Belehrung, wie soll da Freude geweckt werden! Die religiöse Dimension wird nicht über Belehrung wahrgenommen. Sie setzt tiefer an. Wo Kunst in diese Dimension hineinreicht, wird das deutlich: Die Ikonen der Ostkirche wollten nicht belehren, sondern das göttliche Geheimnis *sichtbar* machen. Die Musik, nicht zuletzt die des Luthertums, belehrt nicht, sondern stimmt das Gotteslob an und reißt dazu hin. Auch das verkündigte Wort belehrt nicht, sondern ruft zu Buße und Glaubensgewißheit. Diese ganzheitlichen Dimensionen werden im belehrenden Bild nicht erreicht. Es wurde im Luthertum lediglich Abbild der Verkündigung und Theologie. So kümmerte es dahin und mußte verkümmern.

### *Neue Ansätze*

Hier soll nun nicht die Geschichte „Der Evangelischen und ihrer Bilder" nachgezeichnet werden. Wir sollen vielmehr wahrnehmen, daß wir heute in der Beziehung Bild-Verkündigung-Glaube eine veränderte Situation vor uns haben:
Einmal: Die Gefahr abergläubischen Mißbrauchs mit dem Bild besteht im evangelischen Raum kaum. Doch dabei wurde das Kind mit dem Bad ausgeschüttet: Zusammen mit dem Mißbrauch der Bilder ging der rechte Umgang mit ihnen verloren. *Es geht heute in der evangelischen Tradition um einen unbefangenen, lernenden Umgang mit dem Bild.* Dies wäre eine immer noch neue evangelische Perspektive. Eine besondere geschichtliche Situation, und sei es die Schlüsselepoche der Reformationszeit, kann nicht zum Sperriegel für neue Einsichten werden. Die besonderen Bedingtheiten, oder sagen wir die blinden Flecke auch eines Martin Luther, können nicht auf immer Ballast des Nachdenkens sein. Ansätze für ein neues Verhältnis zum religiösen Bild im evangelischen Raum sind seit über hundert Jahren gegeben. Mancher Blick in moderne Kirchen bestätigt es. Aber die alte Distanz, das alte Mißtrauen sitzen tief. Hier ist, wie mir scheint, immer noch zu lernen.
Ein anderer Grund, sich den Bildern im Raum evangelischer Verkündigung neu zuzuwenden, liegt im gewandelten Selbstverständnis der bildenden Kunst. Längst hat sie sich heute von der primär religiös-christlichen Thematik abgewendet (ich vermute allerdings: nicht zuletzt mangels kirchlicher Auftraggeber!). Es ist auch schon fast ein Jahrhundert her, daß die bildende Kunst sich nicht mehr in der Abbildung der Natur erschöpft. Spätestens seit Beginn

des 20. Jahrhunderts löst sich die Kunst aus der bloßen Beschreibung der äußeren Welt. Namen wie Cézanne und van Gogh sind Markierungszeichen. Die Kunst wird jetzt *autonom*, das heißt, sie folgt ihren eigenen Gesetzen und bildet sich so ihre eigene Welt. Sicher nimmt sie in freier Weise Elemente des Sichtbaren auf, aus Natur und Zivilisation, auch aus der religiösen Tradition. Aber sie verwendet sie für ihre eigene Aussage.
Jedoch – und das könnte eine neue Erfahrung für die Verkündigung der Kirche werden – gerade in dieser gewonnenen Freiheit kann gegenwärtige Kunst Dimensionen auftun, die den Bereich sehen lassen, der uns „unbedingt angeht". Mit dieser letzten Formulierung „was uns unbedingt angeht" nehme ich ein Wort des Theologen Paul Tillich auf, mit dem er die religiöse Betroffenheit, also die Gottes-Erfahrung für den modernen Menschen, bezeichnet. Ein gelungenes Kunstwerk, das seinen eigenen Formgesetzen folgt, kann, wohlbetrachtet, diese Dimensionen auftun. Es kann eine Botschaft haben, die befreiend wirkt. Etwa die: In die selbstgeschaffenen Gefängnismauern der Zivilisation tun sich Fenster zu neuverstandener Freiheit und damit einer neuen Welt auf. Dies kann durch Bilder oft einprägsamer geschehen als durch Worte. (Vgl. dazu: Horst *Schwebel*: Autonome Kunst im Raum der Kirche, Furche-Verlag 1968. Dort auch weitere Literatur!)
Wichtig ist dabei die Frage der Weiterführung christlich religiöser Motive im künstlerischen Ausdruck. Ist christliche Kunst nur an den bekannten Symbolen erkennbar? Sicher – auch ein paar ausgetretene Bauernschuhe können uns, wenn van Gogh sie malt, erschütternd etwas über die Bedingungen des Menschen in der Welt sagen, also eine gleichsam religiöse Dimension aufreißen.
Aber Kunst als Trägerin spezifisch christlicher Verkündigung muß erkennbar sein. Symbole bewirken, daß eine Gemeinschaft sich in ihnen wiedererkennt und neu zusammenfindet. Gerade die alten Sinnbilder, die jahrhundertelang tradierten Zeichen, bergen und entbinden gleichzeitig Leben für die Gemeinschaft der Christen: das Brot, der Kelch, die Mahlgemeinschaft, der Fisch, der Baum, das Kreuz. Auch eine vor der Bibel *und* der Gegenwart verantwortete Predigt schöpft ja gerade aus den *alten* Texten immer wieder Neues. Ähnlich ist es mit der bildenden Kunst. Nach vollmächtig und aktuell verkündender bildender Kunst sollten die christlichen Kirchen Ausschau halten. Sie ist nicht Verzierung, sie ist Nahrung des Glaubens.

### *Ein Beispiel: Roland P. Litzenburger*

Im Zusammenhang unserer Überlegungen soll nicht ein Überblick gegeben werden über die mannigfachen Versuche, das Bild als Verkündigungsträger wieder zu gewinnen. Sie sind sehr unterschiedlich, in großer Bandbreite zwischen traditionell und provokativ! Es scheint mir, daß Kriterien für eine verkündigende Kunst erst wieder gefunden werden müssen. Dies kann aber nur durch das Wirken inspirierter Künstler selbst geschehen.

Auch wenn ich den Vorwurf der Einseitigkeit hinnehmen muß, will ich im folgenden versuchen, an *einem* Künstler zu zeigen, wie bildende Kunst heute verkündigend sein kann. Zugleich werden, wie ich hoffe, auch allgemeine Kriterien sichtbar. Ich wende mich dem Maler und Zeichner Roland P. *Litzenburger* zu, der 1987 siebzigjährig gestorben ist.

Litzenburger ist ein ökumenisch gesonnener Katholik. Diese Herkunft ist für sein Werk sicher nicht Zufall, sondern der, im ökumenischen Dialog reflektierte, Grundbestand seines Glaubens und Schaffens. Kein Zufall erscheint mir auch, daß protestantischer Lernprozeß in Sachen bildende Kunst bei einem Künstler dieser Tradition neu einsetzen soll: Hier kann Ökumene im gegenseitigen Geben und Nehmen praktiziert werden: Hat der abendländische Katholizismus seit dem 2. Vatikanischen Konzil vieles von evangelischer Wort- und Musiktraditon sich angeeignet, so darf auf evangelischer Seite getrost etwas von der reichen Erfahrung katholischer Bildtradition wahrgenommen und angeeignet werden.

Litzenburgers Werk könnte hier Brückenfunktion haben. Er übernimmt Motive und Themen seines vielfältigen graphischen und malerischen Werks überwiegend der biblischen und kirchlichen Tradition: in der Mitte die Christusgestalt und das Kreuz, die sich in vielen seiner Bilder abwandeln. Biblische Erzählmotive kommen hinzu, die Emmaus-Geschichte, der verlorene Sohn. Dazu treten aber auch alte, natur-religiöse Symbole wie der Lebensbaum; dann Märchenmotive, vor allem soweit sie einer psychologischen Deutung zugänglich sind. Es fehlen nicht Themen der kirchlich-katholischen Tradition wie die Franziskusgestalt, das Schweißtuch der Veronika, Kreuzwegstationen und das Motiv der Schutzmantel-Madonna, abgewandelt zum Schutzmantel-Christus.

Der Künstler geht nun mit diesen traditionellen Motiven in einer freien Weise um, und zwar so, daß in allen Werken unübersehbar das Thema nicht die Tradition, sondern unsere gegenwärtige Epoche ist. Es ist die Sorge um die Bedrohung der Welt durch den Menschen selbst, die sich im Laufe seines Schaffens immer stärker herausstellt. Sie erfüllt eine Forderung an gegenwärtige Kunst, die so ausgesprochen wurde: Als „Seismograph der Epoche" ist sie „notwendigerweise Schilderung der Passion, Karfreitagskunst". (Sörries) Darin ist sie, wenn man so will, gut evangelisch, aber immer in ökumenischer und humaner Weite.

Unternehmen wir nun den Versuch, uns einigen seiner Bilder mit Worten zu nähern:

### *Gleichgewicht des Schreckens*

Auf mehreren Kugelschreiberzeichnungen der Jahre 1980 und '81, die immer das gleiche Motiv variieren und vertiefen, klingt seine Botschaft wie ein Alarmschrei:

Eine Jammergestalt mit hängenden Armen und gesenktem Kopf steht bloßfüßig auf einem mehrfach gezogenen, ausgespannten Stacheldrahtseil in der Luft – eine Stellung, die schon beim Anschauen Schmerzempfindungen auslöst.

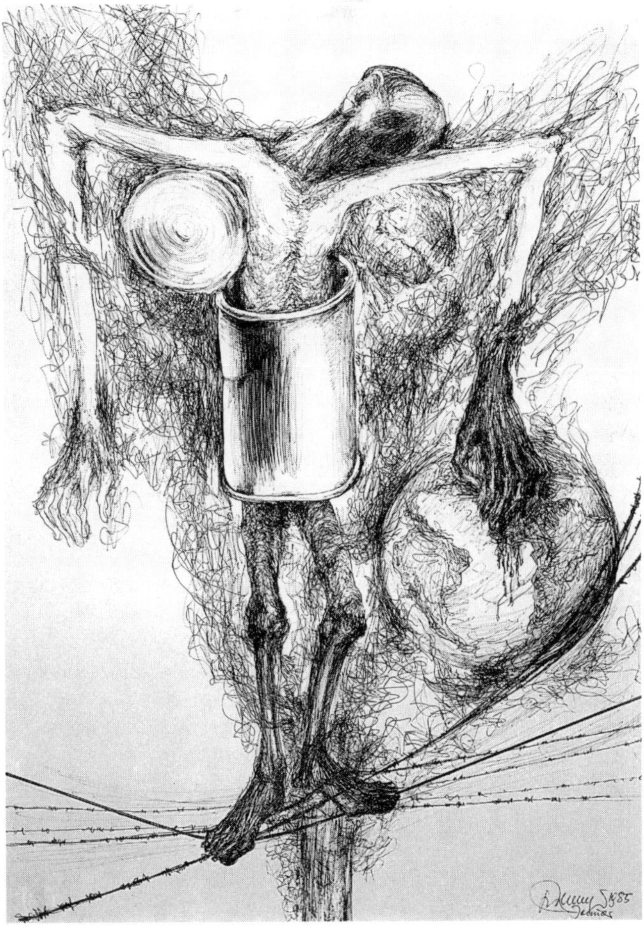

Die Figur, einer ausgestopften Puppe ähnlich – das Antlitz ist verschattet – ist nackt, nur umhüllt von einer leeren Konservendose, deren aufgeschnittener Deckel, nach oben gebogen in die schmerzempfindlichste Partie des Körpers, unter der Achsel, einschneidet. Der Leib ist zerschunden und totenhaft dürr. Schwer und blutig lastet die eine Hand auf dem Erdglobus, der ebenfalls auf dem Stacheldraht balanciert. Die Kontinente Afrika und Lateinamerika werden sichtbar. Der Titel des Bildes gibt, wenn noch nötig, einen Deutungshinweis: „Verhungert – während er ißt und trinkt."

Ich weiß kaum eine Darstellung, die die gegenwärtige Weltsituation stärker und gültiger im Medium der Kunst ausspricht als diese: die Konservendose, Symbol des materiellen Wohlstands eines Teils der Menschheit, als Feigenblatt für die Katastrophe der Selbstverzehrung mitten im Überfluß. Die Menschheit, symbolisiert durch diesen verhungernden Kadaver, schneidet sich mit ihrer Maßlosigkeit ins eigene Fleisch. Sie balanciert ohne Basis, sie produziert ihre eigenen Folterinstrumente. Auf denen sucht sie zu stehen! Wie lange wird dieses Gleichgewicht des Schreckens noch halten? Der Absturz scheint nur eine Frage der Zeit zu sein. Dahin haben wir uns und den Erdball gebracht. Wer hilft uns herunter?

Aber das ist noch nicht das ganze Bild. Setzen wir uns dieser Entsetzlichkeit, an die man sich nicht gewöhnen kann, noch länger aus, so wird, wie oft bei Litzenburger, eine tiefere Dimension sichtbar. Er deutet sie durch die Kontur des Gekreuzigten an: Die abgewinkelten Arme der Figur scheinen an einen Kreuzesbalken geheftet zu sein, der auch unten im Bild andeutungsweise erscheint. Ist das Christus? Oder wird hier der Gegenchristus, der moderne Antichrist sichtbar, *der wir alle sind:* Nicht der, der stirbt, damit andere leben. Sondern der davon lebt, daß andere sterben? Aber das ist kein Weg, sagt dieses Bild. Oder will der Künstler am Ende doch sagen, daß Christus in dieser Weltkatastrophe, millionenfach gekreuzigt, eben dadurch auch in dieser Welt *gegenwärtig* ist, als ein göttliches Hoffnungszeichen des Lebens?

Christus ist bei Litzenburger nicht nur eine biblische, er ist vor allem eine gegenwärtige Gestalt. Er steht für die Bedrohten dieser Erde. Wird im oben beschriebenen Blatt umfassend die selbstverschuldete Gefährdung der ganzen Menschheit offenbar, so zeigt Litzenburger in anderen Darstellungen, wie die Menschen *einander* bedrohen, wie Gruppen und Völker unter die Räder kommen, nicht durch Naturkatastrophen, sondern durch ihresgleichen, durch Menschen. Eine seiner vielen Christusdarstellungen heißt: „Der Rote". Christus trägt hier die Züge eines Indianers, das typische Profil, die Federn ums Haupt, die Hautfarbe. Mahnend, fast drohend blickt uns dieses Antlitz an. Der Künstler verdichtet in dieser Gestalt die Ausrottung der Indianer durch Weiße, durch Christen, einen der früheren Genocide, begangen im letzten Jahrhundert in Amerika. Christus, will er sagen, wurde in den Indianern noch einmal getötet.

Ein anderes Christusbild, eine von Pflanzen überwucherte hingesunkene Gestalt, wiederum mit dem charakteristischen Herabhängen der abgewinkelten Arme, trägt den Titel: „2000 Jahre gekreuzigtes Vertrauen". Eicheln und Feigenfrüchte wuchern miteinander aus dieser Gestalt. Sie versinnbildlichen das deutsche und das jüdische Volk. Der Genocid des 20. Jahrhunderts, das niemals beschreibbare Verbrechen des deutschen am jüdischen Volk, wird hier gedeutet: Jesus war Jude, betont Litzenburger. Und wer die Juden vernichtet, kreuzigt wiederum Jesus.

In den späten Schöpfungen des von viel Krankheit heimgesuchten Künstlers, großformatigen, manchmal die eigenen Züge tragenden Antlitzes, wird immer wieder die Zerstörung des Menschengesichts erschütternd dargestellt und damit die Zerstörung des göttlichen Lebens: Von Flammenwerfern zerfressene Gesichter, unnatürlich weggebogen von den unsichtbaren Schlägen, die sie treffen, oft geziert mit Narrenkappe und Narrenkrone: Wer heute auf Liebe und Menschlichkeit setzt, wer heute wehrlos bleibt – ist er nicht ein Narr? „Christus der Narr" heißt eine Reihe von Farbzeichnungen. Das Heilige kennt man heute nicht mehr am Heiligenschein, vielmehr an seinem Geschändetsein.

*Das Weizenkorn*

In der siebenteiligen Folge „Kreuzweg der Jugend 1980" erscheint dies alles verdichtet: Das Grauen der Lebensvernichtung durch den Menschen selbst tritt in diesen erschütternden Bildern ganz nahe an uns heran. Am Ende aber steht die tröstliche Aussage, daß das göttliche Leben, tausendmal vernichtet, dennoch unzerstörbar bleibt. Das Motto ist dem Johannes-Evangelium entnommen:
„Wenn das Weizenkorn nicht in die Erde fällt und erstirbt, so bleibt's allein; wenn es aber erstirbt, so bringt es viel Frucht".
Diese Kugelschreiberzeichnungen gehen den traditionellen Kreuzwegstationen entlang. Aber wie werden sie mit aktuellem Leben gefüllt! Christus, der wahre Mensch, steht nackt – Opfer sind nackt – vor seinen Verurteilern, die mit verschränkten Armen ihm entgegentreten. Er ihnen gegenüber, fast erdrückt vom tödlichen Räderwerk der Zivilisation, ausgesperrt von ihnen durch eine Stacheldrahtwalze – aber die Arme und Hände ausgebreitet, zum Zeichen der Wehrlosigkeit, ja des liebenden Angebots von Gemeinschaft. Doch die Zeichen werden nicht angenommen. Was tut er hier, der wahre Mensch, er steht nur im Wege! Also hinab mit ihm unter die Erde; oben braucht es Platz für Stacheldraht, Gräben, Kriege, Völkermorde. Eingezwängt mit dem Kopf in eine geborstene Asphaltdecke, mit der die Erdoberfläche tödlich zugemauert ist; aufs Haupt geschlagen, eingerammt, hängend unter der Erde – und immer noch die schenkenden Arme und Hände ausgebreitet; Grenzpfähle bohren sich ihm in die Brust, da hängt er, unterirdisch gekreuzigt, tausendfach dem Tod überliefert in seinen ungezählten Brüdern auf den Schlachtfeldern und Schlachtbänken der Erde. Am Ende aber steht er wieder, noch unter der Erde, noch gebückt, wie eine Brücke, oder, zusammengekrümmt wie ein Embryo im Leib der Mutter, oder – wie ein Weizenkorn ...
Das göttliche Leben ist unzerstörbar und so erhebt er sich im letzten Bild des Zyklus, zurückbiegend den Asphalt mit leichter, sieghafter Hand, die tödliche Decke, die das göttliche Leben hemmen will und doch nicht hemmen kann ...
„Wenn das Weizenkorn aber stirbt, so bringt es viel Frucht." Christus und sein Leben will sich in vielen Menschenleben neu realisieren. So sind diese Bilder, gerade wenn man sich ihrem Grauen stellt, Hoffnungsträger. Sie lassen etwas sehen, was man nicht von selbst sieht: *Sie offenbaren.*

Mit alledem ist Roland Peter Litzenburger wohl dem tiefsten Geheimnis des Lebens auf der Spur. Es ist sein Thema. Man könnte es mit einem Wortspiel beschreiben: Wenn wir uns das Leben *nehmen*, – so wie man sich ein Konsumgut nimmt, ohne zu bedenken, daß alles seinen Preis hat – nehmen wir uns das Leben, verderben wir uns selbst. Das Leben wird nicht ungestraft genommen, in keinerlei Sinn. Es wird aber geschenkt. Eltern schenken ihren Kindern das Leben. Gott schenkt uns allen das Leben, das er selber ist. Es kann nur empfangen werden als Geschenk. Und es kann folgerichtig auch nur geschenkweise weitergegeben werden.
In einer Reihe von Zeichnungen spricht der Künstler dies aus. Sie tragen den Titel „Menschenpaar" oder „Partnerschaft".

Erwachsen sind sie aus früheren Bildern, die den Weg der beiden Jünger nach Emmaus darstellen: Aus den wandernden Jesusjüngern wurde ein Menschenpaar, Mann und Frau, die den Weg miteinander wagen. Die Christusgestalt zwischen ihnen, die auf den urspünglichen Bildern noch sichtbar war, wird in diesen späteren Ausformungen zu einem Licht, das zwischen ihren Häuptern und Schultern spielt. Die beiden schauen sich nicht in die Augen, sondern jedes nach vorn, in die gemeinsame Richtung. Ihre Füße scheinen auseinanderzustreben. Gleichschritt ist nicht gefordert, auch gegenläufige Tendenzen sind Ausdruck der beiderseits gewährten Freiheit. Aber sie halten einander bei der Hand, und es ist nicht entschieden, wer da wen führt. Das kann wohl einmal wechseln, oder vielmehr: Es ist nicht ein Sich-Führen, sondern ein Sichvertrauensvoll-einander-Anheimgeben.Bemerkenswert ist bei beiden die Außenhand: Sie ist nach draußen geöffnet, auf die Welt zu, auf die Mitmenschen, die Schöpfung. Zwischen ihnen aber die rote Flamme des Geistes, der Liebe, oder, noch kühner, in einer später gezeichneten Fassung: eine zarte Andeutung der männlichen und weiblichen Genitalien. Die Geschlechtsbeziehung wird als Teil des Christuslebens verstanden, einbezogen in den großen göttlichen Zusammenhang und nicht ausgegrenzt! Auch das göttliche Leben ist zeugendes Leben. Auch das zeugende Leben hat Anteil am göttlichen Leben. Religiöses und Humanes verschlingen sich in Litzenburgers Kunst, je länger, je stärker. Die Botschaft ist aber unüberhörbar, besser unübersehbar. Er macht sichtbar, was täglich sein könnte, so oft nicht ist, – doch täglich ergriffen werden kann.

### *Verkündigungsbilder*

Bilder wie die Litzenburgers sind vielleicht schwer denkbar in einem herkömmlichen sakralen Raum. Aber ist dies nicht weniger die Frage an die Werke, als an die sakralen Räume und unser Verständnis davon? Seine Arbeiten haben eine herausfordernde meditative Kraft. Sie widerstehen dem flüchtigen Hingucken: Sie fordern ein verlangsamtes, intensives Hinsehen und Sich-Hineinsehen. Sie fordern *uns*. Die Meditation, zu der sie auffordern, ist nicht weltlose Innigkeit, sie ist voll Weltverantwortung. Diese Werke rufen: Es geht um das Leben! Wehrt euch! Seid wachsam! Schenkt euch das Leben! Laßt euch nicht vom Tod und der Todeslust übermannen, sie sind die tödliche Krankheit des Zeitalters! In alledem gleiten diese Bilder nirgends ab in eine plakativ-vordergründige „engagierte Kunst"! Davor bewahren sie einmal die Formkraft des Künstlers und dann, nicht zuletzt – sein Beharren beim erkennbaren religiösen Symbol, sein Bleiben etwa bei der Christus- und Kreuzesgestalt. Aus dem Symbol wandert er nicht aus, wie die meisten seiner Zeitgenossen. Nicht aus Befangenheit, sondern weil die Symbole, in denen sich viele wiedererkennen, dem Tagesproblem eine zweite Dimension, also Tiefe verleihen.

Ein Beispiel: Als um 1970 der heimatliche Bodensee ökologisch umzukippen droht, zeichnet Litzenburger seinen berühmt gewordenen sterbenden Fisch, der verendend aus dem tödlich verdorbenen Wasser nach Luft schnappt. Beim näheren Hinschauen ist diesem Fisch ein Gekreuzigter eingezeichnet! Die Bildunterschrift verweist auf Christi Passion: „Mich dürstet – nach frischem Wasser!" Wie man hört, hat dieses Bild geholfen, die Menschen jener Gegend aufzurütteln, endlich zu handeln.
Die Werke dieses weltfrommen Künstlers sind vielleicht keine Altarbilder. Aber sie sind, wenn ich so sagen darf, *Kanzelbilder*, Verkündigungsbilder also. Die Verkündigung der Kirchen aller Konfessionen gewänne an Geistesgegenwart – der Begriff wörtlich genommen –, wenn sie Bilder wie diese einbeziehen würde und sprechen ließe. Sie rufen nach dem Wort. Aber das Wort der Kirche ruft auch nach solchen Bildern. Was geschähe mit der Verkündigung, wenn sie die Kraft dieser Werke, nicht Gesehenes sichtbar zu machen, nicht abwiese, sondern wirken ließe?
Werke wie die Litzenburgers – und sein Name steht für manch anderen Künstler der Gegenwart – machen die Botschaft des Evangeliums aktuell sichtbar. Schade für die Evangelische Kirche, wenn sie sich ihnen nicht stellt und sie hereinnimmt und statt dessen weiterhin stolz ist – auf ihren blinden Fleck!

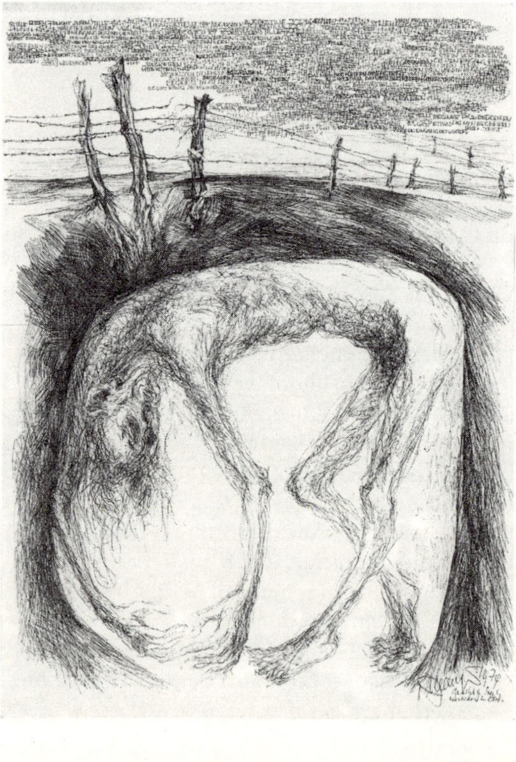

Roland P. Litzenburger
Sieben Kreuzweg-stationen 1979
6. Station
„Wenn das Weizenkorn aber stirbt, so bringt es viel Frucht."

Ernst Öffner

# Sich dem Geheimnis nähern

20 Jahre lang, von 1968 bis 1988, hat Dieter Voll als Rektor des Pastoralkollegs der Evang.-Luth. Kirche in Bayern (in Neuendettelsau) ungezählten Pfarrern geholfen, ihre geistlichen Wurzeln (wieder) zu entdecken und zu pflegen, hat ihrem Glauben aufgeholfen, hat ihnen Mut gemacht, Pfarrer zu sein. Er war in dem, was er sagte und tat, durchdrungen vom Geheimnis Gottes (ich werde gleich erklären, was ich damit meine), leitete an, sich ihm auszusetzen, half, sich ihm zu nähern, sich von ihm inspirieren zu lassen.
Für mich ist die Erinnerung ans Pastoralkolleg verbunden mit der Kargheit und der Wärme der Adventszeit, mit dem Kerzenlicht und dem Teppich der Kapelle, mit engagierten, sehr persönlichen und an den Nerv gehenden theologischen (wirklich theologischen!) und zugleich spirituellen Gesprächen, mit viel Lachen auch. „Alles hat seine Zeit. Ernstsein hat seine Zeit, Lachen hat seine Zeit." (D. Voll) Auf eine Formel gebracht: *Spiritualität plus Wärme.* Spirituelles Kraftfeld. Dazu das fränkisch-bayerische Bierstüble und die Sauna im Keller, Fahrräder zum Ausleihen für die Fahrradtour: Seelsorge für Seelsorger an Leib und Seele. *Spiritualiät mit Bodenhaftung.* Aber vor allem: Immer wieder die Erfahrung des Hinhörens, der Retraite, des Schweigens. Plötzliche Erkenntnisse dämmerten da, Entdeckungen, Erleuchtungen. Nicht unbedingt Bekehrung. Aber Hinkehr: Die Empfindung, Gott nahe zu sein mit seinem ganzen Wesen. Klarheit. Und ist das nicht auch eine Bekehrung: das Innewerden, daß Gott sich mir zuwendet, mir nahekommt mit seinem Licht, seiner Klarheit?
Geheimnis. *Dieter Voll* erzählte kürzlich von einer sehr persönlichen Erfahrung:
*„... Dieser große Abendmahlsgottesdienst mit den vielen Kommunikanten. Die Austeilung zog sich hin. Sie haben gesungen. Ich saß so da. Und war auf einmal weg ... ‚Weg' ist gut gesagt. Wie soll man das nennen? Ich war im Geheimnis. Eine Entrückung? Weiß Gott. Wenn ich daran zurückdenke, spüre ich die Kraft."*[1]
Was ist das für ein „Geheimnis", das Kraft gibt und noch im Sich-Erinnern Kraft spüren läßt?

## *I. Das Geheimnis im Johannesevangelium*

„Zuletzt hat Johannes in der Erkenntnis, daß die menschliche Natur (Jesu) in den Evangelien bereits behandelt sei, auf Veranlassung seiner Schüler und vom Geiste inspiriert ein geistiges Evangelium verfaßt" (Clemens von Alex-

andrien).[2] Um die Aussagen des Johannesevangeliums zu verstehen, ist eine andere Geisteshaltung nötig als beim schlußfolgernden Denken, dem das Modell von Ursache und Wirkung zugrunde liegt. Es ist auf den dem Text innewohnenden Sprachrhythmus zu achten. Erst dadurch offenbart sich die spirituelle Dimension des Christus-Kerygmas.[3]
Man muß sich selbst in Bewegung setzen, nämlich auf den Weg einer meditativen Umkreisung der Christus-Mitte. Die Wahrheit, mit der sich Christus im Johannesevangelium identifiziert, ist offensichtlich nicht so aussagbar, mitteilbar, wie sich Richtigkeiten feststellen oder auch verfehlen lassen. Diese Wahrheit kann nicht gewußt werden wie Fakten. Das Johannesevangelium spricht statt dessen vom „Weg". Ein Weg aber muß beschritten werden. Es ist der Weg, den Christus, „vom Geist erfüllt", gegangen ist. Und es ist der Weg, der vom Geist geleitet, „in alle Wahrheit" führt: zum Leben, welches das qualitative Beiwort „ewig" verdient, zur *Fülle der Gegenwart* Gottes. Insofern kann es von Jesus heißen, er in Person „ist" der Weg, die Wahrheit und das Leben. Er „ist" das Geheimnis – Gott selbst. Und wer sich diesem Geheimnis nähert, ist unterwegs mit Gott – zu Gott.

## *II. Das Geheimnis sagen*

Von einem Schriftsteller lerne ich, wie schwierig es ist, sich dem Geheimnis einer Sache zu nähern. *Max Frisch* schreibt in einem seiner Tagebücher „Zur Schriftstellerei":

*„Was wichtig ist: das Unsagbare, das Weiße zwischen den Worten, und immer reden diese Worte von den Nebensachen, die wir eigentlich nicht meinen. Unser Anliegen, das eigentliche, läßt sich bestenfalls umschreiben, und das heißt ganz wörtlich: Man schreibt darum herum. Man umstellt es. Man gibt Aussagen, die nie unser eigentliches Erlebnis enthalten, das unsagbar bleibt; sie können es nur umgrenzen, möglichst nahe und genau, und das Eigentliche, das Unsagbare, erscheint bestenfalls als Spannung zwischen diesen Aussagen.*
*Unser Streben geht vermutlich dahin, alles auszusprechen, was sagbar ist; die Sprache ist wie ein Meißel, der alles weghaut, was nicht Geheimnis ist, und alles Sagen bedeutet ein Entfernen. Es dürfte uns insofern nicht erschrecken, daß alles, was einmal zum Wort wird, einer gewissen Leere anheimfällt. Man sagt, was nicht das Leben ist. Man sagt es um des Lebens willen. Wie der Bildhauer, wenn er den Meißel führt, arbeitet die Spache, indem sie die Leere, das Sagbare, vortreibt gegen das Geheimnis, gegen das Lebendige. Immer besteht die Gefahr, daß man das Geheimnis zerschlägt, und ebenso die andere Gefahr, daß man vorzeitig aufhört, daß man es einen Klumpen sein läßt, daß man das Geheimnis nicht stellt, nicht faßt, nicht befreit von allem, was immer noch sagbar wäre, kurzum, daß man nicht vordringt zu seiner letzten Oberfläche."*[4]

Was Frisch von der Annäherung an das „Geheimnis" als Aufgabe der „Schriftstellerei" schreibt, gilt ebenso von der Predigt. Was in Jesus geschah, uns zugut, von seiner Geburt bis zu seinem Tod und erst recht in seinem Tod und darüber hinaus, das ist ein „Mysterium", ein Glaubensgeheimnis. „Mysterium": Das ist der Gott, der sich in der Geschichte seines Volkes und in der Person Jesu von Nazareth, in Wort und Sakrament immer zugleich offenbart *und* verhüllt.

Wir definieren gewöhnlich „Mysterium" nach-scholastisch und nach-aufklärerisch als das rational nicht Begreifbare, als das, was wir nicht verstehen. Ursprünglich ist aber mit „Mysterium" die nicht greifbare, nicht faßbare Fülle der Gegenwart Gottes gemeint.[5] Geheimnis also nicht als (zu lösendes) Rätsel, nicht als (zu behebende) Verstehensschwierigkeit, sondern als jenes unfaßbare, niemals definierbare, spannungsgeladene Geschehen, das Meister Eckhart, der große Mystiker, in Anlehnung an Psalm 42,8 (Vulgata: Ps 41,8) in dem Satz ausgedrückt hat: „Ein Abgrund ruft den anderen." Der Abgrund der Liebe Gottes tritt in Beziehung zum Abgrund der Nichtigkeit *und* (dank Gott) der Wichtigkeit des Menschen.

Diesem Spannungsverhältnis, dieser Beziehung zwischen Abgrund und Abgrund ist das „Rufen" angemessen, damit der göttliche Abgrund sich auftut im menschlichen Abgrund. Davon handelt Weihnachten: „Kündlich (!) groß ist das gottselige Geheimnis (das „mysterion tes eusebeias"), das Geheimnis des Glaubens: Er ist offenbart im Fleisch, gerechtfertigt im Geist, erschienen den Engeln, gepredigt den Heiden, geglaubt in der Welt, aufgenommen in die Herrlichkeit" (1 Tim 3,16). Im Zusammenhang von Tod und Auferweckung Christi spricht Paulus vom Geheimnis Gottes (1 Kor 2,1; 4,1). Entsprechend heißt es in der römischen Feier der Gemeindemesse nach dem eucharistischen Hochgebet: „Geheimnis des Glaubens. – Deinen Tod, o Herr, verkünden wir, und deine Auferstehung preisen wir, bis du kommst in Herrlichkeit."

So verstehe ich Max Frisch: Was wichtig ist beim Schreiben, (ich setze fort:) beim Predigen, beim Reden von Gott, ist: das Unsagbare zu um-schreiben. Das Eigentliche ist die Spannung zwischen den Dingen, zwischen den Inseln und Konturen des Sagbaren. In diesem Sinne meint Eberhard Jüngel: Das Geheimnis Gottes, das Glaubensgeheimnis wolle nicht enträtselt, nicht entschlüsselt, sondern wahr-genommen und nach-gesprochen werden.[6] Und Karl Rahner schrieb einmal: Auch „im Himmel" werde Gott nicht durchschaut, wohl aber als Abgrund der Liebe geschaut werden.

Wenn es in der Predigt um dieses Glaubensgeheimnis geht, das nicht enträtselt werden kann und darf (auch nicht entschlüsselt zu werden braucht) und doch wahrgenommen und nachgesprochen werden muß, damit wir uns seinem Sinn, seinem Geschehen pro nobis nähern, uns von ihm anrühren lassen und es „annehmen" (Joh 3,33) können, dann gibt es – ich knüpfe an Max Frisch an – zwei Gefahren für die Predigt (wie die zwei Gräben links und rechts der Straße):

Entweder wird das Geheimnis seziert, definiert, eben „auf den Begriff gebracht" und so um sein „Leben" gebracht und als Geheimnis zerschlagen: die Gefahr der dogmatischen Predigt.

Oder das Geheimnis wird mystifiziert, nicht genug entfaltet, nicht genug umschrieben; der Meißel des Steinmetzen arbeitet die Konturen nicht deutlich genug heraus; es besteht die „Gefahr, daß man vorzeitig aufhört, daß man es einen Klumpen sein läßt, daß man das Geheimnis nicht stellt, nicht faßt, nicht befreit von allem, was immer noch sagbar wäre, kurzum, daß man nicht vordringt zu seiner letzten Oberfläche": die Gefahr ästhetizistischer, auch „liturgischer" Predigt im alten Sprachgewand der „Sprache Kanaans".

Weil aber „Gott als Geheimnis der Welt" ausgesagt, weitergesagt, mitgeteilt werden muß, damit er als Glaubensgrund geglaubt und angenommen werden kann, darum *muß* davon gepredigt werden. Auch wenn es stammelnd, unperfekt geschieht. (Luther: „Der Sieg ist bei der stammelnden Wahrheit, nicht bei der lügnerischen Beredsamkeit!" „Hüte dich vor großem Geschrei! Wenn das Faß zu sehr tönt und klingt, so wird nicht viel drinnen sein!") Es ist „um unserer Seligkeit willen" nötig, davon zu reden: „Ein Abgrund ruft den anderen." „Aus der Tiefe rufe ich, Herr, zu dir. Herr, höre meine Stimme! Laß deine Ohren merken auf die Stimme meines Flehens!" (Ps 130) Gottes Abgrund der Liebe hörte und erhörte den Ruf aus dem Abgrund menschlicher Not: „Also hat Gott die Welt geliebt, daß er seinen eingeborenen Sohn gab, damit alle, die an ihn glauben, nicht verloren werden, sondern das ewige Leben haben" (Joh 3,16; vgl. 3,35f.).

Und weil Gott, dieser „glühende Backofen voller Liebe, der von der Erde bis an den Himmel reicht" (Luther), mich in der Abgründigkeit meines Wesens gerufen hat, darum setzt meine Predigt, indem sie das Geheimnis der Liebe Gottes umschreibt, diesen Ruf Gottes auch heute zwar in ungenügenden Worten, aber doch vernehmbar fort. Das ist die Aufgabe der Predigt. Mehr nicht. Aber weniger auch nicht.

Die Frage ist nur: Wo hat die Predigt ihre Quelle, die sich aus der Tiefe speist, aus „innerste(r) Konzentration", wie Dietrich Bonhoeffer einmal schrieb?[7] Wo erfährt der Prediger, die Predigerin die inspirierende Kraft Gottes? Um der verbreiteten Predigtschwäche und Predigtmüdigkeit aufzuhelfen, muß man schon tiefer graben als bis zu einer verbesserten Predigt-Rhetorik – ohne diese freilich zu vernachlässigen und zu verachten! Auch für den Prediger, die Predigerin gilt ja: „Was hast du, das du nicht empfangen hast?" (1 Kor 4,7) Nur so ist das, was von Jesus ausgesagt wird: er predige in „Kraft", in „Vollmacht" (Mt 7,29), für den Prediger, die Predigerin heute Verheißung auch seiner, ihrer Predigt.

### *III. Das Geheimnis anbeten*

Ich schreibe diese Zeilen in einem Priesterseminar, das ich für eine Woche zu „vergleichenden Studien" besuche: Wie sieht im Vergleich zu unserer Pfarrerausbildung im Predigerseminar die Ausbildung der Priester aus? Erste Entdeckung: Als oberstes Ziel steht auf dem Kursplan: „geistliche Sammlung". Spiritualität also. „Welchen Weg geht Gott mit mir und ich mit Gott?"

Spiritualität muß eingeübt werden: Die Teilnahme an den gemeinsamen Stundengebeten ist selbstverständlich. Seit dem 1. Semester des Theologiestudiums. Seit dieser Zeit hat jeder Theologiestudent auch einen geistlichen Begleiter („Beichtvater“), mit dem er sich etwa einmal im Monat zum geistlichen Gespräch und zur Beichte trifft. Im Priesterseminar finden wöchentlich mehrmals (verpflichtende!) Gesprächskreise mit dem Spiritual statt. Über das geistliche Leben des Priesteramtskandidaten, über seine Erfahrungen mit Gott.[8] Eingeübt wird so auch eine Sprache spirituellen Redens. „Ich bin mir sicher“, schreibt Dieter Voll im Anschluß an den kargen Verweis auf die „Entrückung“ ins „Geheimnis“, „es ist vielen schon ähnlich ergangen. Sie scheuen sich nur, davon zu reden. Klar – und schade zugleich.“[9]
Sowohl die spirituelle Praxis als auch die Einübung in das Sprechen-Können über spirituelle Erfahrung ist im evangelischen Bereich fast ganz abgebrochen. Wir sind arm und stumm geworden. Wer kennt (und pflegt!) noch Luthers Praxis des Gebets, der Meditation, wer die Lebensregeln Gerhard Tersteegens für seine Gemeinschaft auf der Otterbeck?[10]
*Dietrich Bonhoeffer,* einer der wenigen, der evangelische Spiritualität als wirklich notwendig (gerade angesichts des Kirchenkampfes!) neu entdeckte und im Predigerseminar Finkenwalde verpflichtend übte, schrieb 1936 in einem Brief an Karl Barth:

*Theologische Arbeit, aber auch seelsorgerliche Gemeinschaft können nur in einem Leben erwachsen, „das durch morgendliche und abendliche Sammlung um das Wort, durch feste Gebetszeit bestimmt ist . . . Der Vorwurf, das sei gesetzlich, trifft mich wirklich gar nicht. Was soll daran wirklich gesetzlich sein, daß ein Christ sich anschickt zu lernen, was beten ist, und an dieses Lernen einen guten Teil seiner Zeit setzt? Wenn mir neulich ein führender Mann der Bekennenden Kirche gesagt hat: ‚Für Meditation haben wir jetzt keine Zeit, die Kandidaten sollen lernen zu predigen und zu katechesieren‘, so ist das entweder totale Unkenntnis dessen, was ein junger Theologe heute ist, oder es ist frevelhafte Unwissenheit darüber, wie eine Predigt und Katechese entstehen. Die Fragen, die heute im Ernst von jungen Theologen an uns gestellt werden, heißen: Wie lerne ich beten? Wie lerne ich die Schrift lesen? Entweder wir können ihnen da helfen, oder wir helfen ihnen überhaupt nicht . . . Daß alle diese Dinge nur ihr Recht haben, wenn daneben und dabei – ganz gleichzeitig! – wirklich ernsthafteste saubere theologische, exegetische und dogmatische Arbeit getan ist, ist mir ganz klar. Sonst bekommen alle diese Fragen einen falschen Akzent.“*[11]

In der Tat: Der strenge geistliche, „spirituelle“ Tagesablauf in Bonhoeffers Finkenwalder Predigerseminar (mit etwa dreiviertelstündiger Morgenandacht, stiller halber Stunde nach dem Frühstück für die Meditation allein im Zimmer, halbstündigem Singen vor dem Mittagessen und langer Abendandacht, außerdem monatliche persönliche, wechselseitige Beichte und Abendmahlsfeier) hatte sein notwendiges und sachgemäßes Korrelat in ebenso strenger wissenschaftlicher theologischer Arbeit, in Bonhoeffers politischer Sensibilität und in der heiteren, geistvollen Gelöstheit der abendlichen Treffen (mit Dichterlesungen, Musizieren, Spielen u. a.). Aber Priorität hatte bei ihm die spirituelle Praxis: „Wie lerne ich beten? Wie lerne ich die Schrift lesen?" Das ist die Hauptaufgabe des Pfarrers, dazu hat seine Ausbildung zu „helfen".

Sich dem Geheimnis, der Fülle der Gegenwart Gottes, nähern, offen sein für Gott – das geschieht zu allererst im Beten und im Lesen der Schrift, die von dem Geheimnis redet. Anbetung und Meditation der Schrift schöpfen das Geheimnis nicht aus, die „Fülle der Gegenwart Gottes" ist immer größer, immer noch mehr – aber eben dieses „Mehr" ist die Quelle und die Antriebskraft religiöser Praxis und religiöser Rede, die „Kraft" gibt.

Erhellend sind in diesem Zusammenhang die linguistischen Untersuchungen des anglikanischen Bischofs und Mathematikers J. T. Ramsey. Er entwickelte eine Theorie religiöser Sprache, wonach diese auf Erfahrungen besonderer Art zurückgeht. Ramsey bezeichnet diese Erfahrungen als Erschließungserfahrungen („disclosures"), weil sich in ihnen eine ganz bestimmte Situation plötzlich auf neue Weise erschließt. Eine gewöhnliche Alltagserfahrung wird auf einmal durchbrochen, hinter dem Beobachtbaren wird ein „Mehr" sichtbar. Disclosure-Situationen sind also Situationen, in denen Beobachtbares ist – „und mehr", Dinge, die man sieht – „und mehr". Die Situation gewinnt eine neue Tiefe. Eine überraschende Einsicht („discernment") führt zu einem neuen Handel, einem unbedingten Engagement („total commitment"). Eine neue Plausibilität stellt sich ein. Diese discernment-commitment-Struktur ist nach Ramsey für religiöse Erfahrung typisch. (Beispiele: die Emmaus-Jünger, denen die Augen aufgingen Lk 24,31; David, als ihm Natan sein „Du selbst bist der Mann" entgegenhielt 2 Sam 12,7; der Hauptmann unter dem Kreuz, dem plötzlich klar wurde: „Wahrhaftig, dieser Mann war Gottes Sohn" Mk 15,39). Sie ereignet sich in Situationen, die zum Schlüsselerlebnis werden, die etwas im Menschen treffen, ihn betroffen machen und eine Tiefendimension aufscheinen lassen, die sich rein empirisch gar nicht mehr beschreiben läßt. Darum hat religiöse Sprache ihre eigene Logik. Darum ist sie auch so schwer kommunikabel. Während es leicht ist, von der Alltagssituation als dem Ausgangspunkt zu reden, versagt die Sprache schier bei dem „Mehr". Man beginnt zu stammeln. Martin Luther und Max Frisch lassen grüßen. Kurzum: In solchen Erschließungssituationen mitten im Leben, mitten im Alltag, begegnet, um mit Karl Rahner zu reden, der transzendentale Horizont, das Geheimnis der Wirklichkeit, das wir „Gott" nennen.[12]

Mit einer sehr schwierigen Konfirmandengruppe war ich zu einer Freizeit auf dem Schwanberg bei der Communität Casteller Ring. Nachts lud ich die Jugendlichen nach einer langen Wanderung ein in eine Seitenkapelle der neugebauten Kirche. Ein Crucifixus an der Wand, die Konfirmanden stellten ihre Kerzen davor. Einige wenige Worte, ein gemeinsam gebeteter Psalm, Stille (ich wunderte mich selbst, daß diese Rabauken das schafften!). Einige Wochen später vertraute mir der Vater eines Jungen an: „Zuhause hat er gesagt: So nah war ich Gott noch nie. Da hab ich ihn echt gespürt." War er „im Geheimnis"?

Als verheißungsvoll empfinde ich es, daß derzeit die spirituelle Spur Dieter Volls im Pastoralkolleg – zum Teil angestoßen durch ihn, zum Teil unabhängig davon – in verschiedenen Institutionen der Pfarreraus- und -fortbildung verfolgt und ernstgenommen wird: im Praxisjahr für Theologiestudierende, im Predigerseminar, in der pastoralpsychologischen Supervision – am wenigsten leider noch im theologischen Studium. Da kommen die Vikare ziemlich blank daher.
Wichtig ist, daß Spiritualität, daß die Praxis pietatis aus der subjektiven Beliebigkeit und der Privatisierung („wenn ich das Bedürfnis habe") herausgeholt wird in die Kommunikation und in die Verbindlichkeit. Das heißt aber auch, daß die flexible Balance zwischen Ordnung und Freiheit geübt und thematisiert wird.
Mit der Formulierung der Überschrift nehme ich die Unterscheidung Gerhard Ruhbachs auf, wonach Theologie die Reflexion des Glaubens im Alltag ist, Frömmigkeit hingegen die Gestaltwerdung des Glaubens im Alltag – wobei Reflexion bereits eine spezifische Gestaltwerdung ist, nämlich auf dem Feld des Denkens und der verbalen Ausformung des Gedachten.[13]
Ich greife noch einmal Max Frischs Bild vom Steinmetz auf: Was braucht der Bildhauer, um sich dem Geheimnis seiner Idee, der Gestalt seines Werkes anzunähern? Handwerkszeug zuerst, Hammer und Meißel, dann aber auch Ruhe, sichere Hand und geübten Blick, daß er wirklich „vordringt zu seiner letzten Oberfläche". Was brauchen wir, um uns dem Geheimnis Gottes zu nähern?

○ *Fester Ort und feste Zeit* – wenn möglich (der Benediktinische Grundsatz der „stabilitas loci" im übertragenen Sinn). Ich fühle mich vertraut, sicher. Gebete „schweben in der Luft". „Das Geheimnis" bindet sich auch an Orte und Zeiten. Es ist töricht, sie gering zu achten in ihrer hermeneutischen Kraft.

○ *Zeit* ist nötig – und die gesammelte Stille, die aus der Unruhe in die Ruhe führt. Entspannungs- und Konzentrationsübungen können hilfreich sein.[14]

○ *Zeichen des Glaubens* sind wichtig, die uns bergend umgeben und einen Schutzraum herstellen, in dem es sich in der Tradition und Gemeinschaft des Glaubens beten und leben läßt.

○ *Eine elementare Liturgie* ist hilfreich und entlastend (Wiedererkennbarkeit!). Vertraute, wiederkehrende Texte und Riten helfen zum „Einhausen". In solchen „Liturgien" inkarniert sich das Langzeitgedächtnis der Kirche. Ich muß nicht immer am Nullpunkt anfangen. Ich muß nicht immer kreativ sein. Ich muß mir nicht immer Neues, Originelles einfallen lassen. Rituale, lebendige, elementare, verständliche Rituale wirken entlastend.

○ *Als einzelner* (oder in der Familie, wo es möglich ist) wenigstens das: „täglich ein Wort der Bibel überdenken und im Gebet Gott danken, ihn um Führung für den Tag bitten und die dem Christen befohlene Fürbitte üben" und – nicht gering zu achten! – sich bemühen, „am Gottesdienst der Kirche und an der Feier des Heiligen Abendmahles regelmäßig teilzunehmen" (aus dem Regelversprechen der Familiaritas von Amelungsborn).[15]

○ Schließlich braucht der, der sich dem Geheimnis nähern will, *Übung* – wie der Bildhauer und der Schriftsteller auch. Auch Spiritualität kann und muß gelernt und geübt, „trainiert" werden. „Regelmäßigkeit und Kontinuität gehört daher elementar zum geistlichen Leben dazu."[16] Es ist einer der größten Irrtümer der Gegenwart, daß Ordnung und Freiheit Gegensätze seien.

Was ist nötig? Kurzum: „... das Warten üben und im Verborgenen anhebende Wachstumsprozesse zur Ausreifung gelangen lassen. Nur so kommt es zur experientia Dei, die wir durch allzu hurtige experimenta hominum eher hindern oder gar verschütten als präsent werden lassen." (Gerhard Ruhbach)[17]
Eine Spiritualität für den Alltag wird die Vereinzelung des einzelnen mitbedenken müssen. Das war auch eine der Erfahrungen im Priesterseminar: Im Kloster und seiner Gemeinschaft war es verhältnismäßig leicht, die Tageszeitengebete zu halten. Einzelne Priester und Pfarrer tun sich da schon erheblich schwerer. Die protestantische Tradition der Hausandacht brach mit dem Ende der Großfamilie ab. Was bedeutet das im Blick auf eine „Spiritualität für den Alltag?"[18]
Tödlich ist das „Alles oder Nichts", die Alternative „immer oder nie". Vielleicht ist eine bestimmte Form persönlicher oder familiärer Spiritualität nicht jeden Tag möglich. Aber vielleicht gibt es Tage, an denen es anders laufen könnte als sonst, Wochen, die sich stellvertretend von den anderen unterscheiden (z. B. Urlaub als „Sonntag des Jahres"). Vereinbarungen über Formen der Praxis pietatis auf Zeit – Formen sind veränderbar und bedürfen der Übereinkunft – sie müssen nicht in alle Ewigkeit immer dieselben bleiben (weil das nicht geht, resultiert daraus oft das schlechte Gewissen). Wo die kontinuierlichen „Punkte" geistlichen Lebens schwierig werden, lassen sich – aber auch kontinuierlich! – vielleicht „Wüstentage" oder „Oasenzeiten" aus dem normalen Alltag herausschneiden: ein Einkehrtag, ein Besinnungswochenende, eine geistliche Woche. Wann immer möglich, eine Retraite mit anderen zusammen. Aber so, daß jeder auch genügend Zeit für sich allein hat. Die Gemeinschaft ist wichtig, um sich gegenseitig die Heilsbotschaft zu bringen und um über die Erfahrung des Glaubens sprechen zu können. „Der Christus im eigenen Herzen ist schwächer als der Christus im Wort des Bruders; jener ist ungewiß, dieser ist gewiß." (Dietrich Bonhoeffer)[19]
*Gerhard Ruhbach* überschreibt ein Kapitel seines Buches über „Theologie und Spiritualität": „Sich nach Gemeinschaft sehnen". Wenigstens das. Vielleicht ist auch das schon eine Annäherung an das Geheimnis des dreieinigen Gottes, der nicht allein bleiben wollte, auch nicht ohne uns Menschen. (Augustin: „homo desiderium dei est" – der Mensch ist die Sehnsucht Gottes).
„Sich dem Geheimnis nähern." Wie also? Welche Haltung, welches Sprechen ist dieser Annäherung gemäß? Noch einmal *Gerhard Ruhbach*:

*„Glauben bedeutet ... auch, in Ehrfurcht und Anbetung vor dem Geheimnis Gottes innehalten. Angesichts des geheimnisvoll anwesenden Herrn erfährt der Glaubende immer neu seine Angewiesenheit auf Gott und damit die Werdegestalt seines Glaubens. ‚Gott ist immer größer', der ewige Komparativ des Lebens. Gott – das Geheimnis der Welt –, der sich in Wort und Sakrament enthüllt wie verbirgt. Ihm gegenüber beginnt unsere Sprache zu hinken: Unser Sprechen hört auf, ‚ent-sprechend' zu sein. ‚Mein Herr und mein Gott!', ‚Mein Gott – mein Alles' (Franz von Assisi), solch Stottern erweist sich als einzig angemessen gegenüber der Präsenz Gottes selbst."*[20]

Fazit: Ich entdecke *Dieter Volls* „Metaliturgische Randbemerkungen", Summe seiner liturgisch-spirituellen Erfahrung (1986, unveröffentlicht), neu, buchstabiere sie vor dem Hintergrund eigener Erfahrungen und Reflexionen nach, mache mit ihnen neue Entdeckungen:

*„Sehnsucht nach geistlichem Leben voraussetzen.*
*Die Grenzen des Alltags akzeptieren.*
*Die Möglichkeiten besonderer Zeiten wahrnehmen.*
*Von den eigenen Bedürfnissen ausgehen.*
*Korrigierbar bleiben.*
*Der Entlastung den Vorzug geben.*
*Die Bedingungen des Gebets verändern.*
*Einen Weg gehen, hinein und hinaus.*
*Zeitig da sein, ausklingen lassen.*
*Schweigen im Schutz der Zeichen des Glaubens.*
*Erfahrungen nicht verschweigen.*
*Offen bleiben für fremde Erfahrungen."*

Eine Geschichte zum Schluß. Es ist eine von Dieter Volls „sieben liebsten Geschichten", und sie paßt auch „wie das Amen zur Predigt". Sie handelt von einem anglikanischen Priester, der sich im Gottesdienst nach Gemeinschaft sehnte, sie aber oft nicht erlebte. Oder doch? Bei genauerem Hinsehen erfährt er „die Fülle der Gegenwart Gottes". Er ist „im Geheimnis". Es umfängt ihn, ihm nahekommend. Er birgt sich in der unsichtbaren, aber spürbaren Gemeinschaft derer, die in der Nähe Gottes sind.
*Es war ein alter Domherr an York-Minster. Morgen für Morgen zelebrierte er in einer Seitenkapelle der Kathedrale. Hinterher trug er, wie üblich, die Zahl der Teilnehmer in der Sakristei ins Kommunikantenbuch ein. Wenn niemand dagewesen war, schrieb er hinein:*

*„Nemo nisi angeli"*

1 Dieter Voll, Meditation und Gottesdienst, in: Kirche bauen – An der Kirche bauen. Festschrift zur Weihe der St.-Michaels-Kirche auf dem Schwanberg/Ufr. am 24. Mai 1987, hrsg. von Horst Ritzmann, 1987, S. 140.
2 Bei Eusebius, Kirchengeschichte VI, 14, 7.
3 Vgl. Chr. Rau, Struktur und Rhythmus im Johannes-Evangelium, 1972.
4 Max Frisch, Zur Schriftstellerei, in: Tagebuch 1946–1949 (1946), 1950, S. 39f.
5 S. Wörterbuch des Christentums, 1988, S. 848f. (s. v. Mysterium), J. Gnilka, Art. Mysterium, LThK VII, ²1964, Sp. 727–730, u. H. Krämer, Art. mystérion, Exeget. Wb. z. NT Bd. II, 1981, Sp. 1098–1105.
6 Vgl. zum Ganzen: E. Jüngel, Gott als Geheimnis der Welt, 1977.
7 Antrag zur „Errichtung des Bruderhauses" (1935), in: D. Bonhoeffer, Ges. Schriften Bd. II, 1959, S. 449.
8 Ordnung für die Priesterbildung in der Erzdiözese Freiburg, hrsg. v. Erzbischöflichen Ordinariat, 1985, und Rahmenordnung für die Priesterbildung, hrsg. vom Sekretariat der Deutschen Bischofskonferenz, 1988.
9 D. Voll, a. a. O., S. 140.
10 Vgl. zum Ganzen M. Seitz, Praxis des Glaubens. ²1979, S. 199ff. und 218ff., und G. Ruhbach, Theologie und Spiritualität, 1987, sowie Evangelische Spiritualität. Überlegungen und Anstöße zur Neuorientierung, hrsg. von der Kirchenkanzlei im Auftrage des Rates der Evangelischen Kirche in Deutschland, 1979.
11 Dietrich Bonhoeffer, Brief vom 19. 9. 1936 an Karl Barth, in: Ges. Schriften Bd. II. 1959, S. 285f.; zitiert nach: D. Bonhoeffer, Gemeinsames Leben. Das Gebetbuch der Bibel. Hrsg. v. G. L. Müller und A. Schönherr (Dietrich Bonhoeffer Werke Bd. 5), 1987, S. 135f. (im Nachwort der Herausgeber). Vgl. hier auch die Hinweise zum Tagesablauf in Bonhoeffers Predigerseminar – durch Bonhoeffer selbst in: „Gemeinsames Leben", durch damalige Vikare (Müller und Schönherr) im Nachwort der Neuausgabe des „Gemeinsamen Lebens" (a. a. O., S. 138ff.), sowie bei E. Bethge, Dietrich Bonhoeffer, 1967, S. 490ff.
12 Mehr dazu bei H. W. Dannowski, Kompendium der Predigtlehre, 1985, S. 26–28; sowie bei Wim A. de Pater, Theologische Sprachlogik, 1971, S. 11–49.
13 G. Ruhbach, a. a. O., S. 16.
14 Zur Differenzierung zwischen Ruhe, Stille und Schweigen s. G. Ruhbach, a. a. O., S. 160, Anm. 16.
15 In: G. Ruhbach – K. Schmidt-Clausen (Hrsg.), Kloster Amelungsborn 1135–1985, 1985, S. 104.
16 G. Ruhbach, a. a. O., S. 200.
17 Ebd.
18 Zu bedauern ist, daß katholische Spiritualität in Priesterseminaren bisweilen reduziert ist auf eine bloße Rechtfertigung und Einübung der priesterlichen Gelübde Gehorsam und Ehelosigkeit. Zudem schöpft diese Spiritualität aus einem monastischen Erbe, das offenbar immer weniger das Leben des einzelnen Priesters bzw. der „kleinen" priesterlichen Hausgemeinschaft zu gestalten vermag. Hier ist ein ähnlicher Traditionsabbruch zu beobachten wie bei der evangelischen Hausandacht. – Vgl. D. Voll, Das evangelische Pfarrhaus und die Praxis geistlichen Lebens, in: R. Riess (Hrsg.), Haus in der Zeit. Das evangelische Pfarrhaus heute, 1979, S. 252ff. Vgl. auch Isolde Böhm, Frömmigkeit im Arbeitsalltag, in: PTh 78/1989, S. 122ff.
19 Gemeinsames Leben, DBW Bd. 5, 1987, S. 20.
20 A. a. O., S. 198.

Claus-Jürgen Roepke

# Hoffnung aus dem Wort

## Eine Intonation mit zehn Variationen

„Die Blätter fallen, fallen wie von weit ...". Es herbstet und Rainer Maria Rilke kommt mir in den Sinn. Die Kantorei probt das Brahmsche Requiem. Allerheiligen und Allerseelen nahen im Kalender, der Buß- und Bettag und der Ewigkeitssonntag, der bei uns immer noch Totensonntag heißt. Seitenlang mahnt die „Süddeutsche Zeitung" den Grabschmuck an, und die Verkehrsbetriebe unserer Großstädte verstärken die Einsatzwägen zu den Friedhöfen. Einmal im Jahr werden die Wege zum Sterben geebnet, einmal darf eingeladen werden, dem Tod ins Angesicht zu schauen – liturgisch-konzertant abgesichert, verkehrstechnisch geregelt und kommerziell nutzbar. Ohne Gefahr also.

Es wird mir gesagt: Wer ihm im Leben ausweicht, hat's schwer beim unausweichlichen Treff an jenem Tag, wer weiß wann. Sterbende begleiten und dann selber sterben, bedürfe des Einübens. So beschließt es die Synode. Einüben, – nicht ausprobieren. Denn natürlich kann ich das absolut Einmalige, das je eigene, ganz andere – eben mein Sterben – nicht proben. „Ars moriendi" nannten die Alten das. Und meinten damit nicht die Kunst des Sterbens, sondern die Kunst des rechten Lebens – die „ars bene vivendi" –, zu der der Umgang mit dem Tod gehört. In meinem Zettelkasten finde ich dazu Montaigne: „Laßt uns lernen, dem Tod die Stirn zu bieten. Nehmen wir ihm seine Unheimlichkeit, in dem wir uns mit ihm vertraut machen, mit ihm Umgang halten."

Zu allen Zeiten haben Dichter versucht, dem Sterben schreibend die Stirn zu bieten, dem Tod entgegenzuschreiben. Ängste und Hoffnungen werden da in Worte gekleidet, um dem Unaussprechbaren das Zwingende zu nehmen, den Tod zu bannen. Angst kann da aufgehoben werden, das Sterben kann bestehbar werden. Hoffnung kann keimen. Wenn ich aussprechen darf, was mich im Angesicht des Todes umtreibt. Und wenn ich in Worte kleiden darf, was meine Hoffnung – im Lauschen auf das mir fremde, nicht eigene Wort – zu hoffen beginnt.

Das Wort des Gesangbuchs: Paul Gerhardt und seine Lieder. Wie da die Wirren einer kriegsgeplagten Generation durchschlagen, auch das persönliche Leid, Kinder, die der frühe Tod genommen, Ansehen und Sicherheit – verloren mit dem Verlust der Stelle. Es käme darauf an, das Loslassen zu lernen, sagt man mir. Hat je ein Mensch mehr aufgebürdet bekommen und mehr hergeben müssen von sich, als er? Und doch quillt da „inmitten Kreuz und Leiden ein Brunnen unserer Freuden", brechen Sonne und Wonne durch Not und Tod, reimt sich eines ganzen Lebens Schmerz auf das allzeit fröhliche

Herz. Das sind nicht schnell aufs Papier geworfene Barockverse. Erfahrungen stecken da drin, – und zugleich kühne Bilder der christlichen Hoffnung. Dichtung erscheint hier als verdichteter Glaube, scheue Zwiesprache des Menschen mit seinem Gott, Aufschrei der geschundenen Kreatur und zugleich Aufstand gegen den letzten Feind, den Tod. Die Paul-Gerhardt-Lieder in meinem Gesangbuch sind der Ort, wo ich noch fromm sein kann, wo die Seele noch so genannt und zu ihrem Recht kommen darf. Und der Ort, wo ich mich einübe in das letzte Loslassen.

Und dann: Marie Luise Kaschnitz. Das FAZ-Magazin dieses Jahres wollte des Bischofs Lieblingslyriker für seine Leser in Erfahrung bringen. Ulla Hahn nannte Martin Kruse, – Paul Gerhardt und die Kaschnitz. Er also auch.

Ich bin ihr später als Paul Gerhardt begegnet. In den fünfziger Jahren war sie hier im Tutzinger Schloß. Als die Generation der in Krieg und Zusammenbruch verstummten Schriftsteller zaghaft das erste Mal wieder zu fragen begann: Wozu Dichtung? 1984 stiftete die Akademie dann einen Marie Luise Kaschnitz-Preis. Ich begann, Lyrik und Prosa der Kaschnitz für mich zu entdecken. Und siehe da: Auch ein Mensch, der aus erfahrenem Leid und erkannter Schuld heraus – leise, sehr leise – nach Sinn fragt. Der am fernen Gott zu zerbrechen droht und Gott doch auch ganz nahe glaubt. Wie da das Sterben des geliebten Mannes zur Geburtsstunde einer über den Tod hinausreichenden Hoffnung wird. Dogmatische Formeln, in kühnen Visionen neu interpretiert. Ganz anders kann ich da von „Auferstehung“ sprechen und vom „ewigen Leben“, von der Liebe, die dem Tod standhält, ein Weiterleben und Wiedersehen erahnend . . . Gewiß: Nur Assoziationen sind das, bruchstückhaftes Hoffen, Glaube wie in einem Spiegel eingetrübt. Aber was heißt hier „nur“?

Das Wort des Dichters als Ort der Meditation also, – was könnte dies für Seelsorge und Verkündigung bedeuten? Müßte da Seelsorge nicht auf den Ratschlag verzichten, um stattdessen den eigenen Empfindungen und Erfahrungen Raum zu lassen? Und müßte da Verkündigung nicht auf Belehrung verzichten und Mut machen zu eigenen Hoffnungsbildern?

Spätestens in der Auseinandersetzung mit dem Tod gerät die gefestigte Lehre ins Stottern.

Was bleibt, ist das Wort, – das umsichtig gesuchte, zaghaft aufgehobene, leise ausgesprochene Wort des Dichters. Und das Wort, das mich findet, ohne daß ich es suche, das Wort Gottes.

Nebeneinander und einander interpretierend, Gefäße meiner Angst, aber auch Chiffren meiner Hoffnung. Das Wort der Bibel, das Wort Paul Gerhardts und das Wort der Kaschnitz – ein Ort für mich, an dem ich meinem Sterben entgegenlebe.

> »Die Blätter fallen, fallen wie von weit . . . Und doch ist Einer,
> welcher dieses Fallen unendlich sanft in seinen Händen hält“.
>
> Rainer Maria Rilke

## 1. *Überflügeln werden sie ihre Angst*

Zu reden begann ich mit dem Unsichtbaren.
Anschlug meine Zunge das ungeheuere Du,
Vorspiegelnd altgewesene Vertrautheit.
Aber wen sprach ich an? Wessen Ohr
Versuchte ich zu erreichen? Wessen Brust
Zu rühren – eines Vaters?

Wer ausgeht, die Alten zu fragen, bekommt keine Antwort.
Abgebrochen hast Du das alte Gespräch.
Wenn wir fragen, zu welchem Ende,
Schweigst Du.
Wenn wir fragen, warum so geschwinde,
Schweigst Du.
Wenn wir hingehen und tun, als wärest Du gar nicht da,
Läßt Du uns bauen den Turm bis zum obersten Stockwerk.
Stürzt ihn mit einem Nichts von Atem ein.

Du bist bei allen Werken, die wir tun
Mit der Gewißheit, sie nicht zu vollenden.
Du wirfst Deine Schlagschatten über das weiße Papier
Und den aufgeschütteten Bahndamm. Eingebaut
In unsere Brust hast Du ein Räderwerk.

Eine Zeitansage, die niemals zum Schweigen kommt.
Vierzehn Uhr vierundzwanzig. Nicht für immer.
Vierzehn Uhr fünfundzwanzig. Wem zuliebe?
Vierzehn Uhr sechsundzwanzig. Umsonst.

Die Sprache, die einmal ausschwang, Dich zu loben,
Zieht sich zusammen, singt nicht mehr
In unserem Essigmund.

Mit denen, die Dich auf die alte Weise
Erkennen wollen, gehst Du unsanft um.
Vor Deinen Altären läßt Du ihr Herz veröden.
Vor Deinen schönen Tälern schlägst Du sie
Mit Blindheit. Denen, die Dich zu loben versuchen,
Spülst Du vor die Füße den aufgetriebenen Leichnam.
Denen, die anheben von Deiner Liebe zu reden,
Kehrst Du das Wort im Mund um, läßt sie heulen
Wie Hunde in der Nacht.

Und dennoch wirst Du fordern, daß wir Dich
Beweisen unaufhörlich, so wie wir sind

In diesem armen Gewande, mit diesen glanzlosen Augen,
Mit diesen Händen, die nicht mehr zu bilden verstehen,
Mit diesem Herzen ohne Trost und Traum.

Verlangen wirst Du, daß wir, die Lieblosen dieser Erde,
Deine Liebe sind.
Die Häßlichen Deine Schönheit,
Die Rastlosen Deine Ruhe,
Die Wortlosen Deine Rede,
Die Schweren Dein Flug.

Jeder wird wissen, daß dieses von ihm erwartet wird,
Etwas, wogegen Atombomben ein Kinderspiel sind.
Und aufbegehren wird er und sagen, wie kommen wir dazu.
Und sagen, wie häßlich ist es, erwachsen zu werden.
Und aufzubleiben in der Nacht, allein.
Aber jeder wird wissen: dies ist Dein letztes Geheimnis.
Dein Fernsein Deine Nähe,
Dein Zuendesein Dein Anfang,
Deine Kälte Dein Feuer,
Deine Gleichgültigkeit Dein Zorn.

Aus dem „Tutzinger Gedichtkreis" von Marie Luise Kaschnitz (1951) [1]

Herr, höre mein Gebet
und laß mein Schreien zu dir kommen!
Verbirg dein Antlitz nicht vor mir in der Not,
neige deine Ohren zu mir;
wenn ich dich anrufe, so erhöre mich bald!

Denn meine Tage sind vergangen wie ein Rauch,
und meine Gebeine sind verbrannt wie von Feuer.
Mein Herz ist geschlagen und verdorrt wie Gras,
daß ich sogar vergesse, mein Brot zu essen.
Mein Gebein klebt an meiner Haut
vor Heulen und Seufzen.
Ich bin wie die Eule in der Einöde,
wie das Käuzchen in den Trümmern.
Ich wache und klage
wie ein einsamer Vogel auf dem Dache.

Dennoch bleibe ich stets an dir,
denn du hältst mich bei meiner rechten Hand.
Du leitest mich nach deinem Rat
und nimmst mich am Ende mit Ehren an.

Wenn ich nur dich habe,
so frage ich nicht nach Himmel und Erde.
Wenn mir gleich Leib und Seele verschmachtet,
so bist du doch, Gott, allezeit
meines Herzens Trost und mein Teil.
Ja, das ist meine Freude, daß ich mich zu Gott halte
und meine Zuversicht setze auf Gott den Herrn.

Aus Psalm 102 und 73

Warum sollt ich mich denn grämen?
Hab ich doch Christum noch,
wer will mir den nehmen?
Wer will mir den Himmel rauben,
den mir schon Gottes Sohn
beigelegt im Glauben?

Paul Gerhardt (1653)

## 2. *Vergib uns unsere Schuld*

Die Kaiser-Wilhelm-Gedächtnis-Kirche in Berlin, und die alte Vaterunser-Bitte: Vergib uns unsere Schuld – die paar Worte, einmal mit Inbrunst ausgesprochen. Von der Inbrunst ist etwas zurückgeblieben, ein kleines inneres Brennen, seltsam genug. Denn an Schuld weigern wir uns doch zu glauben und fühlen uns entschuldigt von vornherein. Wir erklären unsere Verfehlungen mit unserer Erbmasse, unserer Umwelt, unserer Erziehung, unseren neurotischen Anlagen, unschuldig sind allenfalls Kinder, und auch die nicht, was liest man nicht alles über sechsjährige Diebe und elfjährige Mörder, und müßten diese, einmal zu Verstand gekommen, nicht ihrerseits vergeben, ihrem Schöpfer vergeben, der sie so werden ließ? Es wird da aber, bei der alten Gebetszeile, noch einmal das Wort zauberkräftig und ruft die Empfindung hervor, nicht wir müßten Verzeihen vollbringen, sondern sie würde uns abgenommen auf wunderbare Weise, mit diesem Anruf, dieser Bitte, und nicht im kindlich-törichten Sinn. Als Kind hat man sich wohl gefragt, was man denn gesündigt habe, die freche Antwort, die schludrige Schularbeit, und hat dabei gefühlt, daß mit der Schuld etwas anderes gemeint sein müsse, etwas, das erst noch auf einen zukommen würde, etwas ganz Entsetzliches gewiß. Deshalb der Schauer, deshalb die Inbrunst, und wie sehr hat man sich gegen das Schreckgespenst Erbsünde gewehrt. Es ist aber doch gekommen und hat Mitschuld geheißen oder Mitverantwortung, war also gar nichts Persönliches und doch etwas Persönliches. So höre ich am Ende des Lebens die alte Vaterunser-Bitte wieder mit der alten Ergriffenheit.

Marie Luise Kaschnitz (1973)[2]

Das ist die Botschaft, die wir von ihm gehört haben und euch verkündigen: Gott ist Licht, und in ihm ist keine Finsternis. Wenn wir sagen, daß wir Gemeinschaft mit ihm haben, und wandeln in der Finsternis, so lügen wir und tun nicht die Wahrheit.

Wenn wir sagen, wir haben keine Sünde, so betrügen wir uns selbst, und die Wahrheit ist nicht in uns. Wenn wir aber unsre Sünden bekennen, so ist er treu und gerecht, daß er uns die Sünden vergibt.

Aus dem 1. Johannesbrief Kapitel 1

Wer hat dich so geschlagen,
mein Heil, und dich mit Plagen
so übel zugericht'?
Du bist ja nicht ein Sünder
wie wir und uns're Kinder;
von Übeltaten weißt du nicht.

Ich, ich und meine Sünden,
die sich wie Körnlein finden
des Sandes an dem Meer,
die haben dir erreget
das Elend, das dich schläget,
und das betrübte Marterheer.

Paul Gerhardt (1647)

## 3. *Ziemlich viel Mut*

Ich finde doch, daß ziemlich viel Mut in der Welt ist,
Wenn man die Tage bedenkt, an denen es gar nicht recht hell wird.
Und die Jahre ganz ohne Hoffnung. Wenn man bedenkt,
Daß es gar niemand gibt, der nicht seine Sorge hätte,
Zumindestens diese: Kind, was wird dir geschehen?
Und wir wissen doch alle, wie sehr wir mißtrauen
Dem Dach über unserem Kopf und der Erde zu unseren Füßen,
Und daß keiner von uns mehr sagen mag: Rose, Schwester
Und Bruder Tod und Heimat Ewigkeit.

Und doch hab ich heute gesehen, wie einer die Buche
Pflanzte, den dürren Stecken, und sah zu ihr auf,
Als wölbe sich schon über seinem Haupte die Krone.

Den ganzen Tag hab ich Lastwagen fahren sehen
Voll Bretter und Schwellen, voll Balken und roter Ziegel.
Ich sah mein eigenes Gesicht im Spiegel
Als ich fortging, dir zu begegnen.
Wie war es voll Freude.

Marie Luise Kaschnitz (1973)[3]

Der Herr hat zu mir gesagt:
Laß dir an meiner Gnade genügen,
denn meine Kraft ist in den Schwachen mächtig.
Darum will ich mich am allerliebsten rühmen meiner
Schwachheit, damit die Kraft Christi
bei mir wohne. Und so bin ich guten Mutes in Schwachheit,
in Mißhandlungen, in Nöten, in Verfolgungen und Ängsten –
um Christi willen.
Denn wenn ich schwach bin, so bin ich stark!

Aus dem 2. Korintherbrief des Paulus Kapitel 12.

Unverzagt und ohne Grauen
soll ein Christ, wo er ist,
stets sich lassen schauen.
Wollt ihn auch der Tod aufreiben,
soll der Mut dennoch gut
und fein stille bleiben.

Paul Gerhardt (1653)

## 4. *Ohne Tod*

Wenn einer sich vornähme, das Wort Tod nicht mehr zu benützen, auch kein anderes, das mit dem Tod zusammenhängt, mit dem Menschentod oder mit dem Sterben der Natur. Ein ganzes Buch würde er schreiben, ein Buch ohne Tod, ohne Angst vor dem Sterben, ohne Vermissen der Toten, die natürlich auch nicht vorkommen dürften, ebensowenig wie Friedhöfe, sterbende Häuser, tödliche Waffen, Autounfälle, Mord. Er hätte es nicht leicht, dieser Schreibende, jeden Augenblick müßte er sich zur Ordnung rufen, etwas, das sich eingeschlichen hat, wieder austilgen, schon der Sonnenuntergang wäre gefährlich, schon ein Abschied, und das braune Blatt, das herabweht, erschrocken streicht er das braune Blatt. Nur wachsende Tage, nur Kinder und junge Leute, nur rasche Schritte, Hoffnung und Zukunft, ein schönes Buch, ein paradiesisches Buch.

Marie Luise Kaschnitz (1970)[4]

Herr, lehre mich doch,
daß es ein Ende mit mir haben muß
und mein Leben ein Ziel hat und ich davon muß.

Siehe, meine Tage sind eine Handbreit bei dir,
und mein Leben ist wie nichts vor dir.
Wie gar nichts sind alle Menschen,
die doch so sicher leben.
Sie gehen daher wie ein Schatten
und machen sich viel vergebliche Unruhe;
sie sammeln und wissen nicht, wer es einbringen wird.
Nun Herr, wessen soll ich mich trösten?

Ich aber, Herr, hoffe auf dich und spreche:
Du bist mein Gott!
Meine Zeit steht in deinen Händen.

Aus Psalm 39 und 31

Ich bin ein Gast auf Erden,
und hab hier keinen Stand;
der Himmel soll mir werden,
das ist mein Vaterland.
Hier reis' ich bis zum Grabe;
dort in der ew'gen Ruh
ist Gottes Gnadengabe,
die schließt all Arbeit zu.

Paul Gerhardt (1666)

## 5. *Diese Nacht, diese vielen Stunden*

Mein Vater antwortete, als ihm sein kleiner Sohn die Frage stellte: Wann stirbst du? Ich sterbe nie. Er haßte es, vom Tod zu sprechen, wollte kein Testament machen und dachte über das Ende seines Lebens nie hinaus. Als er, in seinem siebzigsten Jahr, krank wurde, fuhr er in eine andere Stadt zu einem jungen Arzt, den er bat, ihm die Wahrheit zu sagen. Die Wahrheit war: Krebs, Operation möglich, langes Krankenlager nicht zu vermeiden, die weiteren Aussichten nicht gut. Mein Vater fuhr heim, sagte keinem Menschen etwas und setzte seine bisherige Lebensweise fort. Er bereitete damals die reiterlichen Wettkämpfe der Olympiade vor und nahm an der Olympiade (Berlin 1936) selbst noch teil. Mein Mann und ich haben um diese Veranstaltung, die unter den Hakenkreuzfahnen stattfand, ganz buchstäblich einen großen Bogen gemacht. Von Ostpreußen nach Südbaden über Sachsen und Bayern – und als wir nach Hause kamen, erwarteten wir Vorwürfe und politische Auseinandersetzungen, die es zwischen meinem Vater und meinem Mann schon oft gegeben hatte. Aber nichts davon, der Vater war still und freundlich, er trank Pfefferminztee und aß so gut wie nichts. Seine Milde war uns verdächtig; daß er wie immer frühmorgens ausritt oder im alten Trottschopf seinem Schimmel die Hohe Schule beibrachte, beruhigte uns wieder, auch das sorglose Wesen der Mutter, die ihren englischen und französischen Pensionären im Garten Sprachunterricht gab. Großer Haushalt also und viel Hin und Her von jungen Leuten, Hochsommer, ein eher düsterer, schwüler, und dann die Nacht, die mein Vater allein durchstand und die ihn zurückließ als ein Stück gemartetes Fleisch, einen Körper, der starb. Diese Nacht, in der die Mutter im Nebenzimmer mit Mittelchen und Wattekugeln schlief, in der wir erwachsenen Kinder die Türen am langen Korridor offenstehen hatten und uns besuchten, von Zimmer zu Zimmer, und nur einmal hörten, wie drüben im Stall der Schimmel, jäh erschrocken, gegen die Bohlen der Stallwand schlug. Diese vielen Stunden, in denen der schöne, gepflegte Vater mit dem Tode kämpfte wie ein Tier der Wildnis, und keiner von den sogenannten Seinen hat es gespürt.

Marie Luise Kaschnitz (1973)[5]

Wir haben nicht einen Hohenpriester,
der nicht könnte mit leiden mit unserer Schwachheit,
sondern der versucht worden ist in allem wie wir,
doch ohne Sünde. Darum laßt uns hinzutreten mit Zuversicht zu dem Thron der Gnade,
damit wir Barmherzigkeit empfangen
und Gnade finden zu der Zeit, wenn wir Hilfe nötig haben.

Aus dem Hebräerbrief Kapitel 4

Wenn ich einmal soll scheiden,
so scheide nicht von mir.
Wenn ich den Tod soll leiden,
so tritt du dann herfür.
Wenn mir am allerbängsten
wird um das Herze sein,
so reiß mich aus den Ängsten
kraft deiner Angst und Pein.

Paul Gerhardt (1656)

## *6. Am Ende steht Gottes Liebesmacht*

Der Tod ist in meinen Gedichten, Geschichten, Aufzeichnungen überall anzutreffen, aber in meinem Alltag nicht. Ich denke nicht an ihn, jeder Versuch, ihn mir vorzustellen, wird abgebrochen, er kommt noch früh genug. Die letzte Erfahrung, warum sollte man sie vorwegnehmen, sich ausmalen, wie etwa dies oder das geschieht, zuerst diese, dann jene Körperfunktion versagt, mit Atemnot endet doch alles, vorausgesetzt, es ist nicht eine Kugel oder ein Sturz aus großer Höhe. Das Korn schon wieder reif? sagte mein Bruder, und ich erriet die Frage, die dahinter stand, die drei Worte, wie oft noch, fand sie aber nicht interessant, fand die eigene immer geringere Lebenserwartung nicht interessant. Von dem, was nachher kommt, habe ich im Laufe der Jahre ganz verschiedene Vorstellungen gehabt, zumeist angenehme, eher Himmel als Hölle, Schlaf und beglückende Träume, und traurig nur insofern, als es galt, die Erde zu verlassen, diese ganz bestimmten Menschen, Landschaften und Dinge, an denen ich hänge und für die Schlaf und Träume kein Ersatz sein können. Sätze wie „Gott ist die Liebe“ oder „Näher mein Gott zu dir“ fielen mir oft ein und verursachten ein Gefühl von Sicherheit, Kindergottesdienstsicherheit, Pastor Krummacher, über den wir uns als Kinder lustig gemacht haben, und das Lied „Wo findet die Seele die Heimat, die Ruh“. Was alles gut zusammenging mit der Überzeugung, daß während der Lebenszeit an uns schon alles geschieht, die ewige Verzeihung, das ewige Jüngste Gericht. Aber keine Angst vor zwickenden Teufeln, die bereits abgestorben sind, während Gott, täglich totgesagt, lebt und seine Liebesmacht, in die am Ende alle eingehen werden.

Marie Luise Kaschnitz (1973)[6]

Gott ist Liebe; und wer in der Liebe bleibt, der bleibt in Gott und Gott in ihm. Darin ist die Liebe bei uns vollkommen, daß wir Zuversicht haben am Tag des Gerichts. Furcht ist nicht in der Liebe, sondern die vollkommene Liebe treibt die Furcht aus, denn die Furcht rechnet mit Strafe. Wer sich aber fürchtet, der ist nicht vollkommen in der Liebe. Laßt uns lieben, denn er hat uns zuerst geliebt!

Aus dem 1. Johannesbrief Kapitel 4

Weil denn weder Ziel noch Ende
sich in Gottes Liebe findt,
ei so heb ich meine Hände
zu dir, Vater, als dein Kind:
Bitte, wollst mir Gnade geben,
dich aus aller meiner Macht
zu umfangen Tag und Nacht
hier in meinem ganzen Leben,
bis ich dich nach dieser Zeit
lob und lieb in Ewigkeit.

Paul Gerhardt (1653)

## *7. Nie mehr sein ohne dich*

Mit dem Tod muß ich umgehn
Dem schwarzen Hengst,
Der sprengt mit der Schulter
Die sicheren Wände,
Der zerstampft mit dem Huf
Die geglätteten Dielen.
Sein Drahthaar zerriß meinen Vorhang,
Sein Eisatem blies mir die Scheiben blind,
Meine Gebete durchschoß er mit Verwünschung,
Aus meiner Sanftmut schlug er roten Zorn.
Nachts drehte er sich kreischend auf dem Dache,
Ließ durch die Sparren mich dein Zimmer sehen,
Deinen Tisch nicht darinnen
Deine Bettstatt verschwunden
Um deine Bücher Spinnenkränze
Auf dem Teppich Schnee.

Da er dich entrückte flußüber,
Was wußte die Brücke,
Was wußte der Strom?
Und da er dich bettete drüben im Sommergarten
Was wußten die Pappeln, der Mond?

Und ich zerrte an deinen Fingern,
Und ich rüttelte deine Schulter,
Aber du rührtest dich nicht.
Du schliefst. Du schliefst,
Ein Mann allein im Boot –
Dein Fischerlicht
Auf grünem Nachtwasser entfernte sich lautlos.

Kein Nesselhemd bekamst du übergestreift,
Kein Becher ward dir randvoll von den Lippen gezogen,
Du mußtest nicht hungern, nicht auf Dornen liegen.
Nur sterben.

Ein roter Korallenbaum
Erklärten sie mir
Durchwüchse dein Haupt,
Ersticke deine Gedanken.
Indes die Wolken zogen königlich
Dir übers Bett.
Die ersten goldenen Pfennigblätter sanken
Liebkosend auf des Schläfers Angesicht.

Und hinter dem furchtbaren Ernst
Deiner sich trübenden Augen
Sah ich noch immer die Liebe,
Das Bräutigamslicht.

Dir zum Gedächtnis dann
Mein wiegendes Sommergras
Dir zum Dank
Meine blutende Rose
Dir zur Ehre
Mein fliegendes Abendrot
Dir zuliebe
Meine Tränen.

Denn es gab eine Zeit
Da ich dich nicht kannte
Es gibt eine Zeit,
Da du nicht mehr bei mir bist
Diese sind nicht zu verwechseln.
Ob ich gleich hingehe wieder
Ein Schüler mit wehendem Haar
Bei der Heimkehr am Abend
Von keinem begrüßt:
Die Speise Sakrament
Ist nicht verzehrt.
Nie mehr werde ich diesen Hunger leiden
Auch nicht wenn ich sterbe
Sein ohne dich.

Fährfrau mit dem runden Hut
Hast du ihn gesehen?
Ja, sagt die Fährfrau.

Hirte mit dem toten Lamm
Hast du ihn gesehen?
Ja, sagte der Hirte.

Bergmann mit dem weißen Licht
Hast du ihn gesehen?
Ja, sagt der Bergmann.

Welchen Weges ging er, Fährfrau?
Übers Wasser trocknen Fußes.

Welchen Weges ging er Hirte?
Berghinüber leichten Atems.

Welchen Weges ging er, Bergmann?
In der Erde lag er still.

Was stand auf seinem Gesicht geschrieben?
Frieden, sagten alle. Frieden.

Aus „Requiem" von Marie Luise Kaschnitz (1962)[7]

Jesus spricht: Den Frieden lasse ich euch,
meinen Frieden gebe ich euch.
Nicht gebe ich euch, wie die Welt gibt.
Euer Herz erschrecke nicht und fürchte sich nicht.
Wahrlich, wahrlich, ihr werdet traurig sein,
doch eure Traurigkeit soll in Freude verwandelt werden.
Eine Frau, wenn sie gebiert, so hat sie Schmerzen,
denn ihre Stunde ist gekommen.
Wenn sie aber das Kind geboren hat, denkt sie nicht mehr an die Angst
um der Freude willen, daß ein Mensch zur Welt gekommen ist.
Und auch ihr habt nun Traurigkeit;
aber ich will euch wiedersehen, und euer Herz soll sich freuen,
und eure Freude soll niemand von euch nehmen.
Und an dem Tag werdet ihr mich nichts mehr fragen.

Aus dem Johannesevangelium Kapitel 14 und 16

Du aber, meine Freude,
du meines Lebens Licht,
du ziehst mich, wenn ich scheide,
hin vor dein Angesicht
ins Haus der ew'gen Wonne,
da ich stets freudenvoll
gleich als die helle Sonne
nebst andern leuchten soll.

Paul Gerhardt (1666)

## 8. *Auferstehung*

Die Mutigen wissen
Daß sie nicht auferstehen
Daß kein Fleisch um sie wächst
Am jüngsten Morgen

Daß sie nichts mehr erinnern
Niemandem wiederbegegnen
Daß nichts ihrer wartet
Keine Seligkeit
Keine Folter
Ich
Bin nicht mutig.

„Nicht mutig“ aus „Kein Zauberspruch“,
Gedichte von Marie Luise Kaschnitz (1972)[8]

Wenn aber Christus gepredigt wird,
daß er von den Toten auferstanden ist,
wie sagen dann einige unter euch: Es gibt keine Auferstehung der Toten?
Gibt es keine Auferstehung der Toten,
so ist auch Christus nicht auferstanden.
Ist aber Christus nicht auferstanden,
so ist unsere Predigt vergeblich, so ist auch euer Glaube vergeblich.
Hoffen wir allein in diesem Leben auf Christus,
so sind wir die elendesten unter allen Menschen.
Nun aber ist Christus auferstanden von den Toten
als Erstling unter denen, die entschlafen sind.

Aus dem 1. Korintherbrief Kapitel 15

Ich hang und bleib auch hangen
an Christus als ein Glied.
Wo mein Haupt durch ist gangen,
da nimmt er mich auch mit.
Er reißet durch den Tod,
durch Welt, durch Sünd, durch Not,
er reißet durch die Höll,
ich bin stets sein Gesell.

Paul Gerhardt (1647)

## 9. *Ein Leben nach dem Tode*

Glauben Sie fragte man mich
An ein Leben nach dem Tode
Und ich antwortete: ja
Aber dann wußte ich
Keine Auskunft zu geben
Wie das aussehen sollte

Wie ich selber
Aussehen sollte
Dort

Ich wußte nur eines
Keine Hierarchie
Von Heiligen auf goldnen Stühlen sitzend
Kein Niedersturz
Verdammter Seelen
Nur

Nur Liebe frei gewordne
Niemals aufgezehrte
Mich überflutend

Kein Schutzmantel starr aus Gold
Mit Edelsteinen besetzt
Ein spinnwebenleichtes Gewand
Ein Hauch
Mir um die Schultern
Liebkosung schöne Bewegung
Wie einst von tyrrhenischen Wellen
Wie von Worten die hin und her
Wortfetzen
Komm du komm

Schmerzweb mit Tränen besetzt
Berg-und-Tal-Fahrt
Und deine Hand
Wieder in meiner

So lagen wir lasest du vor
Schlief ich ein
Wachte auf
Schlief ein
Wache auf
Deine Stimme empfängt mich
Entläßt mich und immer
So fort

Mehr also fragen die Frager
Erwarten Sie nicht nach dem Tode?
Und ich antworte
Weniger nicht.

Aus „Kein Zauberspruch", Gedichte von Marie Luise Kaschnitz (1972)[9]

Wenn der Herr die Gefangenen Zions erlösen wird,
so werden wir sein wie die Träumenden.
Dann wird unser Mund voll Lachens
und unsere Zunge voll Rühmens sein.
Dann wird man sagen unter den Heiden:
Der Herr hat Großes an ihnen getan!

Der Herr hat Großes an uns getan;
des sind wir fröhlich.
Herr, bringe zurück unsre Gefangenen,
wie du die Bäche wiederbringst im Südland.
Die mit Tränen säen,
werden mit Freuden ernten.
Sie gehen hin und weinen
und streuen ihren Samen
und kommen mit Freuden
und bringen ihre Garben.

Psalm 126

Mein Herze geht in Sprüngen
und kann nicht traurig sein,
ist voller Freud und Singen,
sieht lauter Sonnenschein.
Die Sonne, die mir lachet,
ist mein Herr Jesu Christ,
das, was mich singen machet,
ist, was im Himmel ist.

Paul Gerhardt (1653)

## 10. *Einen Freudensprung will ich tun am Ende*

Diese drei Tage
Vom Tod bis zum Grabe
Wie frei werd ich sein
Hierhin und dorthin schweifen
Zu den alten Orten der Freude

Auch zu euch
Ja auch zu euch
Merkt auf
Wenn die Vorhänge wehn
Ohne Windstoß
Wenn der Verkehrslärm abstirbt

Mitten am Tage
Horcht

Mit einer Stimme die nicht meine ist
Nicht diese gewohnte
Buchstabiere ich euch
Ein neues Alphabet

In den spiegelnden Scheiben
Lasse ich euch erscheinen
Vexierbilder
Alte Rätsel
Wo ist der Kapitän?
Wo sind die Toten?
Dieser Frage
Hingen wir lange nach

Zur Beerdigung meiner
Wünsche ich mir das Tedeum
Tedeum laudamus
Den Freudengesang
Unpassender-
Passenderweise

Denn ein Totenbett
Ist ein Totenbett mehr nicht
Einen Freudensprung
Will ich tun am Ende
Hinab hinauf
Leicht wie der Geist der Rose

Behaltet im Ohr
Die Brandung
Irgendeine
Mediterrane
Die Felsenufer
Jauchzend und donnernd
Hinab
Hinauf.

„Diese drei Tage" aus „Kein Zauberspruch" von Marie Luise Kaschnitz (1972)[10]

Und ich sah einen neuen Himmel und eine neue Erde;
denn der erste Himmel und die erste Erde sind vergangen,
und das Meer ist nicht mehr.
Und ich sah die heilige Stadt, das neue Jerusalem,
von Gott aus dem Himmel herabkommen,

bereitet wie eine geschmückte Braut für ihren Mann.
Und ich hörte eine große Stimme von dem Thron her, die sprach:
Siehe da, die Hütte Gottes bei den Menschen!
Und er wird bei ihnen wohnen, und sie werden sein Volk sein,
und er selbst, Gott mit ihnen, wird ihr Gott sein.
Und Gott wird abwischen alle Tränen von ihren Augen,
und der Tod wird nicht mehr sein,
noch Leid noch Geschrei noch Schmerz wird mehr sein;
denn das Erste ist vergangen.
Und der auf dem Thron saß, sprach: Siehe, ich mache alles neu!

Aus der Offenbarung des Johannes Kapitel 21

Herr, mein Hirt, Brunn aller Freuden,
Du bist mein, ich bin dein,
niemand kann uns scheiden.
Ich bin dein, weil du dein Leben
und dein Blut mir zugut
in den Tod gegeben.

Du bist mein, weil ich dich fasse
und dich nicht, o mein Licht,
aus dem Herzen lasse.
Laß mich, laß mich hingelangen,
da du mich und ich dich
leiblich werd umfangen.

Paul Gerhardt (1653)

*Quellennachweis:*


1 Marie Luise Kaschnitz aus: Gesammelte Werke, Band 5, © Insel Verlag Frankfurt am Main 1984
2 Marie Luise Kaschnitz aus: Orte. © Insel Verlag Frankfurt am Main 1973
3 Marie Luise Kaschnitz aus: Gesammelte Werke, Band 5, © Insel Verlag Frankfurt am Main 1984
4 Marie Luise Kaschnitz aus: Steht noch dahin. © Insel Verlag Frankfurt am Main 1970
5 Marie Luise Kaschnitz aus: Orte. © Insel Verlag Frankfurt am Main 1973
6 Marie Luise Kaschnitz aus: Orte. © Insel Verlag Frankfurt am Main 1973
7 Marie Luise Kaschnitz aus: Dein Schweigen – meine Stimme. © by Claassen Verlag GmbH, Hamburg 1962
8 Marie Luise Kaschnitz aus: Gesammelte Werke, Band 5, © Insel Verlag Frankfurt am Main 1984
9 Marie Luise Kaschnitz aus: Gesammelte Werke, Band 5, © Insel Verlag Frankfurt am Main 1984
10 Marie Luise Kaschnitz aus: Gesammelte Werke, Band 5, © Insel Verlag Frankfurt am Main 1984

Eberhard Bethge

# Predigt zu Dietrich Bonhoeffers Gedicht „Jona" (15. 1. 1989)

Jona 1,5-9; 11-15a

Die Schiffsleute fürchteten sich und schrien, ein jeglicher zu seinem Gott, und warfen das Gerät, das im Schiff war, ins Meer, daß es leichter würde. Aber Jona war hinunter in das Schiff gestiegen, lag und schlief. Da trat zu ihm der Schiffsherr und sprach zu ihm: Was schläfst du? Stehe auf, rufe deinen Gott an! Ob vielleicht Gott an uns gedenken wollte, daß wir nicht verdürben.
Und einer sprach zum andern: Kommt wir wollen losen, daß wir erfahren, um welches willen es uns so übel gehe. Und da sie losten, traf's Jona.
Da sprachen sie zu ihm: Sage uns, warum geht es uns so übel? Was ist dein Gewerbe, und wo kommst du her? Aus welchem Lande bist du, und von welchem Volk bist du?
Er sprach zu ihnen: Ich bin ein Hebräer und fürchte den Herrn, den Gott des Himmels, welcher gemacht hat das Meer und das Trockene . . .
Da sprachen sie zu ihm: Was sollen wir denn mit dir tun, daß uns das Meer still werde? Denn das Meer fuhr ungestüm.
Er sprach zu ihnen: Nehmt mich und werft mich ins Meer, so wird euch das Meer still werden. Denn ich weiß, daß solch groß Ungewitter über euch kommt um meinetwillen.
Und die Leute trieben, daß sie wieder zu Lande kämen; aber sie konnten nicht, denn das Meer fuhr ungestüm wider sie.
Da riefen sie zu dem Herrn und sprachen: Ach Herr, laß uns nicht verderben um dieses Mannes Seele willen und rechne uns nicht zu unschuldig Blut! denn, du, Herr, tust, wie dir's gefällt.
Und sie nahmen Jona und warfen ihn ins Meer; da stand das Meer still.

*Jona.*
Sie schrien vor dem Tod, und ihre Leiber krallten
sich an den nassen, sturmgepeitschten Tauen,
und irre Blicke schauten voller Grauen
das Meer im Aufruhr jäh entfesselter Gewalten.
„Ihr ewigen, ihr guten, ihr erzürnten Götter,
helft oder gebt ein Zeichen, das uns künde
den, der euch kränkte mit geheimer Sünde,
den Mörder oder Eidvergessnen oder Spötter,
der uns zum Unheil seine Missetat verbirgt
um seines Stolzes ärmlichen Gewinnes!"
So flehten sie. Und Jona sprach: „Ich bin es!

Ich sündigte vor Gott. Mein Leben ist verwirkt.
Tut mich von euch! Mein ist die Schuld. Gott zürnt mir sehr.
Der Fromme soll nicht mit dem Sünder enden!"
Sie zitterten. Doch dann mit starken Händen
verstießen sie den Schuldigen. Da stand das Meer.

5. 10. (1944).

Für die Reihe der Jonapredigten erging auch die Bitte um „eine Predigt über Bonhoeffers Gedicht ‚Jona'", das er datiert hat mit dem 5. Oktober 1944. Am Rand des Briefes an die Braut steht: „Das Gedicht tippe doch bitte ab und schicke es an Eberhard. Er weiß schon, von wem es ist, ohne daß man es sagt." Sein letztes Lebenszeichen für mich. Was haben wir damit vor uns?

*I.*

Sicher ein Stück hoher Geschlossenheit. Jürgen Henkys sagt, dies ist kein Kirchenlied – und das wird es auch nie werden wie etwa „Von guten Mächten". Das Gedicht sucht auch nicht die anspruchsvolle Form des Sonetts, mit der zur selben Zeit z. B. Albrecht Haushofer seine Zelle in der Lehrterstraße in Berlin transzendierte. Es greift auch nicht nach der Kunst der Ode, die Bonhoeffer bei Klopstock und Hölderlin geschätzt hat – weniger bei seinen Zeitgenossen R. A. Schröder und Josef Weinheber. Henkys siedelt die vier Strophen aus Tegel bei der Ballade an, zu der man in der Familie Bonhoeffer immer ein Verhältnis gehabt hatte. Aber diese Ballade legt mit ihrem Erzählen ein hochgespanntes Bekenntnis ab. Und deshalb erschüttern die Verse jeden, der die Zusammenhänge um den 5. Oktober kennt und sich der gewählten Selbstidentifikation Bonhoeffers mit dem Jona seines Gedichtes in jenen Tagen aussetzt; den Tagen eines entscheidenden Abbruchs seiner Überlebenshoffnungen. Persönlich-historisch bedingte Bekenntnisdichtung, das ist es.
Das aber setzt der Sonntagspredigt bestimmte Grenzen. Da wir gewohnt sind, über Bibeltexte zu predigen, erscheint solch ein Gedicht als ein abrupter, ja willkürlicher Umgang mit einem gegebenen biblischen Textzeugnis, das doch etwas Eigenes zu sagen hat. Aber Bonhoeffers Gedicht macht eine Aussage, die das biographische Bedürfnis des Augenblicks vom Herbst 1944 steuert. Und dieser Augenblick wählt sich seine Verse und läßt andere weg. Und das Erzählziel dieser Schrifteinheit bleibt dabei draußen. Das bedeutet, daß uns Bonhoeffers Gedicht erstmal gar nicht vorbereitet auf die eigentliche Pointe des Jonabuches; und sogar kaum auf seine Nebenpointen. Und es bedeutet, daß der sonst so textgebundene Prediger Bonhoeffer erstmal keinen direkten Beitrag bietet zu der Botschaft, welche jahrtausendalte Tradition mit der Jonageschichte ausgebildet hat, nämlich ausgebildet zur Botschaft von dem hier präfigurierten Wunder von Tod und Auferstehung. *Der* Botschaft, die Bonhoeffer selbst mit immer erneuter Freude angeschaut hat an

Portalen und Rundbogen, auf Altarflügeln und Predellen; gemalt, geschnitzt, gehauen; den triumphalen Hymnus unserer Altvorderen vom gekreuzigten und auferweckten Erfüller des Evangeliums.
Nein, Bonhoeffers Gedicht bricht ab vor jedem eilfertigen Weitersagen der Auferstehung aus dem Bauch des Fisches; vor einer Aussicht auf die Bekehrung der elenden Ninivewelt; vor dem Bild des väterlichen Gottes angesichts seines verbitterten Boten Jona.
Allein und ohne Lichtblick überfällt uns die Verdichtung einer einzigen Mitteilung. Sie lautet: Keine Flucht mehr! Endlich Einwilligung in den verdienten Tod! Jetzt zahle ich den Preis der Schuld. Diese Mitteilung gewährt keine vorzeitige Aussicht auf irdische oder himmlische Zukunft – die das Jonabuch ja gar nicht ausschließt. Aber hier bei Bonhoeffer steht vor einem „Hindurch" erstmal unausweichlich das „Hinunter".
Natürlich kennen wir bei Bonhoeffer auch die anderen Stimmen und Stimmungen. Aber nicht am 5. Oktober 1944. Wenn dieses Jonagedicht von jenem letzten Donnerstag in Tegel trotzdem – oder auch erst recht! – zu einem überwältigenden Zeugnis für das Leben aus dem Tod wird, dann aber doch gerade mit dieser entschlossenen Absage an eine neue Flucht.

*II.*

Was hatte es auf sich mit dem 5. Oktober 1944? An diesem Tage ließ Dietrich Bonhoeffer durch den Tegeler Wachsoldaten Knobloch, dem er vertraute, seine Familie in der Marienburger Allee wissen, daß er seinen Fluchtplan aufgäbe. Nachdem Befürchtungen auf ein schnelles Ende durch den gescheiterten 20. Juli immer länger hatten auf sich warten lassen und dennoch die Schlinge enger zu werden drohte, hatte Bonhoeffer mit jenem Unteroffizier einen Fluchtplan aus Tegel geschmiedet. Dafür hatte die Schwesterfamilie Schleicher, zusammen mit der Tochter Renate, meiner jungen Frau, in den letzten Septembertagen Monteurkleidung und Lebensmittelkarten in dessen Schrebergarten in Frohnau abgegeben. Da war am 1. Oktober der Bruder Klaus verhaftet worden; nach einer Nacht des Ringens mit der Schwester – er hatte bemerkt, daß sein Haus besetzt war und konnte es grade noch meiden –, des Ringens um ein Sich-Stellen, um Flucht oder um Suizid. Da war am 4. Oktober die Verhaftung des Schwagers Rüdiger Schleicher aus seinem Amt gekommen – und der Tegeler Häftling erfuhr sofort davon. Offensichtlich entschloß er sich sogleich, die Situation der Seinen nicht zusätzlich damit zu komplizieren, daß er jetzt untertauchte. Am Freitag, dem 6. Oktober, erschien Knobloch so noch einmal in der Marienburger Allee mit der knappen Botschaft: Flucht ist abgesagt. Tatsächlich erfolgte am 8. Oktober die Verlegung aus dem Militärgefängnis Tegel in den Gestapokeller des Reichssicherheitshauptamtes.
Die Schläge dieser Oktobertage erklären einen Teil des abrupten Charakters des Gedichtes. So plötzlich neu waren Gedanken des Einwilligens in das

Unausweichliche aber doch auch nicht. Gerade als „Jona" entstand, und als am 8. Oktober die fatale Überführung in den Keller der Prinz-Albrecht-Straße passierte, kam bei mir hinter der italienischen Front nach langem Postweg die andere biblische Ballade an: „Der Tod des Mose", Bonhoeffers andere verdichtete Identifikationsfigur. Darin läßt Bonhoeffer den „Mann Gottes" angesichts des nahen, aber unerreichbaren Landes der Freiheit schon sagen: „Vollstrecke heute deine Strafe / nimm mich hin zu langem Todesschlafe. / Sinkend, Gott, in deine Ewigkeiten / seh mein Volk ich in die Freiheit schreiten . . . Daß ich seine Schmach und Lasten trug / und sein Heil geschaut – das ist genug. / Halte, fasse mich! Mir sinkt der Stab, / treuer Gott, bereite mir mein Grab." (Henkys, 116)

*III.*

Flucht und Sichstellen – Schuld und ihre Kosten – Befreiung allein durch Hingabe – ein sinnvoller Tod, der eigene und nicht ein fremder – das bildet ein ständig wiederkehrendes Thema in Bonhoeffers Schreiben und in seiner Geschichte. Eine Anzahl, heute für uns anschaubarer Entscheidungen und die reichen Variationen, diese zu reflektieren – bilden sie nicht das Geheimnis, daß Leute sein Zeugnis auch noch nach einem halben Jahrhundert anhören?

Aus vielerlei Stationen dieser Geschichte blicken wir jetzt nur auf zwei oder drei. Obwohl noch manche andere hierher gehörten, wie etwa die erschütternden Partien von Selbstidentifikation in der Predigt von 1934 über Jeremia 20 mit der Berufung zur Gerichtsprophetie und den Trotzreaktionen, wie etwa „Konnten wir es wissen, daß deine Liebe so weh tut?" (Dudz. Bd. 1, 427f.)

Jetzt beschränken wir uns auf Stationen aus den Jahren 1938, 1939 und 1944.

a) 9. November 1938 und Bonhoeffers Reflexe.

Er erlebte jene Tage in den Katen von Groß-Schlönwitz, dem Dorf des einen Sammelvikariates, 25 km südwestlich des hinterpommerschen Städtchens Stolp. Da stand keine Synagoge, da gab es keine SA. Aus der Kombination mühsamen Radiohörens und Code-gefüllter Telefongespräche mit Bonhoeffers Elternhaus in Berlin machten wir uns erst langsam ein Bild von den Taten, den Reaktionen und eventuellen Folgen. Eine Kanzel hatte Bonhoeffer zu jener Zeit ja nicht; die Illegalität unserer Existenz leitete sowieso zu sorgfältiger Vorsicht an. Erst als am Montag, dem 14. November, Bonhoeffer wieder in der anderen Sammelvikariatshälfte in Köslin zum Unterricht sein mußte, konfrontierte ihn der dortige Teil der Kandidaten, der das Niederbrennen der Synagoge in der Kreisstadt miterlebt hatte, mit der Frage, die auch die Bekennende Kirche damals weithin stellte; nämlich, ob diese Katastrophe der Juden vielleicht doch auch theologisch einzuordnen sei in das Schema von Schuld und Fluch und Strafe, die die Juden mit der Verwerfung Christi auf sich geladen hätten. Einer der Kösliner Kandidaten hat später pointiert berichtet, wie Bonhoeffer eine solche Auslegung „auf das schärfste abgelehnt und hinzugefügt habe: Wenn heute die Synagogen brennen, dann werden morgen die Kirchen angezündet werden" (Maltusch, in: Zimmermann, Begegnungen, 133f.).

In unserem Predigtzusammenhang sprechen zwei Belege von Bonhoeffers Hand aus jenen Tagen. Zunächst eine *Bleistifteintragung* in der Lutherbibel, die er sein Leben lang benutzt hat zur Andacht, vor allem zur täglichen halbstündigen Schriftmeditation. Dort findet sie sich neben den Versen 8 und 9 des 74. Psalms – das ist ein Klageschrei des Volkes während der babylonischen Pogrome vor 2½tausend Jahren und darin heißt es: „Sie sprechen ... Laßt uns sie plündern! Sie verbrennen alle Häuser Gottes im Lande, kein Prophet predigt mehr, keiner ist bei uns, der weiß, wie lange. Ach Gott, wie lange soll der Widersacher schmähen ...„ – dort schrieb Bonhoeffer an den Rand: „9. 11. 38" und setzte ein Ausrufungszeichen daneben. Das ist besonders auffallend, da es in dieser Bibel sonst kein einziges Mal eine Notiz von einem zeitgenössischen oder persönlichen Datum gibt – wohl eine Menge Anstreichungen, andere Bibelstellen oder Gesangbuchvers-Nummern. Dieser Beter versenkt sich täglich in die Welt dieses Buches. Hier dringt zum einzigen Mal die Erregung des Tages, ihre Herausforderung so in den Gebetsakt, daß sie fixiert wird. Ohne Zweifel vollzog sich ein entscheidender Anstoß in diesem Akt betender Solidarisierung mit den pogromgejagten Juden: vor 2½tausend Jahren und jetzt im November 1938; ein Anstoß, der zur Einleitung einer Solidarisierung auf ganz anderer Ebene gehört.

Der andere Beleg: Am 20. November 1938 ging Bonhoeffers üblicher, damals schon gefährdeter Rundbrief an die ehemaligen Kandidaten auf einsamen Pfarr-Posten im Kirchenkampf aus. Dort fügte er nun unter anderen Themen einen Satz ein, der offensichtlich ihren Nöten und evtl. Unsicherheiten mit dem 9. November steuern sollte. Er schrieb ihnen vier Bibelstellen – das war damals ja sowieso unter uns üblich, Mitteilungen in Bibelverszahlen zu kleiden! – Der ganze Satz lautet: „In den letzten Tagen habe ich viel über Psalm 74, Sach 2,12; Rö 9,3f. und 11,11-15 nachgedacht. Das führt sehr ins Gebet." (GS II, 544). Jeder Satzteil hat hier Gewicht: die „letzten Tage" – natürlich! Die Bibelstellen; sie waren im Gegensatz zu heute niemandem geläufig; ihre Nennung heißt damals ein Bekenntnis gegen Denkmuster auch in der Bekennenden Kirche: Psalm 74 Solidarisierung mit den Pogromopfern; Sach 2,12 „Wer euch antastet, tastet seinen Augapfel an", dies wider jede Straftheorie und ihre arischen Exekutoren; Rö 9,3f. „Israel gehören Sohnschaft, Herrlichkeit, Bund, Gesetz, Gottesdienst und Verheißungen"; Rö 11 die Annahme Israels als Leben aus dem Tod. Alles Sätze, die – kaum glaublich – jahrhundertelang aus dem kirchlichen Bewußtsein geschwunden waren. Und dann der letzte Satzteil, der nicht exegetisch argumentiert, sondern einen heftigen inneren Vorgang ahnen läßt: „Das führt sehr ins Gebet". Das ist keine Floskel.

Welches Gebet mag das gewesen sein? Ich denke, Bonhoeffers Meditation umkreiste in jenen Wochen zwei Felder. Zum einen: Wie kann man nun

eigentlich noch seinen Beruf eines Verkündigers des Evangeliums fortsetzen, lehren und amtieren so weit weg von den Betern des Psalmes 74? Zum anderen: Was antworte ich auf das wiederholte „Wie lange?“ Wer übernimmt die brennende Schuld? Und wann? Und was wird es kosten, wenn es zu einer Antwort kommt?
Dieses „Wie lange?“ hatte dann seine eigene Geschichte, quälend sich hinziehend; das Jonagedicht, eine ihrer letzten Stationen, ehe es denn heißen konnte: „Da stand das Meer“. Und stand es denn dann überhaupt? Und wir fragen: Wann wird es je stehen?
Für Bonhoeffer bedeutete das 1939 die Sorge um neue Hoffnungsträger, die dem „Wie lange?“ antworten. Vielleicht noch einmal Christen, die sich als Kirchen aufbäumten wie einmal im Mai 1934 in Barmen? Oder endlich zivile Verantwortungsträger, die ihre Loyalität *für* ihren staatlichen Schutzauftrag nun *gegen* ihre verbrecherischen Auftraggeber einsetzten und den Schrei „Wie lange?“ handelnd hörten? Oder gab es für ihn selbst nicht doch auch Gründe und Zufluchtsorte in der Welt, einer persönlichen Schuldübernahme und ihren Konsequenzen zu entkommen? Ja, es gab auch für ihn das alte, gute Menschenrecht des jus emigrationis. Als er es dann aber wieder einmal – und nun entscheidend – für sich widerrief, da tauchen in seinem Nachlaß immer neue Variationen über den Tod auf, genauer über den Befreiungsvorgang durch die Einwilligung in den eigenen Tod, manchmal direkt, manchmal indirekter.

b) Als er 1939 das Experiment einer Flucht in die USA abbrach, schrieb er heimkehrend in ein Tagebuch: „Seit ich auf dem Schiff bin, hat die innere Entzweiung aufgehört“ (GS I, 515).
Als dann im September seine ersten Finkenwalder Kandidaten fielen – am ungewünschten Ort, zur ungewollten Stunde und ja, auch zum ungeliebten Zweck, meditierte er im darauffolgenden Finkenwalder Rundbrief, was doch eben auch ihn in seinen Zusammenhängen bewegte: „Der Tod ist außerhalb unser selbst und er ist in uns. Der Tod von außen ist der schreckliche Feind, der an uns herantritt, wann er will ... Das andere ist der Tod in uns, es ist unser eigener Tod ... Er gehört uns selbst zu ... Dieser Tod in uns hat mit der Liebe zu Christus und den Menschen zu tun ... Dieser Tod ist Gnade und Vollendung des Lebens ... Daß es uns geschenkt wird, daß uns der Tod von außen erst antrifft, wenn wir durch diesen eigenen Tod für ihn bereit gemacht sind, das darf unser Gebet sein“. (20. Sept. 1939; GS II, 557f).

c) Drei Jahre später lesen wir es noch konkreter – nun war der Antrieb aus jener Frage „Wie lange?“ sehr viel weiter vorwärts gebracht; nun schrieb er im Weihnachtswort 1942 „Nach zehn Jahren“: „Unsern Wunsch, der Tod möchte uns nicht zufällig, jäh, abseits vom Wesentlichen, sondern in der Fülle des Lebens und in der Ganzheit des Einsatzes treffen, wagen wir uns ... kaum mehr einzugestehen. Nicht die äußeren Umstände, sondern wir selbst werden es sein, die unseren Tod zu dem machen, was er sein kann, zum Tod in freiwilliger Einwilligung“ (WEN 26).

d) Und endlich am Tag, als alles gescheitert war, am 21. Juli 1944, lesen wir die Deutung des nun sicher erwarteten äußeren Todes durch die Hand der Henker Hitlers. Und wieder entwindet er den Vorgang bereits dem Vollstrekker: „Komm nun, höchstes Fest auf dem Wege zur ewigen Freiheit, / Tod, leg nieder beschwerliche Ketten und Mauern . . . / Freiheit, dich suchten wir lange . . . / Sterbend erkennen wir nun im Angesicht Gottes dich selbst." 8 Tage später möchte er noch einmal verdeutlichen und schreibt in einem Brief: „Die Befreiung liegt . . . darin, daß man seine Sache [und das ist wohlgemerkt nicht irgendeine Sache, sondern diese Konspiration, welche auf die Frage „Wie lange?" antwortete!] ganz aus den eigenen Händen geben und in die Hände Gottes legen darf. In diesem Sinne ist der Tod [und wiederum nicht irgendein Tod, sondern der erwartete Henkerstod als Überantwortung in Schande, als Namenslöschung] die Krone der menschlichen Freiheit. Das finde ich sehr wichtig und tröstlich". Also nicht nur tröstlich als „ewige Freiheit", sondern eben auch „sehr wichtig" als „menschliche Freiheit". Wieso? Weil jetzt die Komplizenschaft auch der Widerständler mit dem mörderischen Verbrechen vor aller Welt zerreißt. Jetzt fallen die „beschwerlichen Ketten und Mauern" des immer von neuem Schuldigwerdens an den Opfern der Mörder mit der immer neu hinausgezögerten Tat. Jetzt fällt der Makel, Agenten des Teufels geblieben zu sein, und hervorkommen Parteigänger des Vaters Jesu Christi und des Gottes der Juden und seiner Geschändeten. Und so nennt Bonhoeffer, der sich 1938 mit dem Psalm der Pogromopfer „sehr tief ins Gebet" hatte führen lassen, jetzt am 28. Juli 1944 den Henkerstod tatsächlich auch das Irdische umfassend „die Fortsetzung seiner Tat . . . Vollendung der Freiheit".

*IV.*

Aber dann geschah 2 Monate nichts des Erwarteten; die Henker hatten anderweitig voll zu tun – statt dessen sogar neue intensive Überlebensplanung. Und nun der 5. Oktober und „Jona". Dieses fast kaum erträgliche, neu variierte Zeugnis vom Preis, der unabwälzbar zu zahlen ist für die Schuld, damit das Meer zum Stehen komme – wie Jona 1,15 sagt: „still von seinem Wüten".

Ohne den Atem der Befreiung darin zu spüren, ist diese Bonhoeffersche Jonakomprimierung kaum zu ertragen. Aber nun vermag – wie Henkys es ausdrückt – „Sühnebereitschaft des einen die Lage der anderen zu wandeln" (Henkys 52). Nun gibt es Menschen vor unseren Augen in unserer eigenen Geschichte, „die freiwillig Leiden auf sich genommen haben um anderer willen. Es gibt solche Menschen, und die Stärkung, die von ihnen ausgeht, ist der Trost der Heiligen" (Dorothee Sölle). Auch dieses Gedicht, das ohne Seitenblick von eigener Schuld und vom Lohn des eigenen Todes handelt, kann uns als ein einziges Befreiungszeugnis dienen.

Ich möchte schließen mit einem Predigtzitat Bonhoeffers noch vor diesen

Erfahrungen um den 5. Oktober 1944, aus einer Predigt vom März 1938 über Römer 5,1-5: „Ein Christenleben besteht nicht in Worten, sondern in Erfahrung. Niemand ist Christ ohne Erfahrung. Nicht von der Lebenserfahrung ist hier die Rede, sondern von der Erfahrung Gottes ... Die Erfahrung, von der hier die Rede ist, führt uns in die Tiefe der Hölle und in den Rachen des Todes und in den Abgrund der Schuld und in die Nacht des Unglaubens. Aber in dem allen will Gott seinen Frieden nicht von uns nehmen ... In dem allen erfahren wir von Tag zu Tag mehr die Kraft und den Sieg Gottes, den Friedensschluß am Kreuz Christi." (5. 3. 38 PAM II, 101 f.).

Dieter Trautwein

# Wasser ist nicht allein schlicht Wasser oder soll ich unseres Wassers Hüter sein?

Auch Wasser darf in der Festschrift „Wenn der Dornbusch brennt" nicht fehlen. Vom Löschwasser wird jedoch im folgenden Beitrag nicht die Rede sein. In den biblischen Texten ist kaum einmal vom Wasser die Rede, das dem Feuer Einhalt gebietet. Der Gott, der die Herzen seines Volkes wieder zu sich kehrt, läßt beim „Gottesurteil auf dem Karmel" sein Feuer stärker sein als das mit zwölf Eimern Wasser getränkte Brandopfer Elias. Dem Feuer Gottes kann das Wasser nicht standhalten: „Da fiel das Feuer des Herrn herab und fraß Brandopfer, Holz, Steine und Erde und leckte das Wasser auf im Graben" (1 Könige 18,38). Immerhin rechnet aber der in der Hölle gelandete „reiche Mann" damit, daß ihm der „arme Lazarus" hilfreiche Kühlung bringen wird, wenn er nur „die Spitze seines Fingers ins Wasser tauche" (Lukas 16,24). Wasser also nur ein Element, das lediglich dem höllischen Feuer, nicht aber dem Feuer des Himmels gewachsen ist? Nun, das wäre schon etwas, das wäre für viele sehr viel! Freilich, gemäß der beim Evangelisten Lukas erzählten Geschichte, ein unberechtigter Hoffnungsschimmer für alle, die nicht „armer Lazarus" sind, die ihr „Gutes" schon zu ihren Lebzeiten von sechzig, siebzig oder mehr Jahren vorweggenommen haben.
Da ist es gut, zur Fülle all jener biblischen Texte Zuflucht zu nehmen, die in ihrer Mehrheit einer anderen Qualität des Wassers Aufmerksamkeit schenken. Es kann nicht falsch sein, wenn wir in der Pfarrer-Existenz, in der Praxis geistlichen Lebens und auf dem Weg der Kirche aus biographischem und biblischem Aspekt der Einzigartigkeit und darum auch Heiligkeit des „schlichten" Wassers künftig größere Aufmerksamkeit schenken.
Von der Taufe sagt Martin Luther im Kleinen Katechismus: „Die Taufe ist nicht allein schlicht Wasser ..." Erst wenn das Wasser „in Gottes Gebot gefaßt und mit Gottes Wort verbunden" ist, wird es zum Sakrament, in dem Gott selber handelt. Darum ist Wasser zunächst immer „schlicht Wasser". Die chemische Formel dafür heißt: $H_2O$ – Wasserstoff-Dioxyd. Doch ist dieses nasse „Zeug", das uns heute meist wie ein Industrieprodukt „gereinigt" ins Haus kommt, zugleich ein „Stoff", der weit mehr bedeutet. Es ist sofort ein „Stoff" für viele Geschichten unseres eigenen Erlebens. In ihnen tritt zutage, daß Wasser zuletzt niemals nur „schlicht Wasser" ist.
Im Garten, in dem ich aufwuchs, gab es nicht nur die Wasserleitung mit dem groben Schöpfgefäß darunter. Es floß ein lebendiger Bach hindurch. Der teilte sich auf, schuf eine Insel in seiner Mitte, auf der hohe Bäume wuchsen.

Faszinierend war es, das dahineilende, im Frühjahr rauschende Wasser zu beobachten, aber auch die beiden kleinen Brücken zu beschreiten. Holz und Papier schwimmen zu lassen, das Wasser zu fühlen, die Hände, das Gesicht damit zu erfrischen. „Mein" Garten – „unser" Garten war ein Garten Eden. So klein dieses Stück Welt auch war, es stiftet mich bis heute an zum Träumen. Zu träumen von einem Paradies der Menschen, der Tiere und der Pflanzen, das ohne dieses fließende und rauschende Wasser nicht denkbar ist.
Freilich habe ich auch das Bedrohende des Wassers dort am Bach bereits wahrgenommen. Doch ausgerechnet an einem kleinen in der Gartenwiese liegenden runden „Born" habe ich früh verstanden, daß auch stille, stehende Wasser Gefahr in sich bergen. Die kleinere Schwester wurde gerade noch im letzten Augenblick rettend herausgezogen, als sie im Wasser ihr Spiegelbild erblickte und nach vorne gebeugt das Gleichgewicht verlor. Jedoch auch das ist wieder ein besonderer Stoff, der zum Erzählen reizt, davon, wie Menschen aus dem Wasser gezogen und gerettet wurden. Viele können, was sie erlebten, nur als ein Wunder verstehen.
Nein, Wasser ist nicht allein schlicht Wasser. Wir alle wissen um seine vielgestaltige Bedeutung, die über das „nasse Zeug" hinausweist. Im Stoff unserer Wassergeschichten kehren immer wieder beide Elemente wieder: Wasser, das Leben schenkt, aus dem wir selber körperlich in so hohen Anteilen bestehen, Wasser, das anstiftet zum Träumen von einem Leben, das es jetzt noch nicht gibt, Wasser, das schon jetzt Durst stillt, das uns gefroren Freude bereitet, ob es wir es als Speiseeis lutschen oder ob wir es auf Schlittschuhen unter den Füßen haben. Und dann das Wasser, das uns bedroht, das Menschenleben verschlingt, Mensch, Tier, Baum und Pflanze wegreißt, Landstriche unter sich begräbt, Todesgewalt hat, in den Eiswüsten und auch dann, wenn es fehlt, in den dürren Wüsten der Sahelzone. Ist Wasser nicht doch Stoff einer besonderen Heiligkeit, ein Schöpfungselement, das seine eigene Sprache spricht, eine Predigt über Leben und Tod hält, das uns mahnt, die Träume der Hoffnung nicht preiszugeben!?
Auch die Geschichten der Bibel sind erfüllt vom „Stoff" des Wassers. Psalm 137 kommt mir als erstes in den Sinn: „An den Wassern zu Babel saßen wir und weinten, wenn wir an Zion gedachten!" Auch das Wasser der Tränen gehört in unser menschliches Leben. Aber an den Wassern zu Babel werden aus den Tränen der Trauer auch schon Tränen der Hoffnung. „An den Wassern" geschieht Gedenken an Jerusalem als den Ort „höchster Freude". Und fand nicht der erste christliche Gottesdienst in Europa an einem Fluß statt? Von Paulus und Timotheus an ihrem ersten Halt auf europäischem Boden in der römischen Kolonie Philippi wird berichtet: „Am Sabbatmorgen gingen wir hinaus vor die Stadt an den Fluß, wo wir dachten, daß man zu beten pflegt, und wir setzten uns und redeten mit den Frauen, die dort zusammenkamen." (Apg 16,13) Und dort tat Gott dem ersten Menschen auf unserem Kontinent „das Herz auf", der Purpurhändlerin Lydia. Da sollte das Wasser, an dem gebetet, gepredigt, gehört wurde, „allein schlicht Wasser" gewesen sein?

Ein Gang durch die Geschichten der Bibel, die vom Wasser sprechen, unterstreicht unsere Erfahrungen und Ahnungen: Da ist das Wasser als eine bedrohende tödliche Macht, aber von Gott gebändigt wird es zum schützenden Element des Lebens. Das Mose-Kind wird im Nil-Wasser versteckt und aus ihm geborgen. Da wird Israel durch die Wasser hindurch gerettet, die den Ägyptern zum Verderben werden. Menschen klagen: „Ich bin ausgeschüttet wie Wasser" (Ps 22,15), aber sie beten auch: „Der Herr ist mein Hirte ... Er führet mich zum frischen Wasser" (Psalm 23). Und da ist immer mehr gemeint als das chemisch bestimmbare Naß, wenn es heißt: „Der Herr wird euch in Ängsten Wasser geben" (Jes 30,20) oder: „Ich will Wasser gießen auf das Durstige." (Ps 44,3) Wasser – ein Gleichnis-Stoff für die Begegnung mit Gott als der „Quelle lebendigen Wassers". Geradezu widersinnig ist es, wenn Menschen den Herrn als Quelle des lebendigen Wassers „verlassen" (Jer 17,13). Eine unmögliche Möglichkeit. Zuletzt spricht Wasser darum doch immer für das Leben. Seine Heiligkeit besteht darin, daß es zu einem Signal wird, das auf Gericht und Gnade für den Menschen und die gesamte Schöpfung verweist, mehr noch auf die Gnade. „Und wen dürstet, der komme; und wer will, der nehme das Wasser des Lebens umsonst", heißt es im letzten Kapitel der Offenbarung des Johannes, im letzten Kapitel der Bibel. Zu meiner Überraschung habe ich erst kürzlich beim Studium von Jesaja 12 entdeckt, daß während des Laubhüttenfestes in Jerusalem Jahr um Jahr ein Wasser-Fest gefeiert worden ist. Im Talmud, im jüdischen Lehr- und Lernbuch zur Tora, wird es ausführlich beschrieben. Unter Festgesang und Hörnerklang wurde Wasser von jungen Männern aus der Gishon-Quelle durch die Vorhöfe hinaufgetragen zum Tempel. Auf dem Höhepunkt des Zeremoniells sprach ein Priester dieses Wort, das bereits Jesaja 12 in ein Psalmlied aufgenommen ist: „Ihr werdet mit Freuden Wasser schöpfen aus den Heilsbrunnen." Sodann wurden die Wassergefäße, zusammen mit dem Licht zahlreicher Öllampen, hineingetragen in die Gassen und Häuser der Stadt Jerusalem. Und was am Zion geschieht, das enthält zugleich eine Botschaft für alle Völker, die hier Heil und Frieden finden sollen. Einfaches schlichtes Wasser aus der nächstliegenden Quelle, ob von innerhalb der Mauern oder von draußen, verweist auf ein höchstes Ziel, zu dem alle Welt gelangen soll. Gemeint ist nicht weniger als dieses „Wasser des Lebens umsonst", das die am Zionsberg ins Lebensbuch eingetragenen Völker „beim Reigen" singen läßt: „Alle meine Quellen sind in dir" (Psalm 87). Wasser, Freude, Lobgesang, Tanz ...

Was ich aus der biblischen Erinnerung lerne: neuen Respekt vor diesem vielsagenden „Stoff", neues Staunen, Sich-Wundern, Nachsinnen. Und sollten wir nicht auch ein jährliches Wasser-Freudenfest in unseren Gottesdiensten feiern!? Besonders in jenen Kirchen, deren Ursprünge noch aus keltischer Zeit herrühren und die über Quellen errichtet wurden, sollten Gedenkfeste gefeiert werden. Gerade in einer Zeit, in der Wasser so geschändet, verunreinigt oder nur mühsam wieder zu $H_2O$ gereinigt wird, braucht es eine kirchliche Patenschaft oder besser noch Partnerschaft. Dann wird nicht nur das schlichte Wasser in seiner Heiligkeit, dann wird gewiß auch die Taufe neu verstanden und gefeiert. Dann werden wir wache Hüter unseres Wassers sein.

Ein dem Jubilar verbundenes Nach-Denken möchte ich anschließen: Im Mai 1988 hielt Dieter Voll vor der Vollversammlung der Deutschen Bibelgesellschaft, die erstmals in Neuendettelsau tagte, ein sehr persönlich und mit Lebenserfahrungen belegtes Referat zum Thema: Die Bibel – „Ein Buch fürs Leben". Von „Lebensmeditation" und „kommunikativer Schriftauslegung" in Neuendettelsauer „Bibelgesprächen" war die Rede. Bei Neuendettelsauer biblischen Wasser-Gesprächen möchte ich Zuhörer, Mit-Erfahrender werden. Ich muß schon damals vom Stoff des Wassers besonders angeregt gewesen sein. Ich fuhr jedenfalls unmittelbar nach dem Ende der Tagung in Neuendettelsau die wenigen Kilometer nach Heilsbronn. Sehr bewußt sah ich in dieser großartigen Kloster- und Kirchenanlage die Brunnen, vor allem den Brunnen innerhalb der Kirche. Ob sich die Gemeinde dort, die Kirche im Umland der ursprünglichen Bedeutung dieses „Brünnleins" und des „Gott ist bei ihr drinnen" bewußt und gewiß ist? Es blieb mir keine Zeit, dem nachzugehen. Hier jedenfalls kann er-innert werden, was christliche Gemeinde oft unbedacht außen vor gelassen hat, sei es durch eine allzu naive „natürliche Theologie" oder durch ein rigoroses Vermeiden von notwendiger Theologie der Schöpfung.

Nicht unterschlagen kann ich, daß meine erste Begegnung mit Dieter Voll auf dem Schwanberg stattfand. Nicht, daß wir damals in die Kommunität eintreten wollten. Aber diese gab uns als Leitern von Pastoral-Kollegs und „Pfarrer-Rüstzeiten" (wie das noch immer standhaft in der Evangelischen Kirche in Hessen und Nassau genannt wird) Gelegenheit, unter Anleitung des bekannten Professors Zöchbauer ein „Kommunikationstraining" zu absolvieren, uns vor allem auch unserer non-verbalen Kommunikation bewußt zu werden. Da muß es doch eine tiefere geistliche Verbindung zu den Schwestern des evangelischen Ordens gegeben haben, als uns zur damaligen Zeit in den siebziger Jahren bewußt war! Nicht von ungefähr haben diese Frauen ihre neue Kirche inzwischen so gebaut, daß Aufgang und Vorhalle dieses Gotteshauses erfüllt und bestimmt sind von Quell und fließendem Wasser, nonverbalem Hinweis auf die Fülle des Lebens, auf jenes „Wasser des Lebens umsonst". Wer so sich des Wassers annimmt, muß von ihm angesprochen und eingenommen sich auch zur Partnerschaft mit dem Wasser und für das Wasser in Gottesdienst und Alltag verpflichten. Ein alter Auftrag, im keltischen Christentum bereits wahr-genommen, hat einen hochmodernen zukunftsweisenden Charakter.

Und ist der Weg vom Wasser nun noch weit zum Wein, der in der Landschaft um den Schwanberg und auch anderswo seine gehaltvolle Sprache spricht? Es war damals nicht weit, unter Anleitung des früheren Gemeindepfarrers Dieter Voll in einer Gemeinde unterhalb des Schwanbergs bei einem Winzer Einkehr zu halten und anschließend auch ein paar Flaschen mit auf den Weg zu nehmen, geeignet, non-verbale Kommunikation an anderm Orte zu ermöglichen. Nie vergesse ich, und nie habe ich es ihm mitgeteilt, daß ausgerechnet jene Flaschen, noch in lebhafter Gärung begriffen, zuhause in meinem Frankfurter Keller explodierten. Getrunken haben wir sie also nicht in verheißungsvoller Gemeinschaft, aber gerochen haben wir als Hausgemeinschaft dieses Gewächs des Weinstocks noch lange. Hinweis auf das, was hätte daraus werden können. Hinweis freilich auch auf die Gefahr im gegorenen Wein. Hinweis auf die Endlichkeit auch dieses Verheißungsträgers Wein. Jeder Wein zuletzt also doch nicht mehr als auch nur „schlicht Wasser"?

Es bleibt dabei, daß zuletzt doch jedes Wasser für seinen „Mehrwert" einsteht. Es weist über sich hinaus. Gerade dann, wenn es sich im Wein wiederfindet, hat es die besondere Kraft, des Menschen Herz zu erfreuen (Ps 104,15) oder (im Gegensatz dazu) „viele Leute" umzubringen. (Jesus Sirach 31,30). Daß Jesus von Nazareth sich so positiv mit dem Gewächs des Weinstocks identifiziert, daß er es im Reich Gottes als Höhepunkt des ewigen Festes mit uns trinken will, läßt uns in Kommunion und Kommunikation fleißig auf dieser Spur bleiben.

Weil aber der Ur-Stoff Wasser für sich allein schon nicht „schlicht Wasser" ist, fällt es uns nicht schwer, die Zukunft des Reiches Gottes „bei Wasser und Brot" zu feiern. Schon wegen unserer konfessionellen Gefangenschaften erlauben es Wasser und Brot, sowohl mit römischen Katholiken als auch mit östlich-orthodoxen Christen die Agape Christi gemeinsam zu feiern. Hier ist Wasser gewiß nicht Zeichen des Rückschrittes, sondern Einweisung in die Fülle. Hinweis auf Freiheit!

Es soll den frommen Mann gegeben haben, der Einspruch erhob gegen Jesu positives Verhältnis zum Wein, das bei der Hochzeit zu Kana an den Tag trat: „Das war auch sein bestes Stückchen nicht!" Dieser Mann ist insofern gerechtfertigt, als es ausdrücklich auch „nur" als „das erste Zeichen" Jesu berichtet wird, was da in Kana geschah. Um so mehr gilt: Weil die Verwandlung von Wasser in Wein Hinweis auf das letzte Zeichen der Hingabe Jesu war, ist seitdem und fortan jedes Wasser niemals nur „schlicht Wasser". Jedes Leben, das sosehr sich dem Wasser verdankt, ist eben mehr als nur $H_2O$. Enthält Wasser nicht schon immer jene Einladung ins Fest, von der sich zu sagen und zu singen lohnt?

2. Immer wird bedroht sein, was wir auch feiern.
Mangel weckt Ängste, jäh vergeht der Mut.

3. Da, wo Leben leer scheint, das Lachen endet:
schlägt Jesu Stunde: Wasser wird zu Wein.

*Wiederholung der 1. Strophe*

4. Immer, wenn wir fragen: Was soll nur werden?
mahnt Jesu Mutter: „Tut, was er euch sagt!"
5. Alle können sehen und selber schmecken:
Er gibt sein Bestes, hält sich nicht zurück.
6. Jesu letztes Zeichen: Tod wird entmachtet,
Liebe ist stärker, ewig währt das Fest.

Text und Melodie: Dieter Trautwein, 1986

(aus Dieter Trautwein, „Komm, Herr, segne uns", Burckhardthaus-Laetare-Verlag 1988)

Artur Reiner

# Krankensalbung – Heilszeichen für Kranke

## 1. *Die Krankensalbung als Antwort auf eine besondere Lebens- und Glaubenssituation*

1.1. Der eigentliche Ort, an dem ein zutreffendes Verständnis der Krankensalbung anzusetzen hat, ist die Krankheit als „gesamtpersonale Heils- bzw. Unheilssituation des von ihr betroffenen Christen“[1]. Sie ist als ein ganzmenschliches Phänomen zu verstehen, das nicht nur als äußerer, d. h. physiologischer Ablauf hingenommen werden kann, sondern existentiell die Annahme erfordert. Je länger die Krankheit dauert, je intensiver sie den Betroffenen von seiner gewohnten Welt ausschließt, zur Untätigkeit und zum Erleiden des Schmerzes zwingt oder ihm das Zu-ende-gehen von Lebensmöglichkeiten vor Augen stellt, desto stärker erfährt sie der Mensch als fundamentale Gebrochenheit seines Daseins.

1.2 Die Glaubenssituation
Die schwere Krankheit erweist sich häufig geradezu als *die* Krise des Menschen, an der jedes Welt- und Glaubensverständnis zerbricht, das nicht das Sterben in all seinen Formen und den Tod anzunehmen gelernt hat. Solche existentiellen Erfahrungen der Ausweglosigkeit beschreiben die „schwere Krankheit“ als Disposition für die Krankensalbung zutreffender als eine rein medizinische Diagnose. Denn es gilt hier eine besondere Unheils- bzw. Heilssituation des Menschen aufzugreifen, die eine bestimmte Glaubenshaltung herausfordert, auf die die Krankensalbung zeichenhafte Antwort sein will. Das kann auch bei alten Menschen der Fall sein, die ohne akute Krankheit ihre Hinfälligkeit und ihr Sterben erfahren. So gesehen will die Krankensalbung zeichenhafte Lebenshilfe sein, freilich eines umfassend verstandenen Lebens, das sich den notwendigen und unausweichlichen Konflikten des Lebens stellt und Phänomene wie Trennung, Abschied, das Zuende-gehen von Möglichkeiten, Trauer, das Sterben und den Tod nicht verleugnet oder verdrängt.
Somit ist die Krankensalbung *dem* Menschen zuzuordnen, der in seiner Krankheit oder im Alter die Endlichkeit und Gebrochenheit seines Daseins intensiv als Herausforderung an seinen Glauben erfährt, sein Leben und sein Sterben hier und jetzt annehmen zu können.

2. *Die biblische Grundlage für die Krankensalbung ist vor allem im Jakobusbrief 5,13-16 zu finden:*

„Ist einer von euch bedrückt? Dann soll er beten. Ist einer fröhlich? Dann soll er ein Loblied singen. Ist einer von euch krank? Dann rufe er die Ältesten der Gemeinde zu sich; sie sollen Gebete über ihn sprechen und ihn im Namen des Herrn mit Öl salben. Das gläubige Gebet wird den Kranken retten, und der Herr wird ihn aufrichten; wenn er Sünden begangen hat, werden sie ihm vergeben werden. Darum bekennt einander eure Sünden, und betet füreinander, damit ihr geheilt werdet."

2.1 Die Jakobusstelle kann erst richtig verstanden werden, wenn sie in den umfassenden Zusammenhang der Botschaft des Neuen Testamentes gestellt wird. Jesus teilt das allgemein jüdische Verständnis, daß die Bedrohung des Menschen durch Krankheit ein Zeichen dafür ist, daß wir in einer Welt leben, die durch die Sünde gestört und noch nicht unter die volle Herrschaft Gottes zurückgeführt ist. Dennoch lehnt er einen ursächlichen Zusammenhang zwischen Sünde und Krankheit des Einzelnen ab.[2] Dementsprechend bewirken Sündenvergebung und Krankenheilung die volle Wiederaufnahme und Eingliederung in die heilvolle Gemeinschaft mit Gott. Das zeigt sich besonders deutlich in Mk 2,1-12, wo sich Jesus als „Arzt der Kranken und Sünder" erweist, der durch die Sündenvergebung den Menschen aus der Aussonderung vor Gott zurückholt und durch die leibliche Heilung dem Kranken seine Gesundheit wieder schenkt. Dadurch bricht Jesus den negativen Unheilszusammenhang der Welt auf, den er als dämonische Entfremdung deutet.
Die Zwölf, die Jesus zu seinen Begleitern und Boten machte, haben Anteil an seiner Sendung; ihr Wirken besteht wie das Wirken Jesu im Verkündigen, Heilen und Dämonen austreiben. Die Jünger haben in der Nachfolge Jesu hier einen „therapeutischen Auftrag", bei dem sie sich der Salbung mit Öl als eines zur Zeit Jesu allgemein bekannten Heilsmittels bedienten; die Zuwendung der frühesten christlichen Gemeinden zu den Kranken nicht nur im therapeutischen Sinn, sondern auch im Wort (Gebet) und in einer Symbolhandlung läßt sich so durchaus auf Jesus selbst zurückführen. Dabei zeigen die urchristlichen Zeugnisse über Kranke in den Gemeinden, daß man sich nicht von einer falschen Alternative: Fürbitte für Kranke mit Symbolhandlung oder ärztliche Fürsorge leiten ließ, sondern beide Aspekte der Krankenbetreuung als Einheit gesehen und praktiziert hat.[3]

2.2. Aus dem Textzusammenhang des Jakobusbriefes geht hervor, daß der Apostel den Gemeindegliedern Anweisungen für verschiedene Lebenssituationen gibt. Es werden genannt: allgemeines Unglück, Wohlbefinden (leiblicher und seelischer Art), Krankheit und Unglück der Sünde. Dabei fügt Jakobus konkrete Verhaltensmuster an, aus denen hervorgeht, daß er „den Menschen als eine Ganzheit sieht, der alle Angelegenheiten seines Leibes und Lebens, alle körperlichen und seelischen Nöte, mit Bitte und Lobpreis vor Gott trägt, unter dessen Schutz er sich gestellt weiß"[4].

Den Kranken weist er an, er solle die Ältesten der Gemeinde rufen, d. h. die amtlichen Gemeindevorsteher und nicht die mit besonderer Heilungsgabe ausgestatteten Charismatiker. Die sollen über ihn beten und ihn im Namen des Herrn, d. h. im Auftrag und in der Kraft des Herrn mit Öl salben.
Diesem gläubigen Tun wird folgende Verheißung gegeben: Es wird dem Kranken Rettung, d. h. Heil bringen, der Herr wird ihn aufrichten und wenn er gesündigt hat, wird ihm vergeben werden.
Nach dem Textzusammenhang darf diese Verheißung nicht nur als körperliche Heilung verstanden werden. Der ganze Mensch ist gemeint, der aufgerichtet wird, wie er leibt und lebt. Also gibt ihm der Herr neben der möglichen Heilung von der leiblichen Krankheit vor allem Kraft und Stärke zur seelischen Bewältigung seines Krankseins und führt ihn durch die Sündenvergebung in die volle Gemeinschaft mit Gott zurück.
Aus der ständigen Praxis, mit der dieser Vorsteherdienst erbeten und ausgeübt wurde, und aus der Selbstverständlichkeit, mit der dieser kirchlichen Zeichenhandlung Heilswirkung für den Kranken zugesagt wird, entnimmt die kath. Kirche den Begriff der Sakramentalität der Krankensalbung. Jakobus 5,14 bezeugt, auch ohne ausdrückliches Einsetzungswort des Herren, einen schon in apostolischer Zeit offensichtlich „amtlich" und „im Namen des Herrn" praktizierten Ritus.
Neben dem Jakobusbrief ist auch Mk 6,12 und Mk 16,18 in diesem Zusammenhang zu beachten.

### 3. *Geschichtliche Entwicklung*

Im Verlaufe der Geschichte machte die Praxis und die Lehre der Krankensalbung eine uneinheitliche, z. T. diffuse Entwicklung durch. Stichwortartig können dabei folgende Phasen aufgezeigt werden: bis zum Frühmittelalter verwenden die Gläubigen d. h. die Laien, das vom Bischof geweihte Öl zur Salbung der Kranken in der Hoffnung auf eine ganzmenschliche Heilung. Eine Beschränkung auf Todkranke ist nicht bekannt. Im 7. bis 8. Jahrhundert wird die Krankensalbung in Folge stärkeren Einflusses des Jakobustextes nur noch von den Gemeindevorstehern gespendet, aber noch nicht auf die Todesgefahr begrenzt. Etwa zur selben Zeit entsteht auch eine feste Ordnung und ein fester Ritus.
Im Hoch- und Spätmittelalter wird die Spendung der Krankensalbung auf die Todesgefahr eingeschränkt. Die Verbindung mit der Buße und der rigorosen Bußverpflichtung verschiebt die Krankensalbung immer mehr in die Todesnähe. Dadurch wird sie – als Absicherung vor dem Gericht nach dem Tod – in ihrer Bedeutung eingeengt und in ein und derselben Krankheit unwiederholbar. So wird die Krankensalbung schließlich zum Sakrament der Scheidenden. Von daher wird verständlich, daß sie als „letzte Ölung" bezeichnet wird und schließlich den Bezug zum Ganzen des Menschen verliert und somit entleiblicht wird.

Trotz der grundsätzlichen Korrektur eines so eingeengten Verständnisses der Krankensalbung durch das Konzil von Trient im 16. Jahrhundert bleibt auch die Neuzeit weitgehend dem spätmittelalterlichen Verständnis der Krankensalbung verhaftet. Ein Umschwung setzt erst mit dem II. Vatikanischen Konzil ein. Es wurde vorbereitet durch die Arbeit der liturgischen Bewegung und fand seinen Niederschlag in der Liturgischen Konstitution (Nr. 73–75). Die Neuordnung der Krankensalbung durch die Ritenkongregation (1972) greift in einem grundlegenden Neuansatz die Krankheit wieder als den ursprünglichen „Ort" der Krankensalbung auf, an dem das Sakrament als Zeichen christlicher Hoffnung verstanden und angenommen werden kann. Auf dieser Grundlage vermeidet die Neuordnung der Krankensalbung die bisherigen Engführungen von Lehre und Praxis dieses Sakraments. Die einschränkenden Klauseln für die Spendung des Sakramentes nur bei der sogenannten Todesgefahr, der unverständliche Ausschluß kranker Kinder und die Nichtwiederholbarkeit der Krankensalbung sind wieder aufgehoben.

## 4. *Zeichen, Gebärde und Wort*

Dieses ursprüngliche Verständnis der Krankensalbung wird durch Zeichen, Gebärde und durch das Wort verdeutlicht.

### 4.1 Das Zeichen mit Öl

„Die Salbung mit Öl, dieser urmenschliche Akt alter Volksmedizin ist hier zum äußeren sakramentalen Zeichen eines tieferen Heilsgeschehens gemacht. Innerlich kommt damit dem Kranken die Salbung mit dem Hl. Geist zur Hilfe, eine ‚himmlische Medizin', wie das Rituale Romanum sich ausdrückt, die der körperlich-seelischen Schwäche Linderung, Stärkung verheißt und verschafft."[5] Neben der heilenden Bedeutung des Öles ist jedoch auch noch an einen verbreiteten profanen Brauch im Altertum zu denken, dessen Übertragung auf die Glaubenssituation des Kranken das Zeichen weiter verdeutlichen kann:
die Ringkämpfer rieben sich mit Öl ein, damit der Gegner an ihnen abgleiten sollte und sie nicht zu packen vermochte. Überträgt man dieses Bild auf die Glaubens- bzw. Unglaubenssituation des Kranken, so ist der Feind des Glaubens im Kranksein die Angst, die Resignation und die Verzweiflung und nicht das Sterben und der Tod. Das vom gläubigen Gebet getragene Zeichen soll dem Kranken die stärkende und aufrichtende Nähe des Herrn zusagen, an der die Angst, die Resignation und der Unglaube gleichsam abgleiten.

### 4.2. Die Handauflegung

Als sinnvolle Ergänzung der Salbung durch Öl mit einem Kreuzzeichen auf Stirn und Händen ist das Ausbreiten der Hände bzw. die Handauflegung als Gebärde vorgesehen. Diese Schutz- und Segensgeste vermag das „aufrichtende und stärkende Gebet" in einer Weise zu verdeutlichen, die sogar vom schwerkranken und kaum noch bewußtseinsmächtigen Patienten wahrgenommen und in ihrer Bedeutung erfahren werden kann. Das setzt allerdings voraus, daß der Seelsorger selbst ein Gespür dafür entwickelt hat, wie er mit seinen Händen für den Kranken in einer wohltuenden Weise Kontakt aufnehmen kann, daß dieser durch die körperliche Berührung sich angenommen, getragen und in Schutz genommen fühlt.

4.3 Das Wort
Da weithin das rechte Verständnis für die Bedeutung der Krankensalbung auch bei kirchlich-praktizierenden Gläubigen fehlt, ist das deutende Wort notwendig. Das gilt sowohl bei der Vorbereitung der Spendung gegenüber dem Patienten, den Angehörigen und dem Krankenhauspersonal, als auch in der Liturgie selbst, die keine Vorstellungen fördern darf, die möglicherweise als Magie oder als Todesankündigung mißverstanden werden. Dringend notwendig ist, daß auch in den Gemeinden durch Predigt und Katechese die Krankensalbung vertrauter gemacht wird, gerade weil dieses Sakrament in weitaus mehr Fällen gespendet werden sollte als früher. In der Auswahl der Gebete und ihrer Dauer muß zunächst auf die Situation des Kranken und evtl. auf Mitpatienten Rücksicht genommen werden.[6] In jedem Fall sollen Gebet, Zeichen und Gebärde als Zuspruch der Stärkung und Aufrichtung, als Angenommensein in der Geborgenheit Gottes verstanden werden. Von diesem Inhalt her ist der Sprachschatz unserer Gebete auf ihre Eignung für solche Situationen kritisch zu überprüfen.[7]

## 5. *Die Spendung des Sakramentes der Krankensalbung*

5.1. Eine Einbeziehung der anwesenden Verwandten ist gerade im Krankenhaus dringend zu empfehlen, auch wenn sie offensichtlich hilflos der Situation gegenüberstehen. Wenn es nicht gelingt, mit den Angehörigen das Problem der Angst vor dem eigenen Tod und dem drohenden Verlust ihrer Bezugsperson wenigstens durch Vertrauen aufzufangen, werden sie selten positiv an der Spendung der Krankensalbung teilnehmen können. Weinenden, Verzweifelten und durch den Anblick des Leidens bzw. Sterbens eines Angehörigen verwirrten Menschen bedeutet es mitunter eine unerwartete und dankbar angenommene Hilfe, wenn jemand sie in ihrer Hilflosigkeit und Ohnmacht auffängt. Einer Einladung durch den Seelsorger folgen gewöhnlich alle Teilnehmer und stellen sich gemeinsam an das Krankenbett. Es empfiehlt sich, nach einer kurzen Einleitungsformel gleich ein situationsbezogenes Gebet zu sprechen, das zum Ausdruck bringt, daß wir unsere Ohnmacht spüren, aber darauf vertrauen, daß Gott uns sieht und hört und uns die Kraft schenkt, gemeinsam diese Situation mit dem Kranken auszuhalten. Sehr schwierig wird der seelsorgliche Dienst an den Kranken, deren Angehörige gerade noch den Besuch eines Seelsorgers zulassen, sich aber jedem ernsthaften Gespräch verschließen und allein schon die Frage an den

Patienten nach dem Wunsch eines Sakramentes ablehnen. Falls in solchen Fällen trotz aller Schwierigkeiten wenigstens mit dem Patienten ein seelsorglicher Kontakt zustande kommt, der die Bereitschaft für den Empfang der Krankensalbung erkennen läßt, wird die Spendung selbst auf eine Kurzform zu beschränken sein.

### 5.2. Die Bedeutung des Zeitpunktes für Spendung und Form

#### 5.2.1. Der Regelfall

Der Seelsorger, der einen Patienten – zu Hause, im Altersheim, oder im Krankenhaus – länger betreut, kann dessen Disposition leicht erspüren oder vorbereiten helfen und damit entscheidend zu einem hilfreichen Verstehen des Empfanges der Krankensalbung beitragen. Das sollte die grundlegende Voraussetzung zur Spendung des Sakraments an alle sein, die es bewußt erleben können. Bei entsprechender Vorbereitung ist in der Regel die Vollform der Spendung der Krankensalbung angebracht, möglichst im Zusammenhang mit einer Eucharistie- oder Krankenkommunionfeier, bei der im Wortgottesdienst das Zeichen näher erklärt werden sollte.[8] Die Spendung der Krankensalbung an mehrere läßt noch deutlicher werden, daß sie nicht als Todesankündigung zu verstehen ist, weil sie an Menschen in ganz ungleicher Nähe zum Tod gespendet wird, die aber ihre Gleichheit und Solidarität in der Annahme ihrer Endlichkeit, Hinfälligkeit und ihres Sterbens erfahren können.

#### 5.2.2. Die Notspendungsform bei Angstzuständen

Einer besonderen Behandlung bedürfen Patienten, die zwar bewußtseinsmächtig sind, aber deren Krankheitszustand so stark mit Ängsten verbunden ist, daß eine Vorbereitung auf das Zeichen ebenso wie die Erarbeitung einer Lebensentscheidung in einem so akuten Stadium des Lebenskampfes unverantwortlich, ja sogar unmöglich ist. Wenn es dem Seelsorger gelingt, ohne große Worte das Vertrauen des Patienten zu gewinnen, z. B. durch mehrere kurze Besuche, kann er dem Patienten ein kurzes Gebet anbieten. Verhält sich der Kranke teilnehmend positiv, so kann eine grundsätzliche Bereitschaft zum rechten Empfang des Sakramentes vorausgesetzt werden. Dann kann der Seelsorger informell und ohne große Einleitung die Krankensalbung und den Krankensegen in Kurzform so anschließen, daß sie mit ihrem Schwerpunkt als Stärkung und Aufrichtung deutlich wird.[9]

#### 5.2.3. Die Notspendungsform bei akuter Lebensgefahr

Ähnliches gilt entsprechend für Situationen, in denen der Seelsorger in akuten Notfällen schnell handeln muß. Wenn mit der grundsätzlichen Bereitschaft des Patienten zum Empfang des Sakramentes zu rechnen ist, kann ihm das Sakrament der Krankensalbung gespendet werden. Wenn konkrete Hinweise für eine Ablehnung des Sakramentes oder ein fixiertes Mißverständnis der Krankensalbung geäußert wird, sollte sie nicht gespendet werden.

5.2.4. Die Notspendungsform bei Bewußtlosen

Gleiches gilt für die Spendung des Sakramentes an Bewußtlose bzw. nicht mehr Bewußtseinsmächtige. An dieser Grenzsituation wird noch deutlicher, daß es bei der Krankensalbung primär nicht um eine bewußte Entscheidung des Patienten geht, sondern um die zeichenhafte Zusage der Nähe Gottes, gerade in der Situation der Gebrochenheit und Ohnmacht des Menschen. Nicht selten beantwortet ein wieder zum Bewußtsein gekommener Patient den Empfang dieses Sakramentes mit Dankbarkeit und durch Annahme seiner Situation.

5.2.5. Das Gebet für bereits Verstorbene

Tote können kein Sakrament empfangen, auch nicht die Krankensalbung. In jedem Fall ist dringend anzuraten, daß der Seelsorger weiterhin auch zu den bereits Verstorbenen – sowohl zu Hause wie im Altersheim und im Krankenhaus – gerufen wird. Denn der Glaube an die Auferstehung bedarf gerade im Angesicht des Todes und seines nicht zu enthüllenden Geheimnisses der Bezeugung. Der Seelsorger wird in diesem Fall ein Gebet sprechen, den Verwandten beistehen und durch seine Anwesenheit auch im Krankenhaus die Bedeutung des Todes für unseren Glauben im Hinblick auf die Auferstehung bezeugen.[10]

*6.*

In einer Welt, in der Jugendlichkeit und Vitalität über alles gepriesen, Krankheit, Behinderung und Alter verleugnet werden, kann die Krankensalbung in ihrem ursprünglichen Verständnis zu einer echten Lebenshilfe werden. Jeder Mensch, dem ein durchschnittliches Lebensalter gegeben ist, wird länger alt als jung sein. Damit wird er sich im Verlaufe seines Lebens mehr und mehr auch mit Einschränkungen und Begrenzungen seiner Lebensmöglichkeiten auseinandersetzen müssen. Diese Auseinandersetzung ist auch eine Herausforderung an seinen Glauben. Die Krankensalbung will Zeichen des Glaubens sein, daß der Mensch in der Erfahrung seiner Grenze und seiner Gebrochenheit am Leben nicht zu verzweifeln braucht, sondern Hoffnung haben kann auf den Gott, der Jesus von den Toten auferweckt hat und auch dem kranken und alten Menschen Nähe, Geborgenheit und Kraft zur Bewältigung seiner Lebensnöte schenkt.
Die Schwierigkeit, das dem einzelnen zu vermitteln, ist auch durch die Neuordnung der Krankensalbung noch lange nicht überwunden. Folgendes Beispiel mag das deutlich machen: Vor einigen Jahren habe ich bei einem Gottesdienst in der Klinik auf einer Männerstation über die Krankensalbung gepredigt. An diesem Gottesdienst nahmen 16 Männer teil. Nachdem ich die Hl. Kommunion gespendet hatte, fragte ich, wer jetzt noch die Krankensalbung empfangen möchte. Zu meiner großen Überraschung haben sich mehr Männer zum Empfang der Krankensalbung gemeldet als vorher zum Empfang der Hl. Kommunion. Während der Spendung der Krankensalbung war

eine gesammelte Stille im Raum. Zum Schluß sprach ich noch ein Gebet und gab allen Anwesenden den Segen. Mitten in dieses Schweigen hinein sagte plötzlich einer der Männer mit lauter Stimme: „Herr Pfarrer, das war jetzt doch die letzte Ölung." Über diese unerwartete Reaktion war ich verwirrt und überrascht. In einem Gespräch mit dem Mann habe ich versucht, deutlich zu machen, daß die Krankensalbung etwas anderes ist als die letzte Ölung. Ob es mir wirklich gelungen ist, möchte ich dahingestellt sein lassen.
Diese Geschichte macht deutlich, daß wir erst am Anfang einer Neubesinnung über das Sakrament der Krankensalbung stehen, und die Krankensalbung im Verständnis unserer Gemeinden bei vielen trotz der Neuordnung noch nicht zur Lebenshilfe und Bewältigung von Krankheit und Alter geworden ist.

*Anmerkungen*

1 F. Meurant, zitiert nach Knauber, 166.
2 Vgl. Jo 9,3.
3 Vgl. zu diesem Abschnitt: H. Vorgrimmler, 216–217 mit den entsprechenden Quellenangaben.
4 F. Mußner, 218.
5 Knauber, a. a. O. 153, im Anschluß an das Rituale Romanum, Tit. V, Cap. 1 n. 1.
6 Vgl. dazu: Die Feier der Krankensakramente, pastorale Einführung, IV, Nr. 38, e.
7 Vgl. dazu: Die Feier der Krankensakramente, Nr. 66.
8 Vgl. Die Feier der Krankensakramente Nr. 36–37.
9 Vgl. Die Feier der Krankensakramente Nr. 40, 41.
10 Die Deutschen Bischöfe, Menschenwürdig sterben, christlich sterben, Nr. 17, S. 30.

*Literaturverzeichnis*

1 Die Deutschen Bischöfe, Menschenwürdig sterben, christlich sterben. Herausgeber: Sekretariat der deutschen Bischofskonferenz, Nr. 17, Bonn 1978.
2 Die Feier der Krankensakramente, Herder 1972.
3 Knauber, A., Pastoraltheologie der Krankensalbung, in: Handbuch der Pastoraltheologie, Bd. IV, Freiburg 1969.
4 Mayer-Scheu J. / Reiner A., Heilszeichen für Kranke, Kevelaer 1975[2].
5 Mußner F., Der Jakobusbrief, Freiburg 1964.
6 Reiner A., Die Krankensalbung, in: Leben aus dem Glauben – Der Erwachsenenkatechismus in der Gemeinde, Arbeitshilfen Nr. 11, Freiburg 1987.
7 Vorgrimmler H., Buße und Krankensalbung, in: Handbuch der Dogmengeschichte, Bd. IV, Faszikel 3, Freiburg 1978.

Günter Hess

# Der Kelch des Heils

## Zur Symbolik des Begriffs aus tiefenpsychologischer Sicht

*Psalm 116*
*„Den Kelch des Heils will ich erheben"*

1. Ich liebe Jahwe, denn er „hat gehört"
mein lautes Flehen.
2. Ja, er hat sein Ohr zu mir geneigt
„an dem Tage", da ich schrie.
3. Es umgaben mich Todesbande,
Ängste der Unterwelt erfaßten mich,
Bedrängnis und Kummer erfuhr ich.
4. Da rief ich den Namen Jahwes an:
„Ach Jahwe,
rette mein Leben!"
5. Gnädig ist Jahwe und gerecht,
und unser Gott ist barmherzig!
6. Jahwe behütet die Einfältigen;
ich war schwach, doch er half mir.
7. Werde wieder stille, meine Seele,
denn Jahwe erwies dir Gutes!
8. Ja, du hast mein Leben vom Tode errettet,
mein Auge vor Tränen,
meinen Fuß vor dem Sturz!
9. Ich werde einhergehen vor Jahwe
in den Landen der Lebendigen! –
10. Ich habe geglaubt, deshalb kann ich jetzt sagen:
„Ich war sehr gebeugt;
11. ich sprach in meiner Angst:
„Alle Menschen lügen!" –
12. Wie soll ich Jahwe danken
für alles, was er mir Gutes getan?
13. Den Kelch des Heils will ich erheben
und den Namen Jahwes ausrufen!
14. Meine Gelübde erfülle ich Jahwe,
und zwar vor all seinem Volk.
15. Teuer ist in Jahwes Augen
der Tod seiner Frommen.

16. Ach Jahwe,
ich bin ja dein Knecht!
Ich bin dein Knecht, Sohn deiner Magd!
Du hast meine Fesseln gelöst!
17. Dir bringe ich ein Dankopfer dar
und rufe Jahwes Namen aus.
18. Meine Gelübde erfülle ich Jahwe,
und zwar vor all seinem Volk
19. in den Vorhöfen des Hauses Jahwes,
in deiner Mitte, Jerusalem!
Hallelujah!

Tiefenpsychologie hat als Gegenstand den Menschen. Seine, ihm selber verborgenen, unbewußten Impulse, Motive, Absichten sollen aufgedeckt und verstanden werden. Beim „Kelch des Heils" frage ich deshalb: Was hat den Psalmsänger dazu gebracht, einen Kelch beim Gottesdienst im Tempel – einmalig hier im Alten Testament – als „Kelch des Heils" zu erheben?
Sollte es sich aber nur um ein Bild und nicht um einen tatsächlichen Vorgang handeln, dann lautet die Frage: Was hat den Psalmisten bewogen, eine Erfahrung in seinem Leben als „Kelch des Heils", wohl aus Gottes Hand, zu bezeichnen?
Schauen wir über diesen einzelnen Menschen hinaus: Wie kommt es, daß die alttestamentliche Gemeinde – vielleicht 500 Jahre v. Chr. – diesen Vorgang oder dieses Bild vom „Kelch des Heils" verstanden hat? Da muß in Generationen, in Jahrhunderten davor, in Israel und – bei so einem Kultgegenstand wie Kelch – auch in den angrenzenden Kulturen und Religionen eine tiefere, machtvollere Erfahrung mit Schale, Becher, Kelch gemacht worden sein, nicht nur das Alltägliche: Es trinkt sich eben gut daraus. Im Kelch und im Umgang damit hat sich der Wille Gottes oder der Götter gezeigt.
Der Tiefenpsychologe fragt auch: Warum ist das Symbol „Kelch des Heils" so aktuell? Es fällt mir auf, daß in den letzten Jahren der Heilige Gral aus der Parzival- und Artussage wieder gesucht wird, durch Historiker, Kunstgeschichtler und Dichter, die ihn aus dem „Nebel von Avalon" (wie Marion Zimmer-Bradley) auftauchen lassen wollen. Eine der letzten Briefmarkenserien zur deutschen Wohlfahrtspflege zeigt Kunst- und wertvolle Vasen, Pokale, Kelche. Was in uns spricht an auf den „Kelch des Heils"? Und ich frage mich selber, was mich an diesem Thema so interessiert. Aus dem Pfarramt bin ich seit etwa fünfzehn Jahren in die Psychotherapie ausgewandert. Wo möchte ich den „Kelch des Heils" erheben können, für mich selber und für die Menschen, mit denen ich zu tun habe?
In vier Erlebnisschritte gliedere ich:
- Zuerst die sinnliche Wahrnehmung, die Empfindung.
- Dann das Gefühl, das diese Eindrücke bewertet.
- Als dritter Schritt die Intuition, die mit Fantasie und Forschung anreichert und das Kelchmotiv in der ganzen Menschheit findet.

– Zuletzt das Denken, das die Bedeutung vom „Kelch des Heils“ rational erfassen will.

Diese vier Schritte nimmt der Mensch und wohl die Menschheit insgesamt, wenn sich Bewußtsein bildet. Ich bin hier geleitet von der Psychologie C. G. Jungs und der kulturhistorischen Sicht Jean Gebsers.

Die *Empfindung* spürt den Napf aus Ton schwer und rund in der Hand liegen, ein Standring an der Unterseite läßt ihn sicher absetzen. Aber auch die Schale aus Stein oder Metall, durch einen Standfuß zum Becher oder Kelch geformt, fühlt sich kühl und glatt an. Oder das Auge hat Wohlgefallen an dem hohen Goldgefäß, dessen Rand wie eine Lotosblume gebogen oder gewölbt ist. Ich schmecke Wein, ist er zu herb oder schwer, mit Wasser vermischt; oder ungemischter Wein und kräftig, sehr oft durch Gewürze noch wohlschmekkender und duftender. Vielleicht steigt mir auch der Geruch von Holzfeuer und gebratenem Schaf-, Ziegen-, ja Rindfleisch in die Nase – ein Dank- und Trankopfer war oft mit Brandopfer und Festmahl verbunden –. Dann höre ich wohl auch Musik: Sie begleitet das Rezitativ der Psalmen; Gebete und Gesänge im Chor, oder die fröhlich-laute Festtagsstimmung der vielen Menschen, die vielleicht im Vorhof des Tempels beim Mahl sind, dringen mir ans Ohr. Festliches, von ernst bis heiter, in Gewand und Gestik, sieht mein Auge. Und einer macht eine überraschende Bewegung: Er erhebt einen Kelch. Laut höre ich ihn: „Kelch des Heils“!

Die sinnliche Wahrnehmung von Ort, Zeit und Personen, dem Kelch als Mittelpunkt – das läßt sich nicht ganz vom zweiten Erlebensschritt, dem *Gefühl,* abtrennen, das den Vorgang bewertet.

Freudige, innere Erregung – „werde wieder stille, meine Seele“ – wünscht der Beter des Psalms und heller Jubel steigt in ihm auf. Sehnsüchtige Erwartung ist da, bis hin zur gewissen Hoffnung. Dank mag sich zum Glücksgefühl weiten – das alles bewegt vielleicht den Kelchträger.

Die andere Gefühlslage, die er hinter sich gelassen hat, beherrscht möglicherweise die anderen Menschen hier, die noch warten. In Trauer bis zur Verzweiflung, in Bedrücktheit bis zur Angst, in Sorge bis an die Panik fühlen sie sich vielleicht.

Gefühl bleibt dabei unanschaulich, verborgen im Inneren des einzelnen. Und doch steht der „Kelch des Heils“ an der Schwelle, wo aus dem Danklied des einzelnen ein Gemeinschaftsgefühl werden soll: Sich-Mit-Freuen, Mit-Danken, deshalb Auch-Hoffen-Dürfen – dies soll zur Gemeinschaftserfahrung der vielen hier werden, zu gemeinsamem Vertrauen und Geborgenheitsgefühl, zu dem was im Alten und im Neuen Testament bis heute emotional Gemeinde bedeutet.

Fantasie habe ich gebraucht, um mit meinem Thema bis hierher zu kommen. Fantasie, die nach Einfällen und Assoziationen greift, verwandte Bilder und Vorstellungen zuläßt, den „Kelch des Heils“ anreichert um weitere Kelchbilder. Dieser dritte Schritt der *Intuition* wird letztendlich auf zwei Grunderlebnismuster von Schale oder Kelch oder Becher zurückführen. Diesen Grundmustern verdanken wir unser Leben.

Im Schoß der Mutter sind wir enthalten. Geschützt und bewahrt, bis sich dieses Gefäß öffnet und uns freigibt – die mütterliche lebensspendende Schale.
Beispiele: der Becher mit dem „Wasser des Lebens", von dem die Märchen fast aller Völker erzählen. Oder: das Taufbecken; aus Wasser und Geist neu geboren wird das Christenkind herausgehoben. Oder: alte Schöpfungsmythen lassen die Menschenwelt zwischen der Schale der Erde und der Schale des Himmels entstehen. Auch: unser „Kelch des Heils" gehört hierher als Bild neu geschenkten Lebens.
Der Psalmbeter sagt: „den Todesbanden der Unterwelt" entrissen – hier klingt nun das Gegenteil davon an, ein negativer, matriarchaler Charakter von Kelch und Schoß und Schale: die Todesmutter. Als Todesmutter nimmt uns die Erde wieder auf, als Sarko-Phag, Fleischfresser, der das Lebendige in den Tod zurückschlingt.
Ein anderes Beispiel: In der babylonischen Kunst des 8. und 7. Jahrhundert v. Chr. gibt es Darstellungen: in der einen Hand hat der König Keule oder Schwert, in der anderen eine Schale, und vor ihm, ganz klein abgebildet, knieen die gefangenen Feinde. Ist die Schale nur Zeichen seiner Herrschaft, oder enthält sie den tödlichen Trank für die Besiegten, wie vermutet wird? In Israel reden seit Jeremia und Habakuk die Propheten vom „Kelch des Zornes" in der Hand Gottes, der ausgegossen wird über die Gottlosen Israels und über die Heidenvölker.
Eine etwas mildere Form ist der „Taumelbecher", der in Trunkenheit und Wahnsinn das Volk etwas langsamer sich selber zugrunde richten läßt.
Fluch-, Zorn- und Taumelbecher aus der Hand Gottes – so ist es im Alten Testament –; im Neuen Testament ist dies der Kelch des bitteren Leidens und Sterbens, der an Jesus nicht vorübergeht.
Positiver und negativer Aspekt von Kelch sind vereint in den Gefäßen, die Totes für neues, ewiges Leben aufbewahren, z. B. der „Kelch der Wandlung". Der Kelch der Römischen Messe gehört hierher, der das Blut des Gekreuzigten, wie ein Reliquienschrein, gleichsam ein „Mini-Grab" birgt – und gleichzeitig Anteil am neuen Leben des Auferstandenen geben will.
Auch der Heilige Gral zählt zu diesem Vorstellungskreis, aber auch die Urne, oder neuzeitliche Resignation, die im Tod allein schon Heil sieht; dies kann durchaus volkstümlich ausgedrückt sein: im Grab „ruhst Du wie im Mutterschoß, mühelos und sorgenlos, und Du kommst nie mehr zurück!"
Diese lebensspendenden und todesträchtigen mütterlichen Aspekte des Kelches kennen wir aus Bibel und Leben.
Nun haben Schale, Becher und Kelch auch die Form der nährenden Mutterbrust, die speist und tränkt. Bild der Fülle und des Genusses, zu Entwicklung und Wachstum führend.
Bekannt ist das „Märchen vom süßen Brei", der aus dem Topf quillt und quillt – wie schön, und irgendwann: wie schrecklich. Oder der Gralskelch: Nach einer anderen Version konnte er ein ganzes Heer ernähren. Oder: Körbe voller wunderbarer Speisung mit Fisch und Brot im NT, oder der Festbecher

beim Opfermahl im Tempel, oder der Segensbecher des Passahmahles, oder auch der Abendmahlskelch als irdisches Angeld des himmlischen Freudenmahles mit Abraham, Isaak und Jakob, Jüngern und Aposteln am Tisch des Herrn – all diese Beispiele gehören zur nährenden Sicht des Kelches.

Die negative Seite: Daß Nahrung schädlich wird, krank macht, Gift ist – das ist schon im Bild des Zornes-, Fluch- und Taumelbechers mit angeklungen.

Ein letztes Bild des Kelches zwischen Leben und Tod oder auch zwischen Nahrung und Gift ist einmal der „Becher der Weissagung", wie etwa der Becher, aus dem Joseph trinkt und „wahrsagt" und den er dann im Reisesack seines jüngeren Bruders Benjamin verstecken ließ. Wasser und Öl sollen die schicksalenthüllende Mischung darin gewesen sein. Becher, aus denen Unglück oder Heil erfahren werden, sind Erzählmotiv und frühe magische Praxis vieler Kulturen. Eine Steigerung dieses Motivs ist der Becher, der dem Gottesurteil dient. Eine Ehebrecherin soll nach 4 Mos 5 einen Becher mit heiligem Wasser, vermischt mit dem Staub vom Boden der Stiftshütte, trinken. Wenn sie unschuldig ist, übersteht sie das Getränk ohne Schaden. Auch dieser Ordal-Becher kann dem Schuldigen zu Fluch oder Heil, zu Tod oder Leben werden.

Der letzte Schritt des Erlebens, das *Denken*, soll uns klare und rationale Orientierung bieten. „Kelch des Heils", sicher bildhaft gemeint, aber doch erfahrbar – was könnte das heute sein? Einen befreundeten Pfarrer habe ich gebeten, mit mir zu überlegen, wo „Kelch des Heils" in unserer Zeit erlebt wird.

Im Alten und Neuen Testament waren Bürger- und Tempelgemeinde eines, hatten Fromme und Unfromme den einen gemeinsamen Goldhintergrund von Heilsgeschichte und Erlösungshoffnung. „Kelch des Heils" war ein verständliches Bild für neues Leben aus Gottes Hand. Wir heute aber leben in einer säkularen, pluralen Gesellschaft. Selbst innerhalb der Kirche sind es nur noch Restbestände der „Kerngemeinde", für die ein christlicher Goldhintergrund von Schöpfung und Erlösung, von heilsamen Ordnungen wie Schuld und Vergebung, Evangelium und Gebot, dieses „simul iustus et peccator" gilt – bis einmal Zeit in die Ewigkeit aufgehoben wird.

Mein Freund hat erst gemeint, die Pokale, mit denen Siege von Mannschaften und Einzelkämpfern rauschhaft gefeiert werden, seien „Kelch des Heils". Ich zweifle: Wird nach trick- und foulreicher Schlammschlacht der Sieg als „geschenkte Gnade" erfahren? Nein, menschliche Spitzenleistung, errungen nach hartem Training, wird hier glorifiziert. Sicher: jubelnd wird der Pokal gehoben; aber er ist nicht beispielhaftes Angebot für einen jeden aus der Sportgemeinde – der Pokal gehört dem „Champion"! Was uns sonst noch eingefallen ist zum Thema „Kelch des Heils": die Tablette, als Medizin und Volksdroge umfassenderes Glücks- und Suchtmittel, als Alkohol oder die Psychopharmaka der Drogenszene. Heil wird von der Tablette nicht erwartet. Es wird ja auch nicht mit Gott gerechnet, aber doch dieses: „Werde wieder stille, meine Seele" – Beruhigung und Ausgeglichenheit, ein Glücksgefühl von „gut-drauf-sein" bis hin zum rauschhaften „ich bin wieder high". Die

Tablette ist Befreier von Schmerz, Sorge, Angst – besonders wenn Krisen und Verfall drohen, wie Arbeitslosigkeit und Krankheit, Alter und Tod.

Die Erfahrung eines düsteren Lebenshintergrundes geht aber heute weit über das Schicksal des einzelnen Menschen hinaus: die Zerstörung des natürlichen Lebensraumes, Hunger, Kriege und selbstverschuldete Naturkatastrophen, Rezession bei den reichen Völkern in Wirtschaft und politischer Moral, ein aufgeheiztes Rüstungs- und Abrüstungsgeschrei: die bisher bekannte Welt geht zu Ende.

Dieses deprimierende Erleben kann verdrängt werden in einem „immer weiter – schneller – stärker"; man kann diese drei Leistungsziele sowohl auf Autos wie auf Sportskanonen, auf Medikamente wie auf Datenerfassung anmelden. In jedem Land gibt es politische Gruppierungen, die hierbei Fortschritt feiern. Ich halte dies für Euphorie und Kompensation der gleichen depressiven Grundstimmung, die heute weltweit da ist und die Krisen des einzelnen noch verstärkt.

Verliere ich mich in zeitkritischen Höhenflügen? Nein. Ich versuche, den „Kelch des Heils", ein Bild für neu geschenktes Leben aus Gottes Hand, genauso umfassend zu sehen, wie den düsteren Hintergrund, der für den Beter des Psalms 116 und bei uns Heutigen ganz global derselbe ist: nämlich die Depression. Der Beter beschreibt als Lebenserfahrung die Symptomatik des Depressiven, auf die er nun als Geheilter und im Dank zurückschaut.

Die Depression, Erkrankung und Heilung – das sehe ich hier im Psalm. Ich möchte zum Vergleich ein Fallbeispiel erzählen und von Peter berichten.

Das letzte, was ich von Peter gesehen habe, war ein Bild, auf dem er strahlend mit seiner Braut abgebildet war, samt Dackel, als verstecktem Hinweis, daß aus zwei auch drei werden können. Hatte sich die Freundin also aus ihrem zerstrittenen Elternhaus, also aus Alkoholmißbrauch und depressiven Zuständen herauslösen können? Hatte möglicherweise Peter weitergegeben, was er selber als Heilung erfahren hat? Als Heilung und als *Heil* – denn Peter ist bewußter Christ. Die Anzeige der kirchlichen Trauung liegt inzwischen vor mir und ich muß sie noch beantworten.

Vor 3 Jahren kam Peter zu mir. Er hatte diese Einfalt des Depressiven, von der der Psalm redet. Wie ein großer Junge, ängstlich und vertrauensuchend, ein aufgeworfener Kindermund mit einem schüchternen Lächeln: „Bin ich hier richtig?", „entschuldigen Sie", ein höflicher Diener, „danke", „bitte", „nach Ihnen" – vor 40 Jahren wurden mittelständische Kinder zu solchem Benimm erzogen. Nie hat Peter Platz genommen, bevor ich nicht gesessen war – wie ein Korsett ist die gute Erziehung. Sie gibt ihm Form, egal in welcher Stimmung er ist. Peter wirkt damit lieb und rührend, und ich habe schmerzhaft die Demütigungen geahnt, die dieser 30jährige erlitten haben muß, um wie ein 13jähriger bei mir hereinzukommen.

Sich selber hat Peter völlig hilflos erlebt, und so wurde er auch von seiner Umwelt gesehen: schwach und mit einem verzweifelten Appell an alle um ihn herum, an mich und an Gott. Hilfe sollte kommen, woher nur irgendwie möglich. Die Symptome: die Tränen, der sturzgefährdete Gang, gebeugt an besonders schweren Tagen und die Dauerunruhe, die keine Selbstermahnung beseitigen kann: „Werde wieder stille, meine Seele" kennen beide, der Beter des Psalms und Peter.

In schlaflosen Nächten und in der bleiernen Müdigkeit am Morgen und den ganzen Tag über quält er sich: Baue ich körperlich ab, sterbe ich langsam, oder bringe ich mich besser vorher schon selber um? „Todesbande" von außen in der Krankheit und von innen in seinen Selbstmordgedanken, „die Unterwelt des Todes" in der äußeren Bedrohung und in der eigenen Seele, so erlebt sich Peter. Aber welche bösen Erfahrungen mit seinem Leben und welche mißglückte Art der Bewältigung ziehen ihn so hinunter, damit er sagen kann: „Ich mach' nicht mehr weiter, ich kann nicht mehr, ich will tot sein!" Im Psalm: „Es umgaben mich Todesbande, Ängste der Unterwelt erfaßten mich, Bedrängnis und Kummer erfuhr ich."

Im Gegensatz zum Beter des Psalms ist uns Peters Schicksal bekannt. Drei Studienabbrüche von Berufszielen, die Vater, Mutter, Pfarrer und andere angeraten hatten, liegen hinter ihm; er selbst hatte noch nie ein eigenes Ziel für sich entdeckt gehabt. Hinter ihm auch eine gescheiterte Ehe mit einem Mädchen, das wohl genauso wirklichkeitsfremd war wie er; war er durch kleinbürgerliche Moral, Strebsamkeit und Kirchenfrömmigkeit von der Welt und einem eigenen Leben immer abgeschirmt worden, so war dies bei seiner Frau durch den abgehobenen Lebensstil und die Ansprüche einer reichen Fabrikantenfamilie geschehen. In einem elitären Sportclub hatten sie sich zusammengefunden. Da war er siegreicher Held und sie entwicklungsbedürftige Prinzessin. Ich will mich kurz fassen: Letztendlich sind Peter die reichen Schwiegereltern so fordernd und kalt begegnet, wie er immer seine eigene Mutter erlebt hatte. Und der Beginn der Depression war an dem Tag, als sein warmherziger und sozial anerkannter Vater beerdigt wurde, überraschend und sehr früh am Herzinfarkt gestorben. Viel zu lange war dieser Vater zu starker Halt und Lebensmotor bei Peter gewesen. Der plötzliche Tod macht Peter hilflos, er fühlt sich seiner Frau, den Schwiegereltern, dem Studium, der Sportkarriere nicht mehr gewachsen, es umgeben ihn „Todesbande".

Konnte ein 30jähriger wirklich nur Opfer seiner Lebensumstände sein, angefangen mit den Eltern bis hin zu den Schwiegereltern? Ist eine neurotische Erkrankung, hier die Depression, so zwangsläufig? Sicher nicht. Aber bereits der Beter des Psalms beschreibt rückblickend den Mechanismus: Alle Schuld liegt draußen bei den anderen, die sind böse und haben mich immer wieder in neue Fallen hineinlaufen lassen. Die eigene Verantwortung kann in der Erkrankung nicht mehr gesehen werden. „Ich sprach in meiner Angst: Alle Menschen sind Lügner" – diese Projektion kennt der Psalmbeter, und sie wird für jeden Depressiven zur Vertrauenskrise gegenüber der Umwelt. Er fühlt sich verraten, im Stich gelassen, vereinsamt – so sehr er auch in seiner Bitte um Hilfe an den anderen zu kleben scheint. Das Wahrnehmen der anderen überhaupt und das Mitleben in der Gemeinschaft „vor allem Volk" und „in Deiner Mitte Jerusalem" kann erst wieder der Geheilte erleben.

Der Psalmbeter und der Patient Peter waren therapie-motiviert. Da ist einmal die Klage, die immer und immer wiederholt wird: „mein lautes Flehen, ich schrie, ich rief um Rettung". Wenn der Psalmbeter von dem einen Tag redet, da ihm geholfen wurde – rückblickend wird das so gesehen. Vorher heißt es meistens: „Mir kann keiner helfen", „nicht wahr, Sie können mir helfen?" „Ich komme schon so lange, und Sie haben mir immer noch nicht geholfen" – so klingt das Lamento. Klagen macht die Erkrankung, auch die Depression erst salonfähig: Wie es ihn kleidet, wenn er leidet. Mancher macht daraus einen neuen Lebensinhalt.

Ich sollte einmal einer jammernden Frau, die seit 5 Jahren 17 Stationen aufgesucht hatte, wo ihr überall nicht geholfen wurde, Therapie anbieten. Ich habe diese Frau gebeten, mich als den 18. Versager zu führen. Nicht mehr die Krankheit, sondern der Nachweis an Gott und alle Welt, ein Mensch zu sein, dem nicht mehr geholfen werden kann, und nun im Leiden der Größte zu sein, ist der neue, sekundäre Krankheitsgewinn – eine perverse Grandiosität.

Damit Klage nicht nur Klage bleibt, gehört ein Tun zur Motivation. Der Psalmbeter hat Versprechungen gemacht, „Gelübde gelobt". Gesagt wird natürlich leicht: „Ich würde ja alles dafür geben, wenn ich wieder gesund würde!" Der Beter aber tut etwas. Er sucht einen Ort auf, an dem er Gehör bekommt. Er verspricht überschaubare, vielleicht im Ritus eingebundene Dinge, nämlich ein Opfer. Indem er dies öffentlich macht, handelt er sozial: Er beteiligt andere und bindet sich damit selbst an eine Gemeinschaft.

Schaue ich auf Peter – seine Klage hat ihn die Therapie aufsuchen lassen. Regelmäßig, pünktlich, je 40 km Hin- und Rückfahrt – das war ein Tun. Das schrittweise Sich-Wieder-Eingliedern: in den Kollegenkreis, in den Sport, unter die Freunde und Bekannten, und nicht nur Hilfe-Annehmen, sondern auch -Geben, etwa am langen Samstag einem Freund im Sportgeschäft aushelfen; es geht auch hier um Aktivität!

Das Tun bewirkt zweierlei: Einmal werden die eigenen Größenfantasien begrenzt, die ja bekanntlich größer werden, je schlechter es uns geht. (Je älter ich werde, desto schneller konnte ich mit 14 Jahren laufen!) Und zum anderen wird die eigene Versagenserfahrung und -angst langsam abgebaut; ich habe kleine Erfolgserlebnisse. Das Tun gehört mit zur Therapie des Depressiven.

Was ist gleich und was ist anders in der Therapie des Psalmisten und bei Peter?

Ein Hinhören, nicht nur akustisch, sondern mit der ganzen Person, bis hin in die Körperhaltung: „Er hat sein Ohr zu mir geneigt" – so erlebt der eine den Therapeuten und der andere die Stille und die Gottesdienste im Tempel. Ein sich immer wiederholendes Klagen wird zugelassen: flehen, schreien, rufen – die Geduld des Analytikers muß den langen Atem vieler Klagepsalmen haben, in denen der Leidende ausdrücken darf, was ihn quält, – auch wenn nachher einmal der Umschwung einem einzigen Tag zugeschrieben wird.

Heilfaktoren in der Therapie sind das Übertragungsgeschehen und die Deutungsarbeit. Ich begebe mich nun auf die grobe Gratwanderung des Vergleichens. Ich kann nur andeuten. In der Übertragung werden die früheren

seelischen Verletzungen des Patienten: der Mangel an Liebe, das Nicht-Wahrgenommen- und Mißverstanden-Worden-Sein, das Zuwenig oder Zuviel an Nähe und Distanz, an Geborgenheit und Freiheit – eben die vielen Defizite, die die Kinder von gestern oft bei ihren Kindern von heute wiederholen, – all dies wird im Gegenüber zum Therapeuten wieder belebt. Das muß anhand der alten und aktuellen Lebensgeschichte durchreflektiert werden. Und: in, mit und unter diesem intimen Geschehen erfährt der Patient eine – hoffentlich selbstlose – Nähe und respektvolle Distanz des Analytikers, die ihn mit seinen früheren Mangelsituationen Frieden schließen lassen. Zur Übertragung gehört auch, es klang schon an, die Abstinenz: dem Vertrauen – „ich habe geglaubt", also auch dem Analytiker – und dem Mißtrauen – „alle Menschen sind Lügner", also auch der Analytiker – gilt es standzuhalten.
Am Ende des Prozesses sollte eine Ablösung stattfinden. Der Blick zurück in Zorn oder Klage oder ewig unerfüllter Sehnsucht in Hinblick auf Kindheit, Eltern, Lebensumstände, das sollte zu Ende sein, ebenso wie die Abhängigkeit vom Analytiker, die für den Heilungsprozeß auf Zeit notwendig war. Ein mündiger Mensch sollte für sich selber die Verantwortung übernehmen, auch fürs Weiterleben mit möglicherweise irreparablen Beschädigungen.
Läßt sich ein Übertragungsgeschehen im Psalm finden? „Ich liebe Jahwe" – ist die innigste Liebesübertragung, und die Ablösung ist ziemlich mißglückt, wenn sich der Psalmbeter schlußendlich als freigelassener Leibeigener im Hause seines Therapeuten bezeichnet: „Ich bin Dein Knecht, Sohn Deiner Magd!". Das Ganze gipfelt dann in lauter Reklame für den Arzt: „Meine Gelübde erfülle ich Jahwe, und zwar vor allem seinem Volk, ... in Deiner Mitte, Jerusalem! Hallelujah!"
An dieser Stelle freilich ist zu fragen: Hat es das, was wir heute als Deutungsarbeit bezeichnen, damals überhaupt gegeben? Und wenn es so etwas gegeben haben sollte, war es dann unzureichend, weil keine Ablösung stattgefunden hat, von diesem Therapeuten, der hier Gott ist?
Oder ist die Frage einer Ablösung von Gott überhaupt irrelevant?
Damals und heute ist wohl gemeinsam das Bearbeiten der Projektion: „Alle Menschen sind Lügner". Die schmerzhafte Einsicht auch in die eigenen Schattenseiten muß in der Psychoanalyse wie im Tempel gewonnen werden: meine Fehler und meine Schuld. Vielleicht verstehe ich in der Psychotherapie mehr, warum alles so gekommen ist, aber die Klage darüber und die Reue werden gleich sein. Für die Bitte um Vergebung wird der Analytiker weiterverweisen zum Seelsorger.
Die Deutung der Zusammenhänge geschieht in der Therapie auf dem Millimeterpapier der Lebensgeschichte des einzelnen. Ob einmal diese Lebensgeschichte als Blatt im Buch des Lebens gesehen wird, das Gott in der Hand hält – dies ist Glaubensaussage und nicht Therapieziel.
Ich bin der Meinung, daß der Analytiker auf Nachfrage sein eigenes Bekenntnis aussprechen sollte; aber er darf es nicht verbindlich für den Patienten machen. Das wäre Indoktrination oder Manipulation – und alles andere als Evangelium!

Beim Deutungsgeschehen im Tempel wird vom Schicksal des einzelnen Menschen abstrahiert. Der Beter des Psalms mußte sich wiederfinden in dem grundsätzlichen Angebot, daß Gott Herr des gesamten Lebens ist, auch seines Lebens in den düsteren Aspekten. In den biblischen Geschichten von der „Opferung Isaaks", dem Kampf „Jakobs am Jabbok" oder der Abschlachtung von 400 Baalspriestern durch Elia ist das grundsätzliche Wissen des Alten Testamentes ausgedrückt, das Amos viel später einmal so ausspricht: „Ist auch ein Unglück in der Stadt, das der Herr nicht macht?" Es war Gott selbst, der hinter Bedrängnis, Kummer, Tränen, ja Todesbanden und Unterwelt gesehen wurde. Der Beter des 116. Psalms war also mit seinem persönlichen Leiden nicht außerhalb der göttlichen Ordnung. So können sich verzweifelte Patienten heute nicht mehr wahrnehmen; sie fragen: Was habe ich falsch gemacht? Warum trifft es mich? Wie kann Gott oder das Schicksal das zulassen? Die Jahrtausende alte, differenzierte Deutung des Alten Testamentes haben wir aus den Augen verloren.

Zurück zur Übertragung: Heilung kommt immer aus der Erfahrung von Zuwendung. Natürlich können frühe und große Mängel niemals wieder gutgemacht werden. Aber in der Gegenwart erlaubt mir jetzt erlebte Liebe zu sehen, zu beweinen und zu betrauern, was Menschen – und wenn ich im Tempel bin, was Gott – mir gegeben haben oder nicht gegeben haben. Mein Leid erfährt hier die schwere und schmerzhafte Würde des von Gott sehr seltsam und unverständlich aber doch Geliebten. Aus meiner Frage „Warum?" kann die Frage „Wozu?" werden. Da wendet sich der Blick aus der Vergangenheit in die Zukunft. Und dieser Akt geschieht in Schutz, Ritus und Gemeinschaft der Tempelgemeinde; es ist ein mütterlich bergender Bereich, in dem Festmahl und Opfer nicht nur, aber auch Abbild von gelebtem Sozialverhalten untereinander sind.

Die zweierlei „Therapeuten", Jahve, der sich in der Tempelgemeinde verhüllt anbietet, und den Analytiker zu vergleichen – das geht nicht.

Am Ende einer geglückten Therapie sagt der Patient vielleicht: Herr Sowieso hat mir geholfen. Wenn die Therapie nicht gut war, wird er sagen: Herr Sowieso hat mich „geheilt" oder „nicht geheilt". Warum sage ich das so? Ich bin bestenfalls Hebamme für den Patienten. Was neu wird, muß in seiner Seele ausgetragen und geboren werden. Nicht nur zu mir muß der Patient Vertrauen haben, sondern ich auch zu ihm: Daß die Selbstheilungstendenzen in ihm größer sind als die destruktiven und mißglückten, krankmachenden Versuche, mit denen er bisher mit sich, mit seiner Umwelt und seinem Leben zurechtgekommen ist. Trotzdem werde ich seine bisherigen Erlebens- und Verhaltensmuster respektieren: Mit ihnen hat sich der Patient bis heute im Leben zurechtgefunden, und sie haben ihn auch bei mir die Therapie aufsuchen lassen.

Genauso respektvoll werde ich abwarten und behutsam kommen lassen, was an neuen Einstellungen und Möglichkeiten auftaucht. Wir werden also beide, Patient und Therapeut, respektieren müssen, was die bestimmenden Mächte im Leben des Patienten sein werden.

Ob der Patient am Ende sagen wird: „Ich habe es geschafft!", oder aber „Gott sei Dank!" – das habe ich nicht in der Hand.
Vielleicht war die Therapie der Depression beim Psalmisten leichter als die Therapie bei Peter oder beim depressiven Menschen unserer Zeit. Die Gemeinde des Alten Testamentes hatte und – das ist meine These – die christliche Gemeinde heute hätte Ressourcen, Möglichkeiten, die als heilende Erfahrung wieder belebt werden müßten. Es sind dies die alten Angebote im Raum des Glaubens, die die Gemeinde kennt: ihre Verkündigung, ihr Ritus und ihre gelebte Gemeinschaft.

Manfred Josuttis

# Erntedank – ein „unmögliches" Fest [1]

Der Pfarrer erlebt den brennenden Dornbusch normalerweise am Schreibtisch. Um eine Predigt vorzubereiten, beschäftigt er sich mit einer Perikope, deren Beziehungen zur Naturreligiosität unübersehbar sind. Offenbarung, Berufung und Befreiung ereignen sich an einem Ort, den heute nur jene Gemeindeglieder aufsuchen würden, die ihren Gott, wie sie sagen, im Wald erleben. In den Romanen der Gegenwart ist der Dornbusch deshalb zum Symbol asketischen Lebens geworden [2]; und Epiphanien finden nicht mehr hier, sondern am Bildschirm statt [3].

Die Spannung zu den naturreligiösen Traditionen der biblischen Überlieferung, die für das Zeichen des brennenden Dornbusches charakteristisch ist, gehört auch zur Signatur eines Festes, das immer noch begangen wird, obwohl es eigentlich unmöglich ist. Das Erntedankfest ist für die liturgiewissenschaftliche Arbeit deshalb so aufschlußreich, weil es sich jeder einseitigen Systematisierung entzieht. Historisch taucht es in der Kirchengeschichte immer nur sporadisch und am Rand auf.[4] Theologisch sprengt es die Ordnungsprinzipien von theoretischen Konzeptionen, ob sie das Kirchenjahr nun christologisch als Folge von Herrenfesten [5] oder kosmologisch von den solaren und lunaren Naturrhythmen [6] her interpretieren. Und soziologisch steht es zur agrarischen Produktion in der Industriegesellschaft erkennbar im Widerspruch.

Daß auch die Symbolisierung, also die symbolische Gestaltung dieses Festes in Worten, Zeichen und Handlungen, schwierig, ja eigentlich unmöglich ist, liegt auf der Hand. Denn eine kultische Symbolisierung, die das Festgeschehen prägt, setzt immer ein in sich nicht harmonisches, aber stimmiges Geflecht von

- psychischen Bedürfnissen des einzelnen und des Kollektivs,
- gesellschaftlichen Konstellationen und
- religiösen Traditionen voraus.

Feste sind auf solche Symbolisierungen angewiesen. Denn nur in ihnen kommt das festliche Ereignis zur Darstellung, finden die einzelnen am Fest in die Gemeinschaft und kann das Fest als außerordentliche Zeit erlebt werden.

## *I.*

Die meisten Probleme unserer christlichen Religion werden faßbar durch den Vergleich mit anderen Religionen. Diese sollen dann nicht als Maßstab einer heilen religiösen Welt dienen, sondern als Hinweis auf die Konstanz von

Bedürfnissen und auf die Varianz von Lösungen, die die verschiedenen Kulturen mit ihren Symbolsystemen gefunden haben.
Wer sich mit diesem Interesse auf dem Feld der Religionsphänomenologie umtut, muß zunächst konstatieren: Unser Erntedankfest ist eigentlich und ursprünglich ein „Erntefest". In diesen unterschiedlichen Begriffen sind zwei bedeutsame Sachverhalte involviert. In zeitlicher Hinsicht wird das Erntedankfest nach der Ernte gefeiert. Erst ist die Arbeit erfolgt, dann kommt der Dank. Die klassischen Erntefeste dagegen sind selber ein Teil der Erntearbeit gewesen, sind also Ziel und Höhepunkt der Arbeit, nicht ein Geschehen, das erst nach der Arbeit fällig ist.[7] In sachlicher Hinsicht zeigt sich darin ein anderes Verständnis des menschlichen Handelns. Das Erntedankfest rechnet mit einem Doppelaspekt – wir haben profan produziert und feiern religiös. Die Erntefeste dagegen sehen das agrarische Handeln aufs engste mit den spirituellen Akten verknüpft.[8]
Die Erntefeste haben deshalb nicht nur einen jahreszeitlich bedingten Anlaß, zu dem sie stattfinden müssen, sondern sind immer auch fundiert in einem Mythos, in einer Festlegende, die einen universalen Horizont aufreißt. Das Erntegeschehen vollzieht sich ja nicht einfach als Akt agrarischer Produktion, sondern ist eine Heilserfahrung, die in der Göttergeschichte präformiert ist und im Gottesdienst zur Darstellung kommt. Auch hier, beim Erntefest, ist der Ritus Praxis eines Mythos und nicht Veranstaltung aus gegebenem Anlaß.
Also werden in die Darstellung des Festgeschehens nicht nur die Erntevorgänge integriert, sondern auch die grundlegenden Triebkräfte des Lebens, Aggressivität und Sexualität. An vielen Stellen der Erde wird „die Ernte als Jagd- und Opferfest begangen"[9], wobei die Logik dieses Geschehens nur schwer zu interpretieren ist. Vielleicht handelt es sich hier um jene „Ökonomie der Verschwendung", von der G. Bataille gesprochen hat: „Immer geht es darum, der realen Ordnung, der Armseligkeit der Dinge etwas zu entreißen, der göttlichen Ordnung etwas zurückzugeben; das Tier oder die Pflanze, deren der Mensch sich bedient (als hätten sie nur einen Wert für ihn, nicht für sich selbst), wird der Wahrheit der intimen Welt zurückgegeben; auf die Weise hat er teil an einer heiligen Kommunikation, die ihn seinerseits der inneren Freiheit zurückgibt."[10] Der Mensch kann der Natur, in der er sich findet, nur etwas nehmen, wenn er bereit ist, ihr sofort auch etwas zu geben. Deshalb gehören zum Erntefest die Akte des Vergießens, des Verbrennens, des Schlachtens. In unserer Gegenwart verstehen wir auch deutlicher, daß der Eingriff in die Natur[10a], wie es die Praxis von Saat und Ernte in jeder Form darstellt, der Versöhnung durch ein Opferhandeln bedarf.
Zu den exzessiven Elementen des Erntefestes gehört aber nicht nur die religiös geformte Aggressivität, sondern auch der Rausch. Den äußeren Anlaß liefert gerade im mediterranen Raum die Weinlese. Die religiöse Dimension, die ekstatische Erfahrungen auch sexueller Art freilegt, ergibt sich aus der Feier der Fruchtbarkeit. Nachwirkungen kann man noch in den Volksbräuchen konstatieren: so wird in der Normandie zum Dreschermarkt

ein Widder geschlachtet, „der Schwanz abgehauen und besonders gebraten und jedem jungen Mädchen in der Gesellschaft wird ein Stück davon ‚mit vielem Gelächter' präsentiert"[11].

Natürlich ist diese sexuelle Kompenente des Erntefestes nicht ohne den Hintergrund einer Verehrung der „Großen Mutter" zu verstehen. „Als Erd- und Fruchtbarkeits- ebenso wie als Himmels- und Regengöttin, deren Priesterin ursprünglich die magische Verwalterin des Regenzaubers war, ist die Große Göttin überall Herrin über die der Erde entsprießende Nahrung, und alle damit verbundenen Bräuche unterstehen ihr und hängen mit ihr zusammen. Sie ist die Herrin der ‚Ackerbaukultur', ob die Frucht dieses Ackers nun Reis, Mais oder Weizen, Gerste, Tapioka oder irgendeine andere Nährfrucht des Bodens sei. Aus diesem Grunde ist die Große Göttin so oft mit einem Pflanzensymbol verbunden, in Indien wie in Ägypten mit dem Lotos, als Isis ebenso wie als Demeter und später als Madonna mit der Rose. Blüte und Frucht gehören zu den typischen Symbolen, welche die griechische Mutter – Tochter – Göttin in den Händen hält, und die Ähre ist nicht nur das Symbol der Göttin von Ras Schamra und der Ischtar, sondern auch das der Demeter, der Ceres und der Madonna, die als Erdmutter die Madonna im ‚Ährenkleid' ist."[12]

*II.*

In einem kapitalistisch organisierten Gesellschaftssystem hat ein solches Erntefest natürlich keinen Platz. Hier herrschen die Prinzipien der Rationalität, der kalkulierten Produktivität und der Effizienz, jedenfalls an der ideologischen Oberfläche. Kaum versteckt, wenn auch nur schwer verstehbar gibt es freilich auch hier Phänomene eines irrationalen Verhaltens. Das Gesetz der Produktionssteigerung führt zur Zerstörung der Produktionsvoraussetzungen, indem durch Düngung und andere Eingriffe in die Natur Erde, Luft und Wasser zunehmend vergiftet werden. Die Ergebnisse der Produktionssteigerung müssen kostspielig gelagert und aufwendig vernichtet werden, ein Phänomen der Verschwendung, dem freilich jede religiöse Logik und damit auch jeder Sinn abhanden gekommen ist. Das Geschehen von Saat und Ernte folgt in unserer Gesellschaft also nicht mehr den Gesetzen überirdischer Mächte. Die Mächte, die jetzt am Werk sind, sind sehr irdischer Art und von sehr irdischen Interessen bestimmt.

Die Veränderungen in der Ökonomie haben direkte Auswirkungen auf den Vollzug und das Erleben des Erntefestes. So hat die fortgeschrittene Industrialisierung der Landwirtschaft die Abhängigkeit von der Natur reduziert und die Abhängigkeit von gesellschaftlichen Prozessen verstärkt. Die Kleinbauern arbeiten weitgehend für ihren Maschinenpark. Die Massentierhaltung verändert das menschliche Verhältnis zur Kreatur. Industrielle Innovationen verlangen auch im Agrarsektor hohe Investitionen. Diese Überformung des primären Produktionsbereichs durch den sekundären hat Abhängigkeitsstrukturen geschaffen, die religiös kaum interpretierbar sind.[13] Was

im 19. Jahrhundert mit der Arbeiterschaft geschehen ist, daß sie nämlich von ihrem Arbeitserleben her kaum Zugang zu religiösen Deutungsmustern gefunden hat, wird zunehmend mehr auch die Mentalität der in der Landwirtschaft Tätigen prägen.
Eine wesentliche Folge der Industrialisierung im Agrarbereich ist die Reduzierung des dort arbeitenden Personals. Die bäuerlichen Betriebe waren bei allen Unterschieden zwischen Großgrundbesitzern und Nebenerwerbsstellen immer weitgehend familienzentriert[14], und auch die abhängigen Dienstleute gehörten mit ihrer ganzen Familie zum Gut des Feudalherrn. Heute geht die Tendenz eindeutig in Richtung auf Kleinfamilie, mit erkennbaren Schwierigkeiten für junge Landwirte, Ehefrauen für diese unstrukturierte Arbeit zu finden. Für das kirchliche Fest bedeutet das alles: Die Zahl derer, die Erntedank feiern und noch direkt im agrarischen Produktionsprozeß stehen, wird immer geringer. Die meisten Gottesdienstbesucher an diesem Tag sind bestenfalls Hobbygärtner oder Blumenbeetbesitzer. Sie haben bäuerliche Ernte nicht direkt erlebt und sind von der Ernte auch nicht ökonomisch abhängig.
Überhaupt führen die Ungereimtheiten der Landwirtschaftspolitik im Kapitalismus dazu, daß die ökonomische Seite der Ernte immer undurchschaubarer wird. Der globale Markt und seine Interdependenzen sorgen dafür, daß die Qualität eines Ernteertrags schwer abschätzbar ist. Eine gute Ernte im alten Sinn, eine reiche Ernte, kann durchaus eine schlechte Ernte sein, weil die entsprechenden Marktmechanismen die Preise drücken. Öffentlich gewordene Lebensmittelskandale in der Weinverarbeitung, in der Kälbermast können das Käuferinteresse lähmen, hohe Investitionen sind dann vergeblich gewesen. Die Subventionspolitik honoriert in ihrer Hilflosigkeit unter Umständen paradoxerweise ein Verhalten, in dem man auf Saat und Ernte verzichten muß.
Wofür dankt man beim Erntefest heute? Daß man auch in diesem Jahr die Maschinen bezahlen kann? Daß das Gemüse im Kleingarten nicht vergiftet ist? Daß die Lobby des Bauernverbandes in Bonn und in Brüssel erfolgreich gewirkt hat? Können Produzenten und Konsumenten auf Grund ihrer unterschiedlichen Interesselagen überhaupt noch gemeinsam ihren Dank artikulieren?

## *III.*

Die Industrialisierung der Landwirtschaft im Kapitalismus reduziert die religiösen Interpretations- und Symbolisierungsmöglichkeiten der Arbeit im Agrarbereich, weil sie deren Abhängigkeitsstrukturen grundlegend verändert hat. Das Erntedankfest hat angesichts der Produktionsverhältnisse viel von seiner überlieferten Plausibilität verloren. Aber auch innerreligiöse Entwicklungen haben die Bedeutung des Erntefestes für den christlichen Glauben an den Rand gerückt. Was einmal Zentrum der Jahwe-Verehrung gewe-

sen ist, hat seine Relevanz für Lebensgestalt und Verständnis der christlichen Religion weitgehend verloren.
Wenn S. Mowinckel[15] Recht gehabt hat, dann hat es in Israel „ein herbstliches Neujahrsfest als Thronbesteigungsfest Jahwes" gegeben.[16] Sehr deutlich zeigt sich an dieser Stelle die polyvalente Aufladung des Erntefestes, wie sie schon in den religionsphänomenologischen Feststellungen zutage getreten ist. Dieses Fest, das man auch in der kanaänäischen Umgebung begangen hat (Ri 9,27), war

- Ereignis im kosmischen Jahreszyklus (Neujahr),
- Ereignis im sozialen Arbeitsrhythmus (Ernte) und
- Ereignis einer religiösen Regeneration (Bundeserneuerung).

Kosmische Erfahrung, gesellschaftliche Arbeit und religiöse Tradition kamen in diesem Fest gemeinsam zur Darstellung.[17] Das Erntegeschehen war eingebettet in eine universale Weltauslegung, wobei es nach Ps 93,96-99 zugleich „universalen Anspruch des Segens für die ganze Schöpfung erhebt"[18].
In einem Prozeß, der in seinen Einzelheiten schwer zu rekonstruieren ist, in dem aber auch und vor allem politische und ökonomische Faktoren eine wichtige Rolle gespielt haben dürften[19], ist diese Polyvalenz des Erntefestes verlorengegangen und das Fest selber aus dem Zentrum des kultischen Handelns verschwunden. Mindestens die theologischen Aspekte dieser Entwicklung kann man relativ deutlich in einigen Punkten fixieren.
Die christologische Orientierung des Jahreszyklus hat die kosmische Dimension zwar nicht prinzipiell ausgeklammert, wie sich vor allem im altkirchlichen Streit um den Ostertermin gezeigt hat. Aber sie hat auf jeden Fall dazu geführt, daß Feste, die sich einer christologischen Besetzung gegenüber sperrig verhalten, wie der Neujahrstag und das Erntefest, an den Rand geraten. Nicht zufällig wird das Bundeserneuerungsfest in unserer Gesellschaft heute wahrscheinlich zu Weihnachten gefeiert. In der Geburt des heiligen Kindes wird die Regeneration des einzelnen und der Gemeinschaft begangen.
Mit dieser christologischen Ausrichtung eng verknüpft ist ein spezifisches Verhältnis von Schöpfung und Erlösung. Das Christusgeschehen zielt im Zentrum auf eine Erneuerung von Himmel und Erde im Sinne des apokalyptischen Bruchs. Es gibt keine zyklische Regeneration der Schöpfung, sondern ihre Erneuerung durch die endzeitliche Katastrophe hindurch. In diesem Rahmen verändert sich das Verhältnis zur Schöpfung und das Verständnis von Segen. Elemente einer naturbezogenen Religiosität können zwar immer noch in den Glauben integriert werden, aber sie stehen zugleich unter eschatologischem Vorbehalt. Die Erlösungshoffnung ist wichtiger als alle Schöpfungserfahrung.
Deshalb wird auch und gerade beim Erntefest auch heute noch jene theologische Abwehr wirksam, die von jeher die heidnischen Elemente der kirchlichen Feste kritisch betrachtet hat. Die katholische Ritenreform hat Aspekte eines phallischen Rituals, die schon F. Heiler aufgedeckt hatte, aus der Feier der Osternacht endgültig getilgt.[20] Eine gewisse Distanz zu den naturreligiö-

sen Symbolen des Weihnachtsfestes ist den meisten Pfarrern geläufig. Und eine entsprechende Abwertung naturreligiöser Gottesvorstellungen wird man für die Theologiegeschichte generell unterstellen dürfen. Jahwe, der Vater Jesu Christi, ist kein Fruchtbarkeitsgott gewesen, und die Kirche hat es von jeher schwer gehabt, die Erfahrung von Fruchtbarkeit symbolisch zu integrieren. Selbst die Taufe, die ein gerade geborenes Menschenkind in die Gemeinschaft der Heiligen aufnimmt, vollzieht den apokalyptischen Zweischritt von mortificatio und vivificatio. Leben gibt es hier wie in anderen Religionen nur durch das Sterben hindurch. Aber vielleicht drückt sich diese archaische Einsicht ja auch in den Bedürfnissen nach Erntedank aus.

*IV.*

Die Ernte in unserer Gesellschaft vollzieht sich ohne Bezug zur Religion. Und unsere Religion besitzt, was ihr christologisch-theologisches Zentrum betrifft, keinen direkten Bezug zum Erntegeschehen. Dennoch ist in der Kirchengeschichte immer wieder und so auch heute ein Erntedanktag begangen worden. Offensichtlich melden sich darin unabhängig von gesellschaftlichen Konstellationen und religiösen Traditionen spezifische psychische Bedürfnisse zu Wort. Der französische Soziologe M. Mauss hat die Hypothese aufgestellt, daß sich aller gesellschaftlicher Verkehr nach dem Prinzip des Gabentauschs in den drei Schritten Geben, Nehmen und Erwidern vollzieht.[21] Das gilt nicht nur im wirtschaftlichen Bereich, sondern auch in der Justiz, in der Religion und in den privaten Kontakten. Wer von einem anderen eingeladen wird, muß diese Einladung in der Regel annehmen und weiß, daß er sie normalerweise erwidern muß. Offensichtlich wird Ernte auch heute noch als Gabe verstanden, auf die man nur mit Dank reagieren kann. Wobei „Ernte" im Erleben der Gottesdienstbesucher wahrscheinlich weit über den Agrarsektor hinausgeht. Zur Ernte gehört alles, was durch menschliche Arbeit der Lebenserhaltung dient. Ernte ist im passiven und aktiven Sinn Segen.

Deshalb bleibt Ernte nach wie vor mit Abhängigkeitserfahrung besetzt. Gewiß sind heute an die Stelle religiöser Abhängigkeitsfaktoren zunächst gesellschaftliche Instanzen und politische Entwicklungen getreten, die für den ökonomischen Erfolg menschlicher Arbeit verantwortlich sind. Denen dankt man auf entsprechende Weise durch Mitgliedsbeiträge, mit Hilfe der Steuer, auf Wahlzetteln. Wenn es in der aktuellen Ernteerfahrung um den Dank für die Möglichkeiten der Lebenserhaltung geht, dann kann dieser Dank freilich nicht bei solchen Instanzen stehen bleiben. Sie würden zu totalen Lebensgaranten aufgewertet, wenn sie den ganzen Dank verdienten, den Menschen für das Geschenk des Lebens empfinden. Der Dank in der Abhängigkeit des empfangenen Lebens zielt deshalb auch heute noch auf eine Instanz, der gegenüber die Abhängigkeit zugleich total und in Gnade begrenzt ist. Deshalb drückt sich im Erntedank Gott gegenüber auch ein politisch wichtiges Transzendierungsbedürfnis aus. Hier wird die Welt als

„Manna" erlebt. „Das Dasein ist größer als wir, es reicht über das hinaus, was wir mit unserer Kultur, unserer Gesellschaft, unseren Pflichten, unserer Arbeit, unserer Produktionsform erzeugen. Das Dasein ist größer als wir und unsere Menschenwelt. Es ist in seinen fertig ausgebildeten Definitäten, die Quellen der Freude sind, größer als wir. Es ist auch als Todesmacht und als Vergeltungsmacht größer als wir."[22]

Das Erntefest hat deshalb auch immer aus der Erfahrung gelebt, daß menschliche Arbeit von sich aus nur in Grenzen erfolgreich ist. Mindestens das Wetter hat den Menschen zu einer realistischen Selbsteinschätzung geholfen. Mit unserer Arbeit können wir viel, aber nicht alles machen. Deshalb ist das Erntefest ein konstitutiver Bestandteil religiöser Weltauslegung gewesen, weil es die Begrenzung menschlicher Macht zur Darstellung bringt. Und in den Mythen dieses Festes war die Verknüpfung mit Kosmos und Heilsgeschichte der sachgemäße Ausdruck dafür. Im Erntedank drückt sich auch heute die Einsicht aus, daß die Reichweite des Wachstums begrenzt ist, daß die Eigenrechte der Schöpfung respektiert sein wollen[23] und daß menschliche Arbeit als Eingriff in die Mutter Erde der Versöhnung bedarf.

## *V.*

Durch die bisherigen Überlegungen dürfte beides deutlich geworden sein, die Eigenart dieses Festes und die Schwierigkeiten seiner Symbolisierung. Im Zentrum steht der Dank für den Segen menschlicher Arbeit. Das unterscheidet dieses Fest von den großen Terminen des Kirchenjahres, in denen es um das Heilshandeln Gottes geht, bezogen auf menschliche Grunderfahrungen. Das Mysterium der Geburt wird zu Weihnachten begangen, das Mysterium von Sterben und Auferstehen zu Ostern und das Mysterium der heiligen Vereinigung am Pfingstfest. Am Erntefest danken die Menschen, daß sie in Gottes Schöpfung arbeiten dürfen und daß ihre Arbeit durch Gottes Segen der Lebenserhaltung dient.

Auch heute noch gibt es offenkundig viele Zeitgenossen, die das festlich zur Darstellung bringen wollen. Diesen psychischen Bedürfnissen stehen aber gesellschaftliche Konstellationen entgegen, die durch Arbeitslosigkeit, durch die Strukturen von Produktion und Konsumtion das Festerleben aushöhlen. Hinzu kommen jene Verlegenheiten der christlichen Tradition, die aus den verschiedensten Gründen schon zum vorindustriellen Erntegeschehen auf Distanz gegangen ist. Wenn es geschichtlich einen Zusammenhang gibt zwischen der theologischen Abwertung der Schöpfung und der ökologischen Ausbeutung der Natur[24], dann läßt sich die Aufgabe einer Gestaltung des Erntedankfestes auch so formulieren: Wie kann man an diesem Tag im Gottesdienst gegen Entwicklungen angehen, die das Christentum mindestens teilweise selber ausgelöst hat?

Eine generelle Antwort auf diese globale Frage ist hier natürlich nicht möglich. Immerhin läßt sich eine Typologie erstellen, in die die meisten Vorschläge zur Symbolisierung des Festes hineinpassen. In der Gemeindepraxis werden die konkreten Entwürfe meistens auf eine Mischform der unterschiedlichen Ansätze zielen.

Eine erste Möglichkeit besteht in der Darbringung der Erntegaben auf dem Altar. Eine solche symbolische Handlung, die schon im Alten Testament zum Erntefest gehört hat, ist insbesondere in der Aufklärungszeit empfohlen worden[25] und in vielen Gemeinden heute noch selbstverständlich. Wird diese Form unreflektiert weitergeführt, kann sie leicht in Richtung auf religiösen Kitsch degenerieren, weil sie die konkrete Realität heutiger Agrarproduktion und ihrer marktwirtschaftlichen Hintergründe außer Betracht läßt. Im Rahmen einer solchen Symbolisierung wird der Erntedank zum Fest der Kleingärtner oder derer, die im Geschäft die Gaben für diesen Sonntag eingekauft haben. Deshalb kommt es bei einer Repitition dieser Überlieferung sehr genau darauf an: Woher kommen die Gaben? Wer hat sie gebracht? Wer kann sich in ihrer Präsentation wiederfinden?

Die Gegenmöglichkeit besteht in der Aufdeckung dessen, was heute in negativer Hinsicht mit der Natur geschieht. Kranke Robben, tote Fische, sterbende Bäume, wie sie alltäglich über den Bildschirm huschen, machen auf einen globalen Prozeß der Lebenszerstörung aufmerksam, den man so oder so auch im Gottesdienst symbolisch vergegenwärtigen könnte. Der theologische Anspruch, der sich damit verbindet, wäre der Gattung nach eine Bußpredigt in der modernen Form der Gesellschaftskritik, die auf radikale Veränderung, ja Umkehr zielt. Dank, wie er sich in diesem Kontext darstellt, würde Denken erforderlich machen und ein Handeln, das die Konsequenzen nicht scheut.[26] Die kritischen Elemente des biblischen Gottesgedankens, die ansonsten bei den Festen sich immer noch gegen Formen von Naturreligiosität richten, müßten heute gegen jene Macht der Naturzerstörung gewendet werden, die sich im Mammonsdienst potenziert darstellt.

Auf eine andere Linie der Aufklärungstradition greift das zurück, was man als Angebot einer Alternative im landwirtschaftlichen Bereich bezeichnen könnte. Die Pfarrer im ländlichen Raum haben schon immer die Verbesserung des Landbaus im Interesse der Volkserziehung und Volksgesundheit unterstützt.[27] Heute könnte eine grundlegende Aufgabe mindestens darin bestehen, daß man die unterschiedlichen Formen landwirtschaftlicher Produktion, die es in vielen Gegenden gibt, miteinander ins Gespräch bringt. In der Homiletik hat man für die großen Feste oft eine Lehrpredigt empfohlen. Sie würde in diesem Fall nicht in dogmatischer, sondern in paränetisch-informativer Absicht gehalten werden.

Eine letzte Möglichkeit greift auf jene strukturelle Eigenart des archaischen Erntefestes zurück, zu dem immer eine Verknüpfung zwischen Heils- und Segenserfahrung gehört hat. Formuliert findet sich eine solche Synthese heute in den Begleitgebeten zur Gabenbereitung im römischen Meßformular: „Gepriesen bist du Herr, unser Gott, Schöpfer der Welt. Du schenkst uns das Brot, die Frucht der Erde und der menschlichen Arbeit. Wir bringen dieses Brot vor dein Angesicht, damit es uns das Brot des Lebens werde."[28] Protestantische Zurückhaltung gegenüber dem Opfergedanken sollte uns nicht daran hindern, den Wahrheitskern, der sich in diesen Worten ausdrückt, gerade am Erntedankfest wahrzunehmen. Wir bringen das Brot, das Gott uns gegeben hat, und er gibt uns in diesem Brot den Leib seines Sohnes. Wenn es bei der Symbolisierung des Erntedanks zu einer solchen Verkoppelung von Segenserfahrung und Heilsgeschichte kommt, dann hat das alte Erntefest gerade im Zeitalter der Lebensgefahr sein verheißungsvolles Fundament gefunden. Der Vorteil einer solchen Symbolisierung ist offenkundig. Sie besteht in der Reduktion auf das Elementare. Sie beinhaltet einen Bezug zum zentralen Christusgeschehen. Vor allem erlaubt sie die Integration aller Negativerfahrungen, die sich heute im Naturbereich abspielen.[29] Die Schöpfung ist bedroht. Im Zeitalter der Lebensgefahr sind alle Zukunftsperspektiven verdunkelt. In dieser Situation Hoffnung zu formulieren und Gewißheit zu vermitteln, kann nur mit jenen Symbolen gelingen, die Leben durch das Sterben hindurch verheißen. Deshalb ist gerade in unserer Gegenwart das unmögliche Erntedankfest mit Grund nur zu feiern, wenn das zu realisieren gelingt, was in der Religionsgeschichte sehr oft zur Grundstruktur des Erntefestes gehört hat, die Synthese von Schöpfungs- und Rettungserfahrung.

In der Nähe des sterbenden Dornbuschs singen auch heute die Vögel und blühen auch heute noch Blumen. „Der Gott der Vögel unter dem Himmel und der Lilien auf dem Felde ist ein Gott der Gnade. Sie verkündigen es in ihrer Sprache, die Vögel unter dem Himmel und die Lilien auf dem Felde. Mehr aber als an ihnen, eindeutiger und endgültiger noch macht er an seinem eigenen Sohn sichtbar: Daß er das Leben des Menschen will und nicht den Tod, daß selbst alles Sterben der Schöpfung ein Sterben ist in ihn hinein."[30]

*Anmerkungen*

1 Überarbeitete Fassung eines Referats für die Liturgische Kammer der Evangelischen Kirche von Kurhessen-Waldeck, vorgetragen am 29. 9. 1988 in Hofgeismar.

2 Vgl. W. Percy, Der Idiot des Südens, suhrkamp taschenbuch 1531, Frankfurt 1988, 34. Als Symbol des Gesetzes erscheint der brennende Busch bei E. Hirsch, Geschichten von der Markscheide. Erzählungen, Lahr 1963, 190.

3 Vgl. J. Updike, Das Gottesprogramm. Rogers Version, Reinbek 1988, 47.

4 Vgl. G. Rietschel/P. Graff, Lehrbuch der Liturgik, Band 1: Die Lehre vom Gemeindegottesdienst, 2. Aufl. Göttingen 1951, 176, sowie K.-H. Bieritz, Das Kirchenjahr. Feste, Gedenk- und Feiertage in Geschichte und Gegenwart, Berlin 1986, 154f.

5 So H. Auf der Maur, Feiern im Rhythmus der Zeit I. Herrenfeste in Woche und Jahr, Gottesdienst der Kirche 5, Regensburg 1983; zum Erntefest 218f.

6 Vgl. J. Pascher, Das liturgische Jahr, München 1963. Seiner Naturbezogenheit wegen konnte das Erntefest auch in den NS-Kult integriert werden; vgl. H.-U. Thamer, Faszination und Manipulation, in: U. Schultz (Hg.), Das Fest, München 1988. 356f., sowie K. Vondung, Magie und Manipulation, Göttingen 1971, 83.

7 Gegen O. Bischofberger, Art. Feste und Feiertage I, TRE 11, Berlin 1983, 94: „Eigentliche Feste fallen meist in die Zeit unmittelbar nach der Ernte, wenn die Nahrungsmittel reichlich zur Verfügung stehen und entsprechend Hochstimmung und Muße herrschen"; das ist inhaltlich nicht falsch, aber zu modern formuliert.

8 Vgl. B. Malinowski, Korallengärten und ihre Magie. Bodenbestellung und bäuerliche Riten auf den Trobriand-Inseln, Frankfurt 1981, 16: „Nie eliminieren die Menschen, welcher Kulturstufe

auch immer, spirituelle Momente gänzlich aus ihren ökonomischen Angelegenheiten"; eine Beschreibung der Erntevorgänge auf den Trobriand-Inseln 177ff. und 275ff. Ähnlich auch E. Beuchelt, Der Tanz der tyi wara. Erntedank auf afrikanisch, in: U. Schultz (Hg.), Das Fest, München 1988, 403ff. K. E. Müller, Das magische Universum der Identität. Elementarformen sozialen Verhaltens, Frankfurt 1987, 140, unterstreicht die prophylaktische Intention solcher Feste.

9 W. Burkert, Homo necans. Interpretationen altgriechischer Opferriten und Mythen, Berlin 1972, 55.

10 G. Bataille, Der verfemte Teil, Das theoretische Werk 1, München 1975, 88.

10a Auf eine frühe Erörterung dieser Problematik am Beispiel des Bergbaus verweist H. Bredekamp, „Der Mensch als Mörder der Natur. Das ‚Indicium Jovis' von Paulus Niavis und die Leibmetaphysik", Vestigia Bibliae 6, 1984, 261 ff.

11 W. Burkert, a. a. O. 315 A. 56. Vgl. auch die Belege bei Heckscher, Art. „Ernte", Handwörterbuch des deutschen Aberglaubens II, Berlin/Leipzig 1929/30, 955ff., und P. Burke, Helden, Schurken und Narren. Europäische Volkskultur in der frühen Neuzeit, Stuttgart 1981, 209f.

12 E. Neumann, Die Große Mutter. Eine Phänomenologie der weiblichen Gestaltungen des Unbewußten, 6. Aufl., Olten 1983, 247f.

13 A. Bammer, Das Heiligtum der Artemis von Ephesos, Graz 1984, 146, verweist auf die Einsicht Vernants, „daß die Arbeit des Bauern nicht mit der Arbeit des Handwerkers zu vergleichen ist, da beim Bauern die eigentliche Arbeit die Natur selbst besorgt".

14 Zu den Veränderungen der Bauernfamilie vgl. H. Rosenbaum, Formen der Familie. Untersuchungen zum Zusammenhang von Familienverhältnissen, Sozialstruktur und sozialem Wandel in der deutschen Gesellschaft des 19. Jahrhunderts, suhrkamp taschenbuch wissenschaft 374, Frankfurt 1982, 47ff.

15 Vgl. S. Mowinckel, Das Thronbesteigungsfest Jahwes und der Ursprung der Eschatologie, Psalmenstudien II, Oslo 1924, Neudruck Amsterdam 1961.

16 E. Otto, Art. Feste und Feiertage IV, TRE 11, Berlin 1983, 101.

17 Zu den dahinter stehenden Traditionsprozessen vgl. H.-J. Kraus, Gottesdienst im alten und im neuen Bund, in: Biblisch-theologische Aufsätze, Neukirchen 1972, 207f.

18 E. Otto, ebd; vgl. auch ders. (mit T. Schramm), Fest und Freude, Kohlhammer Taschenbücher 1003, Stuttgart 1977, 39ff.

19 Von einer „Vergeistigung" der Erntefeste durch die Christusoffenbarung redet Th. Maertens, Heidnisch-jüdische Wurzeln der christlichen Feste, Main 1965, 70ff.

20 Vgl. A. Stock, Ostern feiern. Eine semiotische Untersuchung zur Osterliturgie, in: A. Stock, M. Wichelhaus (Hg.), Ostern in Bildern, Reden, Riten, Geschichten und Gesängen, Zürich 1979, 111ff.

21 Vgl. M. Mauss, Die Gabe. Form und Funktion des Austauschs in archaischen Gesellschaften, Soziologie und Anthropologie II, Ullstein Buch 3491, Frankfurt 1978, 11 ff.

22 O. Jensen, Unter dem Zwang des Wachstums. Ökologie und Religion, München 1977, 138.

23 G. Altner, Die große Kollision. Mensch und Natur, Graz 1987, 87f., verweist auf die Forderung von K. M. Meyer-Abich, daß die Natur nicht nur Rechtsobjekt sein, sondern auch Rechtssubjekt werden muß.

24 Vgl. M. Josuttis, Glaubenskampf und Lebenstrieb, in: Der Kampf des Glaubens im Zeitalter der Lebensgefahr, München 1987, 11ff.

25 Vgl. P. Graff, Geschichte der Auflösung der alten gottesdienstlichen Formen in der evangelischen Kirche Deutschlands, Bd. II, Göttingen 1939, 104.

26 Vgl. A. von Bose, Erntedank und Tschernobyl – haben wir schon vergessen? Vierteljahresschrift für neuzeitliches Christentum 1987, 139f.

27 Vgl. Chr. Köhle-Hezinger, Pfarrvolk und Pfarrersleut, in: M. Greiffenhagen (Hrsg.), Das evangelische Pfarrhaus. Eine Kultur- und Sozialgeschichte, Stuttgart 1984, 269ff., und G. Franz, Pfarrer als Wissenschaftler, ebd. 284ff.

28 Schott-Meßbuch für die Sonn- und Festtage des Lesejahres B, Freiburg 1985, 358.

29 Ein frühes Zeugnis für ökologisches Bewußtsein zitiert W. von Meding, Kirchenverbesserung. Die deutschen Reformationspredigten des Jahres 1817, Bielefeld 1986, 13: „In Deutschland finden sich hie und da Verworfene, welche die öffentlichen Baumpflanzungen beschädigen. Es war daher ein schöner Gedanke von Diaconus Dürr zu Kohren, daß er am Reformations-Jubel-Fest die sämmlichen Schulkinder unter freiem Himmel schwören ließ, nie einen Baum frevelnd zu beschädigen."

30 R. Riess, Der Gott der Lilien. Studien zu biblischen Texten und Themen, Göttingen 1981, 18.

Hans-Martin Barth

# „Betet ohne Unterlaß!"

## Das Herzensgebet der Ostkirche für Protestanten entdeckt*

Beten – wie macht man das? Kein orthodoxer Christ wird so fragen. Für ihn vollzieht sich im Gebet ein Geheimnis, das aller Machbarkeit entnommen ist. Die evangelischen Kirchen verstehen sich herkömmlicherweise als Kirchen des Wortes, die orthodoxen Kirchen begegnen uns als Kirchen des Gebets. Predigt und Gebet gehören aber zusammen wie Wort und Antwort. Das Wort des Evangeliums gelangt nicht zum Ziel, wenn es nicht in irgendeiner Weise ins Gebet führt. Das Gebet aber bleibt Spiel der Phantasie und der Gefühle, wenn es sich nicht durch das Wort des Evangeliums wecken, klären und korrigieren läßt. Was haben Orthodoxie und Protestantismus einander im Blick auf Wort und Gebet zu sagen? Was können sie voneinander lernen und auf welche Defizite können sie einander aufmerksam machen? Ich möchte dies nicht im Blick auf das liturgische Gebet, sondern hinsichtlich des Gebetes des einzelnen bedenken. Während der Protestantismus das spontane, „freie" Gebet des einzelnen Glaubenden zur Geltung gebracht hat, kennt die orthodoxe Tradition in der Gestalt des „Herzensgebets" bzw. „Jesusgebets" gerade für die Praxis des einzelnen eine geprägte und in Jahrhunderten erprobte Form. In einer Situation, in der dem Protestantismus das Gebet in seiner „freien" Form abhanden zu kommen scheint, finde ich es wichtig, sich des Angebots des orthodoxen Gebetsverständnisses zu erinnern.[1]

Formal ist es verankert in der Aufforderung des Paulus (1 Thess 5,17): „Betet ohne Unterlaß!". Diese Wendung kommt im Neuen Testament zwar nur einmal vor, muß aber mit verwandten Stellen im Zusammenhang gesehen werden (vgl. Röm 12,12: „Seid . . . beharrlich im Gebet!"), insbesondere mit der Notiz über die ersten Christen, von denen es in der Apostelgeschichte heißt, sie seien beständig geblieben „in der Lehre der Apostel und in der Gemeinschaft und im Brotbrechen und im Gebet" (Apg 2,42). Der Protestant geht in der Regel davon aus, daß die Wendung „Betet ohne Unterlaß!" ohnehin nicht wörtlich gemeint sein kann; denn mindestens schlafen wird man ja wohl noch dürfen – und im übrigen gibt es viel zu tun und anzupacken! Ohne Unterlaß zu beten, ist ihm weder ein Problem noch auch eine Traumvorstellung; ich habe nur vergleichsweise wenige explizite Auslegungen dieses Satzes aus protestantischer Feder gefunden.[2]

Beten ohne Unterlaß, das heißt für den westlichen Menschen beispielsweise zu arbeiten im Geist des Gebets. Selbst Ignatius von Loyola konnte empfehlen, man solle mit dem ausdrücklichen Gebet nicht zu viel Zeit hinbringen, sondern lieber studieren und sich für seinen Nächsten nützlich machen; dann werde aus allem Tun „ein beständiges Gebet" werden.[3] Im gegenwärtigen

Protestantismus, so erscheint es vielfach, ist das ausformulierte Gebet nur noch in den Gottesdiensten und in pietistischen Kreisen zu Hause; im übrigen droht es seine Kontur zu verlieren. Bei einem Autor zum Thema Gebet habe ich kürzlich gelesen, für ihn sei Fotografieren Gebet.[4] Ich halte es nicht für ausgeschlossen, daß auch Fotografieren Gebet sein kann. Aber bei der Frage, was denn das Fotografieren zum Gebet mache, sehe ich mich doch wieder zurückverwiesen auf die klassische Gebetstradition der Christenheit. Ohne Unterlaß zu beten – in welcher Weise könnte dies für den Christenmenschen eine echte Möglichkeit sein? Auch in der katholischen Tradition hat man versucht, diese Anweisung des Paulus nicht nur im übertragenen Sinne zu verstehen. Dort fand man eine freilich ebenfalls typisch westliche Lösung: die Organisation eines „immerwährenden Gebets", der sogenannten „ewigen Anbetung", für deren Vollzug sich, insbesondere in Klöstern, rund um die Uhr Menschen zur Verfügung halten.[5] Die Antwort der orthodoxen Spiritualität dagegen lautet: Eine Möglichkeit, „unablässiges Gebet" zu vollziehen, besteht im „Herzensgebet".

Ich möchte zunächst skizzieren, worum es dabei geht, die „Technik", den Sinn und die theologische Grundlegung dieses Gebetes erläutern. In einem zweiten Teil will ich aus evangelischer Sicht einige Anfragen dazu formulieren und im dritten Teil einen Vorschlag machen, wie sich eine Verbindung zwischen Herzensgebet und evangelischem Gebetsverständnis denken läßt.

## 1. *Das Herzensgebet der Ostkirche*

Das Herzensgebet der Ostkirche ist, soweit überhaupt, im Westen besonders durch die „Aufrichtigen Erzählungen eines russischen Pilgers" bekannt geworden.[6] In dem Buch, das im Rußland des vorigen Jahrhunderts spielt, schildert ein gläubiger russischer Christ, wie ihm die Kirchlichkeit, die ihm landauf landab begegnet, nicht ausreicht und wie er sich aufmacht, bei verschiedenen Starzen Rat und Weisung einzuholen. Dabei läßt er sich erklären, was denn diese merkwürdige Wendung „Betet ohne Unterlaß!" beinhalte und wie sie in die Wirklichkeit umgesetzt werden könne. Einer der Starzen erläutert ihm folgendes: „Das unablässige innerliche Jesusgebet ist das ununterbrochene, unaufhörliche Anrufen des göttlichen Namens Jesu Christi mit den Lippen, mit dem Geist und mit dem Herzen, wobei man sich seine ständige Anwesenheit vorstellt und ihn um sein Erbarmen bittet bei jeglichem Tun, allerorts, zu jeder Zeit, sogar im Schlaf. Es findet seinen Ausdruck in folgenden Worten: Herr Jesus Christus, erbarme dich meiner! Wenn sich nun einer an diese Anrufung gewöhnt, so wird er einen großen Trost erfahren und das Bedürfnis haben, immer dieses Gebet zu verrichten, derart, daß er ohne dieses Gebet gar nicht mehr leben kann, und es wird sich ganz von selber aus ihm lösen."[7] Der Starez liest vor, was Simeon, der Neue Theologe, schon vor vielen Jahrhunderten über das Jesusgebet zu raten hatte:

„Setz dich still und einsam hin, neige den Kopf, schließe die Augen; atme recht leicht, blicke mit deiner Einbildung in dein Herz, führe den Geist, das heißt das Denken, aus dem Kopf ins Herz. Beim Atmen sprich, leise die Lippen bewegend oder nur im Geiste: Herr Jesus Christus, erbarme dich meiner. Gib dir Mühe, alle fremden Gedanken zu vertreiben. Sei nur still und habe Geduld und wiederhole diese Beschäftigung recht häufig."[8] Eine schlichte Anweisung, deren Einzelelemente wir uns kurz vergegenwärtigen wollen:

1.1 Die einzelnen Elemente des Herzensgebets

a) Der Grundtext des Gebets ist in mehreren Varianten überliefert. In seiner klassischen, heute etwa auf dem Athos verwendeten Form lautet er: „Herr Jesus Christus, du Sohn Gottes, erbarme dich über mich, den Sünder!" Die biblischen Wurzeln dieses Gebets sind rasch zu erkennen. Sie liegen zum einen in Formulierungen, die uns aus dem Neuen Testament vertraut sind, wenn etwa der Blinde von Jericho ruft: „Jesus, du Sohn Davids, erbarme dich meiner!" (Lk 18,38) oder wenn der Zöllner spricht: „Gott, sei mir Sünder gnädig!" (Lk 18,13). Ein Seufzer, ein Stoßgebet, das sich eine bleibende Form gesucht hat.

b) Das Besondere liegt nun darin, daß dieses Stoßgebet mit dem Atem verbunden und mit dem Atem wiederholt wird. Die geistlichen Lehrer der Ostkirche empfehlen, die Anrede „Herr Jesus Christus, du Sohn Gottes" mit dem Einatmen und die Bitte „Erbarme dich meiner, des Sünders" mit dem Ausatmen zu verbinden. Aufnehmen und Abgeben sind die beiden Grundfunktionen des Atmens, ja des Lebens überhaupt. Im Einatmen öffne ich mich, im Ausatmen überlasse ich mich. In unserer Atemlosigkeit und in der Holprigkeit unseres Atmens spiegelt sich unsere innere Unruhe und unsere Unausgeglichenheit. In der Regel fällt uns das ruhige Ausamten noch schwerer als das Einatmen. Wir sind besorgt, daß wir genügend Luft bekommen, und gieren nach neuer Sauerstoff-Zufuhr.[9] Im „vollen Ausströmenlassen des Atems" aber würde sich „das Vertrauen zum Leben" bekunden.[10] Die geistlichen Lehrer empfehlen daher, zwischen Ausatmen und neuem Einatmen, zwischen Bitte und neuer Anrede jeweils einen Augenblick zu verharren. Manche von ihnen weisen darauf hin, daß das Gebet auch mit dem Herzschlag in Verbindung gebracht werden kann; hier sind jedoch physiologische Gesichtspunkte zu beachten, zu deren Einschätzung der medizinische Fachmann gehört werden sollte.[11]

c) Zur Essenz des Herzensgebets – wie zum Wesen des Atems – gehört die Wiederholung. Für den westlichen Menschen haben Wiederholungen gerade im religiösen Bereich etwas Abschreckendes. Schon das Rosenkranz-Gebet, wie es in den römisch-katholischen Kirchen geübt wird, erscheint dem Protestanten als mechanischer Vorgang. Dem russischen Pilger werden im Lauf seines Pilgerwegs zunächst 3000, dann 6000 und schließlich 12000 Wiederholungen des Herzensgebetes pro Tag empfohlen! In den Athos-Klöstern gilt heute die Zahl von 1200 Wiederholungen am Tag als Regel. Es versteht sich von selbst, daß derjenige, der sich auf das Herzensgebet einläßt, ein diszipliniertes und disziplinierendes psychisches Exerzitium auf sich nimmt. Schließlich ist es auch eine Frage des Zeitaufwands; selbst der Athosmönch kalkuliert: Für die Gebetsschnur mit 300 Perlen benötigt er 40 Minuten.

d) Als äußere Hilfe dabei dient ihm die eben genannte Gebetsschnur, die nicht mit dem römisch-katholischen Rosenkranz verwechselt werden darf: Durch das gleichmäßige Aufnehmen der einzelnen Perlen stellt sich sowohl für den Atem als auch für das Gebet selbst mehr und mehr Gleichmäßigkeit ein. Zudem ist durch die Anzahl der auf einer Gebetsschnur gesammelten Perlen ein natürliches Maß vorgegeben; der Beter braucht sich nicht um die Zeit zu kümmern. Es ist deutlich, daß sich die orthodoxe Gebetspraxis hier Erfahrungen zu eigen macht, wie sie auch aus anderen Religionen bekannt sind[12] und wie sie sich heute auf dem Umweg über asiatische nichtchristliche Meditation auch den westlichen Christen wieder zu erschließen beginnen. Dazu gehört auch das Sitzen, für das die orthodoxen geistlichen Lehrer mitunter bestimmte Anweisungen geben, das aber insgesamt nicht in ähnlicher Weise als konstitutiv verstanden wird wie etwa in der Zen-Meditation.[13] Doch hat auch das stille Sitzen seine Bedeutung; der Mensch kommt darin äußerlich und schließlich auch innerlich zur Ruhe. Er dreht sich nicht mehr um die Welt, sondern die Welt fängt an, sich um ihn zu drehen. Nach und nach vermag er Fehlhaltungen und Verkrampfungen des Körpers aufzugeben. Karlfried Dürckheim rechnet es daher zu dem, was die „reine Gebärde" ausmacht; er erinnert an die Hochschätzung des „Stillesitzens" in der Eckehart-Legende.[14] Wichtig ist dabei aber bereits die Tatsache der Distanzierung vom äußeren Ablauf des Alltags, wie man sie durch „Abschotten" erreicht. Von dem Athosmönch Siluan (gestorben 1938) wird berichtet, er habe vor Beginn seines Gebets seine Wanduhr im Schrank versteckt, um ihr Ticken nicht mehr hören zu müssen, und sich dann seine Mönchskapuze über Ohren und Augen gezogen . . .

e) Die Verbindung von Atem und Gebet ermöglicht darüber hinaus, mit dem Einströmen des Atems die Bitte um das Einströmen der göttlichen Nähe zu verbinden. Das Innere des Menschen, das „Herz" in seiner psychologischen und physiologischen Bedeutung für unsere Existenz, wird mit dem Anliegen des Gebets in Zusammenhang gebracht. Gottes Gegenwart möge in unser Inneres einziehen und hinabsteigen, wie der Atem, möge in unserem Herzen Wohnung nehmen – damit beginnt der Atemvorgang selbst, geistliche Qualität zu gewinnen.[15]

### 1.2 Der geistliche Sinn des Herzensgebets

Welchen Sinn soll nun diese Art von Gebet haben? In der geistlichen Literatur der orthodoxen Kirchen begegnen im wesentlichen vier Gesichtspunkte:

a) Das Herzensgebet führt zur Konzentration auf Gottes Gegenwart. Als westlicher Mensch kann man sich gerade dieses kaum vorstellen, da uns die Konzentration für längere Zeit auf nur einen Gedanken ausgesprochen schwerfällt. Unser Bewußtsein ist erfüllt von gegenseitig sich jagenden Gedanken und Bildern, sich wachrufenden und wieder vertreibenden Assoziationen, von Gefühlen der Trägheit und der Begehrlichkeit, von Erinnerungen an Verpflichtungen und Pläne. Auch der östliche Beter kennt das natürlich, und er sieht zwei Möglichkeiten, damit fertig zu werden. Bischof Theophan rät: „Um das ständige Anrennen deiner Gedanken zu beenden, mußt du den Geist mit *einem* Gedanken fesseln oder mit dem Gedanken an den Einen."[16] In der Philokalie, dem großen geistlichen Lesebuch der Ostkirche, heißt es dazu: „Wie die Katze nach der Maus späht, so der Gottversenkte nach dem Unsichtbaren. Seid nicht mit dem Vergleich unzufrieden, sonst würdet ihr eure Unkenntnis in der Gottversenkung verraten!"[17] Auch die westliche Tradition kennt diese Konzentration des Gebets. Martin Luther wünschte sich: „O, daß ich so beten könnt', wie der Hund kann auf das Fleisch sehen!"[18] Neben diesem Aufruf zur radikalen Konzentration auf einen Gedanken, die uns aber so außerordentlich schwerfällt, gibt es im Gefolge der Mystik den äußerlich gegenläufigen Hinweis, man solle die Gedanken ziehen lassen und auf diese Weise nach und nach los werden. Der altkirchliche Mystiker Euagrios Pontikos (gestorben 399) hat das Gebet beschrieben als „ein Ablegen der Gedanken"[19]. Ich lasse die Gedanken sein, wie sie sind, und ordne sie meinem Gebet um Gottes Erbarmen zu. Kein Gedanke kann mir kommen, von dem ich mir nicht wünschen würde, daß er von dem Erbarmen Gottes erfaßt wird. Vielleicht ist dies eine Weise der Konzentration, die dem östlichen Menschen im Gebet näher liegt als die angestrengte Bemühung, einen einzigen Gedanken nicht aus dem Auge zu verlieren.

b) Das Herzensgebet, auch wenn es als bewußter Akt mit entsprechendem Sitzen und Atmen nur für zwanzig Minuten täglich geübt wird, hat die Tendenz, sich über den ganzen Tag hin auszubreiten und in seine Nischen einzunisten. Phasen des Tages, die sonst oft nur halb bewußt erlebt werden, gewinnen damit eine gänzlich neue Funktion: das Warten auf den Bus, das Stehen in einer Schlange beim Einkaufen, die Zeit vor dem Einschlafen; ja, dieses Gebet macht sich schließlich sogar mitten in der Arbeit bemerkbar; es „löst sich" aus einem Menschen, wie es der russische Pilger formuliert hatte.[20] Einst „früh am Morgen war es so", berichtet er, „als habe mich das Gebet geweckt".[21] Das Gebet ist dann nicht mehr ein anstrengender isolierter Akt, zu dem man sich eigens entschließen muß, sondern es „erwacht" von selbst, es ist auf einmal da. Damit beginnt tatsächlich so etwas wie ein „Beten ohne Unterlaß".

c) Das Gebet hört damit auf, eine rein geistige oder gar intellektuelle Unternehmung zu sein. Der Mensch ist dann nicht nur in seinem Bewußtsein vom Gebet erfaßt, sondern auch mit seiner Haltung, seinem Atmen, in seiner gesamten psychosomatischen Existenz: Er betet mit Haut und Haaren. Das Körperliche hört auf, in seiner Trägheit beim Gebet hinderlich zu sein. Im Gegenteil, das Körperliche selbst übernimmt einen Teil der „Organisation" des Gebets, der Atem „verführt" gleichsam zum Gebet!

d) Aus dem Herzensgebet erwächst ein neues Verhältnis zur Umwelt. Der

Beter sieht seinen Mitmenschen mit den Augen des Betenden an, er hört ihm mit den Ohren des Betenden zu. Er kann sich ihm öffnen, braucht sich nicht ständig gegen ihn zu verteidigen, sondern weiß, daß auch sein Partner oder gar Widersacher von der Liebe umfangen ist, deren Erbarmen der Betende anruft. Die ganze Schöpfung fängt an, sich unter diesem betenden Blick zu verändern; auch sie wird transparent für die Liebe Gottes, die hinter ihr steht. In Situationen der Bedrängnis, die es dem Betenden unmöglich machen, sich segnend seiner Umwelt zuzuwenden, schützt ihn das Gebet. Tatjana Goritschewa berichtet von ihren Erfahrungen bei Verhören und in der Haft: „Dieses Gebet schuf ein undurchdringliches Feld um mich herum. Dank dieses Gebetes fühlte ich mich völlig geschützt, hinter welchen Wänden ich auch war und in welchen Verhältnissen ich mich auch befand."[22]

### 1.3 Die theologischen Voraussetzungen des Herzensgebets

Worin liegen die theologischen Voraussetzungen dieses Gebets? Natürlich ist das Herzensgebet letztlich wohl nicht verständlich ohne den gesamten Kontext orthodoxer Theologie und Spiritualität. Es macht ja nur einen Aspekt orthodoxer Frömmigkeit aus, ja auch nur einen begrenzten Teil des orthodoxen Gebetsverständnisses. Wer etwa auf dem Athos das Herzensgebet praktiziert, ist umfangen von einer reichen und täglich viele Stunden in Anspruch nehmenden Liturgie, in der abermals gebetet wird. Er ist umgeben von einer Gemeinschaft von Betern. Er läßt sich inspirieren von den Klassikern orthodoxer Gebetsliteratur. Insofern ist der Zugang, den der westliche Theologe zur „Theologie des Herzensgebets" findet, natürlich eingeschränkt. Doch sind mir besonders drei Gesichtspunkte aufgefallen:

a) Das Herzensgebet übt ein radikales Sich-Ausliefern an Gottes Gnade ein. Der Beter läßt sich aus seinem Aktivismus herausholen; er „sitzt" und „schweigt". Er „macht" es nicht gut, er „macht" es nicht schlecht, er „macht" überhaupt nichts. Er läßt sich die Hände binden, er legt sie in den Schoß. Er lernt, auf sein „Machen" zu verzichten. In dieser Haltung ist er ganz nahe bei dem, was der Reformation wichtig war. Auch den Wortlaut des Gebetes, das er im Geist spricht, könnte man als „genuin reformatorisch" bezeichnen. Es bringt die radikale Hingabe an Gottes Gnade zum Ausdruck, wie sie sich in Jesus Christus vergegenwärtigt hat. Die christologische Konzentration dieses Gebetes, der noch dazu die anthropologische Konzentration auf die Sünde entspricht, wird auch vom reformatorischen Verständnis des Gebetes nicht überboten. Diese Konzentration steht in einem gewissen Gegensatz zu anderen Formen orthodoxer Frömmigkeit, die an der Gottesmutter, an Heiligen oder Ikonen ausgerichtet sein kann. Insofern stellt sie innerhalb des orthodoxen Empfindens wohl eher eine asketische Form des Gebets dar, die aber gerade dem evangelischen Christen als sachgemäß erscheinen wird.

b) Das Herzensgebet ist „trinitarisch umgriffenes Gebet"[23]. Es artikuliert sich zwar formal als Anrede eines Du durch ein Ich und hat damit Dialog-Charakter. Es gehört aber zu seinem Selbstverständnis, daß das hier sprechende Ich das Wort nicht von sich aus ergreifen kann. Gott selber ist in den Voraussetzungen dieses Betens gegenwärtig – als der Schöpfer, der Leib, Atem, Stimme und Bewußtsein schafft, als der Geist, der unserer Schwachheit aufhilft und uns dahin bringt, daß wir uns an den „Vater" wenden (vgl. Röm 8,15 ff.). Ja, Christus selbst ist es, der im Glaubenden und Betenden lebt (Gal 2,20). Beten ist somit „nicht etwas, das von mir ausgeht, sondern etwas, an dem ich teilhabe"[24]. Gebet ist nicht meine Initiative, aufgrund derer ich etwas zu erreichen suche, sondern im Gebet erreicht mich die Initiative Gottes. Sie erreicht mich nicht nur, sondern sie bezieht mich in sich ein. In meinem Gebet kommt Gott mit mir zum Ziel und zugleich finde ich im Gebet die intensivste Verwirklichung meiner selbst. Gottes Selbstverwirklichung und die Selbstverwirklichung des Menschen kommen im Gebet zum Schnitt.

c) Daraus erklärt sich schließlich die starke eschatologische Komponente, die das Gebet nach orthodoxer Anschauung hat. Das Herzensgebet ist „eine Rückkehr in das Paradies, die Umkehrung des Sündenfalles . . . eine eschatologische Wirklichkeit, Unterpfand und Vorwegnahme des kommenden Äons – etwas, das in dieser gegenwärtigen Zeit niemals voll und ganz verwirklicht wird"[25]. Es ist ein Vorgeschmack der ewigen und durch nichts beeinträchtigten Gegenwart Gottes bei den Menschen. Es löst Freude und ein Gefühl der Wärme und der unendlichen Zuneigung aus. Von daher versteht sich noch einmal von selbst, daß es nie wirklich zu Ende gehen kann; es kann sich nicht auf eine bestimmte Zeit des Tages begrenzen und es findet seine sozusagen natürliche Fortsetzung mit dem Tode des Beters in dessen ewiger Gemeinschaft mit Gott.

## 2. *Anfragen aus der Sicht evangelischer Frömmigkeit*

Obwohl der westliche evangelische Christ also durchaus Zugang zum Herzensgebet der Ostkirche gewinnen kann, werden sich bei ihm doch auch Bedenken melden. Sie sind nicht alle vom selben Gewicht, machen insgesamt aber doch eine stattliche Liste aus:

a) Läuft das Herzensgebet, obwohl es ihm um Verinnerlichung geht, nicht doch Gefahr, zu einer Veräußerlichung und Mechanisierung des Betens zu führen? Der Sinn des Wortlauts des Herzensgebets wird nicht bei jedem Atemzug voll vergegenwärtigt werden können, er soll es vielleicht gar nicht. Was heißt aber dann beten? Gibt es Gebet bei reduziertem Bewußtsein? Daß dies in der Tat der Fall ist, ist die Hoffnung dessen, der an geistig behinderte Menschen denkt oder sich vorstellt, daß er aufgrund eines Unfalls oder sklerotischer Veränderungen im Alter bewußtseinsmäßig nicht mehr nachvollziehen kann, was er im Gebet ausspricht. Freilich – ist das, was im Gebet geschieht, bewußtseinsmäßig überhaupt einzuholen? Trotzdem bleibt klar, daß ein mechanistisches routinemäßiges Beten sich in der Nähe jenes heidnischen Plapperns befindet, vor dem in der Bergpredigt gewarnt wird (Mt 6,7).

Wo bleibt im übrigen die konkrete Bitte? Natürlich kann der orthodoxe Beter seine Bitte um das Erbarmen Christi mit einem konkreten Anliegen verbinden oder gerade die Bitte um Erbarmen als die äußerste Konkretion allen Betens verstehen. Gott kann die am Alltag orientierte Einzelbitte als in sein Grundgebet eingeschlossen betrachten. Wird sie aber dabei nicht auch verdrängt? Jedenfalls scheint die Spontaneität und Leidenschaftlichkeit des Aufschreis, wie sie in den Psalmen oder in neutestamentlichen Gebetsrufen zum Ausdruck kommt, auf dem Weg über das Herzensgebet nicht erreichbar zu sein. Hier geht es um eine gebändigte Form von Leidenschaftlichkeit. Kann man sich Jesus im Gewand eines Athos-Mönchs vorstellen, der im ruhigen Sitzen den Atem in sich ein- und wieder ausströmen läßt und 1200mal hintereinander eine Erbarmensformel wiederholt? Jesus hat wohl anders mit seinem Vater geredet!
b) Im Herzensgebet bitten einzelne Menschen für sich selbst: „... erbarme dich meiner, des Sünders/der Sünderin". Liegt hier, sieht man von der liturgischen Einbettung des Herzengebets ab, nicht eine Fixierung auf das eigene Ich vor, wie sie vor allem für den alleinlebenden Menschen, besonders also auch für den Mönch, charakteristisch sein mag, wie sie dem Geist der Gemeinde Christi aber doch widerspricht? Wohl ist gerade nach reformatorischer Auffassung der einzelne Mensch in seinem Glauben und Beten nicht vertretbar. Es geht um sein Gewissen, sein Hören und sein Antworten auf Gott, um seine Schuld und um die Vergebung dieser seiner Schuld. Unzählige Male hat Luther seine Predigthörer gewarnt: „Es gilt deinen Hals ...!" Insofern ist es nicht nur erlaubt, sondern sachgemäß, wenn der einzelne Mensch sich selbst vor Gott bringt und seine eigenen Belange vor Gott bedenkt und seine konkrete eigene Schuld, für die niemand sonst geradestehen kann, sich von Gott abnehmen läßt.
Andererseits aber erweckt das Herzensgebet den Eindruck, der konkrete einzelne Mensch komme hier gar nicht mit seinen konkreten Belangen vor. Das Ich steht zwar einerseits im Mittelpunkt, andererseits wird es in der unendlichen Wiederholung der Bitte um Gottes Erbarmen auch ausgelöscht; jedenfalls wird es sich verändern. Der Verdacht einer gewissen Selbstmanipulation legt sich nahe, wie er auch im Blick auf das sogenannte „positive Denken" oder andere Meditationstechniken nicht gänzlich ausgeschlossen werden kann. Natürlich widerspricht das Anliegen des Herzensgebets und seine Hinwendung zum Erbarmen Christi der Intention von Selbstmanipulation elementar. Trotzdem bleibt das psychologische Problem, das damit angesprochen ist, bestehen. Wer sich auf das Herzensgebet einläßt und es regelmäßig und ausdauernd übt, muß ja jedenfalls damit rechnen, daß er es nie wieder loswerden wird, daß er sich von der Wendung „Herr Jesus Christus, du Sohn Gottes, erbarme Dich meiner, des Sünders" nie wieder wird freimachen können. Wer dies bejaht, kann es im Sinne einer radikalen Selbsthingabe akzeptieren oder gar anstreben. Aber auch dann bleibt die Frage, ob Gott einen Menschen will, der sich mit Hilfe manipulativer Techniken zur Hingabe überwindet, ob diese Form von Hingabe nicht eine sublime

Form von Selbstbehauptung gegenüber Gott sein könnte und ob der Glaube im Sinne des Evangeliums nicht letztlich eine Hingabe selbst der Hingabefähigkeit und Hingabewilligkeit des Menschen beinhaltet: „Ich glaube, Herr, hilf meinem Unglauben!" (M 9,24).
Im übrigen wird sich der an der Bibel orientierte Christ erinnern, daß Jesus die Seinen das „Vater*unser*" gelehrt hat, das gemeinsame Gebet der Glaubenden füreinander und für alle Menschen. Natürlich betet auch der orthodoxe Mönch das Vaterunser, und in der Liturgie bringt er sich ein in das Wir der liturgischen Gebete und der Psalmen. Aber ein „heilsegoistisches" Moment scheint zu bleiben. Dem westlichen Betrachter mag sich die Frage nahelegen, wie denn bei völliger Internalisierung des Herzensgebetes anderes Beten bewußt überhaupt noch verwirklicht werden kann. Der orthodoxe Beter freilich wird hier keine Alternative sehen und diesen Einwand als Ausgeburt des intellektualistischen Westens von sich weisen.

c) Die Bitte um Erbarmen über den sündigen Menschen enthält die Gefahr, in einer einseitigen Weise sich auf die Sünde zu fixieren. Es mag merkwürdig anmuten, wenn dieses Bedenken gerade von einem evangelischen Theologen vorgebracht wird, da nach landläufiger Meinung im Protestantismus von Sünde niemals zu viel geredet werden kann. Tatsächlich haben wir in diesem Zusammenhang auch eine besondere Nähe zwischen orthodoxer und evangelischer Spiritualität beobachtet. Trotzdem redet die Theologie – die orthodoxe sowohl als auch die evangelische – von der Sünde nur um der Gnade willen: Von der Sünde zu sprechen, ist nicht Zeichen eines Pessimismus, sondern Ausdruck des Glaubens, daß Gott die Sünde bewältigen wird, ja in Jesus Christus bereits bewältigt hat. Wer von Sünde spricht, weist auf die Gnade Gottes hin, die die Sünde verschlingen und das Leben erneuern wird. Gerade dies aber vermag die unentwegte Wiederholung der Formel „... erbarme dich meiner, des Sünders" nicht zum Ausdruck zu bringen, sofern man die Wendung wörtlich versteht. Orthodoxe Autoren weisen darauf hin, daß der Beter mit Hilfe dieser Formel der Vergebung gewiß werden soll; dies erfordert dann freilich ein umfassendes Verständnis des „Kyrie eleison". Das Herzensgebet wird dann zu einem umfassenden Gebet um Erneuerung, mit dem sich Tränen der Buße, der Hoffnung und des Dankens verbinden können.[26] Psychische Intensität wird sich einstellen, darf aber wohl nicht gefordert werden. Sonst legt sich die Gefahr einer Verwechslung von Glaube und Gefühlsaufwallung nahe. Das Weinen über „uns und unsere Kinder" mag zum Glauben gehören (vgl. Lk 23,28; 22,62), aber das Ziel des Glaubens sind nicht die Tränen, sondern die Freude „in dem Herrn alle Wege" (Phil 4,4).

d) Merkwürdig ist gerade im Kontext orthodoxer Theologie die christologische Konzentration des Herzensgebetes. Zwar versteht es sich, wie bereits erläutert, als „trinitarisch umgriffenes Gebet", aber im Wortlaut kommt dies nicht zum Ausdruck. Wohl erinnert die Anrede „Herr Jesus Christus, du Sohn Gottes" an den dreieinigen Gott, doch könnte sich das Mißverständnis eines kurzgeschalteten „per Du" hier ähnlich nahelegen wie in der Gebetssprache des Pietismus und der Erweckungsbewegung. Für den orthodoxen Beter steht das Herzensgebet im Kontext seiner Liturgie, mit der er Gott als den Dreieinigen preist und nicht nur den Logos, sondern auch den ewigen Vater und den heiligen Geist anruft. Im Wortlaut des Herzensgebetes vermag die Wendung „du Sohn Gottes" wohl nicht viel mehr zu erbringen als den Hinweis auf das Geheimnis der Person Jesu, der nicht nur als der Mensch von Nazareth, sondern zugleich als der ewige Logos angerufen wird. Evangelische Theologie wird hier gern einstimmen, aufgrund ihrer eigenen gelegentlichen Trinitätsvergessenheit aber auch besonders wachsam sein.

e) Ein weiteres Problem betrifft das Verhältnis von Beten und Handeln. Das Herzensgebet durchdringt und erfüllt den Tag des Glaubenden und begleitet ihn in seinem Handeln. Es ist allgegenwärtig und nimmt kein Ende. Am Abend eines Tages setzt es sich fort bis in den Schlaf hinein, am Abend des Lebens bis in Krankheit, Sklerose, Verwirrung und Tod hinein. Das reformatorische Gebetsverständnis, das damit keineswegs ausgeschlossen ist, hat sein Pathos jedoch an einer anderen Stelle – nämlich im Amen! Der evangelische Christ ist dessen gewiß, daß er nicht unentwegt, „ohne Unterlaß" bitten muß, sondern daß seine Bitte erhört ist. Er wirft Gott den Sack seiner Probleme vor die Füße – Gott wird sich kümmern! Im Amen, mit dem ich mein Gebet beende, äußere ich meine Zuversicht, daß ich nun nicht mehr grübeln und bangen muß, sondern Gott meine Sache überlassen darf. „Amen, das heißt: ja, ja, es soll also geschehen."[27] Amen – das Weitere findet sich![28] Das Gebet „ohne Unterlaß" darf nicht seinerseits zu einem Zeichen des Kleinglaubens oder gar Unglaubens werden. Es wird aber das zuversichtliche Amen nicht sabotieren, wenn es das einzelne Amen immer wieder wagt und insgesamt zu einem gläubigen Amen wird.

Mit dem zuversichtlichen Amen hängt jedoch noch ein Zweites zusammen, nämlich die Freiheit zum Handeln. Nach evangelischer Auffassung stellt Gott gerade von diesem Amen her, das ihm alles überläßt, dem Menschen anheim, nach Sachgesichtspunkten zu entscheiden, ob und wie er in eine bestimmte Situation eingreifen wird. Gerade das Amen, das ein Gebet beendet, befreit zur Säkularität. Hier liegt aus evangelischer Sicht ein wunder Punkt in der orthodoxen Spiritualität, die zwar ihr eigenes Ethos hat, bislang aber weder eine explizite Ethik entwickelt hat noch insbesondere in sozialethischen Fragen sich stark engagiert. Das orthodoxe Mönchtum repräsentiert nicht wie das westliche Mönchtum eine mehr oder weniger gelungene Verbindung von vita contemplativa und vita activa, sondern beharrt im wesentlichen auf der kontemplativen Seite. Der orthodoxe Mönch hat in der Regel weder Unterricht zu geben noch Kranke zu pflegen, er ist freigestellt allein für Gebet und Gottesdienst (und die Besorgung seines Klosters). Das Herzensgebet, das auf dem Athos geübt wird, entläßt aus sich keine direkten ethischen Impulse. Ethische und insbesondere gesellschaftspolitische Fragen drohen sich daher in orthodoxen Gesellschaften gelegentlich zu verselbständigen.

### 3. *Evangelische Praxis des Herzensgebets?*

Manche unserer kritischen Einwände ergeben sich aus der Isolation des Herzensgebets, unter Umständen sogar des Wortlautes dieses Gebetes, gegenüber seinem gesamtkirchlichen Kontext in der orthodoxen Spiritualität. Wie können aber Christen anderer Konfessionen und Traditionen mit dem Herzensgebet umgehen, ohne die dogmatischen und ekklesialen Rahmenbedingungen einer orthodoxen Kirche zu teilen? Ein Athos-Mönch wird das Herzensgebet vielleicht vor dem Mißbrauch beispielsweise durch Protestanten schützen wollen, weil er es weder Mißverständnissen noch einer Entehrung aussetzen möchte. Doch möchte ich mir als evangelischer Christ erlauben, die Frage zu stellen, was ich von orthodoxer Spiritualität für mein Verständnis des christlichen Glaubens gewinnen kann; vielleicht werden umgekehrt auch orthodoxe Christen bereit sein, vom evangelischen Umgang mit der Heiligen Schrift zu lernen. Daß trotz mancher Fremdheit und einiger kritischer Gegenfragen eine tiefe Gemeinsamkeit hinsichtlich des Betens auch zwischen orthodoxen und evangelischen Christen besteht, ist deutlich. Mir scheinen folgende Elemente einer evangelischen Praxis des Herzensgebetes wichtig:

a) Das Herzensgebet entfaltet seine Kraft, wenn es nicht als psychisches Training, als Hilfsmittel zur Gewinnung psychischer Balance, oder auch als religiöses Ritual geübt wird. Es muß theologisch verantwortet, und das heißt insbesondere, es muß von der Heiligen Schrift her kontrolliert bleiben. Eine Verselbständigung der das Bewußtsein transzendierenden Elemente liegt nicht im Rahmen dessen, was in der Heiligen Schrift als Gebet verstanden wird. Unbewußtes und Bewußtsein müssen zusammengehalten werden.

b) Das Herzensgebet lebt im Kontext anderer Formen des Gebetes. Das Herzensgebet ohne das Vaterunser würde eine Karikatur darstellen. Dem Herzensgebet kommt keine Priorität gegenüber anderen Formen des christlichen Gebets zu. Es wird sich an psychosomatischen Voraussetzungen eines Menschen entscheiden, ob das Herzensgebet die für ihn und für seine Antwort auf das Evangelium angemessene Weise des Betens darstellen kann. Das Herzensgebet bezieht sich auf die geschöpfliche Wirklichkeit; aus dieser selbst werden sich daher auch Kriterien für seine Anwendung und Gestaltung gewinnen lassen.

c) Das Herzensgebet kann ohne große Veränderung seines Wortlauts auch als Zuspruch aufgenommen und gebetet werden: „Herr Jesus Christus, du Sohn Gottes, du erbarmst dich über mich, den Sünder!" In dieser Form kann es die Gewißheit der Vergebung und der Zugehörigkeit zu Gott besser zum Ausdruck bringen als in der Form der ständig wiederholten Bitte. Die ganze Hoffnung eines Menschen auf Erneuerung, inneres Wachstum, Freiheit zum Handeln, Zuversicht mitten in Situationen, die Risiko erfordern oder in denen sich das Scheitern bereits abzeichnet, läßt sich dann in dieses Gebet legen. Zwischen Luthers bekanntgewordener und oft mißverstandener Aufforderung „Sündige tapfer"[29] und dem Herzensgebet besteht dann kein ausschließlicher Widerspruch mehr: „Herr Jesus Christus, du Sohn Gottes, du erbarmst dich meiner, des Sünders, darum – so läßt sich Luthers Wendung aufnehmen und umschreiben – riskiere ich, wenn es denn sein muß, tapfer zu sündigen, der ich noch tapferer glaube und bete zu Christus, welcher der Sieger ist über Sünde, Tod und Welt."

d) Während die orthodoxe Spiritualität besonders durch das Herzensgebet geprägt ist, ist evangelische Frömmigkeit durch den täglichen und unablässigen Umgang mit der Heiligen Schrift gekennzeichnet. Der evangelische Christ wird daher, wenn er sich dem Herzensgebet öffnet, diese beiden Aspekte zusammenbringen wollen. Wie ist das möglich? Er liest beispielsweise die täglichen Losungen der Herrnhuter Brüdergemeine oder vertraut sich sonst einem Bibelleseplan an. Er versucht sich zu vergegenwärtigen, was in dem jeweiligen Text Gott ihm sagen will. Er kann dies tun mit der Frage, worum er aufgrund des gelesenen Textes heute Gott bitten soll. Er wird nur wenig Mühe und ein geringes Geschick benötigen, diese Bitte in eine Form zu bringen, die derjenigen der zweiten Hälfte des Herzensgebetes entspricht. Er wird sich dann zunutze machen, was er aus der orthodoxen Spiritualität über die Ganzheitlichkeit des Betens lernen kann. Er wird sich für das tägliche Gebet zuallererst wieder mehr Zeit nehmen, er wird vielleicht die besonderen Möglichkeiten entdecken, die das „stille Kämmerlein" für ihn bereit hält, er wird den Segen des stillen Sitzens zu ermessen lernen, und er wird entdekken, was es bedeutet, wenn ihn das Gebet, verbunden mit seinem „Spruch" einen ganzen Tag hindurch begleitet. Er wird auf der anderen Seite aber auch an dem gelesenen Bibeltext ganz neue Seiten wahrnehmen. Die Heilige Schrift wird sich auf diese Weise für ihn selbst ganz neu erschließen. Es bedarf dazu der Übung – das kann man von den orthodoxen Brüdern und Schwestern lernen; es bedarf auch des scharfen Hinblickens und Analysierens, vielleicht sogar mit Hilfe eines Kommentars oder eines Lexikons – das können sie von evangelischer Frömmigkeit übernehmen. Vielleicht aber greife ich auch einen biblischen Satz auf, einen Satzfetzen, so wie ich ihn gerade zu fassen kriege – ohne Rücksicht auf Kontext und Kommentar.

Ich wähle ein beliebiges Beispiel. An dem Tag, an dem ich diesen Beitrag erarbeitet habe, begegnete mir in der Lesung der Jahresbibel die Wendung aus dem 2. Timotheus-Brief (3,17), „... daß der Mensch Gottes vollkommen sei, zu allem guten Werk geschickt." Das Herzensgebet, das sich diese Wendung aneignet, kann sie in eine Bitte umwandeln: „Herr Jesus Christus, du Sohn Gottes, laß mich zu einem Menschen Gottes werden, zu allem guten Werk geschickt!" In der Meditation über diesen Text kann sich seine Perspektive geradezu umwandeln: Nur einer ist „zu allem guten Werk geschickt" – Gott selbst! Wenn „alles gute Werk" Sache Gottes ist, dann will ich mich heute seinem guten Wirken anvertrauen. Die Bitte, die das zum Ausdruck bringt, kann dann lauten: „Herr Jesus Christus, du Sohn Gottes, laß dein gutes Wirken heute in meinen Tag hineinreichen!" Die verschiedenen Bereiche des Tagwerks, das vor einem liegt, lassen sich dann einzeln vor Gott bringen und seinem Wirken zuordnen. Der Tag gewinnt eine Perspektive, nicht durch eine Devise, unter die ich ihn stelle, sondern durch ein Gebet, das sich, wenn Gott gnädig ist, im Lauf des Tages immer wieder rühren und mich mit ihm in Verbindung bringen wird. „Herr Jesus Christus, du Sohn Gottes, erbarme dich und wirke du in meinem Wirken!" Die Losungen der Herrnhuter Brüdergemeine eignen sich nach meiner Erfahrung ganz besonders für dieses Verfahren. Biblische Texte erschließen sich auf diese Weise neu. Vielleicht besteht ohnehin eine untergründige Verbindung zwischen der evangelischen Sitte, sich für jeden Tag eine biblische Losung anzueignen, und der orthodoxen Praxis des Herzensgebets als einer Aneignung der christlichen „Ur-Losung": Herr, erbarme dich.

Der Umgang mit dem Herzensgebet der Ostkirche ist für mich ein existentielles Beispiel dafür, wie verschiedene christliche Konfessionen voneinander lernen können. Dieser Lernprozeß ist nie abgeschlossen, er hat seine Höhen und seine Tiefen, aber er führt voran. Zum Beten-Lernen gehört auch der Umgang mit Frust, Enttäuschung und Lustlosigkeit. Gerade in solchen schwierigen Situationen kann einen das Herzensgebet davor bewahren, in einem Abgrund zu versinken. Jemand schickte mir vor kurzem ein Gedicht von Kurt Marti, der, als er es verfaßte, vermutlich nicht an das Herzensgebet der Ostkirche gedacht hat. Aber etwas von der Erfahrung des Herzensgebets kommt darin zum Ausdruck. Der Text hat die Überschrift „ungebet". Das „ungebet" lautet:

> da du alles schon weißt,
> mag ich nicht beten
> tief atme ich ein,
> lang atme ich aus
> und sehe:
> du lächelst . . .

*Anmerkungen*

* Für kritische Anfragen zu diesem Beitrag, von denen freilich manche offen bleiben mußten, danke ich meinem orthodoxen Mitarbeiter und Freund Kostas Angelis.

1 Ähnlich empfinden offenbar Chr. Klein, Das Gebet in der Begegnung zwischen westlicher und ostkirchlicher Theologie und Frömmigkeit, in: KuD 34 (1988) 232–250, und B. Maurer, „Betet ohne Unterlaß". Eine Hinführung zum Verständnis des Herzensgebets, in: DPfBl 88 (1988) 267–269. Vgl. ferner R. Slenczka, Die Herzensgemeinschaft durch das Jesus-Gebet. Eine Form russischer Frömmigkeit in theologischer Sicht, in: W. Kasack (Hrsg.), Tausend Jahre Russische Orthodoxe Kirche. Beiträge von Geistlichen der Russischen Orthodoxen Kirche im Ausland und Wissenschaftlern verschiedener Disziplinen, München 1988, 57–73.

2 P. Althaus, Die Herrlichkeit Gottes. Predigten zu den Festen und Festzeiten des Kirchenjahres, Gütersloh 1954, 149–157; F. Heiler, Ecclesia Caritatis. Ökumenische Predigten für das Kirchenjahr, Marburg 1964, 157–162. Vgl. U. Zwingli, Opera. Completa editio prima, VI, 2 (1938) 237, sowie Johannes Calvins Auslegung der kleinen Paulinischen Briefe (J. Calvins Auslegung der Heiligen Schrift. NR 17 (1963) 390f.) Zu Luther vgl. G. Wertelius, Oratio continua. Das Verhältnis von Glaube und Gebet in der Theologie Martin Luthers (= Studia Theol. Lundensia 32 (1970)), sowie den Bericht bei Chr. Klein, a. a. O., 244–249.

3 Ignatius von Loyola, Gott suchen in allen Dingen, hrsg. von J. Stierli, München/Zürich 1984, 144ff.

4 Ulrich Schaffer, Beten über Worte hinaus, Stuttgart 1988.

5 Vgl. K. Hofmann, Art. Ewige Anbetung, in: LThK 3, 1263–1266.

6 Aufrichtige Erzählungen eines russischen Pilgers, 1. vollständige deutsche Ausgabe, hrsg. u. eingeleitet von E. Jungclaussen, Freiburg/Basel/Wien, 12. Aufl. 1983.

7 Ebd. 30.

8 Ebd. 31.

9 Vgl. Die Deutung von „näpäs" bei H. W. Wolff, Anthropologie des Alten Testaments, München $^{3}$1977, § 2.

10 So Karlfried Graf Dürckheim, Der Alltag als Übung, Bern $^{9}$1987, 46.

11 Vgl. Aufrichtige Erzählungen ... 112f.

12 Zur Frage nach einer direkten Übernahme aus dem Sufismus vgl. K. Ware/E. Jungclaussen, Hinführung zum Herzensgebet, Freiburg/Basel/Wien $^{2}$1984, 125, Anm. 43.

13 Ebd. 58.

14 Dürckheim, a. a. O. (Anm. 10) 48ff., 52.

15 Vgl. K. Ware, a. a. O. (Anm. 12) 59ff.

16 Ebd. 40.

17 Kleine Philokalie. Belehrungen der Mönchsväter der Ostkirche über das Gebet, ausgewählt und übersetzt von M. Dietz, eingeleitet von I. Smolitsch, Zürich/Einsiedeln/Köln $^{2}$1976, 88.

18 WA TR 1, 115, 31.

19 Ware, a. a. O. (Anm. 12) 44.

20 Siehe oben Anm. 7.

21 A. a. O. (Anm. 6) 35.

22 T. Goritschewa, Von Gott zu reden, ist gefährlich. Meine Erfahrungen im Osten und im Westen, Freiburg 1984, 12.

23 Vgl. H.-M. Barth, Wohin – woher mein Ruf? Zur Theologie des Bittgebets. München 1981, besonders 112ff.

24 Ware, a. a. O. (Anm. 12) 12.

25 Ebd. 52.

26 Vgl. den instruktiven Aufsatz von W. Kahle, Die Tränen der Frommen in der Gottesbegegnung. Ein Beitrag zur oekumenischen Spiritualität, in A. Blane (Hrsg.), The Ecumenical World of Orthodox Civilization, Russia and Orthodoxy: Volume III. Essays in honour of Georges Florovsky, The Hague/Paris 1974, 91–119.

27 So Martin Luther bei der Auslegung des Amen im Kleinen Katechismus, BSLK 515,26f.

28 Vgl. H.-M. Barth (Hrsg.), Martin Luther, Amen. Das Weitere findet sich. Gelebtes Vaterunser, Freiburg i. Br. 1989.

29 WA Br 2,370-373; vgl. dazu H.-M. Barth, „Pecca fortiter, sed fortius fide ..." Martin Luther als Seelsorger, in: EvTh 44 (1984) 12–25.

Karl Christian Felmy

# Der Nichtverbrennende Dornbusch

## Die Mutter des Herrn in Theologie und Frömmigkeit der Orthodoxen Kirche

In dem von Wolfgang Beinert und Heinrich Petri herausgegebenen, 1984 erschienenen „Handbuch der Marienkunde" hat Heinrich Petri der „Marienverehrung in der östlichen Christenheit" ein eigenes Kapitel gewidmet.[1] Petri betont die starke Schriftbezogenheit der Aussagen der östlichen liturgischen Texte über Maria, findet allerdings gerade diese Schriftbezogenheit problematisch, weil sie die Frage nach „der sachgerechten Interpretation der biblischen Schriften" und damit nach der exegetischen Methode, d. h. nach der Zulässigkeit der typologischen Schriftauslegung, aufwirft. Das orthodoxe Marienlob enthalte „auch gewagte Übertragungen, kühne Bilder und ‚Übertreibungen'". Während der Protestantismus in bezug auf Maria „nestorianische" Tendenzen aufweise, ist gerade auch in den Aussagen zu Maria „für den Orient der Monophysitismus eine ernste Versuchung". Demgegenüber sei es „erstaunlich, wie sehr die orthodoxe Theologie ihre eigenen Quellen außer acht gelassen und sich protestantischem Denken geöffnet hat, sobald es um Maria geht"[2].

Heinrich Petri sieht das insbesondere an der Einstellung der orthodoxen Theologie zu den neueren römisch-katholischen Dogmen zur Mariologie von 1854 und 1950 bestätigt. Es ergebe sich „der merkwürdige Tatbestand, daß in orientalischen Texten z. B. durchaus die Überzeugung von der Unbefleckten Empfängnis Marias und noch deutlicher die von ihrer leiblichen Aufnahme in den Himmel bezeugt ist, daß aber die Dogmatisierungen dieser beiden Lehren im allgemeinen bei den Orthodoxen auf Kritik und Ablehnung gestoßen sind". Orthodoxe Theologen seien vielmehr paradoxerweise von der – so Petri – nach den Aussagen der orthodoxen Hymnik bestehenden dogmatischen „Übereinstimmung keinswegs überzeugt. Sie fühlten sich fremd in der katholischen Mariologie und äußerten ihren Widerstand sehr deutlich"[3].

Die Übereinstimmung der hymnischen Texte mit den Aussagen der römisch-katholischen marianischen Dogmen ist jedoch bereits fraglicher, als es Heinrich Petri erscheinen will. Vor allem gilt das in bezug auf das Dogma von der Unbefleckten Empfängnis Mariens. Die Gottesmutter wird zwar unzählbar häufig als „makellos" besungen; aber die Hymnen sind nicht interessiert an der Frage, wann und wie die Gottesmutter mit dieser Makellosigleit begnadet wurde. Petri selbst verweist darauf, daß ähnliche Epitheta wie bei der Empfängnis der Gottesmutter auch auf die Empfängnis des Täufers angewandt werden, wo sie ja nun keinesfalls im Sinne des Dogmas von 1854 verstanden sein wollen. Etwas anders verhält es sich mit Aussagen zu einer „leiblichen Aufnahme Mariens in den Himmel". Die liturgische Dichtung zu dem Fest des „Entschlafens der Gottesmutter“ am 15. August enthält tatsächlich Aussagen, die sich im Sinne einer „leiblichen Aufnahme Mariens in den Himmel“ deuten lassen.[4] So heißt es z. B. in der 6. Ode des Kanons zum Fest des „Entschlafens der Gottesmutter“, der Leib der Gottesmutter sei im Grabe ebenso unverwest geblieben wie ihre Jungfräulichkeit bei der Geburt unverletzt blieb.[5] Doch die Unversehrtheit des Leibes im Tode ist Zeichen der Gnade Gottes auch bei heiligen Asketen und nicht nur bei der Mutter des Herrn. Im übrigen ist es auch fraglich, wie weit die Hyperbolik des Hymnus auf die Goldwaage der Dogmatik gelegt werden kann. Schließlich fragt ein anderes Troparion der 6. Ode dieses Kanons auch, wie denn der Leib, der das Leben hervorgebracht hat, „der Erfahrung des Todes teilhaftig“ werden konnte[6], wo doch selbst das römisch-katholische Dogma den Tod Mariens nicht in Frage stellt.[7]

Insgesamt ist das Thema der leiblichen Aufnahme in den gottesdienstlichen Texten für das am 15. August begangene Fest der Gottesmutter nicht beherrschend. Entscheidend ist vielmehr, daß die Gottesmutter „ihre makellose Seele ihrem Schöpfer und Gott übergibt“[8], sie „in die Hände des Sohnes gelegt hat“[9]. Immerfort wiederholt wird die Aussage des Apolytikion, daß „die Mutter des Lebens zum Leben hinübergegangen ist“[10], ohne Reflexion darüber, ob dieser Übergang ins Leben Leib und Seele der Mutter des Herrn oder nur ihre Seele betroffen hat. Bezeichnend ist, daß das Fest ungeachtet aller Anspielungen auf eine leibliche Aufnahme in den Himmel „Entschlafen unserer überheiligen Herrin, der Gottesgebärerin“ heißt, nicht „Mariä Himmelfahrt“ und daß die Festtagsikone zwar zuweilen auch die Himmelfahrt der Gottesmutter in einer Nebenszene zeigt, das Entschlafen mit Christus an ihrer Totenbahre, der ihre Seele in Empfang nimmt, aber im Zentrum und oft auch allein darstellt.

Ungeachtet eines geradezu überwältigenden hymnischen Reichtums im Lob der Gottesmutter und ungeachtet gelegentlicher Übereinstimmungen selbst in Aussagen, die in der römisch-katholischen Kirche dogmatischen Rang erhalten haben, „fühlen sich“, wie Heinrich Petri feststellt, „Orthodoxe fremd in der katholischen Mariologie“[11], auch wenn diese ihnen noch immer näherstehen mag als die protestantische Ablehnung der Marienverehrung. Ja, streng genommen, gibt es überhaupt keine orthodoxe Mariologie[12], und an dieser Stelle liegt der eigentliche Dissens. Orthodoxe Hymnik ist bereit zu lobpreisenden Aussagen über und an die Gottesmutter, die einen römisch-katholischen Theologen sogar irritieren können. Nicht umsonst spricht Petri – wenn auch mit Anführungszeichen – von „Übertreibungen“, von „gewagten Übertragungen“ und „kühnen Bildern“[13]. Aber orthodoxe „Mariologie“, orthodoxe die Gottesmutter betreffende hymnische Dichtungen und orthodoxe Ikonen der Gottesmutter zeigen und preisen Maria fast immer in ihrer Beziehung zu Christus, verehren sie zuallererst als „Gottesgebärerin“, als Theotokos. Letztlich ist orthodoxe Mariologie immer „Theotokologie“[14], ein besonderer Aspekt der Christologie, Christologie mit eigenen Akzenten, aber ohne Eigengewicht.[15]

Dicht zusammengefaßt sind die Züge der reichen „theotokologischen" orthodoxen Hymnik in der vergleichsweise späten russischen Ikone des „Nichtverbrennenden Dornbuschs".[16] Gerade mit ihrem hohen Grad an Reflexion, der früheren Ikonen noch fremd ist, und ihrer die Verehrung der Gottesmutter in dichte Nähe zur Christusverehrung rückenden Hyperbolik läßt sie die Eigenart der orthodoxen Verehrung der Gottesmutter gut erkennen.

Zu diesen Eigenarten gehört, daß die Ikone – bei den liturgischen Dichtungen sieht es ähnlich aus – mehrfach die Christologie, z. T. ohne unmmittelbar erkennbaren Zusammmenhang mit der Verehrung der Gottesmutter, thematisiert. Auf vielen Ikonen des „Dornbuschs" sieht man Christus nicht nur als auf dem Schoß der Gottesmutter sitzenden Immanuel mit der Schriftrolle des Propheten in der Hand, sondern auch als Hohenpriester in bischöflichen Gewändern und zugleich auch als König; das sind ansatzhafte Züge einer Dreiämterlehre ohne erkennbaren Bezug zur Gottesmutter.

Auf den meisten „Dornbusch"-Ikonen sind in den Ecken vier Nebenszenen dargestellt. Von rechts oben im Uhrzeigersinn „gelesen", sind es in der Regel: die Vision des Zweigs, der aus der Wurzel Jesse hervorgeht (Jes 11,1), der Traum Jakobs in Beth-El mit der Jakobsleiter (Gen 28,10-22), die Schau der verschlossenen Pforte von Ez 44,1-3 und Mose vor dem Nichtverbrennenden Dornbusch (Ex 3), meist mit der „Gottesmutter des Zeichens" im Dornstrauch.[17]

Die am wörtlichen Verständnis der alttestamentlichen Texte orientierte moderne Exegese kann die hier praktizierte typologische Schriftauslegung nicht ohne weiteres nachvollziehen. Sie wurde aber bereits im Neuen Testament selbst geübt (vgl. z. B. 1 Kor 10,1-4) und basiert auf der Überzeugung, daß erst Christus die Schrift geöffnet hat (Lk 24,27.32.45). Erst in Christus, nicht schon im Selbstverständnis der Propheten, wird der eigentliche Sinn der Schrift offenbar. Diese Züge der typologischen Exegese führen H. Petri dazu, gerade die „Schriftbezogenheit" der orthodoxen Marienverehrung als problematisch zu bezeichnen.

Der Gottesmutter sind auf der „Dornbusch"-Ikone einige Attribute beigegeben, die an alttestamentliche Texte erinnern, die in der Orthodoxen Kirche – der Väterexegese folgend – als Typen der Gottesmutter verstanden werden. Besonders gehäuft finden sich diese „Typen" bereits bei dem syrischen Dichter Balai (5. Jh.), der den Dornbusch, die Wolke (Ex 3,2; 13,21), die Jakobsleiter, die Bundeslade und die verschlossene Pforte von Ez 44 als vorabbildende Typen der Gottesmutter aufzählt.[18] Fast immer hält die Gottesmutter eine Leiter in der Hand (vgl. Gen 28). Auf vielen Ikonen des „Dornbuschs" sieht man vor der Brust der Gottesmutter auch den Berg, von dem sich ohne Zutun von Menschenhand ein Stein löst (vgl. Dan 2,34 f.). Manchmal steht auf dem Berg noch ein Bauwerk, das wohl Tempel und Wohnung Gottes sein soll.

Die „Dornbusch"-Ikone nimmt eine Reihe von alttestamentlichen Motiven und Bildern auf, die – wie das Beispiel des Balai zeigt – in der patristischen Exegese und vor allem in der liturgischen Dichtung auf die Gottesmutter bezogen werden. So heißt es z. B. im Irmos der 9. Ode des Montags-Orthros im 3. Ton:

„Auf dem Sinai-Berge sah Dich im Dornbusch Mose, die Du, ohne zu verbrennen, das Feuer der Gottheit in Deinem Schoße empfangen hast. Daniel aber sah Dich, den unbehauenen Berg; Jesaja nannte Dich den blühenden Zweig aus der Wurzel Davids."[19]

In besonders eindrücklicher Weise hatte schon Efrem der Syrer das Geheimnis des Dornbuschs angesprochen. In seiner großen Predigt zum Fest Verklärung sagt er: „Gott, das Wort, wohnte im Schoße der Jungfrau selbst, und doch verbrannte das Feuer seiner Gottheit die Glieder des Leibes der Jungfrau keineswegs, sondern er bewahrte sie die Zeit der neun Monate hindurch unverletzt. Er wohnte im Mutterschoße der Jungfrau und ekelte sich nicht an dem Gestank der Natur. Er trat aus ihr als fleischgewordener Gott hervor, um uns zu erlösen."[20]

Nimmt man noch als weiteres Beispiel die Dritte Ode des Gottesmutter-Kanon vom Sonntag des 1. Tons hinzu, dann begegnet hier auch noch das Bild der „verschlossenen Pforte" von Ez 44.[21] Besonders reich an biblischen Bildern ist u. a. aber die erste Stichira zu „Herr, ich rief zu Dir" zum Fest Mariä Verkündigung, die schließlich noch zitiert werden soll:

„Den vorewigen Rat Dir, Mädchen, offenbarend, stand Gabriel vor Dir, küßte Dich und sprach: Freue Dich[22], unbesätes Land; freue Dich, Nichtverbrennender Dornbusch; freue Dich, unerforschliche Tiefe; freue Dich, Brücke, die zum Himmel führt, und hohe Leiter, welche Jakob sah; freue Dich, göttliches Mannagefäß; freue Dich, Lösung des Fluches; freue Dich, Adams Berufung. Der Herr ist mit Dir."[23]

Alle hier angeführten Motive, die in der Väterexegese und orthodoxen Hymnik begegnen, wollen das *eine* Motiv in Bildern darstellen, daß Maria die Mutter des Herrn, die Gottesgebärerin (ϑεοτόκος) ist. Das wird auf vierfache Weise ausgesagt:

1. Die Gottesgebärerin ist Jungfrau vor, bei und nach der Geburt. Christus ist nicht „von dem Geblüt noch von dem Willen des Fleisches, sondern von Gott geboren" (Joh 1,13). Der „Dornbusch", der Symbol dessen ist, daß das „Feuer der Gottheit" Maria nicht verbrannt hat, ist auch Symbol dessen, daß die Mutter als Jungfrau geboren hat und Jungfrau geblieben ist.[24] Hierzu gehören auch die „Typen" „unbesätes Land"; Berg, von dem sich ohne Zutun von Menschenhand ein Stein löst. Dazu gehört vor allem auch das Bild der verschlossenen Pforte, durch die allein der Herr eingehen darf.[25] Dadurch, daß Gott in sie eingegangen ist, ist ihr Schoß „heilig", d. h. Gott allein zugänglich.[26] Daher rührt das Interesse der orthodoxen Theologie an der dauernden Jungfräulichkeit Mariens, nicht oder nicht zuerst von Vorstellungen über ihre ethische Vorbildlichkeit.

2. Maria ist Gottesgebärerin. Das besingen die liturgischen Dichtungen, wenn es in ihnen heißt, Christus stamme von ihr wie die Blume vom Zweig (Jes 11) oder wie die „Frucht des Lebens" vom Weinstock.[27]

3. Dadurch, daß sie Gott geboren hat, ist die Gottesmutter Brücke zwischen

Himmel und Erde, ist sie Erfüllung und Überhöhung des alttestamentlichen Bildes der Jakobsleiter (Gen 28). Auf ihr steigen nicht nur die Engel, sondern Gott selbst vom Himmel herab.[28] Auch das Attribut der Leiter ist also auf die Inkarnation bezogen. Es darf nicht ins Moralische interpretiert werden. Mit der dreißigsprossigen Leiter des Johannes Klimakos hat diese Leiter nichts zu tun.[29]

4. Vor allem alttestamentliche Typen, die das Heilige in sich enthalten, werden als Vorbilder der Gottesgebärerin interpretiert: das Mannagefäß, das „ehrwürdige Gefäß des Gebieters"[30], die „lichtbringende Wolke"[31], der Thron Gottes[32], Sein Tempel[33] und heiliges Zelt.[34] Sie ist die Bundeslade und Gottes beseeltes Gemach.[35] Insofern kann sie auch Himmel[36] genannt werden oder als „weiter denn die Himmel"[37], da sie Gott in ihrem Leibe umfaßt, der Unbegrenzte sich in ihr umgrenzen, der Unumschreibbare in ihr umschreiben läßt.[38] Immer geht es darum, daß sich in ihr das Geheimnis vollzieht: finitum capax infiniti; „der Unfaßbare wird im Schoß umfaßt."[39]

Weil es bei ihr immer um Gott in ihr geht, weil sie auf fast jeder ihrer Ikonen mit dem Christusknaben dargestellt wird, wird die Grenze zwischen Christus-Hymnus und Lobpreis der Gottesgebärerin fließend. Mehr in den Theotokien als in den an Christus gerichteten liturgischen Dichtungen wird die orthodoxe Christologie, die Zwei-Naturen-Lehre, das Wunder der Inkarnation besungen. So heißt es im Theotokion des 6. Tons, das vor dem Einzug im Abendgottesdienst vom Sonnabend gesungen wird:

> „Wer sollte Dich nicht selig preisen, Allheilige Jungfrau? Wer nicht besingen Dein schmerzloses Gebären? Denn der außerhalb der Zeit aus dem Vater hervorstrahlende einziggezeugte Sohn, er selbst kam aus dir, der Reinen, hervor, auf unaussprechliche Weise Fleisch geworden, welcher der Natur nach Gott ist und der Natur nach Mensch geworden ist um unseretwillen: nicht in zwei Personen geteilt, sondern in zwei Naturen unvermischt erkannt . . ."[40]

Aufgrund dieser engen Beziehung, dieser Fast-Identität können Lobpreisungen auf Christus auf die Gottesmutter übertragen werden. Aus dem „Würdig ist es . . ." der Präfation wird das „Würdig ist es . . ." des wichtigsten und schönsten Lobgesanges der Gottesgebärerin:

> „Wahrhaftig würdig ist es, Dich die Gottesgebärerin, selig zu preisen, die allzeit Selige und ganz Unbefleckte und Mutter unseres Gottes. Geehrter als die Cherubim und unvergleichlich herrlicher als die Serafim, die Du unversehrt Gott, das Wort, geboren hast, in Wahrheit Gottesgebärerin, Dich preisen wir hoch."[41]

Umschrieben ist in der zweiten Hälfte des Gesangs hier auch das Bild des Nichtverbrennenden Dornbuschs, das in der liturgischen Dichtung immer wieder begegnet und die „Dornbusch"-Ikone geprägt hat. Am Hymnus „Wahrhaft würdig" wird die Breite der Interpretationsmöglichkeiten deutlich. Unversehrt hat die Gottesmutter Gott geboren – unversehrt einmal, indem ihre Jungfräulichkeit bei der Geburt unversehrt blieb, zum andern weil „das Feuer der Gottheit" ihren Schoß nicht verbrannte. Für den abendländischen Christen mögen das zwei verschiedene Dinge sein; für den Orthodoxen ist es ein und dasselbe. Die theologische Wahrheit, daß sie Gott geboren hat, ohne Schaden zu nehmen[42], besteht nicht ohne das Zeichen: „Wie der flammende Dornbusch nicht verbrannte, so hast Du als Jungfrau geboren und bist Jungfrau geblieben.“[43] „Geehrter als die Cherubim und unvergleichlich herrlicher als die Serafim“ ist die Gottesmutter aber, weil Cherubim und Serafim nach der Engellehre des Dionysios Areopagita Gott zwar unter allen Chören der Engel am nächsten stehen, Maria aber näher ist, weil sie „Gott das Wort geboren hat“, Sein Gefäß geworden ist.

„Theotokologisch“, nicht moralisch ist – anders als schon in der Schrift des Hieronymus gegen Helvidius – im Osten[44] auch das Interesse an der bleibenden Jungfräulichkeit der Gottesgebärerin nach der Geburt Christi zu erklären. Die Pforte (Ez 44), durch die der Herr geht, ist heilig und Gott allein vorbehalten, der Mutterleib der Gottesgebärerin ist ein heiliger Tempel und darf nicht profanisiert werden.[45] Die in den Evangelien erwähnten „Brüder“ Jesu sind für die Orthodoxe Kirche dabei kein Problem. Die exegetisch offene Frage, ob nicht auch der Halbbruder oder Vetter „Bruder“ genannt werden kann, ist für die orthodoxe Exegese durch die übereinstimmende Auslegungstradition der Alten Kirche einhellig beantwortet.

Für den orthodoxen Christen stehen diese Fragen grundsätzlich nicht zur Disposition, und dennoch fehlt in der Orthodoxen Kirche jegliche Tendenz, die hier gefällten Entscheidungen durch die Formulierung eines Dogmas abzusichern. Offenbar bleibt der orthodoxen Theologie stets bewußt, daß es hier nicht um „Heilsnotwendiges“ geht, sondern um die Angemessenheit des Redens über die Mutter des Herrn. Sie befindet sich damit auf der Linie des hl. Basilius d. Gr., der betont hat: „Nur bis zur Dienstleistung beim Heilswerk war die Jungfräulichkeit notwendig: Was hernach geschah, bleibt für das Geheimnis ‚der Erlösung‘ belanglos –, wir, die wir als Christusfreunde es nicht hören können, daß die Gottesgebärerin einmal aufgehört hätte, Jungfrau zu sein, wir halten gleichwohl die angeführten Zeugnisse für ausreichend.“[46]

Die Ikone des Nichtverbrennenden Dornbuschs ist ebenso wie der liturgische Gesang „Wahrhaft würdig ist es“ „theotokologische“ Übertragung von Elementen eines Gebetes zu Gott auf die Mutter, die Gott in ihrem Leibe zu umfassen gewürdigt ist, Übertragung von Zügen einer Christusikone auf eine Ikone der Gottesmutter. Ikonographisches Vorbild für wesentliche Züge dieser Ikone ist die Christus-Ikone „Spas v silach“, „Erlöser unter Engelmächten“[47]. Hier wie dort begegnet der achtstrahlige Stern, der auf den achten Schöpfungstag verweist. Der Stern ist Christus-Symbol; denn Christus ist der „Stern aus Jakob“ (Num 24,17). Zugleich aber ist die Gottesmutter nach dem „Hymnos Akathistos“ „Stern, der die Sonne spiegelt“[48]. Schon aus diesem Grunde kann der Stern ebenso, wie er Christus-Symbol ist, auch Symbol der Gottesmutter werden. Der Katalog der Ikonensammlung der Tret'jakov-Galerie in Moskau zitiert aus einer mir leider nicht zugänglichen Arbeit von A. N. Vinogradov, in der die grüne Farbe des inneren Rhombus oder Sterns der Dornbusch-Ikone als Farbe des Busches, die rote Farbe des äußeren Sterns als Farbe des Feuers gedeutet wird.[49] Der innere Stern oder Rhombus ist aber keineswegs immer grün. Er ist ebenso oft blau, und dies erscheint als die ursprüngliche Farbe, ebenso wie beim „Spas v silach“. Sehr leicht nämlich verändert sich die Farbe Blau zu Grün, wenn der Firnis von Ruß- und Weihrauchpartikeln verschmutzt wird.

In jedem Falle soll mit dem vorderen Stern nicht der Busch wiedergegeben werden. Anders wäre er nicht bei vielen „Dornbusch“-Ikonen mit Sternen übersät. Bei der Ikone des Dornbuschs wiederholt sich vielmehr ein Vorgang, der von der Darstellung des Lammes her bekannt ist: Der alttestamentliche Typos des Lammes wird im Neuen Testament durch Christus, das wahre Gotteslamm, abgelöst (can 82 des Quinisextum). So bildet nach der Auslegung des hl. Gregor von Nyssa der Dornbusch, der brennt und nicht verbrennt, die Gottesmutter vorab.[50] *Sie* ist die Erfüllung des alttestamentlichen Bildes. Insofern ist die russische Ikone des Nichtverbrennenden Dornbuschs näher an den ursprünglichen Prinzipien der Ikonenmalerei als das ältere ikonographische Vorbild, das seinen Platz links oben auf der „Dornbusch“-Ikone erhalten hat. Die Gottesmutter erscheint nicht im Dornbusch, sondern sie *ist* der Nichtverbrennende Dornbusch, und in ihr ist das Feuer, in ihr ist Gott.

Die Ikone des „Nichtverbrennenden Dornbuschs“ ist so immer auch Ikone einer Gottesvision. Da liegt es nahe, daß das andere wichtige Bild einer Gottesvision, die Ikone „Spas v silach“ zum ikonographischen Vorbild wurde. Hier wie dort sind deshalb in den Stern schemenhafte Engelgestalten eingetragen. Hier wie da begegnen deshalb die Farben Blau und Rot, auf der Ikone des „Dornbuschs“ nur in der bei der Gottesmutter üblichen Umkehrung. Vor allem wichtig ist, daß man auf der „Dornbusch“-Ikone wie auf der Ikone des Typs „Spas v silach“ in den roten Zacken des hinteren Sterns die vier Lebewesen als Symbole der Evangelisten sieht. So entspricht es ja auch der Gottesvision des Propheten Ezechiel.

Selbst in solchen Zügen, die wie die Übernahme von zentralen Motiven der Christus-Ikone „Spas v silach“ in die Ikone der Gottesmutter ihre Verehrung in die nächste Nähe zur Verehrung Christi führen, bleibt die Verehrung der Gottesmutter „theotokologisch“ und damit ein spezieller Aspekt der Christologie. Andere Züge, selbst solche, für die man, wenn nicht vielleicht sogar Belege in der Heiligen Schrift selbst[51], so doch wenigstens bereits in der frühesten Väterexegese finden könnte, die aber die Mariologie stärker von der Christologie isolieren könnten, treten demgegenüber in der orthodoxen hymnischen Dichtung zurück.

So ist die Gottesmutter immer dann, wenn sie in der Apsis einer Kirche als Orantin dargestellt wird, Symbol, Personifikation der Kirche. Als solche erhebt sie vom Altarraum aus ihre Hände betend zu dem in der mittleren Kuppel oder Zwiebel dargestellten Pantokrator. Dieser ekklesiologische Bezug steht in der hymnischen Dichtung der Orthodoxen Kirche weit im Hintergrund. Selten tritt er so deutlich hervor wie in der folgenden, in der griechischen Kirche anscheinend nicht gesungenen Stichira der Vesper vom Sonnabend-Abend des 5. Tons:

„Wie soll ich, o reine Gottesgebärerin, nennen Deine gottherrliche Kirche? Ich nenne Dich Garten von Eden und, o Reine, ich bezeichne Dich als Arche Noahs, die für Gott rettete das königliche Priestertum, das ganze heilige Volk, die Schar Christi, unseres Gottes: auch vergleiche ich Dich mit dem Feld des Mose, in welchem erhalten war die Versöhnungsstätte und der blühende Stab, in welchem der Leuchter und das Gefäß ‚mit Manna', das ganz goldene Rauchfaß sich befand, das Zelt, zu welchem jeder Gläubige flieht und erbittet das große Erbarmen."[52]

Es ist aufschlußreich, wie hier die theotokologischen Bezüge verzahnt sind mit den ekklesiologischen. Beim Bild der Arche ist der ekklesiologische Bezug ausdrücklich angesprochen. Aber das Bild des Zeltes, das hier wohl ekklesiologisch zu verstehen ist, ist sonst ein Bild derer, die das Heilige in sich enthält, also ein theotokologisches Bild. „Theotokologisch" sind nun wieder ganz eindeutig die Bilder „Rauchfaß", das die glühende Kohle und den duftenden Weihrauch enthält, und „Leuchter" zu verstehen. Auf dem Leuchter steht das Licht Christi. Der Stab, der auf wunderbare Weise ergrünt, ist dagegen ein Bild der Jungfrau, die gebiert und doch Jungfrau bleibt.

Mit der Gottesmutterschaft Mariens – wieder nicht mit ihren Tugenden oder ihrer Makellosigkeit – begründet ist die besondere Macht ihrer Fürbitte. Die Orthodoxe Kirche ist durchdrungen von der Gewißheit, daß „Maria, die Mutter Gottes für die Kirchen bittet"[53]; sie glaubt aber darüber hinaus, daß die Gebete der Mutter von besonderer Wirkkraft sind bei ihrem Sohn, eben weil sie Seine Mutter ist, Ihm näher als die Engel, „geehrter als die Cherubim und unvergleichlich herrlicher als die Seraphim", weil sie als Mutter in besonderer Weise παρρησία bei ihm hat, wie es das Theotokion zu den Aposticha des Sonnabend-Abendgottesdienstes nach dem 2. Ton ausdrückt:

„O des neuen Wunders über alle früheren Wunder! Denn wer kennt eine Mutter, welche ohne Mann geboren hat und in den Armen trägt den, welcher die ganze Schöpfung umfaßt? Gottes Ratschluß ist das Kind. Die Du Ihn als Säugling, o Allreine, auf Deinen Armen gehalten und mütterlichen Freimut, bei Ihm erworben hast, höre nicht auf zu beten für die, die Dich ehren, auf daß Er sich erbarmen und erretten möge unsere Seelen!"[54]

Diese Stellung der Gottesmutter als die, die Gott in ihrem Leibe getragen hat und „Thron der Cherubim" geworden ist, und ihre παρρησία bei Christus sind der Grund dafür, daß sich in den gottesdienstlichen Texten Aussagen über sie, die auf den Protestanten geradezu provozierend, aber selbst auf den römisch-katholischen Christen „übertrieben", „gewagt" und „kühn" wirken[55], orthodoxem Verständnis möglich erscheinen. Nur, man darf all diese Aussagen nicht „mariologisch" verstehen, sondern man muß sie „theotokologisch" begreifen. All die „übertriebenen", „gewagten" und „kühnen" Aussagen über die Gottesmutter sind auf die Geburt des Erlösers oder ihre Fürbitte bezogen. Nur in diesem Sinne kann sie als „Mittlerin", als die, die

„erlöst" hat und als „Heil meiner Seele" besungen werden.[56] Ungeachtet aller scheinbaren Übereinstimmmung fehlt hier jedes Interesse, ein Dogma der Miterlöserschaft Mariens zu formulieren. Stets kann und muß den „übersteigerten" Aussagen hinzugefügt werden: „... denn Du hast den Erlöser unserer Seelen geboren."[57]

Die orthodoxe Theotokologie ist nicht nur von „Übertreibungen" und „Kühnheiten" geprägt, die die Gottesmutter aus der Menschheit herauszunehmen tendieren, sondern auch davon, daß die Menschheit und Menschlichkeit Christi an ihr festgemacht wird. Aus ihrem „unschuldigen Blute wurde bereitet übernatürlich das Fleisch dem Schöpfer des Alls"[58]; aus ihrem Schoß bekleidete Er sich mit Fleisch[59]. Dieser Gedanke ist so wichtig, daß die Orthodoxe Kirche sogar ein Dankgebet an die Gottesmutter nach dem Eucharistieempfang kennt.[60] Auch dieses Gebet ist nicht „mariologisch", sondern „theotokologisch" zu verstehen.

Für Byzanz und die byzantinischen, heute in allen orthodoxen verwandten hymnischen Dichtungen gilt das uneingeschränkt. Davon geprägt ist die liturgische Erfahrung des orthodoxen Christen. In dieser „theotokologischen" Ausrichtung aller Aussagen über die Mutter des Herrn ist begründet, daß „auch gewagte Übertragungen, kühne Bilder und ‚Übertreibungen'" dem orthodoxen Theologen das Gefühl der Fremdheit gegenüber einer für den ersten Augenschein zurückhaltenderen römisch-katholischen Mariologie nicht nehmen können, auch wenn der Verzicht auf die Verehrung der Gottesmutter dem orthodoxen Christen noch fremder und unverständlicher erscheint. Die Prägung durch die Erfahrung der „theotokologisch" zu deutenden Hymnen ist so stark, daß immer wieder zu beobachtende Tendenzen einer Verselbständigung der Mariologie durch das Gewicht der orthodoxen theotokologischen Tradition korrigiert werden.

1 Heinrich Petri, Maria und die Ökumene, in: Handbuch der Marienkunde. Hrsg. von Wolfgang Beinert und Heinrich Petri, Regensburg 1984, 315–359, hier: S. 319–330.

2 H. Petri, 326 unter Bezug auf R. Laurentin, Die marianische Frage, Freiburg – Basel – Wien 1965.

3 H. Petri, 327.

4 Vgl. Fairy v. Lilienfeld, Maria im liturgischen Gebet der Orthodoxen Kirche (in: Maria in der Lehre von der Kirche. Hrsg. von Hans-Joachim Mund, Paderborn – München – Wien – Zürich 1979, 29–59) 39.

5 Μηναῖον τοῦ Αὐγούστου, Athen 1970, 152.

6 Μηναῖον τοῦ Αὐγούστου 152.

7 So allerdings tatsächlich Epiphanius von Salamis, Gegen die Antidikomarianiten (BKV) 245.

8 Stichira des Johannes zur Liti im Hesperinos vom 15. 8., 2. Ton: Μηναῖον τοῦ Αὐγούστου 147.

9 Stichira des Germanos zur Liti im Hesperinos vom 15. 8., 3. Ton: Μηναῖον τοῦ Αὐγούστου 147.

10 Μηναῖον τοῦ Αὐγούστου 148.

11 H. Petri, 327.

12 V. D. Saryčev, O počitanii Božiej Materi (Über die Verehrung der Gottesmutter), in: BoTr 11/1973, 78–89.

13 H. Petri, 326.

14 Diesen unüblichen, aber die Sache genau treffenden Begriff verdanke ich Herrn Privatdozent Dr. Peter Plank, Würzburg.

15 Vgl. Georges Florovsky, The Ever-Virgin Mother of God, in: G. Florovsky, Collected Works III, Belmont 1976, 171–188.

16 U. E. entspricht diese Ikone dem Gesamtinhalt „theotokologischer" Hymnik mehr als andere ältere Ikonentypen. Die „Dornbusch"-Ikone zeigt, daß frühe Züge orthodoxer theologischer Reflexion noch sehr spät adäquaten ikonographischen Ausdruck finden konnten, auch wenn, aufs Ganze gesehen, die Behauptung der Unveränderlichkeit orthodoxer Theologie bei manchen Orthodoxen selbst, besonders aber im Westen, einer kritischen Überprüfung nicht standhält. Zu dieser Ikone speziell vgl. K. Chr. Felmy, Dornbusch, in dem das Feuer brennt. Interpretationen zum theologischen Verständnis eines Ikonen-Typs der Gottesgebärerin, in: StO 1989/3, 32–35.

17 „Gottesmutter des Zeichens" heißt ein Typ der Gottesmutter-Ikone mit dem Christuskind in einem Clipeus vor (in der Sprache der Ikonen bedeutet das hier: in) der Gottesmutter. Die Bezeichnung ist von Jes 7,14 hergeleitet.

18 Ausgewählte Schriften der syrischen Dichter Cyrillonas, Baläus, Isaak von Antiochien und Jakob von Sarug. Aus dem Syrischen übersetzt von P. S. Landesdorfer, München 1913 (BKV, 1. Serie, Bd. 6), 40.

19 Παρακλητικὴ περιέχουσα ἅπάσαν τὴν ἀνήκουσαν ἀυτῇ ἀκολουθίαν μετὰ τῶν ἑοτοκίων καὶ ἀπολυτικίων τοῦ ὅλου εὐιαυτοῦ, τῶν δύο παρακλητικῶν καυόνων τῆν ὑπεραγίαν θεοτόκου καὶ τοῦ κανόνος τοῦ ἀκαθίστου ὕμνου. Ἔκδοσις νέα ἐπιμεμελημένη, Athen 1984, 137; Alexios von Maltzew, Oktoichos oder Parakletike der Orthodox-Katholischen Kirche des Morgenlandes, I, Berlin 1903, 386.

20 BKV, 1. Serie, Bd. 37, 185.

21 Παρακλητική 10; A. v. Maltzew I 60.

22 Χαῖρε – griechische Grußformel.

23 Μηναῖον τοῦ Μαρτίου, Athen 1982, 200. – Für die meist vielfältig belegbaren Bilder wird hier und im folgenden jeweils nur ein Beispiel gewählt.

24 Παρακλητική 65; A. v. Maltzew I 386 u. ö.

25 Kanon vom Sonntagmorgen, 3. Ton, Irmos der 9. Ode: Παρακλητική 152; A. v. Maltzew I 714.

26 So urteilt Ambrosius in seinem Lukaskommentar, Josef sei gerecht gewesen und habe deshalb „unmöglich den Tempel des Heiligen Geistes, die Mutter des Herrn, den Schoß des Geheimnisses der Menschwerdung verletzen können" (2. Buch, Kommentar zu Lk 1,26-32: BKV, 1. Serie, Bd. 21,52.)

27 Theotokion der Dritten Stunde: Ὡρολόγιον τὸ Μέγα, περιέχον ἅπάσαν τὴν ἀνήκουσαν αὐτῷ ἀκολουςίαν κατὰ τὴν τάξιν ἀνατολικῆς ἐκκλησίας καὶ τῶν ὑποκειμένων ἀυτῇ εὐαγῶν μοναστηρίων μετὰ τίνων ἀπαρειτήτων προσθηκῶν, Athen 1977, 104.

28 Vgl. z. B. 7. Ode, Kanon der Gottesgebärerin, Sonntag, 1. Ton: 13; A. v. Maltzew I 77 (die deutsche Übersetzung bei Maltzew ist fehlerhaft).

29 So will es aber Ivan Bentchev, Handbuch der Muttergottesikonen Rußlands. Gnadenbilder – Legenden – Darstellungen, Bonn-Bad Godesberg 1985, 67.

30 Theotokion zum 2. Kathisma, Morgengottesdienst, Sonntag, 1. Ton: Παρακλητική 8; A. v. Maltzew I 44.

31 Kanon vom Dienstagmorgen, 1. Ton, Irmos der 9. Ode: Παρακλητική 30; A. v. Maltzew I 178.

32 Kanon vom Sonntagmorgen, 3. Ton, 9. Ode: Παρακλητική 130; A. v. Maltzew I 715.

33 Theotokion der 9. Ode, Sonntag-Morgengottesdienst, 3. Ton: Παρακλητική 130; A. v. Maltzew I 715.

34 Morgengottesdienst vom Sonntag des 3. Tons, 5. Ode: Παρακλητική 128; A. v. Maltzew II 701.

35 Morgengottesdienst vom Sonntag des 8. Tons, 6. Ode: Παρακλητική 414; A. v. Maltzew II 884.

36 Theotokion der 1. Stunde: Ὡρολόγιον 91.

37 Anstelle des „Würdig ist es" in der Basilius-Liturgie gesungener Irmos „Über dich freut sich". Vgl. Liturgikon. „Meßbuch" der Byzantinischen Kirche von Neophytos Edelby, Recklinghausen 1967, 497.

38 Kontakion vom Sonntag der Orthodoxie: Τριῴδιον κατανυκτικὸν, περιέχον ἅπάσαν τὴν ἀνήκουσαν αὐτῷ ἀκολουθίαν τῆς ἁγίας καὶ μεγάλης τεσσαρακοστῆς ἀπὸ τῆς κυριακῆς τοῦ τελώνου καὶ τοῦ φαρισαίου μέχρι τοῦ ἁγίου καὶ μεγάλου σαββάτου, Athen 1983, 147.

39 Theotokion der Aposticha des Sonntagabend-Gottesdienstes im 5. Ton: Παρακλητική 249; A. v. Maltzew II 85.

40 Παρακλητική 295; A. v. Maltzew II 315.

41 Die Göttliche Liturgie des Hl. Johannes Chrysostomus mit den besonderen Gebeten der Basilius-Liturgie im Anhang, Heft A, B, C, hg. v. Fairy v. Lilienfeld, Erlangen 1986, 67.

42 Irmos der 9. Ode des Montags-Morgengottesdienstes im 3. Ton: Παρακλητική 137; A. v. Maltzew I 757.

43 Theotokion des Sonnabend-Abendgottesdienstes, 2. Ton: Παρακλητική 66; A. v. Maltzew I 386.

44 Hieronymus, Adversus Helvidium: PL 23. 183–206.

45 Vgl. das oben in Anm. 26 wiedergegebene Ambrosius-Zitat.

46 Basilius, Auf die Geburt Christi: BKV, 1. Serie, Bd. 47, 412.

47 Vgl. z. B. V. N. Lazarev, Moskovskaja škola ikonopisi – Moscow School of Icon-Painting, Moskau 1980, Abb. 39.

48 Ὡρολόγιον 322; „K. Kirchhoff", Die Ostkirche betet. Hymnen aus den Tagzeiten der byzantinischen Kirche II, Münster 1963, 218.

49 V. I. Antonova – N. E. Mneva, Katalog drevnerusskoj živopisi. Opyt istorikochudožestvennoj klassifikacii, tom vtoroj. XVI-načalo XVIII veka (Katalog der altrussischen Malerei. Versuch einer kunsthistorischen Klassifizierung, Bd. 2. 16. bis Anfang 18. Jh.), Moskau 1963, 207f. (Nr. 623).

50 Gregor von Nyssa, De vita Moysis: PG 44, 332; vgl. a. Johannes von Damaskus, Imag. II 20 (B. Kotter, Die Schriften des Johannes von Damaskus III, Berlin – New York 1975, 119); III 22 (B. Kotter, 129).

51 Vgl. aber Raymond E. Brown, Maria im Neuen Testament = Mary in the New Testament (dt.). Eine Gemeinschaftsstudie von protestantischen und römisch-katholischen Gelehrten, Stuttgart 1981.

52 A. v. Maltzew II 14.

53 Diese Formulierung findet sich in Apologie 21 (BSLK 322). Die orthodoxe Überzeugung von der Fürbitte der Gottesmutter wurde also auch von den evangelischen Ständen in Augsburg 1530 geteilt.

54 Παρακλητική 66; A. v. Maltzew I 389.

55 S. o. S. 1.

56 Formulierungen, die z. B. im Hymnos Akathistos begegnen: Τριῴδιον 321–328; K. Kirchhoff II 217–233.

57 Ὡρολόγιον 154.

58 Morgengottesdienst vom Sonntag des 5. Tons, Irmos, 9. Ode: 246; A. v. Maltzew II 65 u. ö.

59 Morgengottesdienst vom Sonnabend des 6. Tons, 1. Ode, Theotokion nach russischer Ordnung: A. v. Maltzew II 553.

60 Die Göttliche Liturgie 95.

Johannes Halkenhäuser

# Glaube, der tanzt

## Historische Annäherungen zum „Tanz vor dem Herrn"

*I.*

Vor einigen Monaten konnte man die bekannte französische Tänzerin Mireille Nègre in einer Fernsehsendung erleben. Bewegend schon das Schicksal dieser eindrucksvollen Frau: Mit zwei Jahren wird sie Opfer eines Unfalls, bei dem sie nur knapp dem Tod entgeht. Trotz dadurch bedingter Behinderung tritt sie mit acht Jahren in eine Ballettschule ein, wird später erste Tänzerin der großen Opéra de Paris. Im Alter von 28 Jahren gibt sie zur allgemeinen Überraschung der Öffentlichkeit ihre Karriere auf und tritt in einen Karmel ein. Mit 40 Jahren kehrt sie mit Einverständnis ihres Ordens in die Welt zurück, um ihrer Berufung besser nachkommen zu können: für Gott zu tanzen. „Tanzen ist mehr, als mit seinem Körper beten. Ich wage zu sagen: Man wird dabei selbst Gebet. Man fängt Feuer. Man atmet, man spürt mit seinen Muskeln, seinen Knochen dieses Beten, das im Inneren brennt ... Ich möchte die Kirche mit dem Tanzen versöhnen. Der Tanz ist kontemplative und liturgische Handlung. Und ebenfalls eine apostolische, denn er wendet sich an die Welt. Zweifellos mehr als jede andere Kunst ist das Tanzen Trägerin der Frohen Botschaft vom Reich Gottes, das in uns und unter uns gegenwärtig ist."[1]

Für nicht wenige „entschiedene" Christen werden solche Sätze eher Ärgernis als Herausforderung sein. Die Kirche mit dem Tanzen versöhnen – kann, ja darf das überhaupt ein Thema sein angesichts der bedrängenden Überlebensprobleme der Menschheit in der Welt von heute, an deren Lösung mitzuarbeiten gerade auch die Christen aufgerufen sind? „Glaube, der tanzt"? Der Glaube ist doch eine viel zu ernste Sache! So findet es wenigstens die bisweilen schwerblütige „deutsche Kathedralfrömmigkeit" (Fichte), die nur mit Kopfschütteln und einigem Unverständnis auf das Augustin zugeschriebene Wort reagieren wird: „Mensch, tanze, sonst wissen die Engel im Himmel nichts mit dir anzufangen!"

Die Kirche mit dem Tanzen versöhnen: Als die Liturgische Konferenz Niedersachsens im Juni 1986 zu ihrer Jahresversammlung unter dem Thema einlud „Gestaltete Bewegung im Glauben. Körpersprache und Tanz im Kirchenraum", fühlte sich manch einer an den bekannten Werbeslogan aus der Textilbranche erinnert: „Öfter mal was Neues". Was haben wir seit den 60er Jahren nicht alles an vielfältigen Experimenten auf dem Gebiet des Gottesdienstes erlebt: Gottesdienste in neuer Gestalt; Jazz-Gottesdienste; Politische Morgen- und Nachtgebete; dann kreative, meditative und schließlich festive

Gottesdienste. Und nun: „Als den Liturgikern nichts mehr einfiel, begannen sie, vor dem Altar zu tanzen."[2]
Merkwürdig genug: Wer sich interessiert im Bereich christlicher Spiritualität, Liturgie und Gottesdienstgestaltung umsieht, wird in der Tat einen seit langem spürbaren Umbruch feststellen. Die Zahl derer, die dem religiösen Tanz, der Bewegung und der Leiberfahrung in der Liturgie zunehmend Bedeutung beimessen, ist im Wachsen. Unter dem Eindruck der erlebten Gottesdienste auf Evangelischen Kirchentagen und großen Katholikentreffen, der weltweiten charismatischen Bewegung, in der Begegnung mit Christen aus Jungen Kirchen im Zeitalter der „Inkulturation" haben sich kirchliche Akademien, Bildungsstätten, Gemeinde-Seminare etc. intensiv dieses Themas angenommen. Angebote zu liturgischem Tanz, szenischem Spiel und religiösem Ausdruckstanz sind nicht nur bei jungen Menschen gefragt wie nie zuvor. Eine nicht mehr zu überschauende Fülle pastoral-katechetischer, praktischer Hilfen ist auf dem Markt, um den Tanz für das geistliche Leben und den Gottesdienst fruchtbar zu machen.[3] Daneben hat eine gründliche theologisch-reflexe Besinnung eingesetzt, mit dem Ziel, das Phänomen Tanz in Relation zu theologischen Grundaussagen als legitimen Ausdruck menschlicher und christlicher Religiosität zu deuten.[4] Wo die Herausforderung des religiösen Tanzes von der Theologie aufgenommen wird, ergibt sich folgerichtig die Notwendigkeit, die verschiedenen, oft sehr disparaten Ansätze des religiösen Tanzes in Liturgie und Pädagogik, Therapie und Katechese, Eurhythmie und Kult in einem interdisziplinären Dialog miteinander ins Gespräch zu bringen.
Dieses alles zeigt dem aufmerksamen Beobachter der Szene, daß Mireille Nègre mit ihrem „Tanzen für Gott" nicht etwa eine exotische Randerscheinung ist, sondern Teil einer großen (übrigens weltweiten) Aufbruchsbewegung, die sich bewußt zum Ziel gesetzt hat, Kirche und Tanzen zu versöhnen.

## *II.*

Fulbert Steffensky schreibt in seinem interessanten Buch „Feier des Lebens": „Einer meiner Vorbehalte dem deutschen Protestantismus gegenüber ist sein gestischer Analphabetismus. Überlegen wir den Normalfall des protestantischen Gottesdienstes: Zunächst ist der gottesdienstliche Raum zentriert auf die Kanzel. Er hat wenig Schmuck außer Kanzel und Altar, keine anderen Fixpunkte, es ist ein zentralistischer Raum. Er lädt nicht zum Handeln ein, sondern nur zum Zuhören. Er lädt nicht zum Gehen ein, somit fehlt Bewegung. Sitzen und Stehen sind die einzig möglichen Haltungen ... es fehlen Farben, Gerüche, Bewegungen, Tänze. Mit einem protestantischen Gottesdienst assoziiere ich ‚Ordnung'."[5]
Es mag dahin gestellt bleiben, ob der lutherische Gottesdienst hier auch nur einigermaßen zutreffend beschrieben ist, von den Gottesdiensten in einer evangelischen Kommunität ganz zu schweigen. Aber zweifellos weist F. Steffensky eine Schwachstelle auf: Zumindest seit der Aufklärung und dem

damit einsetzenden Verfall der gottesdienstlichen Formen ist es eine stete Gefährdung des herkömmlichen evangelischen (protestantischen?) Gottesdienstes, daß er mit seinem gängigen Muster von „Reden und Hören" die kognitiven Aspekte überbetont und dadurch im Gegenzug die emotionalen zu sehr vernachlässigt. Wen wundert es, wenn dann die kaum vermeidbare Monotonie verbaler Beflissenheit eher zum (Weg-)Gehen als zum Sitzenbleiben oder gar zum religiösen Tanz motiviert?!

Einer „Kirche des Wortes" müßte doch längst aufgefallen sein, daß dieser gestische Analphabetismus (oder weniger herausfordernd gesagt: die Beschränkung auf einige wenige liturgische Elementargebärden) zumindest in der Heiligen Schrift keinen Rückhalt hat. Es gibt genügend Hinweise, daß im Gottesdienst Israels die Freude an Gott sich nicht nur in einem großen Reichtum an Gesten, in Lied und Musik lebendig, leibhaftig und kommunikativ „äußert". Auch der religiöse Tanz als leib-haftiger, bewegter Ausdruck gestaltgewordener Gottesverehrung hat immer eine große Rolle gespielt. Wenn in den Psalmen (z. B. 149,2f.; 150,4; 87,7; 30,12 u. ö.) die Israeliten aufgefordert werden, Gott im Reigentanz zu loben, dann war das eben nicht nur eine poetische Aufforderung, die nicht so ernst gemeint war. Und wenn der fromme Beter (mit David) bekannte[6]: „Vor dem Herrn will ich springen und will tanzen vor dem Herrn" (2 Sam 6,21), war das für ihn nicht nur bildliche Redeweise, die nur im übertragenen, also uneigentlichen Sinn zu verstehen war. Das waren vielmehr geistgewirkte Impulse, das in leibliche Bewegung umzusetzen, was das Herz erfüllt; eben „Glaube, der tanzt".

Auch wenn es keine ausgeführte Theologie des Tanzes im Israel des Alten Bundes gibt, gab es doch über die Welt der Psalmen hinaus erinnerte Geschichten, die zu klassischen Beispielen und Legitimations-Erweisen für die (Tanz-)Tradition des Volkes Israel wurden – übrigens bis herauf zu den Chassidim.[7] Mirjam tanzt (Ex 15,20), Jephtas Tochter tanzt (Ri 11,34), vor allem aber David (und ganz Israel) tanzt bei der Überführung der Bundeslade nach Jerusalem (2 Sam 6,5.14.16); nach Davids eigenen Worten ein „Tanz vor dem Herrn" (ebd. V 21).

Keine Frage: Für Israel waren religiöse Tänze, Prozessionen etc. im Gottesdienst und seinem Umfeld selbstverständlich.[8] Die paulinische Mahnung „Verherrlicht Gott in eurem Leibe" (1 Kor 6,20) wäre für den alttestamentlichen Frommen keine Aufforderung zur grundsätzlichen Kurskorrektur gewesen, sondern eher eine Erinnerung, Gott mit allen Sinnen, also auch im Tanz zu feiern. Der Tanz als „Gefährte des Glaubens und als Gespiele der Gnade", wie Ambrosius später sagen wird, ist für das Alte Testament keine Frage, eher eine Selbstverständlichkeit.

## *III.*

Der Tatbestand ist also offensichtlich: Der religiöse Tanz gehörte im Israel des Alten Bundes und der nachfolgenden Zeit ganz selbstverständlich sowohl zum kultischen Gottesdienst wie auch zu dem vom Gottesdienst geprägten

Alltagsleben des frommen Juden. Warum aber – so stellt sich die Frage beim Überschritt zur Zeit der Kirche – hat der Tanz diese Bedeutung in der Alten Kirche nicht bekommen bzw. nicht beibehalten?
Geht man den historischen Quellen und damit der Problemgeschichte des Sakraltanzes in der Alten Kirche nach, wird man eine doppelte Entwicklungslinie feststellen. Auf der einen Seite kann kein Zweifel bestehen, daß die Gottesdienste der ersten Jahrhunderte insgesamt lebendiger, leibhaft-bewegter und kommunikativer waren, als wir im allgemeinen gewohnt sind. Doch war für das Neue Testament und die nachapostolische Zeit der Tanz expressis verbis kein Thema. Offensichtlich hat von den drei Stellen, in denen das Tanzen vorkommt (Mt 11,17; Lk 7,32; Mk 6,22), das Negativ-Beispiel vom Tanz der Salome die Gesamtentwicklung mehr geprägt, als die Gottesdiensterfahrung Israels bzw. die alttestamentlichen Vorbilder.
Das schließt nicht aus, daß der Tanz in den Gedächtnisfesten der Märtyrer zunächst eine wichtige Rolle gespielt hat. Von Ambrosius stammt das bereits erwähnte Wort: „Der Tanz ist Gefährte des Glaubens und der Gespiele der Gnade." Die Geschichte weiß auch, daß Johannes Chrysostomus, der spätere Patriarch von Konstantinopel, bei einem Märtyrerfest Tanzführer war. In einer Predigt in Antiochia während der Fastenzeit des Jahres 387 sagte er: „Ihr habt einen guten Tanz durch die Stadt getanzt. Euer edles Oberhaupt (sc. Bischof Flavian) hat euch geführt, aber Krankheit hat mich gezwungen, gegen meinen Willen zu Hause zu bleiben."[9] Wenig später freilich wird derselbe Johannes Chrysostomus, nicht zuletzt unter dem Eindruck der wilden Tänze und der orgiastischen Ausschreitungen bei den heidnischen Festen seiner Umwelt, den Ausspruch tun, der geradezu die Weichen für die zukünftige Haltung der Kirche stellt: „Wo nämlich der Tanz ist, da ist der Teufel."[10]
Für die zunehmend entschiedene Ablehnung des Tanzes als eines Elements des christlichen Gottesdienstes spricht des weiteren die Tatsache, daß häretische Randgruppen der Christenheit den Kulttanz übten und in den Dienst ihrer Verkündigung stellten. Das klassische Beispiel dafür findet sich in der apokryphen Apostelgeschichte des Johannes (Johannesakten), in der Jesus selbst als Tänzer am Vorabend seiner Kreuzigung auftritt.[11] Solche Lehren wie auch die Praxis des ekstatischen Tanzens bei den christlichen Häretikern und die stets vorhandene Skepsis der Kirchenväter gegen die Lebensweise, die mit dem Tanzen häufig verknüpft wurde, brachten den liturgischen Tanz so in Verruf, daß bald Kirchenversammlungen seine liturgisch-gottesdienstliche Verwendung verdammten.
Wurde damit der Sakraltanz aus der offiziellen Liturgie der Kirche ausgeschieden, so blieb er – gleichsam „entschärft" – ein biblisch-allegorisches Ausdrucksmittel für zentrale Aussagen des Glaubens. Hippolyt z. B. ist der typische Vertreter einer Theologie, die das Mysterium der Heimholung der Menschheit durch den Erlöser als Tanz beschreibt: „Der Logos sprang vom Himmel in den Leib der Jungfrau, er sprang vom Mutterleib hinauf auf den Kreuzbaum, vom Baum in den Hades, er sprang vom Hades in menschlichem

Fleisch wieder auf die Erde – o der neuen Auferstehung. Und er sprang von der Erde in den Himmel, wo er sitzt zur Rechten des Vaters. Und wieder wird er springen auf die Erde mit Herrlichkeit, um zu geben Vergeltung."[12]
Andere Theologen verlegen – wohl unter dem Eindruck platonischer Ideen – den Tanz in den Himmel, wo sich die urmenschliche Sehnsucht nach Teilnahme am Chor der tanzenden Engel erfüllen wird. Auf den Paradiesesauen „verkünden die schönen Lämmer die heiligen Orgien des Logos und führen den Reigen der Reinheit; den Chorreigen (tanzen) die Gerechten ... Mit den Engeln wirst du um den ungeschaffenen und unvergänglichen und wahrhaft einzigen Gott tanzen, und der Logos Gottes wird mit uns das Preislied singen"[13]. In einer Homilie spricht schließlich Johannes Chrysostomus davon, daß unser irdisches Tun Nachahmung dieses himmlischen Geschehens ist. „Droben singen die Engel ‚Gloria'; nach ihrem Vorbild ahmen hier unten die Menschen, in den Ekklesien tanzend, den Preisgesang nach ... Eine Eucharistie, ein Jubel, ein fröhlicher Reigentanz."[14]
Eine nüchterne Bewertung der Fakten wird dem Urteil T. Bergers zustimmen müssen: „Wenn man also von einer hohen Wertschätzung des Tanzes in der Alten Kirche reden will, dann nur hinsichtlich seines Symbolwertes als Bild für das Leben der Gläubigen bzw. das ewige Leben. Ansonsten ist die Haltung der Alten Kirche von Ablehnung gekennzeichnet."[15]

*IV.*

Dennoch kommt das Thema Tanz durch das ganze Mittelalter hindurch nicht zur Ruhe. Indirekter Beweis dafür sind die Konzilien und Synoden, die immer wieder strenge Verbote gegen Spiel und Tanz in der Liturgie (also *in* der Kirche) und deren Umfeld im religiösen Volksbrauchtum aussprechen. Als ein Beispiel unter vielen möglichen sei auf das Konzil von Würzburg 1298 hingewiesen, bei dem der Tanz zur schweren Sünde erklärt wurde: „Prohibeant sacerdotes sub poena excommunicationis choreas maxime in coemeterio vel in ecclesiis duci."
Alle Sanktionen der Kirche konnten aber offensichtlich das Verlangen des Volkes nach Spiel und Tanz im Gottesdienst nicht verdrängen. Man wollte eben nicht nur über das Tanzen vor dem Herrn sprechen und singen, man wollte es – wie im Alten Testament – auch tun. Das gilt sowohl für die Kleriker wie für das Volk. Wir kennen aus dieser Zeit Tänze, zumeist Reigentänze, die zu Hochfesten des Kirchenjahres üblich waren. In vielen französischen Bischofskirchen (wie Auxerre, Sens, Besancon, Limoges) wurde z. B. zur Musik des Osterhymnus Victimae paschali laudes in Dom und Kreuzgang getanzt, um der Osterfreude gleichsam ganzheitlich Ausdruck zu geben. Ähnliches gilt für die Kathedrale von Chartres, wo die Priester auf dem in den Boden eingelegten (und heute noch sichtbaren) Labyrinth den Sieg Christi über den Tod tanzten.[16]
Manche dieser Tänze haben sich bis heute erhalten, vorwiegend in Spanien.

In der Basilika von Loyola habe ich einen überaus kraftvollen Tanz junger Basken unmittelbar nach der Einsetzung des heiligen Mahles zur Verehrung des eucharistischen Herrn erlebt – ein unvergeßlicher Eindruck, weil überzeugender Ausdruck eines männlich-herben, bewegten Tanzes vor dem Herrn. Glaube, der tanzt! Anläßlich dieses Spanienbesuchs wurde uns auch das Tamburin gezeigt, nach dessen Rhythmen Teresa von Avila tanzte, um ihre Gottesliebe auf diese Weise auszudrücken. Im Dictionaire de Spiritualité findet man dazu folgenden Text überliefert: „Teresa von Avila fühlte bisweilen ein so heftiges Brennen der Liebe, daß sie es nicht mehr unterdrücken konnte. Dann nahm sie ihr Tamburin, verließ ihre Zelle und begann, von innerer Glut immer stärker erfaßt, zu tanzen. Ihre Töchter begleiteten den Tanzrhythmus mit Kastagnetten oder Händeklatschen, ihre Mutter aber setzte schlagartig mit Improvisieren ein."
Es erstaunt nicht, daß die christlichen Mystiker des Mittelalters vor allem den anderen Traditionsstrang, die allegorisch-spiritualisierende Deutung des Tanzes als Ausdrucksform religiöser Erfahrung aufgriffen. Hatten schon die Johannesakten den Tanz als ganzheitliches Respondieren des Menschen auf Jesu Heilswerk hochgeschätzt („Wer nicht tanzt, begreift nicht, was sich begibt"), so entstehen im Mittelalter Lieder, in denen Jesus als Vortänzer gepriesen wird.

Jesus, der soll den Vortanz han
Und die Jungfrau Mareie
Darnach so tretet alle heran,
Wer Gottes Kind wohl seie.

In einem Lied aus der bernhardinischen Mystik heißt es:

Jesus der Tänzer Meister ist
Zum Tanze hat er hohe List
Er wendet sich hin, er wendet sich her
Sie tanzen alle nach seiner Lehr.

Was den „Tanz vor dem Herrn" betrifft, kommt es im Abendland an der Wende vom Mittelalter zur Neuzeit immer mehr zu einem Traditionsabbruch. Dies betrifft sowohl das innere Verständnis wie auch die Praxis des religiösen Tanzes in Gottesdienst und geistlichem Leben. Für den Teil der Christenheit, der sich im Reformationszeitalter in eigenen Kirchentümern organisierte, standen die Koordinaten für den religiösen Tanz nach den ambivalenten Erfahrungen des Spätmittelalters ohnehin ungünstig. Bald setzte hier – durch das protestantische Gottesdienstverständnis seit der Aufklärung verstärkt – eine Entwicklung ein, die B. Lang nicht unzutreffend so kennzeichnet: „Der Gottesdienst ist zum Unterricht geworden, der Priester durch den Lehrer ersetzt, der Tänzer hat dem Leser Platz gemacht."[17]
Ein historisches Unikum im Bereich des Protestantismus ist die religiöse Tanztradition der nordamerikanischen Shaker, einer Abspaltung der Quaker, die noch das ganze 19. Jahrhundert hindurch streng stilisierte, rhyth-

misch geordnete Tänze in ihre Gottesdienste integriert hatten. Der Tanz, glaubten sie, fördere menschliche Einheit, Gemeinschaftsgefühl, die Gleichheit der Geschlechter und ganzheitliche Anbetung. Das bekannte Lied von Sidney Carter „The Lord of the Dance"[18], das die Geschichte und den Weg Jesu hin zu Kreuz und Auferstehung unter dem Bild des Tanzes deutet, nimmt erkennbar die Shaker-Tradition in moderner Weise auf.
Auch im katholischen Bereich kommt es schließlich im Gefolge der Aufklärung zu einer „Periode endgültigen Stillstands" (R. A. Sequeira), die bis in unser Jahrhundert herauf reichen sollte.

*V.*

Die Wiederbesinnung auf die Sprache des religiösen Tanzes mit dem Ziel, ihn als einen – gewiß nicht den einzig möglichen, in jedem Fall aber sachgemäßen – Ausdruck des Glaubens wiederzugewinnen, wird auf den Rückgriff auf die Geschichte nicht verzichten. Der Hinweis auf die „uralte Traditionskette"[19], die sich vom Tanz des David vor der Bundeslade über die Welt der Psalmen und einige Hinweise in den paulinischen Briefen zu den (allerdings spärlichen) frühchristlichen Zeugnissen bis in unsere Zeit spannt – z. B. Spanien, Shaker, Echternacher Springprozession –, genügt m. E. nicht. Aus der spannungsreichen Geschichte läßt sich eher aufzeigen, daß das Verhältnis von Kirche und Tanz, christlichem Gottesdienst und Sakraltanz nie problemlos gewesen ist.
Die entscheidende Frage dürfte vielmehr sein, ob die immer wieder dekretierte Ablehnung des religiösen Kulttanzes durch die offizielle Kirche – bei gleichzeitiger Hochschätzung seines Symbolwertes – unter den veränderten Bedingungen unserer Zeit noch normative Kraft haben muß. Anders gesagt: ob nicht längst eine „Heimholung" des „Tanzes vor dem Herrn" ansteht.
Ich meine, daß die Zeichen der Zeit dafür günstig stehen.
Nun ist es im Rahmen dieses Aufsatzes nicht möglich, die gewandelte geistes-, kirchen- und frömmigkeitsgeschichtliche Situation als positive Rahmenbedingung für die „Versöhnung der Kirche mit dem Tanzen" (M. Nègre) in ihrer Entwicklung darzustellen. Auch erscheint es nicht nötig, zu den vielen Genetiv-Theologien der Gegenwart noch eine „Theologie des Tanzes" hinzuzufügen.[20] Vielmehr soll abschließend auf einige wichtige (wiedergewonnene) Erkenntnisse und Einsichten hingewiesen werden, die sich hilfreich und wegweisend für die Neuentdeckung des Tanzes als eines bedeutsamen anthropologischen Existentials für den Glauben und damit zugleich für die (wenigstens ansatzweise erfolgte) Integration des religiösen Tanzes in das gottesdienstliche Leben ausgewirkt haben:

- Die christliche Anthropologie hat in den letzten Jahrzehnten – nicht zuletzt in der Auseinandersetzung mit philosophischen und weltanschaulich-politischen Entwürfen auf ihren eigenen Ursprung verwiesen – einen vertieften Zugang zum biblischen Menschenbild und -verständnis eröffnet. Damit war zugleich der zureichende Grund für eine positive Wertung, d.h. Bejahung des Leibes wie auch eine angemessenere Einstellung zu „Äußerungen" des Leibes gegeben.

Wenn Leiblichkeit essentielle Grundlage und Form unseres menschlichen Daseins ist, gehört Leiberfahrung zu den Basiserfahrungen des Menschlich-Geschöpflichen. „In dieser Wirklichkeit ‚Leib' vollzieht sich unser eigenes Schicksal; nichts geschieht an uns, das nicht zugleich an unserem Leibe geschähe, und was uns wirklich und ernsthaft widerfährt, das erfahren wir ‚an unserem Leib'."[21]

- Christliche Anthropologie betont zurecht die Würde, die der menschliche Leib auf dem Boden der Schöpfungswirklichkeit (Gen 1,31) durch die Inkarnation Gottes in Jesus Christus erhalten hat. Wenn Gott sich in seinem Sohn ver-leib-licht (Joh 1,14), nimmt er nicht nur den Menschen in seiner leiblichen Existenz ernst; der Leib wird vielmehr damit zum Ort des Heilshandelns Gottes in der Welt. Eine negative Einschätzung der Leiblichkeit – wie sie in der Folge des griechischen Leib-Seele-Dualismus auch die christliche Tradition bis in unser Jahrhundert beeinflußte – kann vor dem Forum des biblischen Offenbarungszeugnisses nicht bestehen. Denn dieses wendet sich entschieden gegen jene Zweigleisigkeit, die Weltliches und Geistliches auseinanderdividiert, und Leib und Seele (unter Abwertung des Leibes) zertrennt. Gott(es Geist) verlangt nach Welt; das Wort will sich inkarnieren, weil ja – nach Fr. Chr. Ötinger – das Ziel und Ende aller Wege Gottes „Leiblichkeit" ist. Die paulinische Mahnung, Gott im Leib zu verherrlichen (1 Kor 6,20), ist darum Konsequenz des Glaubens, der von seinem Selbstverständnis her nach Form und Gestalt, zur leiblichen Darstellung drängt. Diese Antwort des Glaubens kann nur mit der Totalität des Lebens, also auch in Leiblichkeit und Bewegung als anthropologischen Urtatsachen (ohne die Leben nicht denkbar ist) gegeben werden.
- Von diesen theologischen Grundaussagen her fällt es nicht schwer, den Bezug zum Tanz als leibhaftig-bewegten Ausdruck des Glaubens herzustellen. J. G. Davies tut dies unter Hinweis auf Röm 12,1: „Since worship is not only the offering to God of ourselves as bodies, but also of the best we are capable of, the gift of dance, equally with other creative talents ... may become an oblation."[22]

Damit ist der Gottesdienst als vorrangiger Ort der Verbindung von Leiberfahrung als Basiserfahrung des Menschlich-Geschöpflichen und der Basiserfahrung des Glaubens angezielt, wenn anders das Christianum auf dem Humanum aufruht. Wenn nach dem schönen Wort Thomas' von Aquin „Die Bewegung des Leibes die Stimme der Seele ist", dann ist Tanz Ausdrucksmittel bestimmter Gefühle, Zustände, Handlungen in körperlicher Bewegung; Selbstaussage des Tanzenden, Kommunikation mit seiner Umwelt und Spiegelbild seiner Zeit in Raum, Zeit und Dynamik.[23] Der Glaube aber vermag solche Grunderfahrungen des Tanzes einzubringen in Grundausdrucksdimensionen des Glaubensvollzugs. Zu den traditionellen liturgischen Ausdrucksformen des Wortes, des Gesangs bzw. der

Musik und der Elementargebärden hinzu eröffnet der Tanz so eine Möglichkeit, unsere Wirklichkeit leibhaftig-bewegt in das Lob Gottes miteinzubringen.

- Die liturgische Erneuerungsbewegung hat zudem mit der Wiederentdekkung und Aktualisierung des eucharistischen Aspekts des Gottesdienstes nicht zuletzt immer wieder darauf abgehoben, daß neben den prophetisch-verbalen Elementen des Gottesdienstes die Dimension von Fest und Feier verwirklicht wird. Wenn aber der Gottesdienst als symbolisch-sinnstiftendes Fest des Glaubens „Freude vom Himmel auf Erden" (Taizé) vermitteln und darstellen will, kann er sich nur dort voll „eucharistisch" entfalten, wo sich der Glaubende „mit Herzen, Mund und Händen" (vgl. 1 Thess 5,23) in den Dienst der Verherrlichung Gottes stellt.

Die Versöhnung der Kirche mit dem Tanzen – wohl auch des Tanzens mit der Kirche?! – wird in den Kirchen unseres Landes noch einen weiten Weg zurücklegen müssen; in anderen Kontinenten – wo der Tanz bis in die Gegenwart herauf als integrierter Bestandteil der jeweiligen Kultur lebendig ist – ist der Tanz in der Liturgie in aller Vielfalt als belebendes und vertiefendes Element liturgischer Feiern selbstverständlich.

Eigene Erfahrungen zeigen jedoch, daß dort, wo die Hinführung zum religiösen Tanz engagiert und ohne „Ideologieverdacht" geschieht, wie immer geartete Barrieren der Fremdheit und des Ungewohnten überwunden werden können.

Schon der Hinweis wirkt meist entlastend, daß unsere Liturgie mehr Bewegung hat, als man normalerweise annimmt. Selbst wenn diese anthropologisch bedeutsamen Existentiale des Stehens, Verneigens, Kniens, Sitzens etc. bei aller Leiberfahrung und Bewegung noch kein Tanz sind, läßt sich – an sie anknüpfend – von diesen Ausdrucksformen und der Bewegungsdimension der Gesten und Gebärden her Offenheit und Ermutigung für die Erfahrung des Tanzes als leibhaft-ganzheitlichem Lob Gottes (1 Kor 6,20) bewirken.

Es fehlt im übrigen nicht an hilfreichen und in der Praxis längst bewährten Modellen, die die Stufe des Experiments überschritten haben. Was nötig ist, ist eher der Mut, sich selber auf die Erfahrungen des „Betens mit den Beinen" (H. Heine), des „Glaubens, der tanzt", einzulassen und diese Erfahrungen an andere weiterzugeben (innerhalb und außerhalb des Kirchenraums).

Die Zukunft gehört m. E. nicht denen, die wie Michal (2 Sam 6) abseits stehen, und auch nicht denen, die den spiel- und tanzunwilligen Kindern von Luk 7,32 gleichen. Ich denke, die Zukunft gehört denen, die es mit M. Nègre halten und es wagen, für Gott zu tanzen.

Es war einmal ein Gaukler, der tanzend und springend von Ort zu Ort zog, bis er des unsteten Lebens müde war. Da gab er alle seine Habe hin und trat in das Kloster zu Clairvaux ein. Aber weil er sein Leben bis dahin mit Springen, Tanzen und Radschlagen zugebracht hatte, war ihm das Leben der Mönche fremd, und er wußte weder ein Gebet zu sprechen noch einen Psalter zu singen. So ging er stumm umher, und wenn er sah, wie jedermann des Gebetes kundig schien, aus frommen Büchern las und mit im Chor die Messe sang, stand er beschämt dabei: Ach, er allein, er konnte nichts. „Was tu ich hier?" sprach er zu sich, „ich weiß nicht zu beten und kann mein Wort nicht machen. Ich bin hier unnütz und der Kutte nicht wert, in die man mich kleidete."

In seinem Gram flüchtete er eines Tages, als die Glocke zum Chorgebet rief, in eine abgelegene Kapelle. „Wenn ich schon nicht mitbeten kann im Konvent der Mönche", sagte er vor sich hin, „so will ich doch tun, was *ich* kann." Rasch streifte er das Mönchsgewand ab und stand da in seinem bunten Röckchen, in dem er als Gaukler umhergezogen war. Und während vom hohen Chor die Psalmgesänge herüberwehen, beginnt er mit Leib und Seele zu tanzen, vor- und rückwärts, links herum und rechts herum. Mal geht er auf seinen Händen durch die Kapelle, mal überschlägt er sich in der Luft und springt die kühnsten Tänze, um Gott zu loben. Wie lange auch das Chorgebet der Mönche dauert, er tanzt ununterbrochen, bis ihm der Atem verschlägt und die Glieder ihren Dienst versagen.

Ein Mönch war ihm aber gefolgt und hatte durch ein Fenster seine Tanzsprünge mitangesehen und heimlich den Abt geholt. Am anderen Tag ließ dieser den Bruder zu sich rufen. Der Arme erschrak zutiefst und glaubte, er solle des verpaßten Gebetes wegen gestraft werden. Also fiel er vor dem Abt nieder und sprach: „Ich weiß, Herr, daß hier meines Bleibens nicht ist. So will ich aus freien Stücken ausziehen und in Geduld die Unrast der Straße wieder ertragen." Doch der Abt neigte sich vor ihm, küßte ihn und bat ihn, für ihn und alle Mönche bei Gott einzustehen: „In deinem Tanze hast du Gott mit Leib und Seele geehrt. Uns aber möge er alle wohlfeilen Worte verzeihen, die über die Lippen kommen, ohne daß unser Herz sie sendet."

Französische Legende[24]

1 M. Nègre, Ich tanze, Gott, für dich. Mainz 1950, 100f., 135f.
2 Liturg. Konferenz Niedersachsens, Für den Gottesdienst, Nr. 26 (1986) S. 3–12 Tagungsberichte, Materialien (Lit.).
3 C. Bittner, Der religiöse Ausdruckstanz, Erfahrungen mit Jugendlichen in Katechese und Gemeinde, München 1982; H. M. Lander, Tanzen will ich. Bewegung und Tanz in Gruppe und Gottesdienst, München 1983; T. Berger, Tanzt vor dem Herrn, lobt seinen Namen, Mainz 1985.
4 H. Cox, Das Fest der Narren, Stuttgart/Berlin 1972⁴; G. M. Martin, Fest und Alltag, Stuttgart, Berlin, Köln, Mainz 1973; W. J. Hollenweger, Erfahrungen der Leibhaftigkeit, München 1979; J. Sudbrack, Schließt euch zusammen zum Reigen! (Ps 118,27), in: ders., Auf Gott hin ausgespannt, Freiburg 1983, 187–206, 216–218; R. A. Sequeira, Spielende Liturgie, Freiburg, Basel, Wien 1977; vor allem aber T. Berger, Liturgie und Tanz. Anthropologische Aspekte. Historische Daten. Theologische Perspektiven. St. Ottilien 1985. Dieser grundlegenden Arbeit verdankt der Verf. wertvolle Einsichten.
5 F. Steffensky, Feier des Lebens. Spiritualität im Alltag, Stuttgart 1984, 81.
6 Vgl. H. W. Hertzberg, in ATD 10 (1965), 230: „Es ist nicht ausgeschlossen, daß die Worte ‚Vor dem Herrn will ich springen, will tanzen vor dem Herrn' einen Vers darstellen, wie er bei solchen Tanzprozessionen gebräuchlich gewesen ist."
7 M. Buber, Die Erzählungen der Chassidim, Zürich 1949, S. 6, 368, 540f., 550f. u. ö.
8 H. Eising, in ThWAT II, 799–802; H.-J. Kraus, Gottesdienst in Israel. Grundriß einer alttestamentlichen Kultgeschichte, München 1962². Daß das Hebräische des AT allein elf verschiedene Verben für Tanzen verwendet, ist in diesem Zusammenhang nicht unwichtig!
9 Über Statuen, Hom XIX.
10 Mth. Hom 48.
11 Vollständiger Text bei Hennecke-Schneemelcher, Neutestamentl. Apokryphen, Bd. II (Tübingen 1964), 153–157.
12 Hohelied-Kommentar 11.
13 Protr. XII, 119f.
14 Vidi Dominum, Hom I, 1.
15 T. Berger, Liturgie und Tanz, a. a. O., 28.
16 H. Rahner, Der spielende Mensch, Einsiedeln 1957⁴, 72ff.
17 B. Lang, Der tanzende Leser. Die frühchristliche Buchreligion, in: Bibel und Kirche 16 (1961) 179–205; ders. (Hrsg.), Das tanzende Wort, München 1984, 15–48.
18 Text in Schalom. Ökumen. Liederbuch, Gelnhausen/Berlin, München 1974, Nr. 64; vgl. Die Shaker, Leben und Produktion einer Commune in der Pionierzeit Amerikas. Ausstellungskatalog der Neuen Sammlung München, 1974, 55ff.; J. Sudbrack, Zur religiösen Erfahrung des Tanzes, in GuL 48 (1975) 388–394.
19 So J. Sudbrack, Auf der Suche nach einer vergessenen Gebetssprache, in GuL 54 (1981) 67.
20 Vgl. dazu die Arbeiten von J. G. Davies; ders. Art. „Dance", in: A Dictionary of Christian Spirituality (ed. G. S. Wakefield) London 1986³, S. 102f. (angelsächs. Lit.).
21 W. Stählin, Vom Sinn des Leibes, Stuttgart 1952³, 6.
22 S. Anm. 20 ebd.
23 Nach M. Büsing, Tanz in der Liturgie. Thesen, Konzepte, in: Für den Gottesdienst Nr. 26 (Anm. 2), a. a. O. 11.
24 Text: H. Halbfas, Der Sprung in den Brunnen, Düsseldorf 1981, 135–137.

HEINZ FLÜGEL

# Der Gekreuzigte

Der folgende Text bildet das abschließende Kapitel einer Reihe von Konfessionen, in denen einige Zeitgenossen von heute die Frage zu beantworten suchen, mit welcher Gestalt der Passionsgeschichte sie sich am ehesten identifizieren könnten, von welcher Situation sie sich persönlich am heftigsten betroffen fühlen.
Der gastgebende Redakteur, der sie mit seiner Frage zum Auftritt auf der Hörfunkbühne herausgefordert hatte, kommt nicht umhin, sich am Ende selbst zu äußern.

Nein, so können wir dieses Experiment nicht enden lassen, nicht mit dieser schrillen Dissonanz! Ich hatte es mir anders gedacht. Ich hatte zwar jedem von Ihnen vollkommene Freiheit der Rede eingeräumt, auch die Reihenfolge der Beiträge war nicht verabredet, sondern Ihrer Spontaneität überlassen. Es war also nicht vorauszusehen, daß ausgerechnet Judas Ischarioth als Letzter das Wort haben werde. Ich fühle mich dadurch nun doch herausgefordert, auch meine Geschichte zu erzählen.
Was wir eben gehört haben, war – ich möchte es nicht beschönigen – von einer für mich teilweise schrecklichen Aufrichtigkeit. Wie Sie, mein Herr, – ich habe genau hingehört – anstatt von Christus, dem Tröster, von dem „Trösterich" sprachen, das hat mir geradezu einen Stich versetzt. Erlauben Sie, – ich empfinde dieses Wortgebilde als zynisch. So etwas hätte selbst Thomas Münzer, den Sie mit seiner Unterscheidung vom süßen und bitteren Christus zitieren, nicht über die Lippen gebracht. Möge Gott Ihnen Ihre verzweifelte Rede verzeihen! Ich kann indessen nicht schweigen; ich bin, meine Herrschaften, Ihnen meine eigene Geschichte schuldig. Nehmen Sie bitte mein Zeugnis mit der gleichen Gelassenheit zur Kenntnis, wie die bisherigen Konfessionen.
Ich bin in einer katholisch-frommen Umgebung aufgewachsen, in Oberammergau. Das möge Ihnen meine Betroffenheit über das Judas-Plädoyer erklären, aber auch den Einfall, dem Sie die Einladung zu diesem riskanten Experiment verdanken. Wie man sich vorstellen kann, waren wir als Heranwachsende, als Erwachsene mit den bevorstehenden Passionsspielen jedesmal intensiv beschäftigt: Jeder von uns fragte sich, welche Rolle ihm vielleicht zukommen könnte, auf welche er sich vorbereiten sollte. Nicht, daß einer von uns sich gewissermaßen als Star gleich für die Christusrolle oder doch eine der anderen Hauptrollen berufen glaubte; doch es war, bis über die Rollenverteilung entschieden wurde, jedesmal ein aufregendes Fragespiel: Wen könntest du mit einigem Erfolg auf dieser ungewöhnlichen Bühne verkör-

pern? Wahrscheinlich, sagte sich mancher, reicht es bei mir doch nur zum Komparsen. Ich selbst habe auch nur in der Komparserie mitgewirkt. Aber aus diesem Fragespiel resultierte, wie Ihnen, meine Herrschaften, einleuchten dürfte, jene fixe Idee, die ich nun heute, hier auf der imaginären Bühne des Hörfunks, zu realisieren versuchte. Ich danke Ihnen, daß Sie mitgemacht haben! Es ging dabei ja nicht nur um eine spielerische Rollenbesetzung, um Regie und Dramaturgie; es stand für Sie alle im Ernst die eigene Existenz zur Diskussion. Das ist viel mehr, als in Oberammergau im allgemeinen vorausgesetzt wird, obwohl es auch hier, jedenfalls früher, zu ungewöhnlichen Reaktionen kam. Es dürfte Ihnen bekannt sein, wie es damals, wo man Rolle und Existenz in aller Naivität vielfach miteinander verwechselte, geschehen konnte, daß man den Judasdarsteller, der sich auf seine Rolle aus einem uns unverständlichen Ehrgeiz eingelassen hatte, mit Steinwürfen verfolgte und auf ihn die Hunde hetzte. Solche verhängnisvolle Identifizierung trug sich früher gelegentlich auch im richtigen Theater zu: Es wird erzählt, daß ein Zuschauer von Shakespeares „Othello" in seiner Rage den Darsteller des Bösewichtes Jago auf offener Bühne niederschoß.

Nun, heute wissen wir zu unterscheiden; aber unter der Oberfläche seines aufgeklärten Bewußtseins ist doch noch manch einer archaisch dazu geneigt, den Rollenträger persönlich-moralisch für seine Rolle haftbar zu machen. Gewiß, man wirft nicht mehr mit Steinen nach Judas. Aber was sagen Sie, meine Herrschaften, dazu, daß alle Almosensammler, Vertreter von Wohltätigkeitsverbänden, alle echten und unechten Bittsteller in der Passionsspielzeit dem Christusdarsteller das Haus einrennen, während sich bei Judas Ischarioth kaum ein Autogrammjäger, geschweige denn ein Funktionär der Caritas einstellt?

Was die Christlichkeit des Passionsspieldorfes betrifft, gebe ich mich keiner Täuschung hin, obwohl ich nicht unterschätzen möchte, was man sich von jener Darstellerin der Maria erzählte, die sich zu guter Letzt im Kloster ihrer christlichen Identität zu vergewissern suchte. Sie hat das Dorf nicht erlöst. Das Geschäft, das man mit dem Gelübde von anno dazumal macht, steht heute in voller Blüte. Theologie und Gastronomie arbeiten erfolgreich Hand in Hand. Die Geschäftemacher, die Jesus seinerzeit aus dem Vorhof des Tempels verjagte, haben sich, ohne daß man sich der Ironie bewußt ist, mit bestem christlichen Gewissen im Zentrum des Passionsspieldorfes eingerichtet. Und ausgerechnet dieser Gewaltakt Jesu gegen den Ausverkauf der Frömmigkeit, gegen das Vermarkten des Heiligen, ist für den Verfasser des alten Passionsspieltextes der eigentliche Anstoß zur Verfolgung Christi durch die Pharisäer und ihren Anhang. Die Geldgier der Handelsjuden hat demnach Jesus letztlich ans Kreuz gebracht.

Ich habe seit je an diesem inneren Bruch meiner Gemeinde und ihrem Antijudaismus, der aber, wie sich schwerlich bestreiten läßt, nur ein Beispiel für den inneren Bruch der Christenheit im Zeitalter vor Auschwitz insgesamt ist, gelitten und mich eines Tages auf die Suche nach einer unversehrten Passionsspielstätte gemacht; doch überall, wohin ich auch in unseren Alpenländern kam, hatten findige Reiseunternehmer bereits ihre Chance wahrgenommen, die naiven Mysterienspiele abgelegener Dorfgemeinden touristisch auszubeuten. Das legendäre Spiel, wovon Niko Kazantzakis in seinem Roman „Griechische Passion" erzählt, war längst zu einem Film verarbeitet worden.

Ich hatte manches Mal mit dem Gedanken gespielt, ob es nicht ehrlicher wäre, das Passionstheater einer professionellen säkularen Bühne anzuvertrauen – ohne sakralen Anspruch, ohne forcierte Feierlichkeit; aber dann bekam ich einen mich gleichsam elektrisierenden Wink von einem Kollegen, einem Lateinamerikaner-Kenner, der mir berichtete, daß in einer abseitigen Provinz Guatemalas, in einem von Touristen bisher noch gänzlich unbehelligten Dorf die Indios am Karfreitag die Kreuzigung Jesu aufzuführen pflegen. Er habe allerdings nur ganz vage Andeutungen darüber erhalten.

Der Bericht aus Guatemala ließ mir keine Ruhe, und ich sann immer wieder darüber nach, ob sich und wie sich eine Reise ins Innere von Guatemala bewerkstelligen ließe. Der Versuch, ins Innere des guatemaltekischen Berglands einzudringen, war damals vor etwa 30 Jahren – so lange ist das her – mit mancherlei Schwierigkeiten und Risiken verbunden. Dennoch wollte ich mit Hilfe meines Kollegen, der als Korrespondent für Zentralamerika seinen Sitz in Costa Rica hatte, das Passionsspieldorf der Mayas ausfindig machen. Ich konnte es nicht unterlassen, mich mit einem Filmgerät auszurüsten, und insofern hatte ich trotz meiner redlichen Absicht, auf jeden publizistischen Effekt zu verzichten, an den Sünden unserer technischen Zivilisation teil. Ich sagte mir zwar, daß ein Mysterium nicht fotografiert werden dürfe, und hatte mich über die surrenden Apparate und fotografischen Blitze in einem Tiroler Passionsspieldorf geärgert und selbst strengste Enthaltsamkeit geübt. So hatte ich mir denn auch vorgenommen, nur das Ambiente jenes geheimnisvollen indianischen Dorfes, aber nicht die Kreuzigung selbst zu fotografieren. Doch etwas Widerspruchsvolles haftete meinem Unternehmen an. Es verlief indessen völlig anders als geplant. Ich habe in der Öffentlichkeit noch nie darüber gesprochen; man hätte es mir nicht geglaubt, und womöglich halten auch Sie meine Geschichte für die geschickte Erfindung eines Sensationsberichterstatters.

Aber hören Sie: Ich gelangte tatsächlich zusammen mit meinem Kollegen in jenes Dorf. Es war schwierig genug. Unter den Bauern jener von der Soldateska terrorisierten Region gärte es. Unsere Botschaft hatte uns gewarnt – mit Recht: Bereits bei den Kontrollen des Militärs an den Straßensperren gerieten wir in bedenkliche Situationen. Unverhohlen ließen die undisziplinierten jungen Burschen uns, die Gringos, ihre Willkür spüren. Die Empfehlung an einen Missionar in jener abgelegenen Provinz war nur von geringem Nutzen, im Gegenteil: Sie erregte Verdacht. Missionare und niederer Klerus galten bei den Militärs als Sympathisanten der rebellischen Indios. Doch, alles in allem, unangefochten gelangten wir mit unserem Jeep zu dem Missionar, der in der Nähe jenes Passionsspieldorfes in einem Waldgebirgstal residierte – Priester und Apotheker, Seelsorger und Agronom, Nothelfer in allen nur denkbaren

Konflikten. Die katholisch-frommen Indios waren im Innersten wohl doch noch zur Hälfte dämonengläubige Animisten. Der Medizinmann, der Zauberer, genoß insgeheim das gleiche Ansehen wie der Jesuitenpater, der übrigens klug und liberal genug war, auch seinerseits gelegentlich in schwierigen Fällen den Medizinmann zu konsultieren. Auf einigen Bergkuppen der Umgebung gab es noch heidnische Opferstätten, von deren Besuch uns Pater Reginald freilich dringend abriet. Dagegen hatte er keinerlei Bedenken, uns durch einen seiner Missionsschüler in jenes mysteriöse Dorf geleiten zu lassen. Er selbst war verhindert, empfahl uns aber an den Kaziken, bei dem wir logieren könnten. Man werde unseren Besuch gewiß als eine große Ehre begrüßen. Von dem Spiel – kaum „Spiel" zu nennen – dürften wir keine einstudierte künstlerische Handlung erwarten: Alles werde sich vielmehr improvisiert, naiv und mit einer uns vielleicht erschreckenden Brutalität vollziehen.

Zu dritt machten wir uns also auf und erreichten, auf schmalen Indianerpfaden bergauf- und bergablaufend, nach vielen Stunden unser Ziel. Der Kazike, ein ehrwürdiger Alter mit einem geradezu cäsarisch-charaktervollen Kopf, empfing uns mit archaisch formeller Höflichkeit. Die Unterkunft war, wie sich denken läßt, primitiv, aber nicht armselig. Wir bekamen jedoch bald, bei aller Schweigsamkeit der uns oft maskenhaft erscheinenden Indios, eine gewisse Nervosität, eine Unsicherheit zu spüren. Wir hatten die Besorgnis, daß unsere Anwesenheit, der überraschend hohe Besuch, die Ursache der Unruhe sein könne; doch das war sekundär. Der Vollzug der in den Augen der Indios sakralen Handlung am folgenden Tag, dem Karfreitag, war indessen unversehens in Frage gestellt, da der Protagonist der Kreuzigungsszene, der Christusdarsteller, schwer erkrankt darniederlag. Der junge Mensch, ebenfalls ein Schüler Pater Reginalds, hatte sich seit Wochen auf seine Rolle vorbereitet; er war kaum zu ersetzen. Jenseits von jedem schauspielerischen Ehrgeiz nahmen die Indios die Handlung, wie ich bald erfahren sollte, unbarmherzig ernst. Es gab daher keinen anderen Kandidaten, der die Voraussetzungen für die Darstellung der Kreuzigung erfüllt hätte. Wir erfuhren es durch unseren jungen Dolmetscher; die unmittelbar Beteiligten schwiegen. Es war ihnen, den Kindern eines höflichen Volkes, peinlich, daß wir, der hohe Besuch von jenseits des Ozeans, in ihr Dorf umsonst gekommen waren. In der Tat, ich war enttäuscht: Die weite Reise, die ich unternommen hatte, schien – abgesehen von anderen eindrucksvollen Erfahrungen – um ihren eigentlichen Ertrag gebracht. Aber ich war nicht nur enttäuscht; ich empfand, wenn ich den ergebnislosen Abbruch meines Unternehmens bedachte, eine Art Vorwurf oder vielmehr einen Appell: Verpflichtete mich nicht meine Herkunft aus Oberammergau zum diakonischen Dienst, hatte mich womöglich der Zufall – oder sollte ich sagen: das Schicksal – zu diesem Dienst hierher geführt?

Eine erste Andeutung, die ich meinem Kollegen, dem Korrespondenten, gegenüber machte, stieß zunächst auf ein belustigtes Unverständnis; doch dann schlug sein ungläubiges Erstaunen in ein reporterhaftes Interesse an der

durchaus denkbaren sensationellen Wendung um. Er hatte bereits die Formulierung der Nachricht parat: Gringo spielt im guatemaltekischen Oberammergau den Christus. Ich verbat mir aber entschieden, falls die Indios mein Anerbieten, anstelle des erkrankten Protagonisten als Christus aufzutreten, annähmen, jegliche journalistische Verwertung dieses heiligen Abenteuers. Heilig war es mir in der Tat. Ich geriet darüber mit meinem Kollegen fast aneinander; ich bezweifelte aber, daß mich die Indios für geeignet, für würdig zu befinden bereit sein könnten. Sie haben ihren eigenen Stolz. Obendrein: Wie war die sprachliche Barriere zu überwinden? Ich könnte meinen Text ja nur in spanischer Sprache bringen; Spanisch aber ist die Sprache der Conquistadoren, der Gewalthaber in der fernen Hauptstadt. Sie selbst, die Indios, bedienten sich nur ihrer eigenen Maya-Sprache. Da aber der Text, wie mir unser Dolmetscher sagte, überhaupt nur aus wenigen Sätzen bestand, fiel das Sprachproblem weit weniger ins Gewicht als die Überlegung, ob ich der physischen Belastung gewachsen wäre.
Sobald unser Dolmetscher mein Angebot übermittelt hatte, versammelten sich die Ältesten im Hause des Kaziken und hielten Rat. Vom Verlauf der Beratung erfuhr ich nichts; ich wurde nicht weiter befragt. Mir wurde am Abend lediglich das Resultat mit jener großen unheimlichen Feierlichkeit mitgeteilt, die mich von Stund an isolierte. Ich war für sie, die Indios, nunmehr ein anderer. Ich wurde in einer eigenen Kammer untergebracht, erhielt keinerlei Speise, nur ein Maisgetränk, das einen leichten Rausch erzeugte, und wurde immerfort, bis es ganz dunkel geworden war, von schweigend an meiner offenen Kammer vorbeidefilierenden Dorfbewohnern mit neugieriger Ehrfurcht betrachtet.
In der Nacht hörte ich, wie auf dem Patio gehämmert wurde. Ich konnte es erraten: Sie zimmerten das Kreuz. Ich vermochte mich eines Erschauderns nicht zu erwehren. Am nächsten Morgen wurde ich, nun nicht mehr ehrfurchtsvoll, sondern brutal von einigen Indios aus meiner Kammer gezerrt und mit groben Püffen auf die gegenüberliegende Seite der Plaza, wo sich ein schweigendes Volk versammelt hatte, vor ein Haus eskortiert, wo ich längere Zeit warten mußte. Mein Dolmetscher, der ständig an meiner Seite blieb, sagte mir, daß dies der Sitz des Hohen Priesters sei. Die Menge hatte sich um uns geschart und starrte mich mit bewegungsloser Erwartung an. Ich spürte eine mich beunruhigende Änderung im Verhalten der Menge. Dann erschien der „Hohe Priester“ und sprach mich in seiner fremden Sprache an. Der Dolmetscher erklärte mir: Er will wissen, ob du der Messias bist. Ich antwortete, wie ich es auf der Schule und in der Kirche gelernt hatte: „Ja, ich bin auf die Welt gekommen, um euch von euren Sünden zu erlösen.“ Er fragte weiter: Hast du behauptet, daß du der Sohn Gottes bist? Ich zögerte. Nach meiner Einsicht hätte ich gern erklärt, daß wir alle Kinder Gottes sind. Aber der dramaturgische Ablauf verlangte die provokante Bestätigung: „Du sagst es, ich bin Gottes Sohn.“ Daraufhin von der Regie längst festgelegt, die wütende Reaktion: „Er hat Gott gelästert!“ Der Hohe Priester redete auf die Menge ein, die allmählich zum Mitspielen inspiriert wurde und mich mit

erhobenen Fäusten bedrohte. Auf Befehl des Hohen Priesters wurde ich nun unter dem ansteckenden Gejohle einiger Indios, die sichtlich an ihrer Rolle Vergnügen fanden, einige Häuser weitergestoßen, wo uns bereits „Pilatus“ erwartete, der mich sogleich mit der Frage überfiel: „Bist du der König der Juden?“ Dies war ein an dieser Stelle, mitten im Lande der halbheidnischen Indios, unmöglich zu erörterndes Politikum. Ich erwiderte daher, wie es die mir von Hause aus vertraute Dramaturgie verlangte: „Mein Reich ist nicht von dieser Welt. Ich bin ein Zeuge der Wahrheit.“ Aber die Frage nach dem, was Wahrheit ist, war erst recht ein hier noch weniger als damals in Jerusalem zu diskutierendes Problem. Für den indianischen Pilatus, der sich auf solche Erörterung nicht einlassen konnte, war entscheidend, was meine Gegner, entsprechend der Regieanweisung, mit zunehmender Lautstärke vorbrachten: „Wir wollen keinen König!“ Was mögen sie dabei gedacht haben? Was stellten sie sich unter einem „König der Juden“ vor? Wahrscheinlich bewegte sie nur das dumpfe Verlangen, daß an diesem Tag ein Opfer gebracht werden mußte, am besten ein König. Auf die ein wenig hilflose Frage des Pilatus: „Was soll ich denn mit ihm machen?“ erfolgte denn auch die wilde, mich nun doch zutiefst erschreckende Antwort: „Kreuzige ihn, ans Kreuz mit ihm, ans Kreuz!“

Ich fragte mich, erschaudernd, was ging hier vor? Warum wollten sie, daß ich, der Jesus, gekreuzigt werde? Das waren ja keine einstudierten Statisten wie in Oberammergau, die durch den angeblichen jüdischen Geschäftsgeist motiviert wurden. Hier spielten alle mit, es gab keine distanzierten Zuschauer, keine Bühne; das ganze Dorf war der Schauplatz, ein jeder war Zeitgenosse von Jesus. Warum forderten sie den Tod des Messias, ihres Erlösers? Warum gelüstete es sie danach, einen unschuldigen Menschen zu kreuzigen? Sie reagierten spontan. Ich fühlte eine um mich herum ansteigende Flut – nein, nicht von Haß, warum sollten sie mich hassen? – auch nicht von Mordgier: es waren sonst friedliche Mayas, – aber eine dunkle Flut archaischer Sehnsucht nach einem erlösenden Opfer. Alles andere war unbegriffene Historie, weltenweit entfernte Theologie.

Als sie das Kreuz, das sie nachts im Patio des Kaziken zusammengezimmert hatten, herbeischleppten, geriet ich in Panik. Die perfekte schmerzlose Regie in Oberammergau erschien mir von hier aus wie die billige Einstudierung einer provinziellen Oper. Den Knechten des Pilatus, der, vor dem Geschrei der Menge kapitulierend, mich mit einer Geste der Resignation zur Kreuzigung freigegeben hatte, bereitete es offensichtlich Vergnügen, mich, den Gringo, ein wenig zu mißhandeln. Sie drückten mir auch etwas Stachliges auf den Kopf und lachten mich aus, wenn ich, von ihnen hinterrücks gepufft, zusammenfuhr. Dann wurde mir das schreckliche Gewicht des Kreuzes aufgeladen. Die mittägliche Sonne brütete auf dem Dorf, und vor mir sah ich den Hügel, mein Golgatha, und den Weg dorthin durch das Maisfeld.

Glücklicherweise blieb mir mein Reisegefährte zur Seite und nahm mir auf halbem Weg beim Anstieg auf den Hügel Golgatha als mein Simon von Kyrene für den Rest des Weges das Kreuz ab. Er war, als wir oben ankamen,

völlig erschöpft und flüsterte mir zu: „Mein, Gott, was soll daraus werden? Jetzt ist es zu spät, aus der Geschichte auszusteigen."
Die Kreuzigung wurde mit primitiver Rohheit vollzogen. Nichts weniger als ein symbolischer Akt! Sie hatten eine kleine Stütze angebracht, auf der ich rittlings sitzend ausharren mußte. Schon bald schmerzte mich mein Gesäß auf unerträgliche Weise. Hände und Füße wurden schonungslos mit derben Stricken an den Balkenenden fest verschnürt. Dies war für das Volk, das mich nach Golgatha hinaufgeleitet hatte, der Höhepunkt ihres Karfreitags: der Anblick des unschuldigen Leidens. Das Kreuz erhob sich nur wenig über den Boden, so daß mich jeder aus nächster Nähe in meiner qualvollen Lage beobachten konnte. Einige hatten sich hingehockt und verzehrten ihre Tortillas. Alle diese Augen, in denen ich nur kalte Neugier zu gewahren glaubte, ständig auf mich gerichtet zu sehen, war für mich die schwerste Anfechtung. Ich suchte vergeblich in den mir fremden Gesichtern nach einer Andeutung von Mitleid. Um mich herum war nur eine stumme Erwartung zu spüren, ein schreckliches geduldiges Ausharren angesichts meiner offensichtlichen Pein. Was wollten diese Menschen von mir? Warum hatte ich mich bloß eingelassen auf diese furchtbare Karfreitagszeremonie! Je länger sie sich hinzog, Stunde um Stunde, wandelten mich Abscheu an und Haß auf dieses dumpfe Volk, das für seinen Glauben solcher Quälerei bedurfte. Wie konnte man sie lieben? In meinem Inneren zogen wie ein Film lauter Kreuzigungsbilder vorüber, Bilder von geköpften und gevierteilten, gehäuteten und in siedendem Wasser verbrühten Märtyrern. Ich war nicht länger bereit, mich hier von diesen mir völlig fremden Indios schinden zu lassen; ich war am Ende meiner Geduld und fragte stöhnend meinen Dolmetscher, der als mein Johannes am Fuß des Kreuzes trauerte: „Ich halte es nicht mehr aus. Wie lange soll das noch dauern?" Mein Johannes erwiderte: „Sie glauben, daß du bis Sonnenuntergang aushalten mußt; vor Sonnenuntergang ist die Erlösung nicht möglich." Ich haderte: „Bis Sonnenuntergang!" Und dann, mehr verzweifelt als zynisch: „Wenn Gott mich nicht bis dahin verlassen hat . . ."
Einer, der eine Melone verzehrte, hatte meinen durstigen Blick wohl wahrgenommen: Er trat an mich heran und schob mir eine Scheibe zwischen die Zähne. Da ich die Hände nicht gebrauchen konnte, aß ich die Frucht, indem ich sie mit den Zähnen hin- und herschob – wie ein Tier.
Ein altes Männlein, eine Art Wurzelwesen, in einem zerschlissenen Poncho, der wohl gemerkt hatte, daß ich schlapp zu machen im Begriffe war, trat an das Kreuz und schien mich mit allerlei wunderlichen Gesten beschwören zu wollen; sein zahnloser Mund murmelte etwas, was bestimmt nicht zum Zeremoniell gehörte. Mein Johannes übersetzte es mir: „Wirst du uns wirklich erlösen?" Und er hob seine Hände zu mir empor, und seine Augen saugten sich an mir fest. Auch ohne seine Sprache zu kennen, glaubte ich ihn zu verstehen. Johannes übersetzte mir, was er meinte: „Ich weiß, du bist unser Erlöser." Ich ließ ihm ausrichten: „Jesus Christus ist unser Erlöser." Aber Johannes, wie er mir selber eingestand, hatte dem Alten höchst zweideutig bestätigt: „Ja, er ist unser Erlöser." Meine seelische Pein war nicht

geringer als die körperliche Qual. Was sollte ich tun? Der Geist der Wahrheit in mir war in Aufruhr. Aber dieser elend Zerlumpte, dieser unsäglich sehnsüchtige Augenaufschlag überwältigte mich. In mir rührte sich die Macht des Mitleids, der Liebe. Mein schon getrübtes Bewußtsein nahm auch noch wahr, daß ein anderer Indio sich mir gegenüber niederkauerte und auf der Flöte althergebrachte oder improvisierte Weisen blies. Ich hörte nichts anderes als die erlösungsbedürftige Trauer eines geschundenen Volkes, das eines Opfers zur Bestätigung seiner Hoffnung auf die Erlösung bedarf.
Der Protest meines Reisegefährten, der offenbar der grausamen Zeremonie ein Ende zu machen forderte, gelangte nur noch bruchstückweise in mein Bewußtsein, das sich vollkommen auf den Sonnenuntergang, den mystischen Zeitpunkt der Erlösung, konzentriert hatte. Alles andere fand nicht statt, weder das Theatergewitter von Oberammergau noch der klassische Ausspruch eines römischen Offiziers; dafür der blutrote Sonnenuntergang über den Bergen und Schluchten der von bösen Mächten wie eh und je heimgesuchten tragischen Erde der Menschen.
Wie sie mich von meinem Hügel Golgatha ins Dorf hinuntergebracht haben, weiß ich nicht. Als ich im Hause des Kaziken wieder zu mir kam, fand ich mich von Frauen, die mich schweigend mit Speise und Getränk versorgten, umgeben, während im Patio die Männer mit Agavenschnaps den glücklichen Ausgang der Kreuzigung feierten. Nicht immer, so wußte Pater Reginald zu berichten, habe der Delinquent bis zum Untergang der Sonne durchgehalten. Ob man ihn vorher vom Kreuz gelöst oder ob er womöglich einen Kollaps am Kreuz erlitten hatte, – auch der Pater wußte es nicht oder wollte es mir nicht sagen.
Mein Kollege und ich hatten sich, nachdem die betrunkenen Indios von ihren geduldigen Frauen nach Hause gebracht worden waren, heimlich davongemacht. Unser Dolmetscher, mein Johannes, traf einige Stunden später in der Missionsstation ein und berichtete, was im Dorf, zumal unter den frommen Frauen, als ein Gerücht umging: Jesus sei wirklich bei ihnen gewesen. Nach der Kreuzigung sei er wieder entschwunden. Eine kranke Frau behauptete, eine einzige Berührung meiner Hand habe ihre Schmerzen gelindert. Ich erinnere mich nicht solcher Berührung und fragte mich, wie wird Pater Reginald die Erregung im Dorf, das Problem der Erlösung, pastoral bewältigen.
Warum, meine Freunde, habe ich diese Ihnen vielleicht unglaubliche Geschichte erzählt? Als unser Gesprächspartner Judas so spöttisch von dem „Trösterich" sprach, da überwältigte mich plötzlich die Erinnerung an jenen armseligen Indio, der mich, wie ich als Jesus am Kreuze hing, in seiner zu Herzen gehenden und beschämenden Einfalt fragte: „Wirst du uns wirklich erlösen?"
Vielleicht hat der unselige Ischarioth mit seiner bösen Bemerkung doch recht gehabt, indem er über den billigen Trost, die verfügbare, bekömmliche Gnade spottete. In Oberammergau – und Oberammergau, wissen Sie, ist überall – redet man so selbstverständlich von der Erlösung: Sie ist schon

passiert, sie ist perfekt. Die Kirche verwaltet sie wie ein Aktienpaket. Man handhabt sie als eine bequeme theologische Formel. Für die Indios dagegen ist die Erlösung ein Wunder, das sich erst noch ereignen muß – ganz untheologisch, unmittelbar. Sie sind der Gnade nicht sicher, die Elenden, die so viel Unrecht, so viel Gewalt erleiden: „Wirst du uns wirklich erlösen?" Aber wir, wieso sind wir sicher? Wo hat sich denn die Erlösung – außer in den sterilen Räumen einer unangefochtenen Theologie – wirklich ereignet? Sagen Sie selbst, meine Freunde, glaubwürdig sind wir als Christen doch nur, solange wir uns dessen bewußt sind, wie unerlöst, wie erlösungsbedürftig unsere von immer mehr Mordgerät strotzende Menschenwelt ist. Wir haben uns eingerichtet zwischen Kathedralen und Raketensilos, zwischen Oberammergau und Wackersdorf, zwischen Golgatha und Abschußrampe.

Meine Umfrage war als ein Test gedacht, wie weit wir uns noch mit der Geschichte, worauf sich das Christentum gründet, zu identifizieren vermögen; ich meine, wieweit sich das alles wirklich für uns ereignet hat, ob Golgatha genauso aktuell wie eine Abschußrampe ist.

Mich quält die Frage, – und ich glaube, daß Judas darin mit mir übereinstimmt –, ob wir Jesus, seiner uns überlieferten Friedensbotschaft, seiner charismatischen Energie, dem Geiste der Versöhnung, die Macht zutrauen, uns von der alles vernichtenden Bombe zu erlösen.

Oder haben wir uns längst mit dem theologischen Kompromiß abgefunden, der uns eine christliche Verteidigungsbombe und Abschußrampen als Altäre unserer gottlosen Sakramente erlaubt?

Ach, meine Freunde, dann wäre es doch redlicher, den Namen Christi nicht länger für unsere Ausflüchte zu mißbrauchen und stattdessen in unseren Kirchen die unendlich schmerzliche Erinnerung an Jesus, den Sohn des rätselhaften jüdischen Volkes, zu feiern, der mit seiner messianischen Mission, Gerechtigkeit und Frieden auf Erden zu stiften, gescheitert ist. Mich tröstet es nicht, daß der Glaube seiner enttäuschten Jüngerschaft ihn als Christus in einen imaginären Himmel, ausgestattet mit allen dogmatischen Kautelen, versetzt hat. Der verklärte Christus am Ende des Passionsspiels von Oberammergau in schlohweißer Glorie ist mir – ich gestehe – immer als ein Ärgernis, als eine Verhöhnung des Gekreuzigten erschienen. Die Frage jenes elenden Indio im Innern von Guatemala sitzt mir wie ein Pfeil im Fleisch; er hat mich verwundet. Die Frage schmerzt mich: „Wirst du uns wirklich erlösen?"

Verzeihen Sie, meine Freunde, nun bin ich Ihnen ein quasi theologisches Schlußwort schuldig geblieben. Aber nein, in dieser Sache gibt es kein Schlußwort.

# III.
# Zum Weg der Kirche

Klaus Dirschauer

# Quo Vadis, Ecclesia?

Problemanzeigen ihres Weges

## *1. Das Stichwort „Gemeindeaufbau"*

In den letzten Jahren haben einige Theologen das alte Stichwort „Gemeindeaufbau" erneut wiederentdeckt und für die kirchliche Praxis konzeptionell aktualisiert.[1]

Soweit ich sehe, geht dieses Stichwort gleichermaßen auf Emil Sulze, der zuletzt von 1876 bis zu seinem Tode 1899 Pfarrer an der Dreikönigskirche in Dresden gewesen ist, und auf den Missionar, Ethnologen und Religionswissenschaftler Bruno Gutmann, der von 1902 bis 1938 im Dienste der Leipziger Mission unter den Dschagga am Kilimandscharo gestanden hat, zurück. Emil Sulze's wichtigste Veröffentlichungen zum Thema sind „Die evangelische Gemeinde" (1891, 1912)[2] und „Die Reform der evangelischen Landeskirchen nach den Grundsätzen des neueren Protestantismus" (1906). Bruno Gutmann hat zwischen 1905 und 1965 über 500 Beiträge geschrieben und dankt mit seinem Hauptwerk, „Gemeindeaufbau aus dem Evangelium. Grundsätzliches für Mission und Heimatkirche", 1925 der theologischen Fakultät der Universität Erlangen für die Verleihung der Doktorwürde. Die Lektüre lohnt sich und mag in der Art, wie sich in der zeitgeschichtlichen Parallelität die kirchliche Großstadtsituation heute und damals darstellt, verblüffen. Die Festschrift, die dem Gemeindetheologen, und der Aufsatzband, der dem Missionstheologen dargebracht wurden, vergegenwärtigen den geistes-, theologie- und kirchengeschichtlichen Kontext ihres Lebenswerkes.[2] Dabei korrespondieren ähnlich wie die Lösungsansätze bereits die Problemanzeigen miteinander.

Der Gemeindepfarrer geht von der Großstadtsituation aus und hat die täglichen Anforderungen an das Pfarramt angesichts einer unübersehbar gewordenen Parochie vor Augen. Die verbliebene bürgerliche Kirchlichkeit bzw. Religiosität besteht „in Gottvertrauen und Menschenliebe"[3]. Er nennt sie ein „unbewußtes Christentum"[4], das in einen geschichtslosen Individualismus, einen Pantheismus, schließlich einen Materialismus übergeht.

> „Bisher pflegten wir in der Kirche die Trägerin des christlichen Lebens zu sehen, also eine Reform der Kirche zu fordern, wenn das christliche Leben ermattete. Darnach müßten die Zeichen unserer Zeit uns veranlassen, vor allem das kirchliche Leben prüfend in das Auge zu fassen und uns zu ermahnen: bessert die Kirche, so bessert ihr das Leben. Indes an die Kirche denken auch die nicht gerne mehr, die den Kampf gegen die gefahrdrohenden Mächte der Zeit für unsere wichtigste Aufgabe halten. Sie stimmen der Sozialdemokratie vollkommen zu, wenn sie fordert, die Religion

müsse Privatsache, die Kirche also ihrem allmählichen Absterben überlassen werden. Das ist überhaupt die Eigentümlichkeit der sozialdemokratischen Reformvorschläge, daß sie die Rettung aus der Not in der Vollendung dessen suchen, was diese Not begründet. Die Sozialdemokratie ist nur die Schülerin der falschen Richtung, die vor ihrem Auftreten ihre jetzigen Gegner ergriffen hatte. Diese sehen in ihr nun vor Augen, wie die Saat, die sie ausgestreut haben, zur Ernte reift.

Aber warum lehnt denn unser Bürgerstand, der einst der Träger der religiösen Erneuerung gewesen ist, die Mitarbeit der Kirche seit den letzten Jahrzehnten beharrlich ab? Er fürchtet, daß die Lebensgebiete, die allmählich zur Selbständigkeit herangereift sind und von der Herrschaft der Kirche sich befreit haben, von neuem unter ihr Joch sich würden beugen müssen, und daß sie dadurch ihre Freiheit und ihre ungehemmte Entfaltung wieder verlieren würden. Die Wissenschaft und die Kunst sind seit *Kant* und *Goethe* ihre eigenen Wege gegangen. Der paritätische Staat darf eigentlich in das kirchliche Leben sich nicht mehr einmischen, höchstens abwehrend. Durch die Errichtung der Standesämter ist es der Familie möglich geworden, dem Einfluß der Kirche sich ganz zu entziehen. Der Schule hat der Staat sich schon längst bemächtigt. Die Liebesthätigkeit haben die bürgerlichen Gemeinden und freie Vereine in die Hand genommen. Der Kirche ist nichts als das ‚Wort' geblieben. Darauf soll sie sich beschränken. Als Kultusanstalt will man zunächst sie sich gefallen lassen; eine soziale Macht aber soll sie nicht wieder werden. Dazu aber will das Gemeindeprinzip sie entwickeln. Darum tritt der ganze kulturselige Teil unseres Bürgerstandes dem Bestreben, lebendige, thatkräftige Gemeinden zu schaffen, entschlossen entgegen. ‚Gemeindeprinzip ist Gemeindetyrannei'. Das ist seine Parole. Dagegen haben wir zunächst uns zu wehren. Wir haben darzuthun, daß lebendige Gemeinden nicht bloß an sich unentbehrlich, sondern gerade infolge der selbständigen Entfaltung der anderen Lebensgebiete doppelt notwendig sind, und daß das ‚unbewußte Christentum', dessen man auf jener Seite sich tröstet, nichts anderes ist als ein Sonnenuntergang."[5]

Emil Sulze setzt dieser Entwicklung den bewußt protestantischen Gemeindeglauben, „die einende Kraft der Liebe Christi in den Gemeinden" entgegen. Für ihn gilt: „Die seelsorgerliche Arbeit der Gemeinden ist die Verwirklichung der christlichen Liebe."[6] Ihrer Ermöglichung und Verwirklichung dienen konkrete Kirchenreformen, u. a. die Einführung seelsorgerlicher Bezirkseinteilung von weniger als 5000 Mitgliedern pro Pfarrer, die Schaffung von Hausväterverbänden und ein „Regulativ für die kirchlichen Amtshandlungen", das 85 Punkte umfaßt.[7]

Der Missionar dagegen geht von der Kolonialsituation aus und beschreibt das gegenseitige geistige und kirchliche Gefälle von Europa und Afrika in seiner negativen bzw. positiven Wechselhaftigkeit. In seiner religions-soziologischen Analyse verliert er die Korrelation zerfallender europäischer Zivilisation und afrikanischer Kultur nicht aus den Augen. Für Bruno Gutmann sind die durch die Stammesreligionen bedingten Lebensformen – Stamm, Sippen, Familien und Generationen – durch den „Glauben an eine neue Gestalt der Menschheit"[8] in der Auflösung begriffen. Sie liegt für ihn darin beschlossen, daß man das Leben zu einem Mittel macht und ihm seinen Selbstwert nimmt, daß man den Einzelnen umformt für die volle Anpassung an die Herrschaft der Sachwerte. Die Folgen sind die Entwurzelung des Menschen, seine Proletarisierung, die Verdrängung der menschlichen Würde durch die materielle Vereinsamung. „Das Geld wird zum Ersatz für Bruder und Nachbar, der Entpersönlicher und Entpflichter aller menschlichen Beziehungen."[9] Bruno Gutmann geht dabei von einer – sicherlich zu seiner Zeit heftig umstrittenen – religiösen Anthropologie mit den Konstitutiva „Blut-, Boden- und Altersgleichheit" aus.

> „Die für die Einbeziehung in den Gliederbau der Gemeinde in Frage kommenden natürlichen Organe finden sich im Blutverbande und im Bodenverbande, d. h. in der Abstammungseinheit und dem gemeinschaftlichen Ausbau der gleichen Landschaft zur Menschenheimat. Die in beiden Kreisen entstandenen Führerschaften müssen aufgesucht und erneuert, ja hier und da wohl gar wieder nachgeschaffen werden, denn sie sind überall dort, wo eine nur an politischen Einrichtungen geschulte Kolonialmacht die Verhältnisse der Eingeborenen aufs tiefste beeinflußt – und wo geschähe das nicht – dem Absterben überantwortet, nicht nur, weil man ihre Verantwortung nirgendwo in Anspruch nimmt, sondern auch durch ein einseitig gestütztes Häuptlingstum und noch ärger durch das an seine Stelle etwa schon gesetzte farbige Beamtentum. Um so wichtiger ist aber bei der entscheidenden Wechselwirkung zwischen Volkstum und Christentum, daß die Mission die gefährdeten Organe neu belebt, ihnen eine neue, höhere Verantwortung gibt und damit auch den Volksboden tragfähig für den Hochbau der christlichen Gemeinde erhält."
> „Eine wirkliche Inanspruchnahme der Nachbarschaft als selbständigem Handlungsträger in der Christengemeinde aber ist es erst, wenn sie selbst aus ihrer Mitte einen Vertreter bestellt, und zwar auch wiederum nicht als ein bloßer Wahlkörper für Dienste in außer ihr verfestigten Beziehungen, sondern als Leiter und Mittelpunkt ihres Sonderlebens in christlichem Geiste, so daß die Beziehungen ihrer Vertrauensmänner zum Pfarrer zum Beispiel erst solche zweiten Grades wären, die zur ganzen Gemeinde aber wirklich körperschaftlich anschaulichste in besonderen Nachbarschafts-Hauptgottesdiensten an Sonntagen und in den besonderen Handlungen von Spende und Anbetung. Nachbarschaftskassen, Nachbarschaftsreihendienste, Nachbarschaftstage, Nachbarschaftsbibelstunden, das sind nur einige von den Möglichkeiten, die ewig junge Nachbarschaft aus ihrem Aschenputteldasein zu erlösen und sie ins königliche Gewand Christi zu kleiden. Von allen natürlichen Lebenskameradschaften ist allein die Nachbarschaft noch frei und unversperrt für den Gliederbau der Christengemeinde zu haben. Aber wie lange wird es noch dauern, bis man ihren Gemeinwert erkennt – und es steht zu befürchten, daß die ev.-luth. Kirche eine der vornehmsten Gelegenheiten zur Entfaltung der göttlichen Kräfte ihrer Eigenart sich wieder einmal wird vorbeigehen lassen. Volksorganisch bestimmtes Denken führt zu volksorganisch bedingtem Handeln. In den natürlichen Lebenskameradschaften beeinflussen sich die Seelen gegenseitig so, daß eine beamtete Seelsorge, sei sie so eindringlich und unmittelbar, wie sie innerhalb ihrer Schranken nur immer sein kann, demgegenüber nur Neben- und Zeiterfolge erzielen kann, die jene aus den natürlichen Beziehungen gestalteten Wesenszüge nicht umzugestalten vermag, soweit sie wieder göttlich geworden sind, und nicht in Dienst zu nehmen fähig ist, soweit sie Glauben und Sitte fördernd an die organischen Beziehungen gebunden sind."[10]

Beide Theologen gehen also von einer Kultur- bzw. Zivilisationskritik aus und möchten die von Friedrich Daniel Ernst Schleiermacher vorausgedachte, von Johann Hinrich Wichern verwirklichte Volkskirche auf die Gemeinde hin und von der Gemeinde her reformieren. Dabei kommen sie trotz unterschiedlicher Ausgangssituation ihrer jeweiligen Analysen zu vergleichbaren Ergebnissen und ähnlichen Forderungen. Emil Sulze und Bruno Gutmann versuchen durch die seelsorgerliche Gemeindearbeit bzw. durch die Nächstenschaftlichkeit die kirchlichen Traditionsabbrüche, die sie angesichts gesellschaftlicher Vermassung (Arbeiter) einerseits und der privatisierenden Individualisierung (Bürger) des Glaubens andererseits wahrnehmen, durch ein geradezu idealtypisches Vorstellungsbild neutestamentlicher Gemeinde zu überwinden.[11]

Abschließend ist noch anzumerken, daß sich die Kaprizierung gegenwärtiger (Alt-)Neuansätze des Gemeindeaufbaus auf Emil Sulze und Bruno Gutmann relativiert, nimmt man einmal ihre Vorläufer[12] und frühen Kritiker zur Kenntnis[13], die keinesfalls der dialektischen Theologie zuzuordnen sind.

## 2. *Der Rösselsprung der Theologie*

Der 33jährige Karl Barth läßt die Situation, die Emil Sulze noch mit dem Satz beklagen konnte, daß der Kirche nichts als das Wort geblieben sei, zum Ausgangspunkt seiner theologischen Arbeit im Pfarramt werden. Eduard Thurneysen hatte ihm das Stichwort gleichsam „halblaut zugeflüstert": „Was wir für Predigt, Unterricht und Seelsorge brauchten, sei eine ganz andere theologische Grundlegung."[14] Der „Römerbrief", der drei Jahre später erschien, ist trotz oder gerade wegen seines hohen Alters von 70 Jahren heute auf eine neue Weise wieder lesenswert. Der Pfarrer der Kirchengemeinde Safenwil hat darin „als Sohn seiner Zeit zu seinen Zeitgenossen geredet."[15] Der „Römerbrief" ist ein bewegendes Dokument der Geistes- und Theologiegeschichte des Anfangs unseres Jahrhunderts. Es gibt nur wenige vergleichbare, so umfassende Zeugnisse dieser Zeit.[16] Auch wenn der „Römerbrief" in der ersten Auflage lediglich eine „Vorarbeit, die um Mitarbeit bittet", sein wollte, ist er sehr wohl richtungweisend für die Wort-Gottes-Theologie geworden.

Den Umbruch der Theologie zwischen den Weltkriegen und nach dem Zusammenbruch verzeichnete eine ganze Reihe großer und namhafter Lehrergestalten in den exegetischen, historischen und systematischen Disziplinen.[17] Nach dem Ende der Ära theologischer Schulrichtungen durch die Emeritierung bzw. den Tod jener Persönlichkeiten jedoch erscheint das Verhältnis theologischer Lehre und Forschung zur Bekenntnisrelevanz in den jeweiligen Landeskirchen heute ungeklärter denn je. Die Kirche war offenbar relativ ungebrochen – was die notwendigen Konsequenzen aus dem Kirchenkampf anbelangt – zu ihrer Tagesordnung zurückgekehrt und hatte sich in den Aufbaujahren auf ihr Selbstverständnis „als gesellschaftliche Ordnungsmacht"[18] zurückgezogen. Die zerstörten Pfarrhäuser, Kirchen und Gemeindehäuser wurden wieder aufgebaut. In den Ballungszentren der Großstädte und in den Neubausiedlungen trat sie in theologisch konzipierter Architektur neu ins Erscheinungsbild.

Was ist von dem, was „Barmen" theologisch und kirchlich bedeutete –

abgesehen von dessen rezeptivem Gebrauch – wirksam geworden und wirksam geblieben? Möglicherweise hat diese leidenschaftliche Zeit der theologischen Lehre und des wissenschaftlich und nicht weniger persönlich geführten Streits um die Wahrheit – man denke nur an die Auswirkungen der Entmythologisierung auf die Auferstehungstheologie – die Diastase zunächst überdeckt, die zwischen der universitären Theologie und der landeskirchlichen Traditio doctrinae nun einmal aufgebrochen war. Sie ist seit den 70er Jahren immer deutlicher zutage getreten.[19] Für die lutherische Tradition im strengeren Sinne und für die reformierte Theologie mag die kirchliche Entsprechung in der theologischen Ausbildung durch die jeweiligen Landesuniversitäten oder durch besonders ausgewiesene Lehrstühle an anderen Hochschulen noch selbstverständlich und einigermaßen stimmig gewesen sein. Zu dem Selbstverständnis der Kirche „als bekennender Gemeinde" stellt Wolf-Dieter Marsch kritisch fest:

> „Die um Gottes Wort versammelte Gottesdienstgemeinde ist in einem Maße aufgewertet worden, wie es ihrer faktischen Bedeutung für das Leben der Kirche immer weniger entspricht."

Bereits in der theologischen Diadochenzeit zeichnet sich jenseits der konfessionalistischen Fundamentalismen ein immer breiter werdendes Spektrum theologischen Pluralismus ab, aus dem bis heute die konjunkturierenden „Genitiv-Theologien" hervortreten. Die Hochschule ist nicht mehr der Ort der Traditio doctrinae. Sie vermittelt zwar noch ein Überblickswissen, geht aber vermehrt den Einzelfragen in einer gewissen Aktualität nach. Gleichzeitig hat sich die Studiensituation gegenüber den 50er und 60er Jahren von Grund auf verändert. Die Kirche versucht zwar in den nun kataloghaft aufgefächerten Examensanforderungen gegenzusteuern und spürt erst heute die Auswirkungen jener Studiensituation in der Frage der Ordination als Frage nach der Relevanz ihrer Bekenntnisse. Die Ordination wiederum wird nun noch durch das personal-politische Schibboleth der Kirche überfremdet. Diese Verlagerung manifestiert nicht nur die einmal aufgebrochene Diastase. An ihr wird zugleich die alte Frage laut, ob die Kirche noch das Subjekt der Theologie sei. Verantwortlich für diese und die weitere Entwicklung in Theologie und Kirche scheint mir der von Martin Heidegger und auch Karl Jaspers in die Theologie eingetragene existenzphilosophische Begriff der „Geschichtlichkeit" zu sein. Er ist äußerst wirksam gewesen, löste sich sehr bald auf und erwies sich schließlich für die Gesamtproblematik der Geschichte des Menschen und des Geistes als ungeeignet; besonders für die Beziehung der Geschichte zu dem, was ihre Transzendenz ausmacht.

Die Auswirkungen betreffen die Gottesfrage, die Frage nach der Geschichte überhaupt und die Frage letztlich nach der Schöpfung. Die christologische Verdichtung bzw. die trinitarische Erstreckung des Glaubens reduzierte sich nach der Diskussion der „Gott-ist-tot-Theologie" auf ein ethisierendes und pädagogisierendes, jesuanologisches Paradigma, das beispielsweise in der

Homiletik zu einem moralischen Appellativ verkommen mußte. Das säkularisierte Geschichtsverständnis ließ die Kategorien „Schuld und Versöhnung" kausaladhortativ positivistisch durchdeklinieren. Mir fehlt in dem Schuldbekenntnis und in der Versöhnungsbereitschaft gegenüber der Schoah der Juden und gegenüber den im Krieg überfallenen Völkern Europas die bedrängende Frage nach dem Heils- und Welthandeln Gottes in jener Zeit. Sie ist mehr als das liturgische Kyrie eleison eines theonomen Gottesbildes und betrifft die theologische und kirchliche Verhältnisbestimmung von „Synagoge und Ecclesia". Ist sie möglicherweise eine geschichtlich notwendige Nota ecclesiae? In den Fragehorizont gehört ebenfalls die Ökumene – Rom und Genf. Und schließlich bedingt die Frage nach dem Verhältnis der Geschichte zur Natur bzw. zur Schöpfung Gottes in einer endlosen Reihe sogenannter „metakosmischer Phänomene" irreversibler prozessualer Abläufe ethische Grundfragestellungen eines bisher nicht bekannten geschichtlichen Ausmaßes.[20]
Diese drei Fragehinsichten sind offenbar in ihrer Komplexität wie in ihrem ganzen Ausmaß erst durch die „zweite Aufklärung"[21] wieder an den Tag gekommen. Sie waren schon einmal da, bedenkt man Emil Brunners Analyse[22]:

> „Denn ebenso deutlich als das 19. Jahrhundert den Höhepunkt dieses Fortschrittsglaubens bildet, ebenso deutlich ist das zwanzigste Jahrhundert die Zeit seines rapiden Niedergangs. Ja, was Europa betrifft, muß man vielleicht schon sagen: der Fortschrittsglaube *war*, er *ist* nicht mehr die Hoffnung des Menschen unserer Zeit. Die zwei Weltkriege und die Entstehung des Totalstaates haben ihn vernichtet. Sie haben jene zwei Hauptpfeiler, auf die er begründet war, den Glauben an die Technik und den Glauben an den Staat und die Organisation als Garanten der fortschreitenden Meisterschaft des Menschen über seine Zukunft, zerbrochen und mit diesen ihn selbst."

Sie stellen sich heute in einer ethischen Dringlichkeit und lösen die Vorstellung der späten 60er Jahre vom „Prinzip Hoffnung" als „Kategorie des Möglichen" schlechthin ab. Hoffnung ist keine evolutionäre Kategorie der Natur und Geschichte, noch die verfügbare Prolongation der Gegenwart. Zu tief ist der Eingriff des Menschen in die Geschichte und in die Schöpfung Gottes vollzogen. In der vom Menschen stigmatisierten Zukunft späterer Generationen wird ihn stets seine Vergangenheit einholen. Da ist ganz offensichtlich die neutestamentliche Redeweise von der elpis, die ihren personalen Anhalt immer an der Person des gekreuzigten auferstandenen Kyrios findet, durch ideengeschichtliche Schrittmacher ersetzt worden. Entsprechend ist auch die radikale Forderung der metanoia ihrer eschatologischen Definition der basileia tou theou enthoben und als anthropologische Notwendigkeit interpretiert worden.

### 3. *Der Umschlagsplatz „Praktische Theologie"*

Innerhalb des Säkularisierungsprozesses der „zweiten Aufklärung" ist das Selbstverständnis der Kirche „als Avantgarde der Humanisierung"[23] erwachsen. Das gesellschaftspolitische, kritische Bewußtsein, das nahezu alle Lebensbereiche erfaßte, hat auch seinen Niederschlag in Theologie und Kirche gefunden. Die Erkenntnisse, Kenntnisse und Methoden der Humanwissenschaften hielten ihren Einzug in die Praktische Theologie der Hochschulen, Predigerseminare und Pastoralkollegs. Zugespitzt läßt sich behaupten, daß in der Theologie das Existential durch das Funktional, die Theologie durch die funktionale Theorie abgelöst worden ist:

Die Katechetischen Ämter wurden in Religionspädagogische Arbeitsstellen umbenannt. An die Stelle der Kirchlichen Unterweisung trat zunehmend ein am Schüler und seinen Problemen orientierter Unterricht. Die Poimenik erfuhr durch die Einbeziehung der Psychologie und Psychotherapie als „beratende Seelsorge" zunächst eine befremdende und später eine völlig neue wirksame Bedeutung, die vorerst den Beratungsstellen der Kirche zugute kam. Die Homiletik in ihrem Verständnis der Verkündigung des Wortes Gottes – wie ihre Definition in der Poimenik als Verkündigung des Wortes Gottes an den einzelnen – entdeckt nun durch die Aufnahme der Kommunikationstheorie und Soziolinguistik in ganz anderer Weise als bisher den Hörer. Im kirchlichen Handlungsfeld der Amtshandlungen wirkte sich die Institutionskritik an der Eheschließung auf die Trauungen aus. Bei den Bestattungen vollzog sich eine Akzentverschiebung von der Auferstehungsbotschaft hin zur Trauerarbeit, da die sozialpsychologisch erhobenen Sterbe- bzw. Trauerphasen von Elisabeth Kübler-Ross und Yorick Spiegel zunehmend an Bedeutung gewannen. Der mit der frühen religionspädagogischen Diskussion wieder zu Ansehen gekommene Begriff der „Religion" erreichte schließlich die Sakramente, besonders das Abendmahl als „kommunikatives Erlebnis", und den Gottesdienst. Ende der 60er Jahre hatten die „Kölner Nachtgebete" die gottesdienstlich „tote Christenheit aus dem Schlaf der Sicherheit" durch ihre gesellschaftspolitische Provokanz wecken wollen. Die Themen[24] von damals sind geblieben oder kehren wieder. Doch der Gottesdienst selbst – abgesehen von der Predigt, in der sie (sich) überlebten, war nicht ihr Ort. Die Schule und Hochschule, der Marktplatz und die Straße erwiesen sich für das neue politische Bewußtsein als tragfähiger. Die Aufhebung der Schranken zwischen dem Sakralen und Profanen, zwischen dem Intimen und der Öffentlichkeit sowie die politische Nutzung des kirchlichen Asyls hat die kirchlichen Räume noch einmal säkularisiert und für emanzipatorische Ansätze der Erwachsenenbildung und einer wachsenden Anzahl von Initiativen erschlossen. Dabei entstand gegenüber dem herkömmlichen Typus kirchlicher Kreisarbeit – analog zu den Erfahrungen in der Jugendarbeit – ein gesellschafts- und problemorientierter, offener Typus von Initiativgruppen unter dem Dach der Kirchen. Gemeinde- bzw. Kirchenzugehörigkeit ist dafür keine selbstverständliche Voraussetzung mehr. Die Verbindlich-

keit zur Kirche stellt sich, wenn überhaupt, durch die personalen Beziehungen, den Pfarrer, Mitarbeiter und Laien, in den Gruppen, das Engagement und gemeinsame Zielsetzungen, konkret vor Ort oder global ins Auge gefaßt, (Frieden, Gerechtigkeit, Bewahrung der Schöpfung) dar.
Diese Entwicklung der 70er und frühen 80er Jahre, die die Gemeinden zunächst verunsicherte und mit heftiger Diskussion in der Öffentlichkeit einherging, war durch einen starken Umschlag von der Traditionsvermittlung der Kirche zur Situationshinwendung der Gemeindeglieder gekennzeichnet. Der Umschlag brachte einen Traditionsabbruch mit sich, eröffnete aber zugleich nicht wenigen Menschen nun die Kirche als „Raum der Freiheit". Die humanwissenschaftlich orientierte Qualifizierung der kirchlichen Mitarbeit, besonders der Erzieherinnen und der Sozialpädagogen, ließ zunächst eine soziale Motivation an die Stelle kirchlicher Definition treten.[25] Dabei ist es wichtig, sich der Arbeitsherausforderungen jener Zeit zu erinnern: der großen Schüler- und Konfirmandenzahlen, der Auswirkungen des „kritischen Bewußtseins" auf die Ehe, Familie, Erziehung und Schule, der Autoritätskritik. Die Kirche war in diesen Bewußtseinsprozeß voll mit einbezogen, sie mußte wahrnehmen, wie mit dieser Öffnungsphase – seit Beginn der 70er Jahre – einst getaufte Christen sich von ihr abwandten und ihren Austritt erklärten. Wie hat sie darauf reagiert? Durch die Indienstnahme von Demoskopen und Publik-Relations-Agenturen und die Doppelstrategie im Gemeindeaufbau, indem sie das marktwirtschaftliche Denken von Angebot und Nachfrage in ihren eigenen Reihen eingeführt hat. Und durch die Ausrufung eines „missionarischen Jahres". Fragwürdig, bedenkt man einmal, daß gerade die Jahrgänge, die durch die Kindergartenzeit, den Religions- und Konfirmandenunterricht und durch die Jugend- und Erwachsenenbildungsarbeit die stärkste Berührung mit der Kirche gehabt haben, ihr zunehmend den Rücken zukehren. Die 19- bis 39jährigen Christen machen ⅔ aller Kirchenaustritte aus. Ganz offensichtlich wurde die frühere Traditionslenkung der Werte, Normen und Persönlichkeiten durch das autonome Selbstverständnis des einzelnen Menschen auch in der Kirche abgelöst, und es wird heute durch die Institutionssteuerung wiederum überholt. Die Kirche verlassen, bedeutet für viele Menschen nicht, keine Religion zu haben, nicht an Gott zu glauben. Ist dieser Schritt möglicherweise nur eine späte Konsequenz der bürgerlichen Religiosität des 19. Jahrhunderts mit der Vorstellung privater Frömmigkeit? Die Kirche stellt keine glaubbare und erlebbare Plausibilität der Heilsbotschaft in gegenseitiger Angewiesenheit dar und beschränkt sich auf ihre diakonische Legitimation.
Dabei profitieren die Sekten und schichtenspezifisch orientierten religiösen Denominationen vom volkskirchlichen Erosionsprozeß. Quasireligiöse Lebensformen bieten sich als Alternative an. Magische Praktiken haben Hochkonjunktur.[26] Die Anzeichen deuten darauf hin, daß die New-Age-Welle vor den Kirchentüren nicht Halt machen wird. Das säkularisierte Ritual in den Amtshandlungen, bei den Sakramenten und im Gottesdienst und die symbolistische Meditationspraxis erweisen sich als anfällig für eine „neo-natürliche

Theologie". Die Frage nach den theologischen Kriterien hat keine Priorität. Diese Phänomene bekunden nicht nur den Umschlag der Rationalität der „zweiten Aufklärung" in die Irrationalität, in die funktionale Verelendung des Menschen, der seine Zuflucht zu religiösen Regressionen sucht. Sie sind zugleich eine geistige und geistliche Anfrage an die Bekenntnisrelevanz der Kirche diesseits fundamentalistischer Strömungen und wachsender Parallelstrukturen.

## 4. *Die eschatologische Solidarität der Kirche*

Hält der Satz, „Sinn und Ziel des Gemeindeaufbaus ist die Gemeinde, die vom Gottesdienst her lebt", den Wilhelm Rott vor mehr als 30 Jahren geschrieben hat[27], der Diskrepanzerfahrung „Kirche am Sonntag" und „Gemeindehaus die Woche über" noch stand?[28] Die theologische Ausbildung für das erste Arbeitsfeld läßt immer noch zu wünschen übrig. Sie erweist sich für das zweite Arbeitsfeld als völlig unzureichend.[29] Auf der Gemeindeebene kommen die unterschiedlichen Zielgruppen, die gegenseitigen Interessen und die sogenannten Bedürfnisse und Angebote zu keiner kontinuierlichen Kongruenzerfahrung im Gottesdienst. Ganz offensichtlich ist aber der Glaube des Christen auf eine erfahrbare Identität in der gemeindlichen Interaktion angewiesen, soll er nicht ins private Abseits gedrängt werden oder zu einer religiösen Vorzeichenpraxis des Eröffnungsrituals des Gemeindekreises verkümmern.

Johann Hinrich Wicherns diakonische Motivation, Menschen in der Not zu helfen, Christen von der Straße und aus ihren Behausungen in den „Wohn- und Lebensraum Kirche" zu rufen, hat ganz wesentlich zur Verwirklichung der Volkskirche beigetragen. Dabei ist die bei ihm noch vorhandene theologische Definition, mit dem Reich Gottes in der Kirche ernst zu machen, auf der Strecke geblieben.

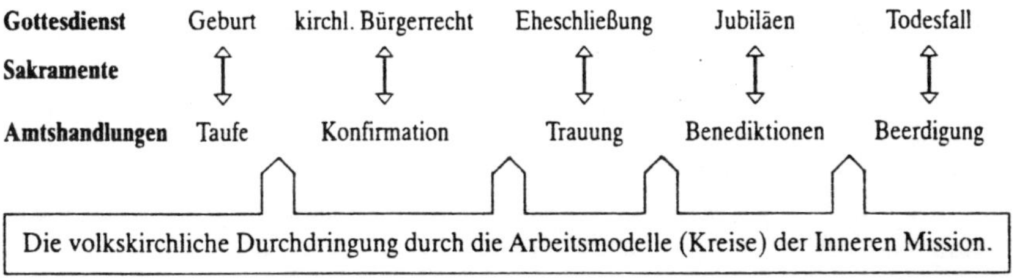


Die lebensgeschichtliche Kasualisierung durch die Kirche von der Taufe bis zur kirchlichen Bestattung hatte ihren Bezugsort im Pastorat der jeweiligen Gemeinde, im Pfarramt. Die im letzten Drittel des 19. Jahrhunderts zu dieser Pastorisierung hinzukommenden alters- und geschlechtsspezifischen Gemeindekreise fanden mehr und mehr ihren Anlaufort im Gemeindehaus bei den „Berufsarbeitern der Inneren Mission", vor allem bei dem Diakon, der

Diakonisse, der Kindergärtnerin, dem Küster und Schullehrer. In den vergangenen Jahren hat sich das Berufsbild dieser Mitarbeiter grundlegend verändert. Aus dem Küster ist der Hausmeister geworden. An die Stelle der früheren Diakonisse ist die säkularisierte Gemeindekrankenschwester getreten. Der heutige Diakon und die Erzieherin verstehen sich als Fachhochschulabsolventen. Ein kirchliches Selbstverständnis ist keineswegs mehr selbstverständlich, bedenkt man beispielsweise nur die regelmäßige Teilnahme dieser Mitarbeiter und auch der Mitglieder des Kirchenvorstandes am sonntäglichen Gottesdienst; ganz zu schweigen von der gottesdienstlichen Integration der von ihnen verantwortlich geleiteten Gemeindekreise.
Die Fremdnutzung der Gemeindehäuser in den Großstädten nimmt zu. Das Pfarrhaus privatisiert sich und macht – in der Trennung der Arbeits- und Lebenswelt – eine ähnliche Entwicklung wie das Lehrerhaus nach dem Ersten Weltkrieg und das Arzthaus in den letzten beiden Jahrzehnten durch. Die Gemeindesekretärin übernimmt mehr und mehr die Aufgaben des früheren Pfarrhauses. Diese gravierenden Einschnitte, die sich in den nördlichen Landeskirchen und in der Großstadtsituation wohl eher abzeichnen als im Süden und auf dem Lande, zeitigen einen Umbruch, der als Zerfall herkömmlicher kirchlicher Strukturen angesehen werden muß.
Innerhalb dieser Auflösungserscheinungen zeichnet sich in den die festen Gemeindekreise ablösenden Initiativ-Gruppierungen mit ihren politischen, gesellschaftlichen, ökologischen und auch theologischen Themenfeldern der Erwachsenenbildung der Übergang von einer Versorgungs- und Betreuungskirche zur Beteiligungskirche mit einer gleichsam „säkularen Mission" ab. Der verbleibenden Kirche mit ihrem Sonntagsgottesdienst und ihren gottesdienstlichen Handlungen bleibt der „Cultus" vorbehalten. Geschichtlich gesehen schließt sich hier der Kreis der Wiederholung der letzten Jahrzehnte des 19. Jahrhunderts – blickt man in die Lehrbuchentwürfe der Praktischen Theologie jener Zeit. Nach der kritischen Phase der 60/70er Jahre, die getreu dem Satz Karl Marx'[30] verfuhr, „Die Kritik der Religion ist die Voraussetzung aller Kritik", ist in Gesellschaft und Kirche wieder Restauration angesagt, die mit viel Institutionalisierung an der Basis und an der Spitze verläuft.
Da ist die Kirche dabei, ihr vorläufig letztes Kapitel der Gemeindearbeit mit „ihren Alten" aufzuschlagen.[31] Gegenüber den übrigen Arbeitsfeldern ist ja die Altenarbeit von der humanwissenschaftlichen Durchdringung bzw. ihrer Überfremdung bisher weitgehend verschont geblieben. Die in der Medizin, Psychologie, Soziologie, Pädagogik und empirischen Sozialforschung ausdifferenzierten Alterswissenschaften stehen bereit, ihr Aufgabenfeld über die bisherige „Altenhilfe" hinaus auf den gemeindlichen Bereich auszudehnen. Ihre jetzige Klientel in der Arbeit „der sogenannten offenen, halboffenen und geschlossenen Altenhilfe" der Wohlfahrtsverbände, also des bereits „institutionalisierten alten Menschen", erfaßte ja nur 3–5% der Infragekommenden. Gerade aber dieser Aufgabenbereich gemeindlicher Altenarbeit bedarf unbedingt eines emanzipatorischen Denk- und Handlungsansatzes, um die vorherrschende Mentalität und Praxis auf beiden Seiten, mit alternden Men-

schen sei lediglich „vorsorgend, betreuend und unterbringend" umzugehen, zu durchbrechen und zu überwinden. Frühere Lebensbedingungen und das traditionelle Bedürftigkeitsbild „alt-arm-krank" in der Diakonie haben sicherlich zu diesem Erscheinungsbild beigetragen. Heute jedoch lassen die Lebenserwartung, der Lebensstandard und die Multimorbidität im Alter das Alter selbst als zweites großes Lebensthema in der Gesellschaft – nach dem Beruf und der Arbeit – erkennen.

Die theologische Herausforderung des Altenthemas besteht darin, nicht weiterhin wie bisher die diakonische und die poimenische Säule – als sich verselbständigende Institutionen – anwachsen zu lassen, sondern auf der Gemeindeebene die diakonische und seelsorgerliche Verantwortung wieder zu entdecken und wahrzunehmen. Nimmt sich die Kirche zukünftig stärker „ihrer Alten" an, bezeugt sie zugleich in dem, was und wie sie das tut, den nachkommenden Generationen. Das könnte wegweisend für ihre ganze Gemeindearbeit werden. Anders als in den anderen Handlungsbereichen der Kinder-, Konfirmanden-, Jugend- und Erwachsenenarbeit – aber auch dort bereits – gehen die wirksam gewordenen Humanwissenschaften in dem ihnen zugrundeliegenden Empiriebegriff von einer bloßen Diesseitigkeit des Daseins aus. In der Alternsphase tritt deutlich zutage: Wenn der Tod das empirisch Letzte ist, ihm das letzte Wort zugebilligt wird und das Sterben als natürlicher Vorgang des Endens eines vegetativen Vergehens propagiert wird, dann erscheint das Altern als das Vorletzte im Leben eines Menschen. Daß das Altern als zweite Lebenshälfte mit dem 40.–45. Lebensjahr verstanden werden soll und ihm gleichsam einen langen Anlauf verleiht, macht den ganzen Vorgang anscheinend erträglich.

Im Grunde stellt sich damit mit der Geriatrie und Gerontologie noch einmal, wenn auch dringlicher, die Frage der 70er Jahre, wie denn der Glaube auf die humanwissenschaftliche Herausforderung des durch ihn implizierten Menschen- und Weltbildes sein Zeugnis gestalthaft artikuliert. Es geht also um die Weltfähigkeit des Glaubens: um seine theologische Definition, nicht um seine humanwissenschaftlich orientierte Motivation. Und das heißt: Glauben in der Säkularitätserfahrung ohne Zuflucht zu einer vermeintlichen Transzendenz oder in eine anthropologische Immanzenz. Was bedeutet Gottes Rechtfertigung des alternden Menschen in der Gemeinde, da die „Mutter Kirche", die „Braut Christi" selbst in die Jahre gekommen ist?

Die Kirche hat kein eigenes Thema, ihr Thema ist Jesus Christus, der Kyrios. Deshalb nennt Martin Luther sie auch Kyriakae. Läßt die Kirche sich auf dieses Selbstverständnis zurückrufen, da sich ihr Erscheinungsbild nur zu oft auf ein optimiertes Segment utopischer Gesellschaft beschränkt? Die Transitusgestalt der Kirche reicht vom Regnum Christi zum Reich Gottes, und Jesu Thema ist das Reich seines Vaters. Diese trinitarische Transzendenz, die mit Martin Luthers Erklärungen im Kleinen Katechismus gleichsam hebräisch zu lesen ist – vom dritten, zum zweiten, zum ersten Artikel hin –, macht die umfassende eschatologische Dimension des christlichen Glaubens aus. In ihr kann der Glaubende sich selbst nicht genug sein, bedarf er der Schwestern und Brüder. In dieser trinitarischen Dimension, deren Geheimnis Gott selbst ist und die die Kirche in ihrer Geschichte bezeugt in allen Antagonismen der Welterfahrung und in den Zeitbrüchen geschichtlich bezeugt, ist alle Diesseitigkeit freigegeben und zugleich aufgehoben. Zum Zeugnis der Kirche im Leben und Sterben und im Erleiden des Todes gehört, Römer 8,34-39 in der Diesseitigkeit eschatologisch anzusagen.

Dabei ist die eschatologische Solidarität der Kirche in der lebensgeschichtlichen, das Leben und Sterben in der Gemeinde begleitenden Sakramentalität des Lebens – die Partizipation an der Zoae – begründet. In der Taufe, mit deren trinitarischer Formel der Gottesdienst ökumenisch anhebt, auf die hin die Gemeinde ihren Glauben bekennt, der den ganzen Gottesdienstablauf strukturiert, so daß eigentlich jeder Gottesdienst Taufanamnese ist. Das ist wieder zu entdecken. Dabei mag wohl der Vulgatatext den griechischen Wortlaut von Matthäus 28,16-20 überdeckt haben und Römer 6 zu wenig in der kirchlichen Taufpraxis Gestalt angenommen haben. Die gottesdienstliche Erschließung der Sakramentalität des Lebens durch die Taufe in der Gemeinde der getauften Schwestern und Brüder eröffnet einen anderen Horizont der gesamten Gemeindearbeit. Der Glaube, der sich in der Gemeinschaft der Getauften als der in Gottes eigenen Namen (schem Jahwe) gebunden und vergewissert weiß, partizipiert an der großen Wegweisung und Wegbahnung Gottes selbst. Er ist zur Säkularität, zur Diesseitigkeit befreit. Im Abendmahl dagegen, dessen biblischer Textzusammenhang ein Exodusgeschehen signalisiert und dessen Anfang Israel konstituiert und mit der Taufe in unauflöslicher Wechselbeziehung steht, „somatisiert" sich das Geheimnis des Glaubens, die Anbetung des trinitarischen Gottes. Daß die volkskirchliche Praxis der Taufe nicht über die religiöse Kommunikation und des Abendmahls nicht über die kommunikative Sehnsucht hinauskommt, mag an der mangelnden theologisch reflektierten Erstreckung auf die Gemeinde hin liegen.

Die Explikation von 1 Korinther 11, besonders des Satzes, „Wir verkündigen den Tod des Herrn, bis daß er wiederkommt", in der Kirche und in der Gemeinde für den einzelnen Christen bedeutet: in die Gemeinde hineingeboren zu werden, mit der Taufe als der anbrechenden Wirklichkeit Gottes heranzuwachsen, in ihr zu leben, um den Segen gemeinsamen Lebens zu bitten, gemeinsam zu beten und etwas von der Vergebung der Sünden zu erfahren, auch altern zu können und zu sterben, auch zu trauern um verlorenes Leben, und dennoch in allen Widerfahrnissen eigener Lebenszeit immer wieder zu sehen und zu schmecken, wie freundlich der Herr ist.

1 Vgl. F. Schwarz u. a., Überschaubare Gemeinde, Bd. 1–3, Gladbeck 1980; F. u. Ch. A. Schwarz, Theologie des Gemeindeaufbaus. Ein Versuch, Neukirchen 1984; R. Strunk, Vertrauen. Grundzüge einer Theologie des Gemeindeaufbaus, Stuttgart 1985; Themenhefte der PTh 75. Jg. 1 u. 6, 1986; Christian Möller, Lehre vom Gemeindeaufbau, Bd. 1: Konzepte – Programme – Wege, Göttingen 1987; M. Herbst, Missionarischer Gemeindeaufbau in der Volkskirche, Stuttgart 1987.

2 Lebendige Gemeinden. Festschrift Emil Sulze zum 80. Geburtstag: SPTh (G) VI, Gießen 1912; Afrikaner – Europäer in nächstenschaftlicher Entsprechung, GAufs. anl. des 90. Geburtstags v. Bruno Gutmann, hrsg. v. Ernst Jäschke, Stuttgart 1966.

3 E. Sulze, Die evangelische Gemeinde, Gotha 1891, 12.

4 Der Begriff geht auf Richard Rothe zurück, der ihn jedoch positiv verwendet: im Hinblick auf die gebildeten Laien bei der Einführung des „Gemeindeprinzips" in die Kirchenverfassung.

5 E. Sulze, a. a. O., 2f.

6 A. a. O., S. 268.

7 A. a. O., S. 273–83.

8 Vgl. Afrikaner – Europäer . . ., 22 (E. Jäschke).

9 B. Gutmann, Gemeindeaufbau aus dem Evangelium, Leipzig 1925, 80.

10 A. a. O., 212.

11 Das Bild der konzentrischen Kreise empirischer und ideeller Gemeinde mit dem Mittelpunkt Jesus Christus geht auf Friedrich Mahling zurück. (Soziale Bedeutung der christlichen Gemeinde und die daraus sich ergebenden Folgerungen für ihre Arbeit: Heft 44 der Freien kirchlichen Konferenz, Berlin 1910, vgl. 45.)

12 H. Henrici, (1865–1894 Pfarrer an St. Stephani in Bremen, in der das erste Gemeindehaus 1859 überhaupt erbaut worden ist), erörtert in seinen „Reisebriefen" (Gotha 1877) das „Gemeindeprinzip als Grundlage des Kirchenwesens". Ähnliche Vorstellungen entwickelt auch bereits Friedrich Lahusen in seinem Vortrag „Die christliche Gemeinde und die soziale Frage" (Bremen 1890).

13 Ausführlich in dem Beitrag von August Stock, Die Konferenz für evangelische Gemeindearbeit, insb. ihre Aufnahme in der kirchlichen Öffentlichkeit: Lebendige Gemeinde, Gießen 1912, S. 197–220.

14 Vgl. E. Busch, Karl Barths Lebenslauf. Nach seinen Briefen und autobiographischen Texten, München 1975, 109.

15 K. Barth, Der Römerbrief, Bern 1919, VI.

16 Zu nennen sind noch: R. Otto, Das Heilige. Über das Irrationale in der Idee des Göttlichen und sein Verhältnis zum Rationalen, Breslau 1917. P. Tillich, Die religiöse Lage der Gegenwart, Berlin 1926. Aufschlußreich ist auch die Einleitung in P. Althaus', Die letzten Dinge, Gütersloh 1922.

17 Vgl. H. Stephan-M. Schmidt, Geschichte der evangelischen Theologie in Deutschland seit dem Idealismus, Berlin u. a. [3]1973, 412ff.

18 Vgl. W.-D. Marsch, Institution im Übergang. Evangelische Kirche zwischen Tradition und Reform, Göttingen 1970, 101–111.

19 Indizien sind: Das landeskirchliche Examen wird Regelexamen. An die Stelle des Fakultätsexamens tritt das Diplom. Das zum Examen vereinbarte Spezialgebiet erweist sich als eingegrenztes Grundwissen. Die Studienmotivation, das Leseverhalten, die Studierweise, der Studienaufbau und die persönlichen Lebensverhältnisse des Theologen bringen einen neuen Typus hervor. Damals entstanden die Parallelstrukturen fundamentalistischer Gemeinden, z. B. die Freie Evangelische Akademie, Basel.

20 Vgl. C. H. Ratschow, Die Freiheit des Christen in biblischer und ökumenischer Sicht: Von der Gestaltwerdung des Menschen. Beiträge zu Anthropologie und Ethik, hrsg. v. Chr. Keller-Wentorf u. M. Repp, Berlin 1987, 271.

21 H. Schmidt, Vita experimentalis, München 1959, 11.

22 Das Ewige als Zukunft und Gegenwart, Zürich 1953, 9f.

23 W.-D. Marsch, a. a. O., 109f.

24 Die gottesdienstliche Trias heißt: Information, Meditation, Aktion. Die Themen sind z. B.: die konfessionsverschiedene Ehe, Kindesmißhandlung, Fremdarbeiter, die Frauenfrage, unterdrückte Völker, Frieden, Obdachlosigkeit, Kriegsdienst, Studenten, Konflikte, Kirchensteuern wofür, Evangelium und wirtschaftliche Mitbestimmung.

25 Vgl. K. Dirschauer, Leben aus dem Tode. Grundlegung christlicher Frömmigkeit, München 1979, 81–109.

26 Einen guten Überblick gibt der Materialdienst der Evangelischen Zentralstelle für Weltanschauungsfragen in Stuttgart.

27 Gemeindeaufbau und Gemeindepflege: RGG II, ³1958, 1340. Vgl. auch: Chr. Möller, Gottesdienst als Gemeindeaufbau. Ein Werkstattbuch, Göttingen 1988.

28 Vgl. K. Dirschauer, Altenstudie. Standortbestimmung der Kirche, Bremen 1988, 40 ff.

29 Vgl. D. Voll, Das evangelische Pfarrhaus und die Praxis geistlichen Lebens: Haus in der Zeit. Das evangelische Pfarrhaus heute, hrsg. v. R. Riess, München 1979, 252–265; M. Josuttis, Der Pfarrer ist anders. Aspekte einer zeitgenössischen Pastoraltheologie, München 1982.

30 K. Marx, MEW I, 378.

31 Vgl. K. Dirschauer, Auf unsere alten Tage. Gedanken zukünftiger Altenarbeit: DtPfrbl 89. Jg. 1989, 12–14.

Joachim Track

# Wie politisch soll die Kirche sein?

Erwägungen zur „politischen Stellungnahme" in der Kirche

## 1. Die Situation und die Aufgabe

In den Kursen des Pastoralkollegs wurde die „politische Stellungnahme" immer wieder zum Thema. Wie politisch soll und darf meine Predigt sein? Wo bin ich als Christ oder Christin in meinem kirchlichen Amt, wo sind wir als Kirche zur politischen Stellungnahme herausgefordert? Wie soll und kann solche Stellungnahme verantwortet geschehen? In diesen Fragen und den sich anschließenden engagierten Diskussionen wurde deutlich: Die Frage der politischen Stellungnahme in der Kirche hat zwar ihre unmittelbare Brisanz verloren, aber sie bleibt als Thema aktuell und betreffend. Im Talar demonstrierende Pfarrer oder Pfarrerinnen sind seltener geworden und ihr Auftreten verliert in unserer schnellebigen Gesellschaft seinen spektakulären Reiz. Politische Predigten schrecken nicht mehr so und kommen vielfach, wohl ernüchtert über ihre mögliche Wirkung, recht gemäßigt daher. Aber dieses Abklingen von Extremen löst die Frage noch nicht, wie Kirche in unserer Zeit und Gesellschaft ihrem Auftrag gerecht wird. Da gibt es sehr unterschiedliche Antworten, viele Fragen sind offen. Ängste und Hoffnungen, Befürchtungen und Erwartungen verbinden sich mit diesem Thema. Für die einen wird in der Kirche und von der Kirche zu wenig und zu undeutlich politisch geredet, zu „ausgewogen". Für andere predigt die Kirche schon zu viel politisch, erfolgt politische Einmischung durch die Kirche ohne Kompetenz. So wird hinter der äußeren Beruhigung innere Unsicherheit sichtbar. Deutliche Interessen werden spürbar. Jeder möchte in der Kirche und von der Kirche politische Stellungnahmen, die seinen Überzeugungen nützen.

Daß hier Unsicherheit herrscht, die Antworten sehr unterschiedlich ausfallen, braucht freilich nicht zu verwundern. Kirche und Politik, das war immer schon ein schwieriges Thema. Man denke nur an das Ringen der jungen Christenheit um ihr Verhältnis zum römischen Staat, die Streitigkeiten zwischen Päpsten und Kaisern im Mittelalter oder auch die Unsicherheit des Protestantismus gegenüber der demokratischen Staatsform nach dem Zerbrechen des Bündnisses von Thron und Altar. Gegenwärtig verschärft sich diese Situation besonders aus zwei Gründen:

Zum einen stehen wir in unserer Gesellschaft in einer grundlegenden Orientierungs- und Legitimationskrise. Offen ist, wie ein verantwortlicher Weg angesichts der großen politischen Herausforderungen unserer Zeit gefunden werden kann: der Gefährdung der Umwelt, des tödlich-teuren Abschreckungsfriedens und des Elends in der sogenannten Dritten Welt. Der bisher

für uns so erfolgreiche neuzeitliche Weg hat seine schrecklichen Folgen, wie wir heute erkennen. Neue Ziele, politische Rahmenbedingungen und internationale Strukturen sind nötig. Welche Ziele und Wege sind hier sinnvoll und angemessen? Diese Orientierungs- und Legitimationskrise gibt allen politischen Stellungnahmen ein besonderes Gewicht. Es steht viel auf dem Spiel. Zurecht haben wir Angst vor dem falschen Rat und der falschen Bewegung. Gerne lassen wir uns, die wir doch leben wollen, die Zukunft nicht verdüstern. Umdenken und neu handeln und leben ist allemal mühsam. Das läßt politische Predigt schwierig werden und macht es ihr schwer.
Zum anderen ist die Umstrittenheit der politischen Stellungnahme in der Kirche auch Ausdruck einer grundsätzlich theologischen Verunsicherung. Unsere Situation ist davon gekennzeichnet, daß in der Kirche ein Konsens über eine grundlegende Handlungskonzeption im Bereich des Politischen fehlt. Die traditionellen theologischen Handlungslehren, die das Leben und Handeln der Christen in der Welt und auch im Bereich des Politischen bestimmen, werden in Frage gestellt. Dies gilt für die Konzeption von den beiden Reichen und Regimenten, die von Luther entwickelt worden ist und im ausgehenden 19. und beginnenden 20. Jahrhundert ausformuliert wurde. Dies gilt aber auch für die sich reformierter Tradition verdankende und dann bei Karl Barth ausgeführte Konzeption von der Königsherrschaft Christi. Beide Konzepte erweisen sich heute nur als bedingt handlungsorientiert und konsensfähig. Sie stehen zum Teil gegeneinander und dieses Gegeneinander führt zur Lähmung und Verunsicherung. Weil es aber in der Grundlegung einer Ethik des Politischen in Theologie und Kirche keinen Minimalkonsens gibt, erhält die Diskussion in jeder einzelnen politischen Stellungnahme von Christen oder von der Kirche ihre Schärfe. In jeder einzelnen Stellungnahme steht neben den konkreten Inhalten immer auch das Ganze auf dem Spiel, nämlich die Frage nach der grundsätzlichen Einstellung der Christen zum politischen Handeln. Ihre Spitze findet diese Auseinandersetzung im Ringen um die Bergpredigt. Die Bergpredigt wird gleichsam zur Chiffre für die ungeklärten Fragen des Christseins in der gegenwärtigen politischen Situation: Ist und kann sie ein Maßstab für das Handeln der Christen in der Welt sein?
Das erfordert eine grundlegende Neubesinnung. Mit schnellen Antworten ist hier niemandem geholfen. Der Sache ist weder mit reißerischen Parolen gedient, die nur kurzfristig ermutigen oder trösten können, noch mit schnellen Beruhigungsformeln, die alles beim alten belassen wollen. Sie schmerzen uns im Augenblick zwar nicht, tun uns aber auf Dauer nicht gut. Einladen möchte ich vielmehr zu einem neuen Weg, der nüchtern, genau und entschlossen nach den Möglichkeiten und dem Auftrag der Christen im Bereich des Politischen fragt. Die Wahrheitsmomente traditioneller Auffassungen sollen aufgenommen werden und kritisch und konstruktiv in einem neuen Modell weitergeführt werden. An den üblichen Grabenkämpfen will ich mich nicht beteiligen. Vielmehr geht es darum, Schritt für Schritt die grundlegenden Probleme aufzuzeigen und einer Antwort zuzuführen. Die Einsichten,

die hier entfaltet werden, verdanken sich auch den intensiven Gesprächen in den Kursen des Pastoralkollegs. Hier wurden sie erprobt, korrigiert und präzisiert.

## 2. *Die politische Verantwortung der Christen*

Die politische Stellungnahme ist nur eine Form des Handelns von Christen und der Kirche im Bereich des Politischen. Es gibt viele anderen Weisen der Wahrnehmung des politischen Auftrags, etwa durch Teilnahme am gesellschaftlichen Leben, durch die Mitarbeit in Parteien, die Übernahme öffentlicher Verantwortung in politischen Ämtern. Soll aber die Frage nach dem Recht, den Zielen und der Grenze politischer Stellungnahme von Christen und in der Kirche erörtert werden, kann dies nur im Rahmen einer grundlegenden Bestimmung der politischen Verantwortung der Christen in der gegenwärtigen Situation erfolgen. Gerade angesichts der aufgezeigten Unsicherheit im Bereich einer christlichen Ethik des Politischen bedarf es einer solchen grundsätzlichen Klärung. Dies soll in der gebotenen Kürze hier in einigen zentralen Punkten unternommen werden. Unbestritten ist, daß Christen auch in der politischen Verantwortung stehen. Sie sollen als verantwortliche Bürger und Bürgerinnen in unserer Gesellschaft aus ihrem Glauben handeln. Umstritten aber sind drei Fragenbereiche. Der erste Fragenbereich ist die Bestimmung des Stellenwertes der politischen Verantwortung von Christen in ihrem Leben und Handeln aus dem Glauben. Der zweite Fragenbereich umfaßt die Frage nach den Zielen und der Gestalt des Handelns, die sich aus dem Evangelium für Christen in den verschiedenen Bereichen des Lebens ergeben. Im dritten Fragenbereich geht es um die Kompetenz, die sich für Christen aus dem Evangelium zu politischen Stellungnahmen ergibt. Zu klären ist hier, wo Christen vom Evangelium her unmittelbare Kompetenz zu Aussagen im Bereich des Politischen haben, wo eine mittelbare Kompetenz vorliegt und der Ermessensspielraum beginnt. Der Erörterung dieser drei Fragenbereiche wollen wir uns nun zuwenden.

### a) Politische Stellungnahme – ein uneigentlicher Auftrag?

Kaum jemand bestreitet, daß der Glaube auch in die Verantwortung für das politische Handeln ruft. Sehr unterschiedlich jedoch sind die Bestimmungen des Stellenwertes solcher politischer Verantwortung von Christen und der Kirche. Vielfach wird der Stellenwert der politischen Verantwortung und auch von politischen Stellungnahmen durch die Unterscheidung von eigentlichem und uneigentlichem Auftrag bestimmt. Als „eigentlicher Auftrag" von Christen und der Kirche gelten in diesem Zusammenhang die Verkündigung des Wortes, der Ruf zum Glauben, das Zeugnis des Glaubens und für den Glauben in der Welt. Durch solche Verkündigung und solches Zeugnis gelebten Glaubens erwartet man die entscheidende Veränderung in der gesellschaftlichen und geschichtlichen Situation. Wo Menschen zum Glauben kommen und gerufen werden, da werden sie auch fähig und befreit, dann politische Verantwortung zu übernehmen. Wenn Christen sich als Christen und die Kirche sich explizit politischen Fragen zuwenden und politische Stellungnahmen formulieren, erscheint dies dann als Wahrnehmung des uneigentlichen Auftrags. Man ist bereit zuzubilligen, daß dies auch zur Wahrnehmung des Glaubens in seiner Verantwortung gehört. Solches Reden und Handeln erscheint aber als ein sekundäres Werk. Wiederholt wird besorgt angefragt, ob dadurch nicht die Kirche und die Christen ihren eigentlichen Auftrag in den Hintergrund drängen.

Nach meiner Auffassung ist jedoch diese Unterscheidung zwischen eigentlichem und uneigentlichem Auftrag falsch. Sie trifft die Sache nicht und entspricht nicht dem Wesen des Evangeliums. Es geht nicht um die Alternative zwischen einem eigentlichen und uneigentlichen Auftrag, sondern um einen Zusammenhang von Grund und Folge. Grund und Ausgangspunkt allen Redens, Lebens und Handelns der Christen ist Gottes Handeln in Jesus Christus. In Jesus Christus begegnet Gott dem Menschen neu. Er wendet sich dem Menschen mit seiner Vergebung und Liebe zu. Darum soll und braucht der Mensch nicht nach seiner Vergangenheit, seiner Schuld und seinen Leistungen vor Gott zu fragen, sondern darf sich als einer wissen, der von Gott angenommen ist. Gott will mit uns einen neuen Anfang wagen und er traut uns zu, daß wir umkehren können und zu Mitarbeitern im anbrechenden Reich Gottes werden. In der Verkündigung, in der Lebenspraxis Jesu und im Geschehen von Kreuz und Auferstehung wird so sichtbar: Gott will den Menschen von Grund auf so aus der Macht der Sünde befreien, so verändern, daß er den Menschen einlädt, neu vom Ja Gottes her zu leben, neu zu Gott Vertrauen zu gewinnen. Darin setzt Gott nicht auf einen Weg der Veränderung, auf dem der Mensch durch äußeren Druck, durch das Aufrichten von Geboten geändert wird, sondern dadurch, daß Gott den Menschen mit seiner Liebe und Versöhnung begegnet. Erst auf dem Hintergrund dieses Zuspruchs wird dann auch der Anspruch Gottes an uns formuliert. Es wird gezeigt, wie wir von diesem Vertrauen her und der erfahrenen Liebe Gottes aus neu leben können. Das ist der Grund, von dem wir herkommen. Aufgabe der Christen ist es zuallererst, diese Zusage und diese neueröffnete Lebensmöglichkeit zu verkünden und zu bezeugen. Dafür sollen Christen in der Welt eintreten. Das ist der Grundauftrag der Christen. Zu diesem Grundauftrag gehört nun als Folge und als Gestaltwerdung dieses Auftrages selbst die Wahrnehmung der politischen Verantwortung und die politische Stellungnahme. Gott will, daß wir die Erfahrung der Vergebung und der Versöhnung in unserem ganzen Leben bezeugen und in unserem ganzen Leben zu Gott entsprechenden Menschen werden. Deshalb gehört es zum Zeugnis des Glaubens, zu zeigen und zu leben, daß alle Wirklichkeit, auch die politische Wirklichkeit, dem Zuspruch und dem Anspruch Gottes unterstellt ist. Christen haben in allen Bereichen des Lebens zu zeigen, daß Gott uns einen neuen Anfang ermöglicht und der Weg der Liebe und Versöhnung der Weg ist, der Leben in neuer Weise gelingen läßt. Diese Kategorie des Neuen ist in alles

Handeln einzutragen. Aus der Zuwendung Gottes, aus dem Glauben der sich dieser Zuwendung anvertraut, erwachsen neue Möglichkeiten zu Liebe und Hoffnung. Zumindest anfangshaft gilt es, diese Möglichkeiten wahrzunehmen, neu und anders zu leben. So muß an die Stelle der Unterscheidung zwischen eigentlichem und uneigentlichem Auftrag die Einsicht treten, daß das Evangelium als Gottes Zuspruch und Anspruch auf unser ganzes Leben eine politische Dimension hat. Die Übernahme politischer Verantwortung und politische Stellungnahme sind ein Ausdruck, ein Gestaltwerden des Glaubens. Die Liebe, die aus dem Glauben erwächst, kann nicht anders als in allen Bereichen ihre Gestalt zu suchen und zu gewinnen. Darum gehört zum Christsein beides: Zeugnis abzulegen von dem Grund, von dem wir herkommen, und dem Glauben in allen Bereichen des Lebens eine Gestalt zu geben. So will der Glaube zum Leben und ins Leben kommen. In diesem Sinne geht es um das Verhältnis von Grund und Folge, von eröffneter Lebensmöglichkeit und ihrer konkreten Gestaltwerdung. Wo die politische Dimension des Evangeliums ausgeklammert wird, wird das Evangelium in seinem Zuspruch und Anspruch eingegrenzt, wird der Glaube in seiner Lebensgestalt reduziert. Darum haben wir es uns verboten sein zu lassen, Grund und Folge als eigentlichen und uneigentlichen Auftrag gegeneinander auszuspielen. Wir haben beides, und gerade in der rechten Zuordnung, zur Geltung zu bringen.

b) Die Dynamik der Versöhnung in allen Lebensbereichen

Ist einmal klargestellt, daß das Evangelium eine politische Dimension hat und die Wahrnehmung politischer Verantwortung eine Lebensäußerung des Glaubens selbst ist, stellt sich die Frage, wie nun diese politische Dimension des Evangeliums und diese Lebensäußerung des Glaubens näher Gestalt gewinnen kann. Von welchen Zielvorstellungen ist hier für das Handeln der Christen auszugehen? War es noch relativ einfach, die Alternative zwischen eigentlichem und uneigentlichem Auftrag zu überwinden, wird es nun in diesem Bereich der Frage nach den Zielbestimmungen wesentlich schwieriger und komplizierter. Warum aber wird es schwieriger und komplizierter? Ist nicht die Sache ganz einfach: Gott begegnet uns Menschen mit seiner Vergebung und Liebe und will die Welt verändern durch seine Liebe und das Angebot der Versöhnung? Deshalb sollen die Christen sich auf diesen Weg Gottes einlassen und Liebe und Versöhnung üben. Das erscheint doch als eine klare Zielangabe. Das ist es auch. Aber diese klare Zielangabe für das christliche Handeln ist nun mit drei Grundbedingungen konfrontiert, die für unser Handeln in der Welt beachtet sein wollen.

Die erste Grundbedingung ist die *Spannung der Äonen*, die unsere Situation kennzeichnet. In der Auferweckung Jesu Christi hat sich Gott ausdrücklich zu dem von Jesus verkündeten und gelebten Weg der Veränderung des Menschen durch die vergebende Zuwendung, durch die Einladung zu neuem Vertrauen zu Gott bekannt. Dies ist der Weg, der Gottes Zukunft hat. Am Ende der Welt wird sich dieser Weg durchsetzen. Gottes Liebe wird alles in allem sein. Das ist unsere Hoffnung. Aber wir wissen auch, daß dies ein

Weg ist, der nicht unmittelbar und geradlinig zur Veränderung dieser Welt geführt hat. Die Welt hat den Weg der Liebe Jesu nicht angenommen, sondern ihn hinausgekreuzigt. Darin ist sie die alte Welt geblieben. Seither sind wir, wie Paulus dies gekennzeichnet hat, in einer Situation der Äonenwende. Unsere Welt ist gekennzeichnet durch die Spannung der Äonen. Mitten in der alten Welt ist schon eine neue Welt angebrochen. Diese neue Welt aber ist noch nicht zu ihrer Vollendung gekommen und wird auch in dieser alten Welt nicht zu ihrer Vollendung kommen. Erst durch das Gericht und den Tod dieser alten Welt hindurch werden wir vollendet werden. So müssen wir mit der Situation umgehen, daß die alte Welt noch ihre Macht hat und das Neue, das in Jesus Christus in unsere Wirklichkeit gekommen ist, schon jetzt wirksam ist als die von Gott her eröffnete Lebensmöglichkeit. Mit beiden haben wir in unserem Handeln zu rechnen und daran unser Handeln auszurichten.

Die zweite Grundbedingung ist die notwendige Unterscheidung zwischen *Glaubenden und Nichtglaubenden*, zwischen *Kirche und Gesellschaft*. Gottes Weg, die Menschen durch das Angebot seiner Versöhnung, durch Vergebung und Liebe zur Umkehr zu gewinnen, Gottes Weg der Bitte um unser Einverständnis, führt in der Spannung der Äonen dazu, daß sich Menschen diesem Weg verschließen. Im Blick auf die Weltsituation sind die Christen in einer Minderheit. Das stellt uns vor die Frage, welches Handeln und welche Ziele von allen Menschen im Namen Gottes gefordert werden können, auch von den Nichtglaubenden, und wie diese Forderungen durchzusetzen sind. Es stellt uns weiter vor die Situation, daß Liebe und Versöhnung als der Weg Gottes, für den wir eintreten, gerade nicht erzwungen werden können. Liebe läßt sich nicht befehlen. Jedes politische Reden und Handeln in der Gesellschaft von Christen hat diese doppelte Gegebenheit zu berücksichtigen.

Die dritte Grundbedingung ist die Kennzeichnung der christlichen Existenz als *simul justus ac peccator*. Auf der einen Seite erkennen wir uns – gerade im Glauben – als die Sünder, die der Nähe und der Zuwendung Gottes entfliehen wollen, Gott nicht vertrauen, den Weg der Liebe nicht gehen wollen. Auf der anderen Seite dürfen wir uns als Gerechte wissen, denen Gott, obwohl sie Sünder sind, in der Rechtfertigung sein Ja zuspricht. Wo Gott Vertrauen zu diesem Ja in uns weckt, Glauben schafft, werden wir zu Menschen, die einen neuen Anfang mit sich selbst gewinnen und neu befähigt werden, den Weg der Liebe in Liebe zu gehen. Dies bedeutet für unsere Fähigkeit zum politischen Handeln: Auch als Glaubende verfügen wir über den Glauben und das Handelnkönnen aus dem Glauben nicht. Das ist je und je neues Geschenk. Inwieweit wir aus dem Glauben hieraus zu einem gottentsprechendem Leben fähig werden, läßt sich von vorneherein nicht als eine Gegebenheit festlegen, auf die Christen verpflichtet werden können. Diese neue Lebensmöglichkeit will immer wieder gewonnen, entdeckt und zum Leben selbst gebracht werden. Auch dies muß eine Zielbestimmung christlicher Verantwortung im Bereich des Politischen beachten.

So haben wir eine klare Grundbestimmung aus dem Evangelium. Gott will das Leben der Menschen und dieser Welt, die er geschaffen hat. Er will uns durch seine Versöhnung und Liebe neu zu gelingendem Leben und Miteinander befähigen. Diese grundlegende Zielbestimmung aber muß in ihrer Konkretisierung die genannten Grundbedingungen beachten und berücksichtigen. Wie kann dies angemessen geschehen?

Zur Beantwortung dieser Frage hat Luther seine Unterscheidung und Zuordnung von den beiden Reichen und Regimenten entwickelt. Luther geht davon aus, daß Gott der Herr aller Bereiche des Lebens ist, daß Gott selbst, aber angesichts der aufgezeigten Grundbedingungen, die für alles menschliche Handeln gelten, selbst differenziert handelt und die Menschen differenziert in Anspruch nimmt. Luther charakterisiert dies bekanntlich als das weltliche und geistliche Regiment Gottes, durch das wir in unterschiedlicher Weise in den Dienst genommen werden. Gottes Handeln im weltlichen Regiment geschieht so, daß Gott die Welt mit ihren Grundstukturen als Lebensraum schafft, so Leben ermöglicht. Für diesen Lebensraum gibt Gott Ordnungen vor. Luther nennt hier die Ordnungen der Ehe und Familie, des Volkes und des Staates, der Obrigkeit, wie er sagt. Gott ist in seinem weltlichen Regiment weiter so wirksam, daß er uns das Gesetz gibt, vor allem die zweite Tafel der Zehn Gebote. Durch dieses Gesetz weist er uns ein, wie wir in den Ordnungen gottentsprechend leben können. So dient das weltliche Regiment der Erhaltung des Lebens und einem guten Zusammenleben. In Jesus Christus begegnet uns Gott in seinem geistlichen Regiment. Jesus macht sichtbar, daß das Böse nicht mit Gewalt überwunden werden kann, auch nicht durch äußerliche und äußerste Anstrengung in der Gesetzeserfüllung. Gott will das Böse und die Sünde so überwinden, daß er uns sich neu zuwendet in seiner Vergebung und Liebe und wir darin Gott neu ganz vertrauen lernen, befähigt werden, Gott und unsere Nächsten zu lieben.

Die Christen sind gerufen sich in den Dienst beider Handlungsweisen Gottes zu stellen. In den Dienst des geistlichen Regiments sollen sie sich so stellen, daß sie in Verkündigung und Zeugnis Gottes neues Handeln kundtun und zum Glauben rufen. Gottes neuem Handeln entspricht ein Leben, in dem in der gewonnenen Freiheit des Glaubens der Weg der Versöhnung gewagt wird. So sollen wir auch in der Nachfolge Jesu das Böse so überwinden, daß wir uns dem, der Böses tut, in überraschender Liebe zuwenden. In der Bergpredigt hat uns Jesus exemplarisch gezeigt, daß das Böse so überwunden werden kann, daß man den Gegner aus der selbstgewählten Rolle des Feindes herausholt, auf die Behauptung des eigenen Rechtsstandpunktes verzichtet und nicht Gegengewalt anwendet. In der Kraft der Liebe ist der Christ bereit zum Rechtsverzicht und zur Versöhnung, zum ersten Schritt auf den anderen hin.

In den Dienst des weltlichen Regiments aber sollen Christen dort treten, wo sie öffentliche Verantwortung, Verantwortung für andere haben. Hier sind die Christen gerufen für die Ordnungen des Lebens einzutreten. Solches Eintreten für die Ordnung und das Recht soll der Macht des Bösen und ihren politischen und sozialen Folgen Grenzen setzen. Es soll der Zerstörung der vom Chaos bedrohten kreatürlichen Welt wehren. Im Bereich der politischen Verantwortung haben sich Christen an der Zielvorstellung der Erhaltung der Ordnungen und innerhalb der Ordnungen an einem Leben nach den Zehn Geboten zu orientieren. Im öffentlichen Bereich geht es nicht um Versöhnungsbereitschaft und Liebe, sondern um die Bewahrung der Ordnung und des Rechts. Wenn nötig können Christen dazu auch – freilich vom Recht disziplinierte – Gewalt anwenden.

Mit dieser Konzeption findet Luther auch eine Antwort auf die offenen Probleme, welche Forderungen für Christen und welche Forderungen für alle gelten sollen, wie dem Rechnung zu tragen ist, daß Glaube nicht verfügbar ist und Liebe sich nicht befehlen läßt, daß Christen selbst sich in ihrer Existenz in der Spannung zwischen simul justus ac peccator erfahren. Die Bewahrung der Ordnung und des Rechtes ist eine Forderung, die für alle Menschen gilt. Alle Menschen sind in ihrer schöpfungsgegebenen Freiheit fähig, sich an diese Grundregeln des Lebens zu halten. Wo sie diese Regeln nicht aus Einsicht und Überzeugung achten, müssen sie zur Einhaltung der Ordnungen durch die Obrigkeit mit Gewalt gezwungen werden. Aus Glaube und Liebe aber kann die Fähigkeit erwachsen, für die Bewahrung dieser Ordnungen aus Einsicht einzutreten und im Bereich des geistlichen Regiments sich in den Dienst der Verkündigung zu stellen und ein dem Versöhnungshandeln Gottes entsprechendes Leben in der Versöhnung zu wagen.

Diese Unterscheidung und Zuordnung der beiden Reiche und Regimente gibt eine klare Beschreibung der politischen Verantwortung der Christen. Dennoch erweist sich diese Konzeption, nicht zuletzt auf Grund der Erfahrungen ihrer Wirkungsgeschichte, an drei Punkten als korrekturbedürftig.

Erstens hat Luther nicht gesehen, daß Ordnungen geschichtlich viel variabler sind, als er es in seiner Situation des Übergangs vom Mittelalter zur Neuzeit angenommen hat. Die Ordnungen des Lebens sind nicht einfach in der Schöpfung vorgegeben oder aus ihr ablesbar. So bedarf es zwar grundsätzlich einer staatlichen Ordnung, wie aber diese staatliche Ordnung näher bestimmt ist, unterliegt dem geschichtlichen Wandel und auch menschlicher Einsicht in eine lebensdienliche und gerechte Staatsordnung.

Zweitens begreift Luther die Aufgabe des Staates zu sehr unter dem Gesichtspunkt der Ordnung. Er kann zwar auch sagen, daß der Staat für Recht sorgen soll und Frieden das höchste äußere Gut ist, aber in seinen Auseinandersetzungen mit den Bauern zeigt sich, daß Luther das „Daß" der Ordnung zu sehr in den Mittelpunkt stellt. Wir haben inzwischen gelernt, gerade in den Erfahrungen des Dritten Reiches, daß es nicht nur darauf ankommt, daß eine Ordnung besteht, sondern wie diese Ordnung gestaltet ist. Das „Wie" der Ordnung ist nicht beliebig. Der Gewinn von Ordnung, der Gewinn eines geregelten Zusammenlebens in einem Staat kann durch das Unrecht, das eine Staatsordnung darstellt oder das in einer Staatsordnung möglich ist, aufgehoben werden.

Drittens ist die Zuordnung, die Luther vornimmt, nämlich, daß wir für den Bereich der persönlichen Verantwortung („für sich") entsprechend der

Bergpredigt leben, daß wir für den Bereich der öffentlichen Verantwortung („für andere") an der Erhaltung der Ordnung orientiert leben sollen, so problematisch. Diese relativ statische Zuordnung zu Bereichen klammert die Wirklichkeit der Versöhnung aus dem Bereich des gesellschaftlichen und politischen Lebens aus. Das bedeutet faktisch, daß das gesellschaftliche Leben nur dem alten Äon zugerechnet wird. Die Wirklichkeit, die uns im neuen Äon eröffnet ist, wird im gesellschaftlichen Leben nicht wirksam, allenfalls in einer christlichen Diakonie, die hilft, für die, die im Schatten leben und benachteiligt und sozial gefährdet sind, karitativ einzutreten.

Während die ersten beiden vielfach geäußerten Punkte zu einer relativen Korrektur von Luthers Überlegungen führen, birgt der dritte Kritikpunkt eine in sich entscheidende Korrektur der Konzeption Luthers. Hier wird die Einsicht geltend gemacht, daß die Wirklichkeit der Versöhnung in allen Bereichen des Lebens und nicht nur im Bereich „für sich" zur Geltung kommen will. Auch im Bereich der öffentlichen Verantwortung will die Versöhnung wirksam werden. Durch unsere Indienstnahme auch für diesen Weg will Gott die Welt erhalten und uns zu einem guten Zusammenleben befähigen. Denn durch die Ordnung und ihre Aufrechterhaltung mit Gewalt kann das Böse allenfalls eingedämmt werden, überwunden allein wird es durch die Bereitschaft zur Versöhnung.

Wie aber kann dies konkrete Gestalt gewinnen? Wie kann die Versöhnung auch im Bereich des Politischen wirksam werden, ohne daß enthusiastisch die Macht der Sünde verkannt wird? Dazu möchte ich folgenden Weg vorschlagen:

Als Grundlinie für das ethische Handeln der Christen ergibt sich aus Gottes Wirken in Schöpfung und Erlösung: Wir sind gerufen, Leben zu erhalten, Gerechtigkeit und Recht zu schaffen und Liebe zu üben. Diese Aufgabe der Richtung und Linie christlichen Handelns ist eine Steigerungsformel. Immer geht es darum, Leben zu erhalten und zwar so, daß Gerechtigkeit und Recht geschaffen werden und Liebe geübt wird. Liebe will die Gerechtigkeit umschließen und mehr als Gerechtigkeit schaffen. Unter den Bedingungen der Sünde aber, dieser noch nicht erlösten Welt, können diese Ziele Bewahrung des Lebens, der Schaffung von Gerechtigkeit und Recht und des Übens von Liebe zueinander in Spannung und sogar in Widerspruch geraten. Ein Leben aus der Versöhnungsbereitschaft kann dazu führen, daß die Ohnmacht der Liebe ausgenutzt wird und dadurch auch Leben gefährdet und zerstört wird. Umgekehrt kann der Versuch, das Leben mit Gewalt zu schützen, dazu führen, daß Gewalt Gegengewalt erzeugt, Gewalt eskaliert und so Leben und Liebe gefährdet werden. So ist eine christliche Ethik und ein entsprechendes Handeln nötig, das die Grundlinie, Leben erhalten und Liebe üben immer im Auge hat, aber innerhalb dieser Grundlinie zu einem differenzierten Handeln fähig ist. Um das Handeln der Christen dazu zu befähigen, möchte ich an die Stelle der Unterscheidung „für sich" und „für andere" die Unterscheidung zwischem dem „zur Erhaltung des Lebensnotwendigen", dem „in Liebe Möglichen" und dem „in der Situation Angemessenen" stellen.

Das zur *Erhaltung des Lebens Notwendige*: Im Bereich gesellschaftlichen und politischen Lebens sind Christen gefordert dafür einzutreten, daß ein Mindestmaß an Lebensbedingungen, an Gerechtigkeit und Freiheit, auch ein Mindestmaß an Rechtsbewußtsein und Achtung der Person durch die staatliche Ordnung gesichert wird. Dieses Mindestmaß muß, wenn nötig, auch mit rechtlich disziplinierter und rechtlich ermöglichter Gewalt durchgesetzt werden. Christliche Wahrnehmung von politischer Verantwortung bedeutet für dieses Mindestmaß entschieden einzutreten. Die Erfüllung solcher Mindestbedinungen ist auch zum Kriterium für staatliche Ordnungen zu machen. Um der Lebenserhaltung, der Bewahrung der Mindestbedingungen von Leben und Gerechtigkeit und Freiheit willen ist auch auf so eingegrenzte Gewalt nicht zu verzichten.

*Das in Liebe Mögliche:* Spezifische Aufgabe der Christen ist es, im Bereich des politischen Handelns und in ihren politischen Stellungnahmen für das Mögliche an Gerechtigkeit und Freiheit und auch das Mögliche an Verwirklichung von Liebe und Solidarität einzutreten. Hier versuchen Christen wohl wissend, daß man Liebe nicht erzwingen kann, indem sie zum Glauben rufen, Menschen dafür zu gewinnen, für Gerechtigkeit einzutreten und aus Liebe zu handeln. Darüber hinaus versuchen sie auch den Menschen, die sich dem christlichen Glauben nicht anschließen, aufzuzeigen, daß Solidarität und Bereitschaft zur Versöhnung ein „vernünftiger Weg" zur Bewahrung des Lebens, zum guten Zusammenleben und zur Schaffung einer menschlicheren Welt, in der Gerechtigkeit und Frieden sind.

Das in *der Situation Angemessene*: Zu einer gleichermaßen evangeliums- wie situationsgemäßen christlichen Ethik gehören sowohl das entschlossene Eintreten für die Grundlinie christlichen Handelns als auch das Wissen um die Notwendigkeit differenzierten Handels in der Situation. Darum fragen Christen nach dem jeweils in der Situation Angemessenen. Es geht darum zu erkennen, welches Maß an Liebe in der Situation verwirklichbar ist. Solches Angemessene wird gefunden in einem Prozeß und einem Dialog, der von vier Kriterien bestimmt ist:

Wir sind erstens gefragt, welches Maß an Liebe wir in Liebe üben können. Das Eintreten für die Erhaltung des Lebens und die Bewahrung der Mindestbedingungen an Gerechtigkeit und Freiheit ist von jedermann verlangt, Liebe aber kann nicht erzwungen werden. So sind wir gerufen, uns jeweils zu fragen, welches Maß an Liebe wir in Liebe, in Verbundenheit mit Jesus Christus, verwirklichen können.

Zweitens geht es im politischen Handeln nicht nur um das persönliche Handeln, sondern um das gemeinsame Handeln. Darum gilt es zu fragen, welches Maß an Liebe in einer Gruppe, in einer Gesellschaft, auch in der Kirche möglich ist. Zu welchem Maß an Solidarität sind wir fähig, ohne gewaltsam an uns selbst Hand anzulegen, ohne uns zu etwas zu zwingen, das wir dann doch nicht einlösen. Dieses Maß zu erkunden und dafür einzutreten, daß die Bereitschaft dazu größer wird, bestimmt das Reden und Handeln der Christen.

Drittens ist Kriterium für das Angemessene die Frage der Verantwortung, für die, die uns zum Schutz anvertraut sind. Der Weg der Versöhnung und der Liebe ist immer auch ein Weg, der mit einem Risiko verbunden ist, mit Leiden und Gefährdung des Lebens. Welches Maß an Risiko können und dürfen wir hier denen zumuten, die uns anvertraut sind? Dies hat Luther im Blick, wenn er von der Verantwortung „für andere" redet.

Viertens richtet sich das Maß der Liebe auch immer nach dem Gegenüber unseres Handelns. Zu fragen ist hier, wo die Grenze liegt zwischen einer Liebe, die durch Versöhnungsbereitschaft dem anderen hilft, einen neuen Anfang zu wagen, und einer Liebe, die für den anderen nur zum Anlaß wird, sie auszunützen und sie zu verkehren und damit sich in Mißbrauch selbst zu gefährden. Dies will in einem Prozeß, der das Gegenüber ernstnimmt und annimmt, erkundet sein.

Diese vier Kriterien geben nicht einfach vor, was in der Situation das Angemessene ist. Sie erlauben aber, daß wir in der Situation, im Dialog untereinander und mit denen, denen unser Handeln gilt, das Angemessene erkennen. Das mag auf den ersten Blick schwierig sein, weil nicht einfach ein zeitinvariantes Ergebnis vorgegeben wird, aber billiger ist eine ethische Antwort auf die Frage nach den Zielen des politischen Handelns der Christen nicht zu haben.

Mit diesen Unterscheidungen in das für die Erhaltung des Lebens Notwendige, das in der Liebe Mögliche und das in der Situation Angemessene erhalten wir innerhalb der Grundlinie der christlichen Ethik, eine Differenzierung, die der Dynamik des Versöhnungshandelns Gottes Raum schafft, ohne die Realität des Bösen zu überspringen. Diese Unterscheidung trägt der Unverfügbarkeit des Glaubens und der Liebe ebenso Rechnung wie der Spannung der Äonen und verzichtet nicht darauf, die in Jesus Christus neu eröffnete Wirklichkeit in alle Lebensbereiche situationsgemäß hineinzutragen. Sie ermöglicht eine lebendige und differenzierte Grundeinstellung und grundlegende Ausrichtung des christlichen Handelns im Bereich des Politischen.

c) Zur Kompetenz der Christen

Nachdem wir so das Ziel politischer Stellungnahme und politischen Handelns von Christen und der Kirche aufgezeigt und differenziert haben, stellt sich als dritte Frage und als nächster Schritt der Konkretion die Frage nach der Kompetenz der Christen zur inhaltlichen politischen Stellungnahme. Worin liegt die spezifische Kompetenz von Christen, vom Evangelium her in politischen Fragen Stellung zu nehmen? Diese Frage wird üblicherweise so beantwortet, daß sich aus dem Evangelium grundsätzliche Zielbestimmungen für das Handeln der Christen ergeben, so etwa das Eintreten für die Bewahrung der Schöpfung, die Schaffung von Gerechtigkeit und Frieden, daß aber die Wahl der Wege und Mittel eine Frage der Vernunft und der politischen

Sachkompetenz ist. Diese Unterscheidung wird auch in den kürzlich erschienenen Leitlinien für politische Stellungnahmen in der Bayerischen Landeskirche vertreten. Sie erweist sich jedoch aus folgenden Gründen als zu undifferenziert und zu wenig hilfreich.

Die Frage nach den Zielen ist nicht durch die Nennung einiger grundlegender Ziele erledigt. So wichtig die Nennung dieser grundlegenden Ziele ist, so deutlich ist es doch, daß die politische Stellungnahme erst dort spannend und wegweisend wird, wo diese grundlegenden Ziele in der Situation konkretisiert werden. So gilt es genauer zu fragen, was die Norm der Gerechtigkeit im Blick auf eine Wirtschaftsordnung und die Gestaltung etwa der Marktwirtschaft bedeutet. Was heißt hier gerechter Wettbewerb? Wo müssen dem Prinzip der Durchsetzung des Stärkeren um der Gerechtigkeit willen Grenzen gesetzt werden zugunsten der Sozialverträglichkeit, der Umweltverträglichkeit und der Generationenverträglichkeit unseres wirtschaftlichen Handelns? In der Auseinandersetzung um die Konkretion dieser Ziele wird der Streit erst wirklich spannend und lebenswichtig. Was ist hier zu fordern als das zur Erhaltung des Lebens Notwendige? Wo und wie sollen Christen eintreten für das in Liebe Mögliche und Angemessene? Die Unterscheidung in die Kompetenz der Christen für grundlegende Zielvorstellungen und den der jeweiligen politischen Einsicht offenen Ermessensspielraum in der Frage der Näherbestimmung und der grundlegenden Ziele und der Wege ist eine Formel, die den Anspruch des Evangeliums reduziert und zu schnell zur Beruhigung in der bestehenden Situation und angesichts unterschiedlicher politischer Auffassungen führt.

Zweitens ist die Unterscheidung in christliche Kompetenz zu grundlegenden Zielen und das Offenhalten eines Ermessensspielraumes in den konkreteren Zielen und Wegen zu einfach und darin falsch, da sich aus dem Evangelium nicht nur die grundlegende Kompetenz zur Formulierung von Zielvorstellungen ergibt, sondern auch ein grundlegender Hinweis auf den Weg. Christen, so habe ich aufgezeigt, müssen im Blick nicht nur auf die Zielvorstellungen, sondern auch auf den Weg nach der Unterscheidung zwischen dem Notwendigen, dem in Liebe Möglichen und dem Angemessenen fragen. Gerade dies ist der spezifische Beitrag von Christen, daß sie auch im Blick auf die Näherbestimmung der Ziele und der Wege jeweils danach fragen, welcher Weg angemessen ist. In dieser Frage nach dem Angemessenen will die Dynamik des Versöhnungshandelns Gottes in unserem Leben und Handeln, auch im Bereich des Politischen, zur Geltung kommen. Mit Hilfe des Kriteriums des Angemessenen auch eine grundlegende Bestimmung des Weges in das politische Handeln einzubringen, ist spezifische Aufgabe der Christen.

Drittens ist die Unterscheidung in Kompetenz zu grundlegenden Zielen und dem dann gegebenen offenen Ermessensspielraum auch darin zu allgemein, da hier der Anschein entsteht, als sei die Wahl der Mittel weitgehend beliebig. Genau gesehen ist die Lage jedoch so, daß sich zwar durchaus für die Konkretion grundlegender Ziele in der Situation ein Spielraum ergeben kann und auch für die Einschätzung der geeigneten Mittel zu ihrer Verwirkli-

chung. Dieser Spielraum aber ist nicht beliebig. Es gilt jeweils zu prüfen, welche Konkretion der Ziele und welche Mittel der grundlegenden Richtung und Linie entsprechen. Die Wahl der Mittel und die Konkretion von grundlegenden Zielen ist nicht neutral. Hier können sich Christen aus der Diskussion um die Entsprechung der Wege und Teilziele zu den grundlegenden Zielen nicht heraushalten.
Ich schlage deshalb vor, an die Stelle der allgemeinen Unterscheidung in Kompetenz zu grundlegenden Zielen und der Offenheit der Wege und Mittel die Unterscheidung von *unmittelbarer und mittelbarer Kompetenz* der Christen zu setzen. Diese Unterscheidung nimmt das Wahrheitsmoment bisheriger Überlegungen so auf, daß der Einsicht in einem Ermessensspielraum Rechnung getragen wird. Dieser Ermessensspielraum wird aber genauer umgrenzt und bestimmt.
*Unmittelbare Kompetenz* aus dem Evangelium in der Stellungnahme im Bereich des Politischen ergibt sich für die Christen in folgenden Hinsichten:
Aus Gottes Handeln in Schöpfung und Erlösung, wie es in der Schrift bezeugt ist, ergeben sich die grundlegenden Zielvorstellungen, wie etwa die Bewahrung der Schöpfung, das Eintreten für Gerechtigkeit und Frieden, die Würde und Freiheit des Menschen als Ebenbild Gottes. Zum christlichen Glauben gehört es als notwendige Konsequenz, für diese Ziele auch im Bereich des Politischen einzutreten. Sie sind unmittelbare Konsequenz von Gottes Zuspruch und Anspruch. Solche eindeutige Formulierung von grundlegenden Zielen schließt auch ein eindeutiges Nein zu Unterdrückung, Ungerechtigkeit, Rassismus und Ausbeutung ein. Gegen alle politischen Verhältnisse und Strukturen, gegen alles politische Handeln, das das zur Erhaltung des Lebens Notwendige gefährdet, die Mindestbedingungen der Lebenserhaltung von Recht und Freiheit zu zerstören droht, müssen Christen ihre Stimme erheben. Dazu sind sie vom Evangelium her in unmittelbarer Kompetenz ermächtigt und gerufen.
Unmittelbare Kompetenz haben die Christen auch vom Evangelium her, obwohl das vielfach in seiner Bedeutung nicht erkannt worden ist, im Blick auf ihr Eintreten für die Frage nach dem Angemessenen. In diese Frage nach dem Angemessenen ist eingeschlossen das Eintreten dafür, daß auch im Bereich des Politischen Versöhnung als eine Kategorie vernünftigen politischen Handelns erkannt wird. Christen müssen dafür eintreten und darauf aufmerksam machen, daß es zu einer Bewahrung des Lebens, zu Gerechtigkeit, zur Verständigung unter den Menschen und unter den Völkern, zum Frieden im tieferen Sinn nur dort kommt, wo wir Versöhnung wagen. Christliches Handeln und Stellungnehmen in der Politik tritt ein für einen Realismus, der das Böse genau kennt, aber nicht zum alleinigen Maßstab des Handelns macht. In Bewegung geraten verfahrene Situationen dort, wo man es wagt, neue Wege des Miteinanders zu gehen und den ersten Schritt zur Versöhnung zu tun.
Um dies nun an einem Beispiel der Friedensdebatte deutlich zu machen: In der Friedensfrage müssen Christen aufzeigen, daß eine Sicherheits- und

Abschreckungspolitik, die sich nur auf gegenseitige Androhung von Gewalt verläßt, auf das Gleichgewicht der Kräfte, und nicht auch fragt, welche gemeinsamen Sicherheitsinteressen erkannt werden und welche Wege der Versöhnung gegangen werden können, nicht als christlich begründet bejaht werden kann.

Oder ein anderes Beispiel aus dem Bereich der Wirtschafts- und Gesellschaftsordnung: Eine Wirtschafts- und Gesellschaftsordnung, in der allein bestimmte Leistungsanforderungen gelten und zählen, und all die, die diese Leistung nicht erbringen, aus dem sozialen Konsens herausfallen, kann christlich nicht bejaht werden. Christen müssen in der Wirtschaftsordnung dafür eintreten, daß allen Menschen, auch unabhängig von ihrer Leistung, eine Lebens- und Überlebenschance eingeräumt wird und daß eine Gesellschaft auch ihre soziale Verpflichtung zur Solidarität mit den Schwachen und Gefährdeten erkennt. Was hier das jeweils Angemessene ist, darum muß gerungen werden. Daß aber die Frage nach solchem solidarischen Verhalten der Gesellschaft zu stellen ist, darauf müssen Christen unermüdlich hinweisen und selbst zu solcher Solidarität bereit sein.

Weiter ergibt sich als unmittelbare Konsequenz aus dem Evangelium noch eine Kompetenz ganz anderer Art. Die Christen haben darauf aufmerksam zu machen, daß in den Fragen der politischen Gestaltung und des politischen Lebens zwar über die Bewahrung des Lebens, aber nicht letztgültig über unser Heil von Gott her und vor Gott entschieden wird. Von daher ist es nötig, auch die Grenzen des Politischen aufzuzeigen. Es ist unübersehbar, daß in unseren modernen Gesellschaften die Wirksamkeit von Strukturen und politischen Entscheidungen wesentlich intensiver ist als zu früheren Zeiten und das Leben des einzelnen bestimmt. Darum ist es in besonderer Weise nötig, am politischen Leben teilzunehmen. Aber es ist auch der umfassenden Politisierung und politischen Aufladung aller Fragen zu wehren. Diese Einsicht gibt dem einzelnen und auch der Kirche immer wieder die Freiheit, zum kritischen Gegenüber allen politischen Handelns und den politischen Entscheidungen zu werden.

Soweit der Bereich, in dem sich aus dem Evangelium unmittelbare Kompetenz zur politischen Stellungnahme ergibt. *Mittelbare Kompetenz* zur politischen Stellungnahme haben Christen in der Frage nach der Konkretisierung der grundlegenden Ziele, in der Bestimmung der einzelnen Wege und Mittel. Um hier zu Konkretionen im Wandel der Zeiten, den veränderten Situationen zu kommen, bedarf es neben der Kenntnis der grundlegenden Ziele und des Wissens um die grundlegende christliche Wegbestimmung in der Tat der Situationsanalyse und der Sachkompetenz. Das ist eine Sache der Kenntnisse und der Vernunft. Eine Befähigung vom Glauben her kann hier allenfalls so vorliegen, daß der Glaube zu nüchterner Situationsanalyse und zum nüchternen Prüfen der Argumente befreien kann. Hier gibt es einen mit dem Maß der Konkretion größer werdenden Ermessenspielraum. Die Folge aber der Einsicht, daß es in der Formulierung von konkreteren Zielen und der Wahl der Mittel einen Spielraum gibt, darf nicht der Verzicht auf konkrete politische

Stellungnahmen sein. Es geht darum, das Evangelium zur Konkretion zu bringen und jeweils zu erproben und zu erkennen, wie in der Situation sich die grundlegenden Ziele des Evangeliums verwirklichen lassen. Christen müssen die Konkretion suchen und die Perspektive, innerhalb der es einen Ermessenspielraum gibt, auch ausformulieren. In der Konkretion haben sich die grundlegenden Einsichten jeweils zu bewähren. Aktive Teilnahme am gesellschaftlichen Dialog, am Ringen der Gesellschaft um ihre Gestalt sind hier nötig. Wir sind zur Wahrnehmung unserer mittelbaren Kompetenz herausgefordert.

Die konkrete Stellungnahme soll dann jeweils so erfolgen, daß wir deutlich machen, von welchen grundlegenden Zielen wir herkommen, welche Situationseinschätzung uns bestimmt, wie wir uns in der Sache kompetent gemacht haben und welche Entscheidungen wir innerhalb des Ermessensspielraumes für sinnvoll halten. Damit soll prüfbar werden, wo wir meinen, daß der Anspruch des Evangeliums unmittelbar vorliegt, wo unsere eigenen Entscheidungen in der Situation liegen. Das verhindert, daß eine konkrete Stellungnahme als unmittelbare Ableitung aus dem Evangelium ausgegeben wird und wir unsere Einsichten mit einer Kompetenz versehen, die ihnen nicht zukommt. Es zeigt aber auch, wie wir glauben, daß die grundlegenden Ziele des Evangeliums in der Situation angemessen verwirklicht werden können. In den politischen Stellungnahmen wird so noch einmal deutlich, wie Theologie insgesamt in der Situation zu treiben ist: parteinehmend und zugleich offen für den Dialog und die Selbstkorrektur. Wir sollen und dürfen für die gesehene Wahrheit eintreten, Partei nehmen für die Verwirklichung des Evangeliums und sollen und können zugleich offen sein für Korrektur, interessiert an der Kritik, am gemeinsamen Suchen nach der Wahrheit und der rechten Lebensgestaltung.

## 3. *Die Kirche in der politischen Auseinandersetzung*

In den bisherigen Überlegungen ging es um den Auftrag politischer Stellungnahme für Christen. Nun wenden wir uns der Frage zu, in welchen Situationen Kirche als Kirche insgesamt zu politischen Fragen und Situationen Stellung nehmen soll. Hier ergeben sich zwei grundlegende Fragenbereiche. Der erste Fragenbereich muß erörtern, ob und wann die Kirche als Kirche Stellung nehmen soll. Der zweite Fragenbereich befaßt sich mit der insbesonders im Protestantismus schwierigen Frage, wer in der Kirche und für die Kirche Stellung nehmen kann.

### a) Wo Kirche nicht schweigen darf

Grundsätzlich gelten auch für die Kirche insgesamt die Überlegungen, die bisher für die politische Stellungnahme der Christen vorgetragen werden. Um der politischen Dimension der Wahrheit des Evangeliums und der Liebe willen, darf Kirche in politischen Fragen nicht schweigen. Um ihres Grundauftrages willen muß sie zugleich besonders verantwortet mit politischen Stellungnahmen umgehen. Dies führt mich dazu, die Unterscheidung einzuführen zwischen Situationen, in denen eine kirchliche Stellungnahme *unumgänglich* ist, und anderen Situationen, in denen eine kirchliche Stellungnahme *möglich* ist.

*Unumgänglich* sind politische Stellungnahmen der Kirche, wenn es um die grundlegenden Ziele geht, die sich aus dem Evangelium ergeben. Auch wenn es viele nicht (mehr) hören wollen, muß die Kirche immer wieder die Verantwortung für den Frieden, die Gerechtigkeit, die Bewahrung der Schöpfung, die Menschenwürde in allen Bereichen des Lebens einschärfen. Ebenso notwendig ist es, daß die Kirche Stellung nimmt, wo im Sinne des zur Erhaltung des Lebens Notwendigen, die Mindestbedingungen des Lebens von Gerechtigkeit und Achtung der Menschenwürde in Gefahr sind. Daß die protestantischen Kirchen im Dritten Reich erst tätig wurden, als der Staat in ihre Belange eingriff, und nicht schon laut und deutlich ihren Widerspruch angemeldet haben angesichts des Vorgehens des Staates gegen die Juden, für die die Mindestbedingungen von Recht, Sicherheit, der Bewahrung ihrer Freiheit und Menschenwürde und schließlich ihres Lebens nicht mehr gegeben waren, gehört zu den dunklen Seiten der Geschichte unserer Kirche. Hier Schuld eingestehen, heißt, es in Zukunft anders und verantworteter machen zu wollen. Zurückhaltung, um nicht parteilich zu werden, ist hier fehl am Platz. Hier geht es in keiner Weise um einen Ermessensspielraum. Ebenso laut und deutlich muß die Kirche immer wieder dafür eintreten, daß die Frage nach dem Angemessenen das politische Handeln bestimmt. Die Kirche hat den Geist der Versöhnung und die Bereitschaft zur Solidarität in der Gesellschaft zu fördern.

Zum Bereich, in dem Stellungnahmen *möglich* sind, gehören die Konkretionen, die sich aus den grundlegenden Zielen und der grundlegenden Wegbestimmung ergeben. Hier steht alles Stellungnehmen der Kirche in einer Spannung. Auf der einen Seite hat die Kirche Interesse an solchen politischen konkreten Stellungnahmen. Wie für den einzelnen Christen gilt auch für die Verkündigung und das Reden der Kirche, daß das Evangelium konkret werden will. Kirchliches Reden darf sich nicht in allgemeinen Appellen und Äußerungen erschöpfen, sondern muß um der Wahrheit des Evangeliums und der Liebe willen auch die konkreten Konsequenzen aus den grundlegenden Einsichten des Glaubens aufzeigen. Dies erfordert, daß man nicht nur allgemein sich für die Überwindung des Problems der Arbeitslosigkeit in unserer Gesellschaft ausspricht, sondern konkret wird bis hin zu Anfragen an Wirtschaftsstrukturen, die ständig Arbeitslosigkeit produzieren, und zu Vorschlägen, wie hier neue Wege gegangen werden können. Kirche muß sich um des Evangeliums willen auch in den Streit begeben, damit nicht ihre grundsätzlichen Aussagen zur Arbeitslosigkeit mit einem freundlichen Ja beiseite geschoben werden. Auf der anderen Seite besteht aber in der Kirche auch eine gewisse berechtigte Tendenz zur Zurückhaltung in konkreten politischen Stellungnahmen. Zu solcher Zurückhaltung veranlassen zwei Gründe:

Zum ersten ist es unverkennbar, daß die Kirche in einer demokratischen Gesellschaft auch einen politischen Machtfaktor darstellt. Wenn die Kirche konkret Stellung nimmt, ist dies eine Äußerung im politischen Kräftespiel. In der Politisierung unseres Lebens besteht hier die Gefahr, daß die Kirche nur noch unter dem Gesichtspunkt des Machtfaktors und ihrer politischen Äußerungen gesehen wird. Dies kann dazu führen, daß eine Lebensäußerung des Glaubens, nämlich die politische Stellungnahme, für die Lebensäußerung des Glaubens schlechthin gehalten wird, und der Grundauftrag der Kirche, die Verkündigung der frohen Botschaft, aus dem Blick gerät. Zum zweiten ergibt sich aus der Tatsache, daß je konkreter die Stellungnahme wird, um so deutlicher eine Ermessensentscheidung vorliegt, die Anfrage an die Kirche, mit welchem Recht eine Kirche sich als Kirche innerhalb des Ermessensspielraums für eine bestimmte Lösung entscheidet. Glieder der Kirche, die eine solche Ermessensentscheidung so nicht mittragen, können so in Distanz zu ihrer Kirche geraten. Dies kann für sie den Zugang zur Kirche und zum Glauben erschweren.
Was ist die Konsequenz aus dieser Situation, daß Parteinahme und Konkretion auf der einen Seite nottut und auf der anderen Seite doch auch Gründe für eine Zurückhaltung sprechen? Falsch sind hier gewiß die blanken Alternativen, die generelle Zurückhaltung, die lange in der Kirche geübt wurde, und auch die wild entschlossene muntere Parteinahme in allen Fragen. Ein verantwortlicher Umgang wird sich vielmehr an folgenden Gesichtspunkten orientieren: Eine parteinehmende Stellungnahme in der Kirche soll immer auch konsensorientiert sein. Wo Kirche als Kirche Partei nimmt und konkret Stellung bezieht, geht es darum, daß diese Stellungnahme aus einem Prozeß der Konsensfindung in der Kirche erwachsen ist. Weiter ist in diesen Stellungnahmen der Kirche deutlich zu machen, wie schon in den Stellungnahmen der einzelnen Christen, wo hier vom Evangelium her und seinen Konsequenzen argumentiert wird, wo in der Situationsanalyse und der Wahl der konkreteren Ziele und Mittel Entscheidungen innerhalb eines Ermessensspielraumes getroffen wurden. Schließlich hat die Kirche immer auch bei ihren politischen Stellungnahmen eine Güterabwägung zu vollziehen. Sie muß klären, ob es um der Wahrheit und der Liebe willen notwendig ist, parteinehmend Stellung zu nehmen, oder ob in einer bestimmten Situation, um den Zugang zum Glauben nicht zu erschweren, eine gewisse Zurückhaltung geboten sein kann. Dabei soll wirklich die Frage des Zugangs zum Glauben und nicht die Erhaltung von Kirchensteuerzahlern Kriterium sein. Leitende Einsicht sollte dabei sein, daß die Einheit der Kirche nicht durch Zurückhaltung in diesen Fragen allein gewonnen werden kann, sondern auch und gerade durch die Diskussion um den richtigen Weg und durch eine einladende, Orientierung anbietende Parteinahme.

b) Wer kann und darf für die Kirche sprechen?

In den protestantischen Kirchen gibt es kein Lehramt, das über die aktuelle Auslegung des Evangeliums und auch politische Stellungnahmen entschei-

den könnte. Alle sind gerufen, in ihrem Hören auf die Schrift die Wahrheit des Evangeliums zu erkennen und zu bezeugen. Das macht evangelische Kirche gerade zur evangelischen Kirche, daß sie von diesem Grundsatz des Hörens auf die Schrift herkommt, in ihrem Bekenntnis die grundlegenden Einsichten ihres Hörens auf die Schrift formuliert hat und alle in die Verantwortung für den Glauben und das Leben stellt. Deshalb gilt, in der Kirche sind nach evangelischem Verständnis alle gerufen, sich an politischen Stellungnahmen zu beteiligen. Deshalb gilt auch, daß niemand für die Kirche schlechthin reden kann, weder ein Bischof noch eine Synode. Gerade dies legt jedem, der in der Kirche das Wort ergreift, besondere Verantwortung auf.
Bedeutet nun dieser Verzicht auf ein Lehramt und die Rede, daß alle in der Kirche für die Wahrheit verantwortlich sind, konkret, daß wir uns im Blick auf unser öffentliches Reden mehr oder weniger schachmatt setzen: Weil niemand für die Kirche schlechthin reden kann, muß darum die Kirche als Kirche schweigen? Eine Antwort darauf gibt es nur, wenn beide Gesichtspunkte bei der politischen Stellungnahme berücksichtigt werden: Auf der einen Seite geht es darum, daß möglichst alle an einem Prozeß der Meinungsbildung beteiligt werden. Auf der anderen Seite müssen Institutionen und Organe zur Stellungnahme legitimiert werden. Das bedeutet, daß konkrete politische Stellungnahmen in einem konziliaren Prozeß vorbereitet und andiskutiert sein müssen. Zumindestens alle müssen die Gelegenheit haben, sich an der Meinungsbildung zu beteiligen. Das erfordert weiter, daß dann die Meinungsbildung auf der jeweiligen Ebene in den Leitungsorganen der Kirche, in Synoden, Kirchenämtern vollzogen und entschieden wird. So ist es möglich, daß für die Kirche gesprochen wird, immer auch im Bewußtsein, daß es nur ein begrenztes Recht für die Kirche insgesamt zu sprechen gibt. Das gilt übrigens auch für die politischen Stellungnahmen von Pfarrern in den Gemeinden. Gerade weil Pfarrer in den Gemeinden als Repräsentanten der ganzen Gemeinde gelten, ist es notwendig, daß sie dort, wo sie auf ihrer Ebene konkrete politische Stellungnahme vollziehen wollen, sich vorher um einen konziliaren Prozeß der Meinungsbildung bemühen und das synodale Element, etwa ihren Kirchenvorstand, mit einschalten. Dies führt sicher zu manchen umständlicheren, aber zugleich zu viel lebendigeren und wirksameren Prozessen.
Damit in der Kirche aber überhaupt solche Stellungnahmen möglich werden, muß man vorher schon inhaltlich diskutieren. Deswegen ist es Aufgabe, in der Kirche solche Diskussionsprozesse vorzubereiten, durch Denkschriften, Akademietagungen und Diskussionen in den Gemeinden. Es ist auch notwendig, daß sich in der Kirche Gruppen bilden, die für bestimmte Konkretionen in der politischen Stellungnahme, wie überhaupt in den Fragen der Auslegung und Anwendung des Glaubens, eintreten. Es bedarf solcher Gruppen, denn nur durch einen konkreten inhaltlichen Dialog wird die Stellungnahme vorbereitet. Ebenso wichtig ist es aber, daß diese Gruppen sich selbst und ihre Beiträge als ein Orientierungsangebot verstehen, das Partei nimmt, das sich aber darin nicht selbst absolut setzt. Hier ist es

erforderlich zwischen der Deutlichkeit im Eintreten für eine Sache und einer sich absolut setzenden moralisierenden Eindeutigkeit zu unterscheiden.
Daß man sich so um den Konsens und um die Beteiligung aller bemüht, bedeutet nicht, daß eine Stellungnahme der Kirche erst möglich ist, wo alle zustimmen. Dann wird es in der Kirche kaum oder nur belanglose Stellungnahmen geben. Es geht vielmehr darum, daß die Stellungnahmen aus einem konziliaren Prozeß heraus erfolgen, sich weitgehend um den möglichen Konsens bemühen, dann aber auch verantwortlich und parteinehmend, sei es von den verschiedenen Gruppen oder von den kirchenleitenden Organen gewagt werden. Es geht um Stellungnahmen, die als entschlossenes Angebot begriffen werden können, zu dem eingeladen wird. In diesem Sinne möchte ich den Christen und den Kirchen Mut machen, zu solchen auch konkreten politischen Stellungnahmen. Verantwortet, nüchtern und entschieden zugleich muß sich die Kirche den Fragen des Politischen zuwenden, um des Glaubens und um der Liebe willen.

KARL-ALFRED ODIN

# Was heute der Kirche zu tun bleibt

Die mit sieben Jahren Verspätung zustande gekommene Volkszählung von 1987 hat endlich Klarheit über den zahlenmäßigen Stand der Evangelischen Kirche in Deutschland gebracht. 25,4 Millionen Menschen, das sind 41,6 Prozent der Wohnbevölkerung, erklärten, Mitglied der Evangelischen Kirche in Deutschland zu sein. Gegenüber der davorliegenden Volkszählung 1970 mit 28,5 Millionen Mitgliedern bedeutet das für die westdeutschen Landeskirchen insgesamt einen Schwund von 3,1 Millionen Mitgliedern in 17 Jahren. Das ist ein Verlust von 11 Prozent Menschen. Die Kirchenstatistiker hatten sich in der Zwischenzeit mit Fortschreibungen begnügen müssen. Sie hatten den Verlust sogar um eine halbe Million Evangelische größer geschätzt. Das Ergebnis verdient hohes Lob für die Kirchenstatistiker; denn der Fehler der Schätzung um zwei Prozent in 17 Jahren ist gering im Vergleich zu dem, was man vernünftigerweise erwarten durfte. Für die Kirche allerdings ist das ein schwacher Trost. Es zeigt sich, daß die seit Mitte der sechziger Jahre in vielen Zahlenangaben faßbare Bindekraft der Kirche im westdeutschen Protestantismus sich weiter erschöpft hat.

Das Ergebnis stimmt auffällig mit dem überein, was man an der Entwicklung der evangelischen Kirche in der DDR beobachten kann, auch wenn sich die Eindrücke von dort nicht mit exakten Zahlen nachweisen lassen. Die Zahlenangaben, die regelmäßig aus dem Bund der evangelischen Kirchen in der DDR bekannt werden, sind nur Schätzungen. Daß sie von Jahr zu Jahr sinken, bedeutet zunächst nichts anderes als bloße Annahme. Die jährliche Korrektur dieser Zahlen ist der Versuch zur Annäherung an eine Mengenangabe, die diejenigen im Blick hat, die in der DDR ein gewisses Gefühl der Verbundenheit mit der evangelischen Kirche haben, gleich, ob sie Mitglied sind oder nicht. Das ist eine Menge, die bei ungefähr einem Drittel des ursprünglich evangelischen Bevölkerungsteils liegen dürfte. Eine Religionsstatistik gibt es in der DDR nicht. Die Karteien der Pfarrgemeinden geben überwiegend nicht den exakten Stand wieder. Daher ist man darauf angewiesen, sich an die gleichen Erscheinungen zu halten, die auch im Westen Deutschlands zum Urteil über die kirchliche Bindung führen, wenn man von der Kirchensteuer und der in der Bundesrepublik Deutschland immer noch wirksamen gesellschaftlichen Gewöhnung an die Zugehörigkeit zur Kirche absieht.

Die Zahlen der Volkszählung über die katholische Kirche in Westdeutschland zeigen einen wesentlich geringeren Schwund. Die Zahl sank von 27,1 Millionen Katholiken, 44,6 Prozent der Wohnbevölkerung 1970 in der Bundesrepu-

blik Deutschland, bis 1987 auf 26,2 Millionen Katholiken, das sind 42,9 Prozent der Wohnbevölkerung. Genau beträgt der Verlust 831 000 Kirchenmitglieder, das sind drei Prozent Abnahme, gegenüber den elf Prozent der Protestanten. Ohne Berücksichtigung der Freikirchen, die überwiegend zum Protestantismus gehören, ergibt sich jetzt im Westen Deutschlands der Anschein einer geringen katholischen an Stelle der früheren geringen evangelischen Mehrheit. Wegen des starken Zustroms katholischer Gastarbeiter sagt die Zahl des Statistischen Bundesamts aber noch nichts aus über die Entwicklung unter den deutschen Katholiken. Beobachtungen aus einzelnen Diözesen zeigen an einigen Orten ein Fernbleiben von der katholischen Kirche, das zwar nicht ganz, aber doch in erheblichem Umfang der Entwicklung in der evangelischen Kirche nahekommt, der Unterschied scheint in erster Linie die zeitliche Verzögerung zu sein.
Die Zahlen der Volkszählung leisten einen unersetzbaren Dienst. Sie zwingen die Kirche, in beiden Konfessionen, sich Rechenschaft über ihren Stand im Volk zu geben. Genau zu erkennen, wie ihre Arbeit von den Menschen aufgenommen und mitgetragen wird, ist für die Kirchen eine der Voraussetzungen zur Prüfung dessen, was sie tun und was sie künftig zu tun haben. Die Zahlen schließen in sich aber auch die Gefahr ein, zu entmutigen. Denn die nun über zwei Jahrzehnte lang Jahr für Jahr wiederkehrende Erfahrung, daß aufs neue allen Bemühungen zum Trotz wieder manches abgebröckelt ist, kann die Kräfte lähmen.
Das Schlagwort zur Kennzeichnung dieses Geschehens heißt Säkularisierung. Es ist auch in der evangelischen Kirche übernommen worden, aus der katholischen Wertung des Geschichtsverlaufs seit der Aufklärung und seit der Aufhebung der geistlichen Fürstentümer, Stifte und Klöster in Deutschland 1803 durch den Reichsdeputationshauptschluß. Der Begriff Säkularisation hat eine verhängnisvolle Verführungskraft. Das Wort erweckt den Anschein, als habe es eine gute alte Zeit gegeben, in der die Kirche im Heiligen Römischen Reich Deutscher Nation voller Kraft wirkte, eine Zeit, von der aus sich durch den Einbruch der Aufklärung, des Rationalismus, der Wissenschaft, Technik, Ökonomie und Politik, der modernen Zivilisation insgesamt und schließlich der religiösen Gleichgültigkeit unaufhaltsam der große Abfall vollziehe, hin zur Null-Mitgliedschaft in der Kirche. Wer so denkt, kann seine Kräfte anspannen, wie er will, das Evangelium auszubreiten, er wird bei jedem Schritt vorwärts doch von vornherein die unausbleiblichen zwei Schritte zurück mitdenken und auf diese Weise seine eigene Arbeit zunichte machen.
Dieses Gefühl der Vergeblichkeit des Arbeitens hat 1970 zur Zeit des Höhepunkts der ersten Austrittswelle aus der evangelischen Kirche den evangelischen Pfarrertag in Darmstadt geprägt. „Der Beruf des Pfarrers wird sich nicht günstig entwickeln, wenn er seine Hauptbestimmung darin sieht, den Leuten fortwährend etwas zu sagen, was sie schon wissen." Das sagte den Pfarrern damals der Pädagoge Rauschenberger. Und: „Es gibt in diesem Land zur Zeit kein elementares Bedürfnis, eine Predigt zu hören oder eine Bibel-

stunde zu besuchen, weil es keinen nennenswerten Bedarf für Verkündigungen gibt." Der Eindruck bei jenem Pfarrertag war, daß die Ursache für den Leerlauf der Kirche außerhalb der Einwirkungsmöglichkeiten und damit der Verantwortung der Pfarrer und Gemeinden gesucht wurde. Die einen fanden den Grund diesseitig in den Veränderungen der Gesellschaft, die anderen jenseitig, im Verfall des Wortes und in der Verstockung der Herzen. „Vielleicht ist dies eine Zeit des Unglaubens", so wie das im Alten Testament berichtet wird, sagte damals in Darmstadt der badische Landesbischof Heidland. Noch niemals vorher war in dieser Generation die Verzweiflung eines ganzen Berufsstandes, die Resignation, so zu sehen wie auf jenem Pfarrertag. Selbstverständlich beschäftigte man sich in Darmstadt mit den zwei Auswegen, die in diesen Jahrzehnten ständig der Kirche aufs neue vorgeschlagen und auch begangen werden: der Hinwendung der Kirche mit ihrer Verkündigung hin zur Gesellschaftsveränderung und der Rückwendung zur Spiritualität. Die Auffassungen von Säkularisation als einem durch die Gesellschaft bestimmten Abschieben der Kirche an den Rand der Realität und schließlich über ihren Rand hinaus in das Irreale entsprechen der Vorstellung, daß sich alles in der Welt nach Naturgesetzen notwendig entwickelt, in unumkehrbarer Richtung. Das Entwicklungsdenken ist eines der wirksamsten Denkmuster bei der Veränderung der Welt im 19. Jahrhundert gewesen. Die Protestbewegung des zu Ende gehenden 20. Jahrhunderts ist zu einem wesentlichen Teil Aufstand gegen die Zwangsgewalt naturwissenschaftlicher Gesetzmäßigkeiten. Die Übertragung dieses naturwissenschaftlichen Denkens auf christlichen Glauben und Kirche verlängert die für objektiv gehaltene Erfahrung religiösen wie kirchlichen Scheiterns aus der Vergangenheit in die Zukunft. Eine solche Zwangsfolge vorausberechenbarer Entwicklungsschritte aus den Naturwissenschaften auf die Vorausbestimmung der Bewegung geschichtlicher Gestalten übertragen zu wollen, ist Unsinn. Denn in der Geschichte lassen sich aus der Fülle des Geschehens Entwicklungslinien immer nur im Nachhinein herauslesen. Es ist nicht möglich, sie in die Zukunft hinein zu verlängern. Das gilt auch für die Betrachtung der Geschichte des Glaubens und der Kirche.

Es ist deshalb methodisch verfehlt, aus der Vergangenheit voraussagen zu wollen, was in der Geschichte der Kirche künftig geschehen wird. Theologisch ist ein derartiges Berechnen der Zukunft der Kirche vollends unzulässig. Die Kirche würde dabei als Ergebnis innerweltlicher Prozesse und Steuerungen angesehen, die sich nach innerweltlichen Gesetzmäßigkeiten vollziehen. Die Kirche ist auch eine Form menschlicher Gesellschaft. Aber sie löste sich von ihrer Glaubensgrundlage, sähe sie die Wurzel und Bedingung ihrer Existenz und ihres Wirkens in etwas anderem als in der Verheißung Gottes. Auch in theologischer Sicht besteht die Kirche nicht losgelöst vom Wirken der Menschen. Paulus nennt sich und Apollos im Ersten Korintherbrief Gottes Mitarbeiter und die Gemeinde Gottes Ackerfeld und Gottes Bau. Und in der Darstellung der verschiedenen Dienste in der Kirche schreibt er: „Und es sind verschiedene Ämter; aber es ist ein Herr. Und es sind verschiedene Kräfte; aber es ist ein Gott, der da wirkt alles in allen." Nicht ein Naturgesetz, nicht ein angebliches Geschichtsprinzip oder eine soziologische Gesetzmäßigkeit bestimmt – für das theologische Urteil – die Kirche, sondern Gott. Die Kirche in das Denkschema der Säkularisation einzubauen, bedeutet Absehen von Gott. Solches Denken ist atheistisch.

Die Zwangsvorstellung von Säkularisation stimmt aber auch mit der Realität der Kirche in der Geschichte nicht überein. Das Nachlassen der Bindung an die Kirche ergibt keineswegs eine seit der Aufklärung stetig abfallende statistische Kurve, die nach unten auf Null zu verliefe. Vielmehr haben Zeiten starker Bindung an Glauben und Kirche ständig abgewechselt mit Zeiten einer Erschlaffung von Glauben und Kirche. Auch regional, selbst wenn man nur Deutschland in den Blick nimmt, hat es dabei beträchtliche Unterschiede bei den jeweiligen Höhepunkten und Tiefpunkten gegeben. Außerdem ist die stärkere Zuwendung zum Glauben durchaus nicht immer parallel mit einer Stärkung der Kirche gelaufen, so wenig wie die Abwendung vom Glauben oder von der Kirche gleichzeitig auftraten. Für das Auf und Ab braucht man als Beispiel nur an die örtlich ganz unterschiedlich aufkommenden Erweckungsbewegungen aus dem vorigen Jahrhundert oder, als Gegensatz, an das Nachlassen kirchlicher Bindung beim Entstehen der großstädtischen Industrieviertel in Deutschland zu denken, während die kräftigere Durchsetzung der wissenschaftlich-technischen Zivilisation in Großbritannien und Amerika durchaus nicht zur Verödung des christlichen Glaubens geführt hat. Die Leerung der Gotteshäuser ist auch empirisch nicht unausbleibliche Folge der Verstädterung und Industrialisierung.

Die Kirchenaustritte in Deutschland sind eine relativ junge Erscheinung. Aber auch die Kurve der Kirchenaustritte zeigt durchaus nicht eine gleichmäßig verlaufende Linie, sondern ein häufiges Schwanken, das etwa in den zwanziger Jahren stärkere Ausschläge aufwies als in den letzten zweieinhalb Jahrzehnten. Die Kirchenaustritte seit 1967 haben nach den Jahrzehnten des Wiederaufbaus seit 1945 und nach der selbstzufriedenen Gewöhnung an die Selbstverständlichkeit volkskirchlicher Existenz in der evangelischen Kirche erschreckt. Damals erst begannen vielfältige soziologische Untersuchungen. Sie führten zunächst zu der Selbstvergewisserung: „Die Kirche ist stabil." Die Häufung der Silbe „selbst" in der Charakterisierung jener Epoche ergibt sich nicht aus Zufall. Der Blick auf die Selbsttätigkeit der Entwicklung und auf die eigene Leistung und Verfassung der Menschen statt auf Gott ist typisch für die Beurteilung, die in diesem Jahrhundert auch in der Kirche selbst das kirchliche Geschehen findet. Das aus dieser Anschauung mit Hilfe der Soziologie gewonnene Ergebnis allerdings beruht auf einem Trugschluß: Untersucht man mit einem organisationssoziologischen Verfahren eine Großorganisation von 27 Millionen Mitgliedern mit einem Schwund durch Austritte von maximal einem Prozent, und stützt man sich im Urteil zudem auf den Ausdruck eines durch Generationen ererbten Zugehörigkeitsgefühls, dann kann das Resultat nichts anderes sein als die Feststellung der organisatorischen Stabilität. Dem Schwund der Haltekraft der Kirche zum Trotz läuft die Entwicklung der seit der Volkszählung 1970 vergangenen 19 Jahre, gesehen durch die Brille dieser unangebrachten Methode, auf den gewünschten Eindruck von der dauerhaften Stabilität der Organisation Volkskirche hinaus.

Die Frage ist nicht, ob die Kirche eine haltbare Organisation ist, sondern ob sie ihrem Anspruch gerecht wird, Kirche Gottes in dem Volk zu sein. Da gelten ganz andere Kriterien als das Abbröckeln einer relativ kleinen Zahl von Mitgliedern vom äußersten Rande der Kirche. Der Austritt betrifft zudem Mitglieder, die überwiegend seit Jahrzehnten die innere Verbindung zur Kirche verloren oder sie als Kind nie aufgenommen haben und mit dem Austritt nur feststellen und sich finanziell zugute führen, was innerlich längst Tatsache geworden ist: ihre Trennung von der Kirche. Das bedeutet nicht, daß die Kirche sich um diese Menschen nicht zu kümmern brauchte. Die Vorstellung von einem Gesundschrumpfen der Kirche ist ein widerchristlicher Irrtum. Das Gleichnis vom verlorenen Schaf gehört zum Grundbestand christlichen Glaubens. Aber das Urteil darüber, ob die Kirche recht Kirche ist, gewinnt man nicht arithmetisch. Zu recht ist darum die Frage der Kirchenaustritte in der Beurteilung des Standes der Kirche in den letzten Jahren etwas nach hinten getreten, auch wenn finanziell für die Kirche die Folgen des Mitgliederschwundes inzwischen zu spüren sind. Aber die Aufmerksamkeit richtet sich jetzt stärker auf die Ursachen des Bedeutungsverlusts der Volkskirche für das Volk und auf die Aufgabe, vor die dieser Wandel die Kirche stellt.

In der evangelischen Kirche ist diese Entwicklung in der Bundesrepublik unter dem Schock der Kirchenaustritte seit Ende der sechziger Jahre zunächst unmittelbarer bewußt geworden als in der katholischen Kirche. Die Katholiken haben mit gewisser zeitlicher Verzögerung aber eine ganz ähnliche Lockerung der Bindung an die Kirche erfahren müssen. In den heutigen Konflikten in der Römisch-Katholischen Kirche läßt sich eine ähnliche Ratlosigkeit ausmachen wie in der Evangelischen Kirche, was nun geschehen solle. Am schärfsten drückt sie sich aus in dem Streit über die Bischofsauswahl durch den Papst im deutschen, österreichischen, schweizerischen und niederländischen Katholizismus.

In der DDR ist die Massenabwendung von der evangelischen Kirche bereits in den fünfziger Jahren vorausgegangen. Dort hat der politische Druck gewirkt, der im Gegensatz zur Entwicklung im Westen Deutschlands die Kirchenzugehörigkeit nicht als das Normale gelten ließ. Vielmehr wurde und wird vom Staat die öffentliche Absage an die Kirche prämiert, nicht die Erziehung der Kinder in den Glaubens- und Wertvorstellungen des Christentums öffentlich gefördert, sondern die Erziehung zum Kampf gegen christlichen Glauben und christliche Normen mit politischen Zwangsmaßnahmen durchzusetzen gesucht. Das Erstaunliche in der DDR ist nicht, daß die SED zuwege brachte, durch ihre Zwangsmaßnahmen die Hälfte oder sogar zwei Drittel der Bevölkerung mit der Zeit aus der Kirche herauszubrechen. Was man sich nicht vorstellen konnte, ist vielmehr, daß trotz politischem Druck ein Drittel der

Bevölkerung im Osten Deutschlands die Bindung an die Kirche aufrechterhält und sich bereit zeigt, sich öffentlich als Christen und zur Kirche zu bekennen, seit der Druck der SED nachließ. Nimmt man im Westen Deutschlands das Gefühl der Bindung an die evangelische Kirche, wie es in den Meinungsbefragungen grob gerechnet ein Drittel der Bevölkerung äußert, als Maßstab, und nicht Mitgliedschaft und Kirchensteuer, dann läuft die Entwicklung im evangelischen Volksteil in der Bundesrepublik Deutschland auf das gleiche hinaus, was die Kommunisten im Osten Deutschlands erreicht haben, nur dort mit Hilfe politischer Vergewaltigung, einer gegen Menschenrecht und Menschenwürde verstoßenden Nichtachtung der Glaubens- und Gewissensfreiheit.

Ganz stimmt der Vergleich allerdings nicht. Denn die Aufrechterhaltung der Mitgliedschaft in der Kirche und das Zahlen der Kirchensteuer, oft auch noch zusätzlicher Gaben, ist im Westen Deutschlands nicht etwa nichts, sondern vielmehr Merkmal einer trotz innerer Distanzierung bewahrten Bindung. Die zeigt sich auch im Besuch der Weihnachtsgottesdienste durch ein Viertel des evangelischen Bevölkerungsteils. Diese Bindung darf die Kirche nicht geringschätzen und tut es auch nicht. Die Erfahrung lehrt, daß diese Menschen, die in der riesigen Grauzone zwischen den enger mit der Kirche Verbundenen und den Ausgetretenen stehen, oft genug auf die evangelische Kirche warten. Sie sind durchaus nicht abweisend, sondern bereit, ihr zu begegnen, nur daß sie von sich aus die Initiative dazu nicht ergreifen. Gespräche bei Beerdigungen, Trauungen, Taufen und Beratung in Erziehungsfragen, gelegentliche Zusammenarbeit in öffentlichen Angelegenheiten, aber auch Reaktion auf religiöse Themen im Fernsehen oder die Suche nach Antworten auf Fragen des Irrationalen zeigen, daß die Erwartung an Pfarrer und Kirche trotz religiöser Gleichgültigkeit unter der Decke wach ist, auch wenn der Einzelne sich das im Alltagsleben nicht bewußt macht. Das Verhängnis für die Kirche ist, daß das Zahlenverhältnis von einem Pfarrer auf zweitausend Nicht-Pfarrer eine persönliche Berührung nur als Ausnahmesituation zuläßt. Allerdings zeigen die dauernden Klagen, daß auch von Pfarrern trotz der Überlastung wahrscheinlich mehr getan werden kann, zu den Menschen eine persönliche Verbindung herzustellen. Früher war das leichter, solange sich durch die regelmäßige Begegnung im Gottesdienst die Beziehung von Person zu Person auf unkomplizierte Weise wie von selber anbahnte. Allerdings hat es damals dabei auch viele Verletzungen gegeben, die bis heute nachwirken.

Die entscheidende Veränderung für die Kirche hat nicht der Kirchenaustritt gebracht. Die Bruchstelle ist zweifach: zum ersten der Wegfall des Gottesdienstes als des Ortes, an dem das Christsein in der Gemeinschaft der Christen unter der Verkündigung des Wortes realisiert wird; davon nicht zu lösen ist zweitens das Aufhören des Lesens in der Bibel. Entgegen der verbreiteten Auffassung sind die Kirchenaustritte als Abbruch an den Rändern der Kirche, ausgelöst und gefördert durch einen gesellschaftlichen Anstoß zum Austreten, nicht die Ursache, sondern die Folge des Erschlaffens der Kirche. Der Beginn der Austrittswelle schloß sich in der zweiten Hälfte der sechziger Jahre zeitlich dem Abbruch des Kirchgangs am Sonntag an, um ein Drittel der Teilnehmer am Gottesdienst. Vorangegangen war, noch folgenschwerer, ein Jahrzehnt vor der Leerung der Gottesdienste der Verfall des Bibellesens.

In den Wirren des Endes des nationalsozialistischen Reiches hatten ungezählte Deutsche wieder zur Bibel gegriffen. Die Jahre nach dem Zusammenbruch und während des Wiederaufbaus waren eine Zeit des Suchens in der Bibel, privat und in den Gemeinden, und die Beschäftigung mit der Bibel ging über die traditionell zur Kirche haltenden Kreise hinaus. In jenem einen Jahrzehnt gab es Warnungen davor, die Bibel, die als Folge der naturwissenschaftlichen und geschichtlichen Erkenntnisse nicht mehr als Lehrbuch über Entstehung und Ordnung der Welt brauchbar war, aufs neue mißzuverstehen, als Leitfaden zur Lebensbewältigung, wie das Schlagwort hieß. Das bis in die Gottesdienste hinein zu spürende Bemühen mußte an ein Ende stoßen, der Bibel Anweisungen für das persönliche Verhalten in den familiären, sittlichen, beruflichen Zweifelsfragen zu entnehmen. Weil man die Rezepte, die man für die Lebensführung suchte, in der Bibel nicht finden konnte, erlahmte allmählich das Interesse an ihr, ohne daß das bei der lautlosen Veränderung zunächst in der Kirche bewußt wurde. Erst als es schon zu spät war, wurde man in der Kirche plötzlich gewahr, daß sich der Kern der christlichen Gemeinden in sich selbst zurückgezogen und abgeschirmt hatte, durch eine Sprache, die andere nicht mehr verstehen konnten und für die sie auch kein Interesse hatten.

Damals bereitete sich die Verödung der Gotteshäuser vor. Es ist kein Wunder, daß der Kirche diejenigen fernblieben, die im Gottesdienst nicht mehr verstehen konnten, was gesagt wurde. Das Ende bildete die Entmutigung der Pfarrerschaft, die es nicht mehr möglich fand, aus der Mauer der Gotteshäuser und von den Gemeindekernen aus zu den Menschen draußen zu gehen und ihnen zu begegnen, sei es mit der unverkürzten Verkündigung des Evangeliums, sei es einseitig mit der Einengung der biblischen Botschaft auf das Innerliche, Geistliche, oder ebenso einseitig mit der Zuwendung zu den gesellschaftlichen, politischen Angelegenheiten. Zwar hat es immer evangelische Pfarrer gegeben, die mit dem unverfälschten Zeugnis des Evangeliums und der Verwirklichung der Bruderliebe das Ohr der Menschen finden, so wie es auch stets Nichttheologen zuwege bringen, im privaten und gesellschaftlichen Leben Beispiel eines Christen zu sein. Aber der Gesamteindruck in der evangelischen Kirche ist überwiegend doch der einer Beschränkung auf diejenigen geblieben, die mit gewisser Regelmäßigkeit in den Gottesdienst kommen. In den letzten Jahren allerdings bahnt sich doch aufs neue eine Veränderung an.

In den Kirchengemeinden und Synoden ist ein Zurücktreten der sozialen Themen zu sehen, die zwei Jahrzehnte lang die Vertretungen in der evangelischen Kirche aufs Äußerste beschäftigt hatten. Nach vorn rücken nun statt dessen Fragen, die mit dem Glauben, der Verkündigung, der Seelsorge zu tun haben. „Wie kann einer heute Christ werden?“ und: „Wie kann einer heute Christ bleiben?" waren die Stichworte, unter denen zwei Jahre lang in der Evangelischen Kirche in Deutschland versucht wurde, die Hauptsache des Glaubens in einer für heute verständlichen Sprache auszusprechen. „Gott im Alltag dienen" ist das Thema einer Ausarbeitung, die seit Jahren in der Synode der rheinischen Kirche vorbereitet wird, unter erheblichen Schwierigkeiten. Es zeigt sich, daß sich die Mitglieder in den Gemeinden gern mit der Frage befassen, wie man in der Kirche besser als bisher Christ sein kann. Wenig Neigung besteht dagegen zu der Frage, wie man als Christ in der Familie, am Arbeitsplatz, in der Freizeit, im öffentlichen Leben aus Glauben entscheidet und das auch die anderen erkennen läßt. Durch die evangelische Kirche zieht sich ein unheilvoller Bruch zwischen Pfarrern und hauptamtlichen Mitarbeitern auf der einen, und den Mitgliedern der Gemeinde auf der anderen Seite, und dazu ein ebenso tiefer Graben zwischen denen, die im Gottesdienst sind, und denen draußen.

Im deutschen Protestantismus hat man der katholischen Kirche vorgehalten, sich seit Papst Pius IX. und dem Verlust des Kirchenstaats im letzten Jahrhundert mit dem Glauben in die Schutzburg der Gotteshäuser zurückgezogen und die böse Welt sich selber überlassen zu haben. Diese Mentalität des Rückzugs in den geschützten Innenraum der Kirche trat nach der Erfahrung des Schrumpfens der Volkskirche jetzt auch im Protestantismus hervor. Wie das Aufhören des Bibellesens vor drei Jahrzehnten und die Flucht in eine vorwiegend nur noch dem eigenen Kreis verständliche Kirchensprache erkennen ließen, entstand die Frage, ob bei diesem Rückzug der wirkkräftige Glaube in die evangelischen Kirchenmauern mitgenommen worden ist.

Die Reformation hat mit der Zuwendung zum Bibelwort angefangen. Luthers Übersetzung der Bibel ins Deutsche, begonnen 1522 mit dem Septembertestament von der Wartburg, folgte kurze Zeit später der evangelische Gottesdienst in deutscher Sprache. Nicht die Schlagkräftigkeit der Kirche, die sich im evangelischen Teil Deutschlands niemals mit der politischen Rolle des Katholizismus vergleichen wollte, sondern die Verkündigung des Worts in der Gemeinschaft der Glaubenden und das Suchen in der Schrift sind seit der Reformation das Lebensgesetz des Protestantismus in Deutschland. Hielt man sich an Bibel und Gottesdienst, war auch der Protestantismus sowohl im Glauben der Einzelnen als auch in seiner privaten und öffentlichen Bedeutung kräftig. In Zeiten des Verfalls von Bibel und Gottesdienst schwanden dem Protestantismus die Kräfte.

Geht man von der Vorstellung der Säkularisation als eines unabwendbaren Vollzugs der Entwicklung aus, kann man, angefangen von den verstaubten Bibeln und den leeren Gottesdiensten, leicht Beispiel um Beispiel für den Verfall zusammenzählen. Manches, was heute unter dem Stichwort Gemeindeaufbau in der evangelischen Kirche überlegt und angefangen wird, geht trotz des Scheines des Gottvertrauens von dem Denkmuster des unaufhaltsamen immerwährenden Verfalls aus. Dem durch die gesellschaftliche Entwicklung herbeigeführten Abfall wollen manche zum Gemeindeaufbau die im gesellschaftlichen Leben bewährten Gegenkräfte entgegenstellen. Die

Frage ist, ob solche Rezepte nicht auf den Versuch hinauslaufen, aus der Kirche den Teufel mit Beelzebub auszutreiben. Dazu gehört auch das Rechnen mit Bekehrungserfolgen, das sich schon um die Jahrhundertwende bei dem großartigen Missionsrezept Hudson Taylors für China als Illusion erwiesen hat. Taylor sagte rechnerisch richtig, wenn in einer bestimmten Zeitspanne jeder chinesische Christ einen weiteren Chinesen zum christlichen Glauben bekehre, und der dann selber wieder einen weiteren bekehre und so weiter, werde China noch im Laufe dieses Jahrhunderts ganz christlich werden. Daß solche Rechnungen aufgehen, ist in der Bibel den Christen nirgends verheißen.

Die Hoffnung wie der Grund für Sorge liegt für die Kirche nicht in der Arithmetik. Als 1973 der Kirchentag nach Düsseldorf ging, war die Zahl der Teilnehmer auf ein paar Tausend zusammengeschrumpft. In der allgemeinen Entmutigung der Kirche in jenen Jahren erschien das wie das Ende des Kirchentags, der noch anderthalb Jahrzehnte vorher als die große gesamtdeutsche christliche Familienfeier die Öffentlichkeit in Ost und West mit vielen Hunderttausenden als Teilnehmern in den Bann gezogen hatte. In dem denkbar winzigsten Kern in Düsseldorf ist – in der Rückbesinnung auf das Wort der Bibel und in seiner Erschließung bis in das Emotionale hinein – eine Kraft aufgebrochen, die nicht nur den Kirchentag zum Aufblühen geführt, sondern die evangelische Kirche zu verwandeln beginnt. Das gilt nicht nur für die Belebung des Abendmahls, für den Einsatz von Gruppen Jugendlicher in den Gemeinden für die Dritte Welt, für die in den sechziger Jahren kaum vorstellbare Hinneigung der Jugend zu den Kranken, Schwachen, an den Rand Gedrängten. Vielmehr haben sich in den Gemeinden kleine Kreise gebildet, die sich zu Gesprächen, Hilfsdiensten, zum Musizieren, Unterricht und anderen Aufgaben regelmäßig treffen. In der Gesamtzahl der Teilnehmer übertreffen sie die Zahl der Besucher im gewöhnlichen Gottesdienst. Das ist nicht alles vom Kirchentag ausgegangen. Aber der Kirchentag in Düsseldorf ist das Ereignis gewesen, das in diesen Gruppen die zentrifugalen Kräfte hemmte und alle unter dem Wort und in der Begegnung zusammenhielt. Es war der Kirchentag, bei dem sich zum ersten Male ein Aufbruch in der evangelischen Kirche wieder nach außen wirksam darstellte. Und seitdem hat der Kirchentag ständig eine Gelegenheit geboten, bei den Menschen, die in den Gemeinden mitarbeiten, unter dem Wort zusammenkommen und sich gegenseitig anregen.

Verläßt man sich in der Hoffnung auf die Zukunft der evangelischen Kirche nicht auf die organisatorische Stabilität der Institution, und auch nicht auf erfolgreiche Arbeitsmethoden, sondern auf das Wort und auf den Gottesdienst, dann erfaßt man die Bedeutung, die in der heutigen Situation des Glaubens wie der Gemeinden die Erneuerung der Lutherbibel hat. Mit dem Abschluß der nach dem Ersten Weltkrieg angefangenen Bibelrevision ist 1984 die Grundlage geschaffen worden, auf der die evangelische Kirche versuchen kann und muß, die Bibel für die Deutschen zurückzugewinnen. Leicht ist die Aufgabe nicht, trotz dem Interesse, das in der Öffentlichkeit das Historische,

Spirituelle, Transzendente bis hin zum Okkulten und Absurden findet. Die Menschen haben sich wieder daran gewöhnt, Antwort auf die Frage nach dem zu suchen, was jenseits des Sicht- und Beweisbaren steht. Sie erwarten darüber Auskunft von überall, nur nicht von der Kirche. Damit hat auch die Selbstverständlichkeit ein Ende gefunden, mit der man solche Fragen der Kirche gestellt hat. Wie soll man, wie soll die Kirche auf etwas antworten, was sie nicht gefragt wird. Da hilft wohl nur, daß die Pfarrer, aber auch die einzelnen Christen, unverdrossen bereit zur Rechenschaft sind über die Hoffnung, die in ihnen ist. Aber darauf sind sie überwiegend nicht vorbereitet.

Dank der Revision der Lutherbibel hat man in der Kirche für die Darlegung dessen, was evangelischer Glaube ist, einen Sprachführer. Seine Benutzung könnte alle in der evangelischen Kirche instand setzen, die selbe Sache mit den selben Worten auszudrücken, so daß jeder wissen und auch begreifen und glauben kann, wovon die Rede ist. Dieser verstehbare, sich wiederholende Gebrauch der Worte ist die Voraussetzung, daß die Worte der evangelischen Verkündigung im Ohr haften bleiben können.

„Wie sollen sie aber den anrufen, an den sie nicht glauben? Wie sollen sie aber an den glauben, von dem sie nichts gehört haben? Wie sollen sie aber hören ohne Prediger!" fragt Paulus im Brief an die Römer, und er sagt: „So kommt der Glaube aus der Predigt, das Predigen aber durch das Wort Christi." Das Wort ist das Lebenselixier des Glaubens und der Kirche, das Wort von der Versöhnung, das Wort vom Kreuz, Jesus Christus Gottes Wort. Nicht anders als in der Ausbreitung des christlichen Glaubens in den ersten drei Jahrhunderten, nicht anders auch als in der Reformation führt auch heute der Weg der Kirche nur über die Verkündigung des Wortes bei den Menschen.

Karl-Wilhelm Dahm

# Distanzierte Dreiviertelkirche und konkurrierende Kerngruppen. Zum Weg der „Volkskirche“

Der nahende Übergang in das neue Jahrtausend steigert mit seinen Anregungen zu Zukunftsplänen und Prognosen die ohnehin gegenwärtig virulierende Frage „Was wird aus der Kirche?“. Gerade diese Formulierung hat das in den letzten zwanzig Jahren vielfach empfundene Problem so klar auf einen Begriff gebracht, daß sie allein zweimal zum Titel wichtiger und ihrem Anspruch nach wegweisender Buchpublikationen gemacht wurde[1]: 1968 hatte H. Jetter vor dem Hintergrund der damaligen, weit in die Gesellschaft hineinwirkenden sogenannten Studentenunruhen mit seiner Publikation „Was wird aus der Kirche?“ deutlich signalisiert, daß die scheinbaren Selbstverständlichkeiten der Stellung der Kirche in der Nachkriegszeit latent fragwürdig wurden und daß zur Erklärung der entsprechenden Anzeichen die sich eben konsolidierende empirische kirchensoziologische Arbeit ausdrücklich herangezogen werden müsse; 1984 erschienen unter dem gleichen Titel die Ergebnisse der zweiten großen EKD-Umfrage über Fragen der Kirchenmitgliedschaft; zehn Jahre nachdem die vieldiskutierte Untersuchung „Wie stabil ist die Kirche?“ zum ersten Mal gezielt Gesichtspunkte der empirischen Kirchenforschung, speziell der Meinungsforschung, in eine breite kirchliche Öffentlichkeit hineingetragen hatte. Ursache der anhaltenden Aktualität des Themas war vor allem die seit 1970 dramatisch angestiegene und seitdem auf hohem Niveau konstant gebliebene Zahl von Kirchenaustritten (1969 bis 1989 über 3 Millionen, jährlich im Schnitt 150000 Mitglieder), sowie die Frage nach deren Gründen, besonders der dabei beteiligten nichttheologischen Faktoren; 1986 wurde die Diskussion neu entzündet durch Hochrechnungen, die im Verlauf der kommenden fünfzig Jahre eine Schrumpfung des Protestantismus auf die Hälfte seines heutigen Bestandes befürchten lassen.[2] Innerkirchliche und theologische Entwicklungen haben über die Probleme des quantitativen Bestandes der Kirche hinaus die Frage „Was wird aus der Kirche?“ immer neu laut werden lassen; angeregt und vorangetrieben wurde sie insbesondere durch die Polarisierungen zwischen mehr evangelikalen und mehr ethisch-gesellschaftskritischen Ausrichtungen des Christseins sowie durch die feministisch-befreiungstheologische Infragestellung überkommener Glaubensvorstellungen, Hierarchie-Strukturen und kirchlicher „Lebensordnungen“.

Die Antworten auf die schwere Frage nach der Zukunft der Kirche werden auf verschiedenartigen Ebenen gesucht und versucht: hier stärker mit dem Hinweis auf biblische Verheißungen, dort mehr im Sinne ekklesiologisch-normativer Zielvorstellungen und Absichten zum Auftrag und zur Gestalt der Kirche im „nachkonstantinischen Zeitalter", oder, noch anders, unter betonter Berücksichtigung sozialwissenschaftlicher Forschungsmethoden. Nicht selten sind dabei tiefgehende Spannungen zwischen empirischen und dogmatisch-normativen Betrachtungsweisen in Erscheinung getreten: Den Empirikern ist immer wieder vorgeworfen worden, daß sie die Wirklichkeit des Heiligen Geistes oder die Führung durch den Herrn der Kirche zu wenig berücksichtigten oder zu berücksichtigen vermöchten; umgekehrt haben die Empiriker ebensooft darauf verwiesen, daß ihre sozialwissenschaftlich orientierten Prognosen sich seit den sechziger Jahren weit stärker bestätigt haben als die schon damals nicht selten mit dem Anspruch auf geistliche Vollmacht vorgetragenen Prophezeiungen etwa über den Untergang der Volkskirche[3]. Solche Spannungen zwischen einer empirisch orientierten und einer dogmatisch ausgerichteten Kirchentheorie sind sicher in der Sache ihres Gegenstandes begründet und so geradezu notwendig, doch hat es sich in jahrzehntelangen Diskussionen als unfruchtbar und zermürbend erwiesen, wenn sie sich in einer sterilen Entgegensetzung von erfahrungswissenschaftlicher Methodik und geistgeleitetem Vertrauen in Gottes Führung erschöpfen. Wer in Gemeinden, Kirchenämtern oder als theologischer Lehrer Verantwortung trägt für die Weichenstellungen zukünftiger kirchlicher Entwicklungen, wird sich bewußt oder unbewußt immer von eigenen Erfahrungen, empirischen Vermutungen und Wunschbildern über die „irdische" Gestalt der Kirche leiten lassen. Diese gilt es, sowohl im normativen wie im erfahrungswissenschaftlichen Sinne theologisch aufzuklären und zu bedenken.

Die vorfindliche Sozialgestalt der christlichen Großkirchen in Deutschland wird seit Jahrzehnten weithin als „Volkskirche" bezeichnet. Dieser Begriff ist zwar vieldeutig und mißverständlich, vor allem weil er leicht mit Assoziationen zu Nation und Volkstum verbunden wird. Doch hat er inzwischen bei uns eine Eigenbedeutung entwickelt, die einen zunächst als spezifisch bundesdeutsch erscheinenden Verbund zwischen den christlichen Großkirchen und der Gesamtgesellschaft bezeichnet und der darin kaum durch ein anderes, unser Religionssystem charakteristisch fassendes Wort ersetzt werden kann. Er steht für die gegenwärtige kirchliche Wirklichkeit mit ihren vielschichtigen und heterogenen, religiösen und konfessionellen, juristischen und politischen Vernetzungen. Insbesondere wird mit dem Wort Volkskirche ein Kirchenverständnis zum Ausdruck gebracht, dessen Schwerpunkte mehr in der religiösen (meist pastoralen) Dienstleistung und weniger im Charakter einer Gesinnungsgemeinschaft, mehr in der Offenheit für eine polyzentrische Vielfalt theologischer Grundauffassungen und weniger in dogmatisch-konfessionalistischen Eindeutigkeiten liegen. Jedenfalls dürften sich diese Merkmale volkskirchlicher Religiosität im Sprachgebrauch des Wortes „Volkskirche" in den letzten Jahrzehnten mehr und mehr nach vorne geschoben haben, während andere, etwa spezifisch bundesdeutsche Kennzeichen

wie die staatskirchlichen Rechtsverhältnisse (Kirche als Körperschaft des öffentlichen Rechts), die Kirchensteuer oder die Zugehörigkeit einer großen Bevölkerungsmajorität zur Kirche demgegenüber zurückgetreten sind. Deutlich wird das etwa darin, daß man auch für die Verhältnisse in der DDR von „geschrumpfter Volkskirchlichkeit"[4] spricht; ähnliches gilt (modifiziert) für den niederländischen und französischen Protestantismus, obwohl die jeweiligen Finanz- und Majoritätsverhältnisse dort völlig anders sind als in der Bundesrepublik Deutschland. Selbst in den meisten Jungen Kirchen der Dritten Welt scheint sich die kirchliche Wirklichkeit auf eine „volkskirchliche Mentalität" mit dem Schwerpunkt auf religiöser Dienstleistung und theologischem Pluralismus hin zu entwickeln, wenn teilweise auch in erheblicher Konkurrenz zu fundamentalistischen Tendenzen. Wenn ich in diesem Sinne die These vertrete, daß die Kirche als „Volkskirche" in das neue Jahrtausend hineingehen und sich auf absehbare Zeit in dieser Sozialgestalt darstellen wird, so begrenze ich diese Perspektive keineswegs auf die bundesdeutschen Verhältnisse, sondern habe ich die m. E. entwicklungsleitenden Tendenzen vieler Kirchen gerade in der weltweiten Christenheit vor Augen.
Dabei soll keineswegs übersehen oder ignoriert sein, daß in der Bundesrepublik und möglicherweise im europäischen Protestantismus insgesamt mit weiteren Schrumpfungsprozessen zu rechnen ist, sowohl, was die absolute Zahl der Mitglieder, als auch, was den Anteil an der jeweiligen Bevölkerung ausmacht. Doch führt das eben nicht, wie die Entwicklungen in Osteuropa und, mit sonst durchaus verschiedenen Merkmalen, in Westeuropa zeigen, zu tiefgreifenden Veränderungen in den Glaubensvorstellungen oder im kirchlichen Verhalten der Mitglieder. Ob eine Kirche als Majorität oder Minorität in der betreffenden Gesellschaft lebt, ob sie reich oder arm ist, ja selbst ob die Mitgliedschaft „zugeschrieben" (gleichsam vererbt) oder ob sie in eigener Entscheidung „erworben" ist, hat mit den religiösen Grundauffassungen und dem Teilnahmeverhalten offenbar weniger zu tun, als vielfach angenommen wird; vor allem da, wo man von den bundesdeutschen Verhältnissen ausgeht und deren Sozial- und Finanzverhältnisse als Hauptursache oder als wesentlichste Bedingung der volkskirchlichen Mentalität ansieht. Es ist darum m. E. aber gerade dann, wenn über die Zukunft der Kirche nachgedacht und daraus Folgerungen für heutige Maßnahmen gezogen werden sollen, prinzipiell und sorgfältig zu unterscheiden zwischen einerseits der religiösen Mentalität „distanzierter Volkskirchlichkeit", die zwar im bundesdeutschen Protestantismus eigenständig ausgeprägt und mehr als anderswo erforscht ist, die aber keineswegs auf bundesdeutsche Verhältnisse begrenzt werden darf; und andererseits den spezifisch bundesdeutschen sozialkulturellen und rechtlichen Rahmenbedingungen des kirchlichen Lebens. Wegen seiner ausgeprägten, vergleichsweise stark ausgeformten und eben relativ gut erforschten Entwicklungsmerkmale kann das Modell der westdeutschen Kirchen besonders geeignet sein, einige wichtige Züge der „volkskirchlichen" Religiosität im Blick auf die Zukunftsentwicklung der christlichen Kirchen insgesamt zu identifizieren und zu erörtern.

*1. Das Doppelgesicht der Volkskirche: Distanzierte Dreiviertelkirche und konkurrierende Kerngruppen*

Einige der wichtigsten Gegebenheiten und Probleme der volkskirchlichen Realität in der BRD werden plastisch erkennbar, wenn man vom tatsächlichen Teilnahmeverhalten der Kirchenmitglieder und von ihrer Bereitschaft zum kirchlichen Engagement ausgeht und sich diese Ausgangsdaten graphisch vor Augen stellt:

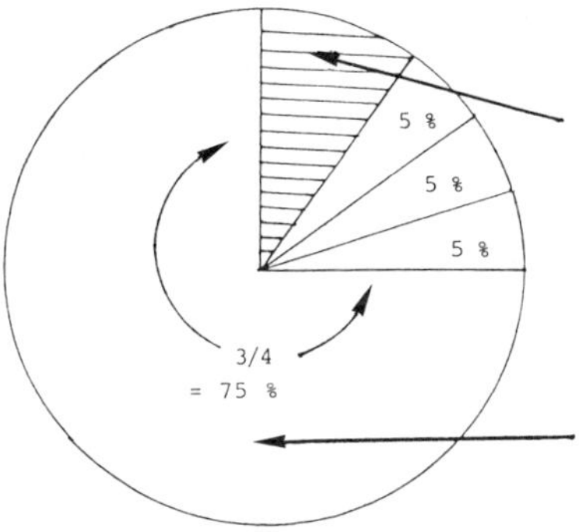


10% „Austrittsorientierte“, nicht mehr am Kontakt mit der Kirche interessiert

15% „Engagierte“; ihre Aktivitäten und Konflikte bestimmen primär das kirchliche Leben und das Bild der Kirche

In der sogenannten Dreiviertelkirche wird „distanzierte Volkskirchlichkeit“ in Teilnahmeverhalten und Glaubensvorstellungen praktiziert.

Es lassen sich also unter dem Gesichtspunkt des Teilnahmeverhaltens drei große Gruppen unterscheiden:

- 15% Engagierte
- 10% Austrittsorientierte
- 75% „Dreiviertelkirche“

Wenn wir innerhalb der Kirche selbst oder in der Gesellschaft von „der Kirche“ sprechen, haben wir zunächst die erste Gruppe, also die 15% Engagierten vor Augen. Sie wurde früher vielfach als Kerngemeinde oder als Gruppe der Kirchentreuen bezeichnet und ist unter unserem Teilnahmegesichtspunkt dadurch gekennzeichnet, daß dazu gerechnet wird, wer mindestens einmal monatlich an einer kirchlichen Veranstaltung teilnimmt. In dieser Gruppe spielt sich der weitaus größte Teil dessen ab, was wir als kirchliches Leben wahrnehmen: Gottesdienstbesuch, Gruppenarbeit in der Gemeinde, diakonische Tätigkeiten, Besuchsdienste, Freizeitaktivitäten, Bibelwochen, Friedensdemonstrationen, Besuch von Vortragsveranstaltungen, Gemeindeleitung usw. – Hier spielen sich auch die Kontroversen und Konflikte um theologische Richtungen, die Auseinandersetzung um Pluralismus und Parallelstrukturen ab. Denn in ihren inhaltlichen Auffassungen ist diese Gruppe keineswegs einheitlich eingestellt. Etwas vergröbernd kann man die 15% vielmehr in folgende drei, aufs ganze der EKD gesehen zur Zeit etwa gleich starke, Teilgruppen untergliedern:

- 5% sind als evangelikal oder pietistisch ausgerichtete Gemeindeglieder zu betrachten;
- 5% sind betont gesellschaftskritisch-sozialethisch orientiert (neuerdings spricht man vielfach von „Ökumenikern" im Sinne einer „Theologie des (Genfer) Ökumenischen Rates");
- 5% sind mehr traditional eingestellte Kirchenglieder, die bewußt die eigene Bekenntnistradition und die überkommene Frömmigkeitspraxis festhalten wollen.

Im Blick auf die Gesamtheit der Kirchenmitglieder stellt schon diese Gesamtgruppe der 15% Engagierten eine Minderheit dar; erst recht gilt das für jede der maximal je 5% umfassenden, theologisch-inhaltlich in eine bestimmte Richtung tendierenden Teilgruppen. Von deren meist kämpferisch und nicht selten mit Berufung auf die Wahrheit des Evangeliums vorgetragenen Positionen ergibt sich freilich für viele „Distanzierte" und Außenstehende ein Bild von der „offiziellen" Kirche, das in herausgehobenen, etwa politischen Streitfragen mit dem tatsächlich vorhandenen Meinungsspektrum in der Kirche und mit dessen quantitativen Größenordnungen keineswegs übereinstimmt.
Anzahl, Anteile und Binnenstruktur der drei engagierten Gruppierungen innerhalb des Gemeindelebens sind von Ort zu Ort, von Landeskirche zu Landeskirche verschieden. Immer aber richten sich auf sie, im einzelnen oder im Ganzen, die Blicke der Öffentlichkeit, wenn von „der" Kirche die Rede ist. Daneben gelten Aufmerksamkeit und Interesse der Öffentlichkeit allenfalls jenen 10%, die im Begriffe sind, die Kirche zu verlassen. Kirchenaustritte werden beispielsweise von den Medien von Zeit zu Zeit an exponierter Stelle vermeldet; ihre Ursachen werden im Sinne der jeweils eigenen Meinungstendenz kommentiert und oft polemisch hochgespielt. So gravierend und beunruhigend aber die Zahl der Kirchenaustritte ist, so irreführend ist es, an ihr die heutige Situation der Kirche schlechthin zu veranschaulichen. Problematisch erscheint es erst recht, wenn sich selbst Gemeindepfarrer und Landeskirchenämter vorrangig auf diese 10% der zum Kirchenaustritt Entschlossenen fixieren, obwohl diese sich in der Regel doch nicht mehr von ihrem Entschluß abbringen lassen.
Was bei der innerkirchlichen wie bei der externen, etwa durch die Medien vermittelten Ausrichtung auf dieses eine Viertel der Kirchenmitglieder, nämlich die 15% Engagierten und die 10% zum Austritt Entschlossenen, durchweg erheblich zu kurz kommt, sind das gezielte theoretische und kirchlich-praktische Interesse an der „Dreiviertelkirche" sowie eine unvoreingenommene gründliche Auseinandersetzung mit den Motivationen und Einstellungen der „Distanzierten" gegenüber der Kirche. Im Alltag der kirchlichen Arbeit richtet sich gewöhnlich weit mehr als die Hälfte der beruflichen Energie und Arbeitszeit etwa der Pfarrer auf die sogenannte Kerngemeinde; sieht man von den Kontakten anläßlich der Kasualpraxis ab, wird den Gemeindegliedern der Dreiviertelkirche gewöhnlich nur wenig ernsthafte

Beachtung zugewendet. Nach wie vor werden sie gern als Randsiedler oder gar als Karteileichen bezeichnet. Tatsächlich nehmen diese Kirchenmitglieder nach ihrer Konfirmation im Schnitt weniger als dreimal jährlich an einer kirchlichen Veranstaltung teil. Sie erklären zwar in den Untersuchungen immer wieder, daß sie sich zur Kirche gehörig fühlen, daß sie dabei bleiben wollten, schlicht, daß sie Christen seien; sie halten aber andererseits ausdrücklich Distanz zum kirchlichen Leben der Kerngruppen, zum Gottesdienst und auch zu vielen überkommenen Glaubensvorstellungen. Für die Pfarrer und kirchlichen Mitarbeiter läßt sich das alles schwer mit einem theologischen Kirchenverständnis vom Leibe Christi vermitteln. Wie etwa soll ein theologisch sensibler Pastor mit einem Umfrageergebnis umgehen, durch das ihm sogar von kirchennahen Gemeindegliedern mitgeteilt wird, daß die Kirchengemeinde sie doch in Ruhe lassen möge mit den immer neuen Aufforderungen zum Engagement oder den immer neuen Fragen danach, was die Kirche denn in Berücksichtigung ihrer, der Gemeindeglieder, Erwartungen anders machen solle. Sie fühlten sich in der Kirche so, wie sie ist, durchaus wohl; sie könnten ja, wenn ihnen der Sinn danach stünde, jederzeit den Gottesdienst oder eine andere kirchliche Veranstaltung besuchen. Jedoch wünschten sie sich ihre Form kirchlicher Zugehörigkeit so, wie sie sie jetzt praktizierten.[5] – Das Problem, mit einem solchen, in der Dreiviertelkirche weit verbreiteten Verständnis von Christsein theologisch angemessen umzugehen, wird noch gesteigert dadurch, daß von dieser Dreiviertelkirche ja der weitaus größte Teil der kirchlichen Finanzmittel aufgebracht wird. Kann man eine solch große Population, die sich ihr Christsein im Verständnis der „distanzierten Volkskirchlichkeit" im wahrsten Sinne etwas kosten läßt, so oder so ausgrenzen? Kann man die Dreiviertelkirche „nur" als missionarische Gelegenheit verstehen? Ist es richtig und „christlich", Kirchenmitglieder zu Adressaten einer Art von Mission zu machen, die von ihnen selbst ausdrücklich abgelehnt wird? Wird es demnächst zwei Klassen von Kirchenmitgliedern geben: solche, die „nur" dem Religionssystem der distanzierten Volkskirchlichkeit angehören, und solche, die gleichsam als Electi „mit Ernst Christen sein" und ihre Kirchenzugehörigkeit im Sinne der Gliedschaft am Leibe Christi verstehen wollen? Alle diese Fragen ergeben sich, wenn das Nachdenken über den zukünftigen Weg der Kirche das evidente empirische Faktum der Dreiviertelkirche einbezieht.

Es gibt viele Anzeichen dafür, daß sich die mit diesem Doppelgesicht der Volkskirche gegebene Problematik in den nächsten Jahrzehnten weiter steigern wird: Einerseits weil aus Gründen der nachlassenden religiösen Sozialisation der Anteil der zur Dreiviertelkirche zu rechnenden Gemeindeglieder zunimmt; andererseits weil auch die inhaltlich-theologischen Spannungen zwischen den in der Dreiviertelkirche und den in den 5-%-Gruppierungen vorherrschenden Auffassungen unverkennbar wachsen.

## 2. *Zur volkskirchlichen Mentalität religiöser Dienstleistungen*

Die in der Dreiviertelkirche vorherrschenden und weit in die Gruppen der „Engagierten" hineinreichenden Einstellungen und Haltungen gegenüber der Kirche kann man also als Grundbestand einer volkskirchlichen Mentalität betrachten, die wir normalerweise als charakteristisch für die deutsche kirchliche Situation betrachten, die aber in ihren Hauptstrukturen keineswegs auf die gesellschaftlichen Rahmenbedingungen der westdeutschen Kirchen begrenzt ist. Es ist allerdings nicht unumstritten, ob und wie differenziert ein solcher Grundbestand für die deutsche Szene eindeutig in identifizierbaren Merkmalen bestimmt werden kann. Die EKD-Studie „Christsein gestalten" (1986), durch die die Aufmerksamkeit der kirchlich Verantwortlichen nachdrücklich auf die Aufgaben in der Dreiviertelkirche gelenkt wird (ohne daß dort die Ausdrücke „Dreiviertelkirche" oder „volkskirchliche Mentalität" verwendet werden), und in der eine Fülle genau zutreffender Einzelbeobachtungen dargestellt wird, bleibt hinsichtlich der Bestimmbarkeit übergreifender Mentalitätsmerkmale eher zurückhaltend und bezeichnet statt dessen als gemeinsamen Nenner der vorherrschenden Einstellungen zur Kirche ein „Verbundensein in Unbestimmtheit".[6] Dieser Nenner dürfte m. E. jedoch hinter den empirisch faßbaren Möglichkeiten zurückbleiben – und erscheint außerdem als wenig konstruktiv hinsichtlich der praktischen Folgerungen für das kirchliche Handeln. Es soll deshalb hier versucht werden, sechs besonders charakteristische und über die bundesdeutschen Verhältnisse hinausreichende Merkmale volkskirchlicher Mentalität zu identifizieren und zur Diskussion zu stellen. Zwar wird durch diese sechs Merkmale keineswegs eine religiöse Mentalität mit überall gleichem und homogenem Erscheinungsbild konstituiert, doch lassen sich diese sechs Merkmale in je unterschiedlichen Anteilen, Gewichten und Mischungen in den Einstellungsmustern fast aller christlichen Großkirchen ausmachen.

a) Zur volkskirchlichen Mentalität gehört zuerst ein erklärtes Interesse an der Weitergabe des Christseins im Generationenverband: „Ich bin in der Kirche, weil ich Christ bin" – das ist die meistgenannte Antwort auf die Frage „Warum sind Sie Mitglied der Kirche?" in allen wichtigen Untersuchungen zur Kirchenmitgliedschaft.

90% der Kirchenmitglieder wollen auch ihre Kinder taufen lassen. 10% wollen das nicht mehr; eben die Gruppe der in unserer Graphik angegebenen Austrittswilligen. Von den 90% wird ihre Mitgliedschaft in der Kirche ausdrücklich bejaht: selbst dort, wo man so gut wie gar nicht mehr am kirchlichen Leben teilnimmt. Man wird evangelisch so ähnlich wie man Deutscher wird; man wird in die Kirche hineingeboren. In diesem Sinne ist Kirchenmitgliedschaft „zugeschrieben", nicht „erworben" nach Art des bewußten Eintritts in einen Verein. Zwar gibt es Übergänge im Vergleich zur Vereinsmitgliedschaft. Doch ist die Tendenz zum Vereinsdenken in der 15-Prozent-Kirche (Kerngemeinde) größer als in der Dreiviertel-Kirche. Das Christsein, das der nächsten Generation weitergegeben werden soll, wird dabei allerdings kaum

im Sinne dogmatisch formulierter Bekenntnisaussagen verstanden, sondern mehr im Sinne von „ein guter Mensch sein", sich wenigstens im Prinzip zu den Grundwerten christlicher Humanität zu bekennen.
b) Ein zweites Merkmal volkskirchlicher Mentalität ist das Interesse an einer abrufbaren religiösen Lebensbegleitung; abgerufen wird der Dienst der Kirche insbesondere bei den Übergangsstationen des Lebens: bei Taufe, Konfirmation, Trauung, Beerdigung. Im Zusammenhang mit diesem Grundinteresse hat sich neuerdings ein weiterer Begriff eingebürgert: der Begriff der Kontingenzbewältigung, d. h. der Bewältigung dessen, was unberechenbar auf mich zukommt, wie etwa eine Krebskrankheit, ein plötzlicher Verkehrsunfall, der Tod des Ehegatten. Religiöse Lebensbegleitung bezieht sich in erster Linie auf den Privatbereich, weniger auf das Feld von Arbeit und Beruf. Dieses Kirchenverständnis setzt also nicht primär und konstitutiv an bei dem Eintreten für die „Mühseligen und Beladenen", so gewiß ein solches Eintreten für die volkskirchliche Mentalität zu den vornehmsten Aufgaben der Kirche gehört. Doch wird Kirche nicht von dieser Aufgabe her definiert. Kirche ist diesem Verständnis nach von ihrer Grundbestimmung her auf die Gesamtheit der Menschen bezogen: „Gott will, daß allen Menschen geholfen werde": Armen und Reichen, Griechen und Juden, Männern und Frauen, dem Durchschnittsbürger und den Randgruppen. Dementsprechend richtet sich ihr Auftrag zunächst auf die individuale „Normalbiographie" der Masse ihrer Mitglieder; diese aber hat ihre wichtigen Knotenpunkte eben in den Übergangsstationen. In diesem Punkt unterscheidet sich das Kirchenbild der volkskirchlichen Mentalität also deutlich von solchen Ansätzen, etwa einer sozialethisch-„ökumenischen" Theologie, deren Ekklesiologie vom Dienst an den Randgruppen der Gesellschaft her, etwa den sozial oder politisch Unterdrückten ihren Ausgangspunkt nimmt.
Ein weiteres Kennzeichen für das Interesse an religiöser Lebensbegleitung ist ein zunehmendes Denken in Kosten-Nutzen-Relationen: Für den Dienst der religiösen Lebensbegleitung ist man bereit, einen angemessenen finanziellen Beitrag zu entrichten. Wenn dieser Beitrag angesichts der beanspruchten Leistung jedoch als zu hoch erscheint, erweckt oder verstärkt er nicht selten die Tendenz zum Kirchenaustritt.
c) Dem Interesse an kasuell abrufbarer religiöser Lebensbegleitung entspricht eine prinzipielle pastorale Grundorientierung. Im Dienst der PfarrerInnen oder der anderen kirchlichen MitarbeiterInnen liegt das Zentrum des Verständnisses der Kirche als „religiöser Dienstleistungsorganisation". Wer aber in den Funktionen der Kirche hauptsächlich Dienstleistungsaufgaben sieht, dem ist die Frage nach dem allgemeinen Priestertum im Prinzip ebenso fremd wie das Gefühl der Zugehörigkeit zu einer Gesinnungsgemeinschaft. Zwar fühlt man sich in der Dreiviertelkirche durchaus als „evangelisch", vor allem, wenn es gilt, sich von gewissen, etwa als repressiv empfundenen religiösen Praktiken im Katholizismus oder gar im Islam, abzugrenzen. Doch dürften die Gefühle gemeinsamer religiöser Überzeugung oder der Zusammengehörigkeit in einer Glaubensgemeinschaft gewöhnlich überwuchert

sein durch die Ausrichtung auf potentiell in Anspruch zu nehmende Dienstleistungen. PfarrerIn, DiakonIn, Gemeindeschwester oder KüsterIn üben einen Beruf mit bestimmten professionellen Qualifikationen aus, die sie instand setzen und verpflichten, ihre Arbeit sachgerecht zu verrichten. So wie nicht jedermann Arzt sein kann, kann nicht jeder Pastor werden. Entsprechend diesem Charakter religiöser Dienstleistung konkretisieren sich die pastoralen oder priesterlichen Aufgaben auch inhaltlich: Der Pfarrer etwa soll Seelsorger, Bürge, Vorbild, Stellvertreter, Hirte sein. Es ist also weniger das „prophetische", das sozialethische oder politische Amt, das das Pastorenbild der Dreiviertel-Kirche prägt. Allerdings haben sich im Verhältnis von mehr pastoralen und mehr prophetischen Erwartungen in den letzten zwanzig Jahren deutliche, wenn auch keineswegs gravierende Änderungen vollzogen. In vielen Gemeinden wird ein prophetisch-politischer Auftrag der Kirche heute stärker als früher akzeptiert, in anderen freilich so gut wie gar nicht. Exponierte politische Äußerungen von Pfarrern, etwa im Talar an einer politischen Demonstration teilzunehmen, dürften nach wie vor in der Dreiviertelkirche anstößig und in ihrer theologischen Legitimität schwer zu vermitteln sein.

d) Dem Dienstleistungsverständnis von der Kirche und ihren Aufgaben entspricht ein distanziertes Teilnahmeverhalten gegenüber fast allen kirchlichen Veranstaltungen, besonders dem Sonntagsgottesdienst. Kirchliche Dienstleistungen werden, grundsätzlich gesehen, ähnlich abgerufen wie die Dienstleistungen einer Versicherungsgesellschaft oder eines Arztes. Wer gesund ist, braucht nicht zum Arzt zu gehen. Ohne besonderen Anlaß geht man dementsprechend in der Dreiviertelkirche auch nicht zum Gottesdienst. Gottesdienstliche Gemeinschaftserfahrung oder individuelle Erbauung werden offenbar immer seltener als „religiöse Dienstleistung" in Anspruch genommen. Im EKD-Schnitt haben 1988 nur knapp 5%, in den norddeutschen Großstädten weniger als 2% der Gemeindeglieder, also nur der Bruchteil selbst der Kirchentreuen, den Gottesdienst besucht. Der Kirchgang gehört offensichtlich nicht nur in der Dreiviertel-Kirche, sondern selbst in der Kerngemeinde nicht mehr zur vorrangigen Signatur des Christseins. Mit Recht weist die EKD-Studie „Christsein gestalten" darauf hin, daß andere Dimensionen der Beziehung zur Kirche für viele Mitglieder ein größeres Gewicht gewinnen.

e) Dazu gehören vor allem die Vermittlung und die exemplarische Darstellung einer Alltagsethik christlicher Humanität. Zu verstehen ist darunter zunächst ein „Anständigsein" im Sinne der 10 Gebote: Ein Christ ist ehrlich, vertrauenswürdig, hilfsbereit. Christsein heißt dann so viel wie ein guter Mensch sein. Für viele ist das Gut-Sein im christlichen Sinne allerdings darüber hinaus spezifischer qualifiziert: Es bedeutet nicht nur das Anständig-Sein in dem Sinn, sich an Gesetze und Regeln zu halten, wie jedermann es tun sollte; sondern der christlichen Ethik ist darüber hinaus eine Art Aufforderungscharakter zum Höheren, zum besseren Menschsein zu eigen. Der Christ orientiert sein Handeln nicht nur an Recht und Strafe, sondern an der

Goldenen Regel, vielleicht gleichsam als höchster Stufe des Christseins an einer Nächstenliebe, die gegebenenfalls auf eigenen Nutzen verzichtet, die nach dem fernen Nächsten fragt, etwa nach dem Mitmenschen in der sogenannten Dritten Welt und die letzten Endes sogar die Feindesliebe intendiert. Auch wenn diese höchste Stufe christlicher Ethik nicht erreicht wird, gilt sie doch als ständiger Anspruch, als „Appell nach oben", muß sie als hoher Wert der Humanität immer neu zur Geltung gebracht werden. Aber auch die Alltagsethik in ihren einfacheren, eben dem Alltag und dem Alltagsmenschen entsprechenden Ansprüchen, etwa eines Anständig-seins im Sinne der zehn Gebote muß erlernt, durchdacht, eingeübt werden. Es ist unverkennbar, daß der Kirche und dem Pfarrer hier nach wie vor ein hohes Maß an Kompetenz und moralischer Autorität gerade auch in der Dreiviertelkirche, also unter den sonst stark distanzierten Mitgliedern entgegengebracht wird.

f) Das sechste, im Protestantismus besonders schmerzlich empfundene Merkmal volkskirchlicher Mentalität sind die Distanziertheit und die Defizite im Blick auf das christliche Glaubenswissen. Wir müssen realistisch davon ausgehen, daß sowohl die Kenntnisse in bezug auf Bibel und Gesangbuch als auch das Wissen über die christliche Lehre im Sinne von Credo oder Katechismus in weiten Kreisen der Kirchenmitglieder immer mehr nachlassen und langsam gegen Null tendieren. Die Gottesvorstellungen in der Dreiviertelkirche dürften, sofern sie nicht auf platte Versatzstücke der Alltagssprache („Ach Gott, ach Gott!") denaturiert sind, auf Reduktionen verkürzt sein wie „Gutes belohnen, Böses bestrafen", „In Erfolg und Lebensglück manifestiert sich der Segen, in Krankheit und sonst schwerem Geschick die Strafe Gottes", „ungreifbare und unbegreifbare Schicksalsmacht"; christlich beeinflußt sind vielleicht der Schöpfer – oder „Vater"-Begriff. Kernstücke des protestantischen Gottesgedankens jedoch wie justitia oder justificatio Dei dürften im Sinne eines religiösen Orientierungswissens ebensowenig verarbeitet oder auch nur bekannt sein wie entsprechende Theologumena der Christologie, der Pneumatologie und der Eschatologie. Nun mag man etwa einwenden, daß beispielsweise das katholische Kirchenvolk jahrtausendelang ohne kognitiv durchgeformtes biblisches Glaubenswissen ausgekommen sei und trotzdem durch seine Frömmigkeitspraxis christlichen Glauben zu erfahren und zu leben imstande war. Das regt sicher dazu an, über die tatsächliche Bedeutung von explizitem kognitivem Glaubenswissen für die christliche Existenz nachzudenken. Doch können solche Überlegungen kaum die Bedeutung von praktizierbarem Glaubenswissen für protestantisches Christsein relativieren. Die kirchlich engagierten Gruppen innerhalb der evangelischen Christenheit realisierten ja durch Jahrhunderte hindurch ihre eigene Art von Frömmigkeit in betontem und unmittelbarem Umgang mit Bibel und Gesangbuch. Heute ist, soweit wir sehen können, im weltweiten Protestantismus trotz großer pädagogischer Bemühungen in Schule und Erwachsenenbildung das Glaubenswissen überall rückläufig. Das mag u. a. mit den modernen Medien der Informationsvermittlung zusammenhängen, die den traditionellen protestantisch-kirchlichen Kommunikationsformen wie Predigt und Auswendiglernen von Bibel- und Gesangbuchversen weit stärker entgegengesetzt sind als denen der religiösen Sozialisation innerhalb des Katholizismus. Wahrscheinlich ist darum in den evangelischen Kirchen mehr als bisher zu überlegen und zu experimentieren, ob und wie für die kirchliche Sozialisation gerade im Kindesalter andere Formen zur Vermittlung von Frömmigkeit entwickelt werden können. Doch kann das hier nicht genauer thematisiert werden.

Es sind also insbesondere diese sechs Merkmale, die in ihrem Zusammenwirken die volkskirchliche Mentalität in der Bundesrepublik Deutschland ausmachen. Einige oder mehrere von ihnen dürften in verschiedener Kombination, in unterschiedlicher Ausformung und unterschiedlicher Dynamik für viele Kirchen der weltweiten Christenheit von entwicklungsleitender Tendenz sein. Angesichts dieser Entwicklung ist der Begriff „volkskirchlich", der im deutschen Sprachgebrauch sicher die größte Nähe zu diesem Syndrom von Einstellungen zur Kirche aufweist, für die interkirchlich-ökumenische sowie für die theologische Diskussion nicht geeignet, wenngleich er in einigen Kirchen der Ökumene (bis hin nach Afrika und Ostasien) gelegentlich bereits als innerkirchlicher Fachterminus verwendet wird. Der in der amerikanischen Christenheit für teils ähnliche, teils auch deutlich andersartige Phänomene gebräuchliche Terminus der Civil Religion[7] vermag eine interkirchlich-übergreifende Bedeutung ebenfalls kaum zu erlangen, weil seine starken nationalen Konnotationen einen zu spezifisch US-amerikanischen Klang haben. So dürfte es vorläufig wenigstens in deutschsprachigen Beiträgen zu diesem Gesamtkomplex kirchlicher Einstellungen bei dem Wort „volkskirchlich" bleiben.

### 3. *Zum Dilemma theologischer Beurteilung religiöser Dienstleistungen*

Weit gravierender als dieses sprachliche Defizit erscheint allerdings, daß weder das Syndrom dieser Mentalität insgesamt noch die meisten seiner sechs Merkmale bisher zureichend in theologisch-ekklesiologischen Kategorien zu fassen sind. Worte wie „religiöse oder pastorale Dienstleistung", „service", „religiöse Lebensbegleitung" oder gar „Bedürfnisorientierung" haben in der deutschen Theologensprache seit dem Beginn der Dialektischen Theologie einen negativen, ja abwertenden Klang behalten, was in der englischsprachigen Theologie für Worte wie „religion", „service" oder „need" ja keineswegs zutrifft. Selbst die Kategorien Diakonie oder Dienst, die sonst im deutschen theologischen Sprachgebrauch durchaus positiv besetzt sind, werden für die pastoralen Aktivitäten im Zusammenhang der volkskirchlichen Dienstleistungen normalerweise nicht oder nur zögerlich verwendet. Unter Gesellschaftsdiakonie beispielsweise versteht man nicht die de facto in der Dreiviertelkirche vorherrschenden pastoralen Dienstleistungsaktivitäten, sondern die sozialkritisch-prophetischen Haltungen und Handlungen der erwähnten „5%-Teilgruppe" innerhalb der Kerngemeinde. Man muß keineswegs die theologische Legitimität, die christliche Relevanz und die biblische Herleitung eines solchen Verständnisses von Gesellschaftsdiakonie kritisieren wollen, wenn man fragt, ob nicht ähnliche theologische Begründungsmuster auch für die tatsächlichen vorherrschenden und in Anspruch genommenen pastoralen Dienste der Kirche, etwa im Zusammenhang von Kasualien, von diakonischen Diensten etwa der Senioren – oder Behindertenarbeit oder aber der vielgestaltigen Vermittlung von Alltagsethik christlicher Humanität ebenso legitim sind. Jedenfalls muß die seit Jahrzehnten bestehende Differenz zwischen kirchlicher Mentalität und kirchlicher Praxis der Dreiviertelkirche einerseits und vorherrschender theologischer Ekklesiologie andererseits entweder als Inkonsequenz theologischer Praxis oder als Defizit theologischer Theorie erscheinen. Wenn es richtig ist, daß die Tendenzen zu religiöser Dienstleistung in den christlichen Kirchen weltweit von entwicklungsleitender Bedeutung sind, und wenn es außerdem richtig ist, daß nach wie vor die deutschsprachige Theologie großen Einfluß auf die Kirchen der Ökumene hat, dann müßte sich deren Verantwortung stärker als es bisher den Anschein hat, einer konstruktiven theologischen Bearbeitung des Problems der religiösen Dienstleistung stellen.

Einen Ansatzpunkt könnten hier vielleicht die Überlegungen Willi Marxsens bilden, der einmal ausgeführt hat, kirchliche Ordnungen dürften weder so verstanden werden, daß durch ihre sorgfältige Befolgung Heil zu gewinnen sei, noch auch, daß das Heil nur innerhalb der jeweils geltenden Ordnungssysteme „gelebt" werden könne. Ordnungen haben keinen Heilscharakter, und Heil verwirklicht sich auch nicht in den Ordnungen so, daß es sich gleichsam in dieser Verwirklichung, also in die Ordnungen hinein, auflöst. Dennoch konkretisiert Heil sich in diesem Leibe und in dieser Welt auch in kirchlichen Ordnungen. „Das Heil wird eben in ‚Ordnungen' gelebt, in denen der Gott des Friedens sichtbar wird."[8]

Uns erscheint erwägenswert, ob diese Zuordnung von Ordnung und Heil nicht ähnlich auf das Verhältnis von religiöser Dienstleistung und Heil angewendet werden könnte. Auch für diesen Bereich kirchlichen Handelns gilt ja, daß Dienstleistung und Heil nicht einfach als kompatible Größen in Alternative gesetzt oder gar als unvereinbares Gegeneinander verstanden werden dürfen. Erörtert werden müßte, ob und wie sich das „Zuleben von Heil" (Marxsen) auch oder gerade in den Prozessen und Handlungen kirchlicher Dienstleistung, etwa bei Amtshandlungen oder Aktivitäten der Ethikvermittlung ereignen kann. Solche Überlegungen sind zwar von Zeit zu Zeit in Ansätzen und in längeren Ausführungen vorgebracht worden; doch dürfte der Tenor der allgemeinen theologischen Diskussionslage im Blick auf die kirchlichen Dienstleistungen in der Dreiviertelkirche nach wie vor eher durch Desinteresse, durch Abwertungen oder eben durch Entgegensetzungen wie „eigentlich – uneigentlich", wie „Bedürfnisorientierung oder Heil" bestimmt sein. Das aber wird weder der Mentalität derer gerecht, die die Masse der Kirchenmitglieder stellen und deren Mitgliedschaft in der Kirche man unbedingt erhalten und festigen möchte, noch entspricht es der gebotenen theologischen Redlichkeit, sich mit der tatsächlichen Rolle und Funktion der Kirche in unserer Zeit auch ekklesiologisch konstruktiv auseinanderzusetzen.

### *4. Polyzentrische Vielfalt und theologischer Pluralismus in der Kerngemeinde*

Was als kirchliches Leben in der Öffentlichkeit wahrgenommen und teilweise lebhaft diskutiert wird, geht zwar von einem quantitativ nur kleinen Teil, eben von den maximal 15% „engagierten" Kirchenmitgliedern aus, zeigt sich aber als durchaus vital, durchsetzungswillig und einflußkräftig; es zeigt sich als farbig, vielgestaltig und auch widerspruchsvoll: Dem einen ist „die" Kirche zu politisch, dem anderen zu unpolitisch; dem einen zu rechts, dem anderen zu links; dem einen zu hinterweltlerisch, dem anderen zu modern; zu evangelikal oder zu liberal, zu abgehoben geistlich oder zu weltlich, zu sündenpessimistisch oder zu fortschrittsoptimistisch, zu kritisch oder zu unkritisch-blauäugig. Tatsächlich sind die Fronten innerhalb der Aktivgruppen keineswegs durchgehend starr, Koalititonen können durchaus wechseln. Stehen sich Evangelikale und gesellschaftskritische „Ökumeniker" hier seit Jahr und Tag unversöhnlich gegenüber, so gibt es dort überraschende Bündnisse und neue, auch inhaltlich-theologisch ungewohnte Verbindungen, neuerdings selbst zwischen evangelikalen und gesellchaftspolitischen Motivationen. Das breite Dach der Volkskirche gibt Raum für alle: für die distanzierte Kirchlichkeit der Dreiviertelkirche wie für zurückgezogen lebende spirituelle Kommunitäten, für kämpferisch politische Avantgardegruppen wie für offensive Evangelisationsfeldzüge der Evangelikalen oder einer charismatischen Bewegung. Hinter jeder dieser Richtungen oder Richtungsabweichungen stehen ausgeführte und selbstbewußt vertretene theologische Begründungsmuster. Gleichzeitig wird aus fast jeder dieser Richtungen beschwörend proklamiert, daß die Kirche zwar für alle, aber nicht für alles da sei und dasein dürfe. Es scheint so, als ob die polyzentrische Vielfalt und Konkurrenz kirchlicher Richtungen in den letzten Jahrzehnten zugenommen habe; wiederum nicht nur bei uns, unter den gesellschaftlichen Bedingungen der Bundesrepublik und Westeuropas, sondern auch in Amerika und in den Jungen Kirchen der „Dritten Welt". Es scheint auch, als ob diese Entwicklung zu weiter ausgeformtem Pluralismus andauern und zur Signatur des künftigen Weges der Kirche gehören werde. Jedenfalls dürfte es schwer sein, Symptome aufzuweisen, die dieser Entwicklung effizient entgegenwirken. Die Proteste gegen den Pluralismus und gegen die „Kirche für alles" jedenfalls haben die tatsächliche Entwicklung offensichtlich wenig beeinflußt.
Um sich unter den verschiedenen Zügen und Motiven dieses buntscheckigen und für manche verwirrenden Gesamtbildes genauer orientieren und sich mit ihnen auch inhaltlich auseinandersetzen zu können, sollen einige der Zentren mit unseres Erachtens wiederum entwicklungsleitender Ausstrahlung und Einflußkraft im bundesdeutschen Protestantismus näher in den Blick genommen werden:

a) Am stärksten profiliert und größenmäßig entwickelt haben sich seit dem Zweiten Weltkrieg diejenigen Richtungen, Gruppierungen und Initiativen, die unter Kennworten wie „sozialethisch-gesellschaftskritisch", „am prophetischen Amt der Kirche orientiert", neuerdings auch unter der Bezeichnung „Ökumeniker" zusammengefaßt werden. Sie sind theologisch originär beeinflußt durch Impulse, die auf K. Barth und D. Bonhoeffer zurückgehen, sehen sich häufig in der Tradition der Bekennenden Kirche, fühlen sich der Kirchenpolitik und den sozialethischen Maximen der Genfer Zentrale von Ökumenischem Rat und Lutherischem Weltbund (z. B. im Antirassismus-Programm) eng verbunden und stehen gewöhnlich dem theologischen Ansatz und den kirchlichen Aktivitäten der Befreiungstheologie nahe. Heute haben sie ihr wichtigstes gemeinsames Forum im Deutschen Evangelischen Kirchentag. Ihre inhaltlichen Ziele lassen sich komprimiert mit der zur Zeit in vielen, auch katholischen, Kirchen bearbeiteten Losung für die weltweite ökumenische Versammlung 1990 in Korea ausdrücken: Gerechtigkeit, Frieden und Bewahrung der Schöpfung; oft nur als interkirchlich-ökumenisches Kürzel JPIC (= Justice, Peace and Integrity of Creation) bekannt. Vertreten wird die Gesamtrichtung sowohl durch Gemeindegruppen, besonders Friedens-, Dritte Welt-, Frauen- und Jugendgruppen, als auch in stärker organisierter Form durch Studentenpfarrämter, Ämter für Industrie- und Sozialarbeit, für Mission und Ökumene sowie durch Mitarbeiter anderer übergemeindlicher Einrichtungen.

b) In mancher Hinsicht als eine Art Gegenbewegung gegen eine schwerpunktmäßige Ausrichtung der kirchlichen Arbeit auf Sozialethik, Politik oder gar Befreiungstheologie haben die evangelikalen und pietistischen Gruppierungen in den letzten Jahrzehnten viel Aufmerksamkeit auf sich gezogen und sich wohl auch in neuartigen Konstellationen konsolidiert. Gemäß ihren eigenen, geschichtlich stärker als die sozialethisch-avantgardistischen kirchlichen Strömungen in Erscheinung getretenen Traditionen suchen sie die überkommenen Vorstellungen von Mission, Sündenvergebung und ewigem Leben neu und offensiv zur Geltung zu bringen. Außer auf den „sozialethischen Protestantismus" richtet sich die evangelikale Kritik mit Nachdruck auf die Struktur und die Rechtfertigungen der Volkskirche. Die evangelikale Bewegung hat eine Reihe von sogenannten Parallelstrukturen entwickelt, die ihre spezifischen theologischen Eigenakzente in der Theologenausbildung, der Missionsarbeit, der Öffentlichkeitsarbeit und im Gemeindeaufbau zur Geltung bringen sollen, darum bewußt mit den offiziellen „volkskirchlichen" (das bedeutet meistens „modernistischen", „linken" oder „zeitgeistorientierten") Einrichtungen konkurrieren und dementsprechend in der kirchlichen Öffentlichkeit heftig umstritten sind. In jüngster Zeit haben sich mit den evangelikalen Zentren neuere, in ihrer Sozialgestalt noch wenig institutionalisierte und in ihren theologisch-inhaltlichen Profilen noch nicht genau identifizierbare charismatisch-spiritualistische Bewegungen in manchen Zielsetzungen verbunden, allerdings in einer wohl spannungsreichen Koalition.

c) Eine dritte, gegenüber den gesellschaftspolitischen und evangelikalen

Aktivgruppen weniger konturiert und engagiert auftretende Gruppierung kann man mit dem Kennwort „Offene Volkskirche" charakterisieren. Sie stellt heute zweifellos den Großteil der Gottesdienstbesucher und aktiven ehrenamtlichen Mitarbeiter der Gemeinde, findet sich in allen Landeskirchen, umfaßt theologisch-inhaltlich ganz unterschiedliche Interessensrichtungen, hat ihren gemeinsamen Nenner aber darin, die volkskirchlichen Gegebenheiten zumindest als Chance für den kirchlichen Auftrag zu akzeptieren, vielleicht sogar die Volkskirche als „Institution der Freiheit" oder als „Haus für alle" zu begreifen. Im kirchenpolitischen Konfliktfall dürfte diese Gruppierung nach wie vor eine breite Mehrheit von Pfarrern und Synodalen auf ihrer Seite haben. Doch tritt sie als schweigende Mehrheit im Alltag des kirchlichen Lebens wenig auffällig in Erscheinung.

d) Eine vierte, quantitativ kleinere, aber in ihrem Profil eigenständig konturierte Gruppierung wird durch ihr forciertes Interesse an Pastoralpsychologie und „Therapeutischer Seelsorge" gebildet. Ihre Vertreter können sich in politisch-sozialethischen oder kirchentheoretischen Fragen durchaus an andere Gruppierungen anlehnen, bilden aber im breiten Spektrum kirchlicher Richtungen eine unverwechselbare Einheit.

Neben diesen mehr kirchenpolitischen Gruppierungen kann man im polyzentrischen Lebensfeld der Volkskirche auch durchaus andere Formen von Aktivzentren ausmachen: in den Evangelischen Akademien und anderen Bildungseinrichtungen, in der Vielfalt von Aktivitäten und Institutionen innerhalb des Diakonischen Werkes, in der Industrie- und Sozialarbeit, in der Krankenhausseelsorge oder – wieder anders und nicht unumstritten – in der Militärseelsorge.

Wieder anders läßt sich das Paradigma der polyzentrischen Vielgestalt auch auf die Organisationsformen kirchlicher Arbeit anwenden: Sie erstrecken sich von den auf Spontaneität gegründeten und langfristig instabilen Ad-hoc-Gruppen von Friedensbewegung oder Umwelt-Initiativen über die Nahbereichs-(face to face)Institutionen der Parochie und die eher bürokratische Großorganisation einer Landeskirche bis zu den parlamentarischen Darstellungsformen der Synoden und der Gremienkirchlichkeit auf EKD- und ökumenischer Ebene.

Wir gehen davon aus, daß dieses Paradigma der polyzentrischen Vielgestaltigkeit eine in unserem kirchlichen Leben charakteristische und zunehmende Tendenz erfaßt, die sich in den neunziger Jahren und darüber hinaus verstärkt fortsetzen wird. Das ist nicht zuletzt deshalb anzunehmen, weil sie allgemeinen gesellschaftlichen Tendenzen entspricht: sowohl einer fortschreitenden Differenzierung unserer Arbeits- und Lebenswelt als auch einer Demokratisierung im Sinne des zunehmend von der „Basis", d. h. von betroffenen Mitgliedern ausgehenden, weniger „von oben" gesteuerten öffentlichen Geltendmachens von Interessen und Überzeugungen. Diese Tendenzen zur Vielgestaltigkeit und dementsprechend zu Wettbewerb und Streit spiegeln sich im übrigen in ekklesiologischen und kirchentheoretischen Betrachtungsweisen und Analysen.[9] Sie können m. E. aber nur dann richtig

eingeschätzt und für Zukunftsplanungen berücksichtigt werden, wenn zwei ihrer ursächlichen Rahmenbedingungen im Blickfeld bleiben: Einmal, daß die polyzentrische Vielfalt von Aktionsgruppen und kirchlichem Handeln ja auf die 10–20% der engagierten Kirchenmitglieder begrenzt ist; sie ist nicht charakteristisch für die Dreiviertelkirche. Diese 75% dürften vielmehr gerade gegenüber dieser Vielgestaltigkeit in Distanz verharren. Zweitens ist die polyzentrische Vielgestaltigkeit von kirchlichem Leben, wie sie sich in der Bundesrepublik entwickelt, auf dem Nährboden der Volkskirche entstanden; sie bleibt auch auf die personellen und finanziellen Ressourcen der Volkskirche angewiesen. Es ist deshalb m. E. analytisch wie handlungspraktisch problematisch, das Modell der polyzentrischen Vielgestaltigkeit der Kirche programmatisch gegen das Paradigma einer Dienstleistungskirche zu stellen. Vor diesem Hintergrund erscheint es auch als gefährlich, sich von einer generellen Kritik der volkskirchlichen Mentalität oder gar vom gezielten Abbau volkskirchlicher Strukturen eine durchgreifende Erneuerung des kirchlichen Lebens zu versprechen. Vielmehr gilt es, zu verstehen und nutzbar zu machen, daß Initiativen und neue Lebensformen ja gerade aus „Zentren" kommen, die mit den volkskirchlichen Strukturen und Möglichkeiten eng verzahnt sind – und daß deshalb sie es sind, die wohl am meisten zur Verlebendigung der volkskirchlichen Kirchlichkeit und zur Veränderung von verkrusteten Strukturen beitragen und beitragen können.
Ähnlich wie hinsichtlich der Bedeutung von religiöser Dienstleistung für die volkskirchliche Mentalität sind auch im Blick auf die polyzentrische Vielgestaltigkeit der gegenwärtigen Kirche die theologisch-ekklesiologischen Begründungsprobleme oder Beurteilungskriterien keineswegs einvernehmlich geklärt. Nach wie vor versuchen viele Vertreter der verschiedenen Richtungen, ihr eigenes Verständnis von Evangelium, von Wahrheit und von Frömmigkeit als das eigentlich richtige zur Geltung zu bringen und möglichst in der Gesamtkirche durchzusetzen. Nach wie vor stehen sich, um nur die meistdiskutierten Interpretationsmuster zu erwähnen, die Konzeptionen von Kirche als „Institution der Freiheit" (T. Rendtorff)[10], als gesellschaftskritisch engagiertem „Vortrupp des Lebens" (H. Gollwitzer)[11], als „Gemeinschaft der durch Bekehrung zum wahren Glauben fortgeschrittenen Christen"[12] mindestens asymmetrisch, wenn nicht einander ausschließend gegenüber. Noch wird das Vermittlungskonzept einer „Konziliaren Gemeinschaft" mit unterschiedlichen Ausprägungen von Glauben und Frömmigkeit (Ernst Lange)[13] keineswegs überall als Verständigungs- oder Integrationshilfe anerkannt, sondern gelegentlich als ein mit dem eigenen konkurrierendes Konzept abgelehnt. Ohne auch hier gründlich in die theologische Auseinandersetzung eintreten zu können, scheint mir das Konzept der konziliaren Lerngemeinschaft am ehesten in der Lage, die polyzentrische und pluralistische kirchliche Wirklichkeit theologisch zu begreifen und auf eine Perspektive auszurichten, „die sich vom Evangelium her bestimmt."[14] Jedenfalls gilt hier ebenso wie für die Dreiviertelkirche, daß die Ekklesiologie die Begründungs- und Interpretationsaufgabe dieser tatsächlich vorfindlichen kirchli-

chen Praxis und ihrer Entwicklungstendenzen nicht einer sozialwissenschaftlichen Kirchentheorie überlassen oder sich auf eine Kritik beschränken kann, die die gegebene Praxis zwar beklagt, aber nicht gestaltet. Es ist anzunehmen, daß dieses Aufgabengebiet in den kommenden Jahren durch erhebliche Auseinandersetzungen charakterisiert sein wird.

Die Neuaufbrüche, Innovationen, Veränderungen, aber auch die Erstarrungen und das rasche Vergehen neuer Strömungen, die gerade das Bild der engeren Kirche der „Engagierten" während der letzten Jahrzehnte geprägt haben, machen zugleich deutlich, daß die kirchliche Entwicklung nicht einlinig, in engen Kausalschemata, verläuft, sondern auf ganz verschiedenartige Impulse reagiert: solchen aus der gesellschaftlichen Umwelt und solchen aus dem geistlichen oder sozialen Leben innerhalb der Gemeinde. Aus diesem Grund ist es in der Tat schwierig, wie M. Welker gegen die Prognosetrends der EKD-Studien „Christsein Gestalten" und „Strukturbedingungen der Kirche auf längere Sicht" in seiner provokativen Schrift „Kirche ohne Kurs" nachdrücklich geltend gemacht hat, einlinige und enggeführt eindeutige Aussagen über den künftigen Weg der Kirche zu machen.[15] Das Bild der „engagierten 15%-Kirche" etwa kann in zehn Jahren bereits ganz andere Farben, Schwerpunkte und Aktivzentren aufweisen als heute. Doch darf die Einsicht in die Vielfalt von Entwicklungsmöglichkeiten m. E. nicht dazu führen, auf jede Art von Orientierungsversuch zu verzichten. Unter dem Vorbehalt von Irrtumsmöglichkeit und der Offenheit für unerwartete Entwicklungen muß vielmehr zu eruieren versucht werden, was heute in grober Tendenz zu erkennen ist. In diesem Sinne scheint mir, daß sowohl das Verständnis der kirchlichen Aufgabe als religiöser Dienstleistung innerhalb der übergroßen Mehrheit der Kirchenmitglieder (der „Dreiviertelkirche"), als auch der Pluralismus von theologischen und ethischen Positionen sowie von praktischen Arbeitsformen im engeren Kreis der kirchlich Engagierten auf dem Weg in das neue Jahrtausend stark zunehmen und Theologie wie kirchenleitendes Handeln zu neuen Antworten herausfordern werden.

*Anmerkungen*

1 W. Jetter, Was wird aus der Kirche, Stuttgart/Berlin 1968. – H. Hanselmann u. a. (Hrsg.), Was wird aus der Kirche, Gütersloh 1984. – Zur Entwicklung des Themas „Volkskirche" seit 1968 vgl. G. Rau, Volkskirche heute, VuF 32 (1987) S. 2–31 (Literatur). – J. Track, Volkskirche – Quo Vadis, PTh 77 (1988) S. 148–161.

2 Zu den Zahlenangaben vgl. Kirchliche Jahrbücher, hrsg. von W. D. Hauschild; Statistische Beilagen der kirchlichen Amtsblätter der EKD, 1986. Volkszählung 1987, vgl. Idea-Spektrum vom 5. 1. 1989, S. 6. Zur Problematik M. Welker, Kirche ohne Kurs?, Neukirchen-Vluyn 1987.

3 H. H. Brunner, Kirche ohne Illusionen, Zürich/Stuttgart 1968; J. C. Hoekendijk, Die Zukunft der Kirche und die Kirche der Zukunft, Stuttgart/Berlin 1964; K.-W. Dahm, Beruf Pfarrer, München 3. Aufl. 1974.

4 Vgl. etwa G. Krusche, Berichte zur kirchlichen Lage, in: Synodalprotokolle der Synoden des Bundes der Evangelischen Kirchen in der DDR. – Weiter: Ders., Bekenntnis und Weltverantwortung. Die Ekklesiologie des Lutherischen Weltbundes. Ein Beitrag zur ökumenischen Sozialethik, Berlin 1986. – Ders., Die institutionelle Wirklichkeit der Kirche in der DDR, in: A. Burgsmüller (Hrsg.), Kirche als Gemeinde von Brüdern, Gütersloh 1980, S. 37 ff.

5 Wiedergegeben ist die Tendenz eines Umfrageergebnisses in einer norddeutschen großstädtischen Kirchengemeinde; sie wurde nicht veröffentlicht; Unterlagen sind mir jedoch zugänglich gewesen.

6 Christsein gestalten, Eine Studie zum Weg der Kirche, hrsg. vom Kirchenamt der EKD, 1986, bes. S. 23–36.

7 Vgl. R. Schieder, Civil Religion. Die religiöse Dimension der politischen Kultur, Gütersloh 1987. – Ders., Civil Religion, in: VuF 33 (1988) S. 29–43. – Ders., Politische Kultur als Civil Religion? Die „Kieler Affäre" im Spiegel der Presse, in: ZEE 32 (1988), S. 107–118.

8 W. Marxsen, Christologie praktisch, Gütersloh 1987, hier S. 105.

9 Vgl. Welker, a. a. O., sowie Track, a. a. O.

10 Vgl. W. Lohff, L. Mohaupt (Hrsg.), Volkskirche – Kirche der Zukunft? („VELKD-Studie"), Hamburg 1977, S. 19 ff.

11 H. Gollwitzer, Vortrupp des Lebens, München 1975.

12 Vgl. R. Weth (Hrsg.), Diskussion zur Theologie des Gemeindeaufbaus, 1986.

13 E. Lange, Die ökumenische Utopie, 1972 (Jetzt: Edition Ernst Lange, Bd. 5, München/Gelnhausen 1987).

14 Track, a. a. O., S. 157–161.

15 Welker, a. a. O., S. 81–84. – Vgl. auch A. Haarbeck, Theologie des Gemeindeaufbaus, in Weth, a. a. O.

Dieter Voll: zur Person

| | |
|---|---|
| 25. 9. 1929 | geboren in Traunstein/Oberbayern |
| 1948–1953 | Studium der evangelischen Theologie (Tübingen, Heidelberg, Erlangen, Neuendettelsau) |
| 1953 | 1. Examen |
| 1953–1954 | Studium in Oxford |
| 2. 10. 1954 | Ordination durch Oberkirchenrat Schabert |
| 1954–1955 | Dienst in der deutschen Auslandsgemeinde Cardiff für Südwales |
| 1955 | Pfarrverwesung Vilsbiburg |
| 1955–1957 | Stadtvikariat Bad Tölz |
| 1956 | 2. Examen |
| 1959 | Promotion („Hochkirchlicher Pietismus. Die Aufnahme der evangelikalen Traditionen durch die Oxford-Bewegung in der 2. Hälfte des 19. Jahrhunderts. Ein Beitrag zum Verständnis des neueren Anglikanismus") |
| 1959–1962 | Studieninspektor am Predigerseminar Bayreuth |
| 1962–1968 | Studentenpfarrer Würzburg, Pfarrstelle Deutschhauskirche III, Lehrauftrag an der Pädagogischen Hochschule |
| 1968–1988 | Rektor des Pastoralkollegs Neuendettelsau |

## Verzeichnis der Autorinnen und Autoren

*Hans-Martin Barth,*
Prof. Dr. theol.,
Professor für Systematische Theologie an der Universität Marburg

*Eberhard Bethge,*
Prof. Dr. theol. D. D.,
Wachtberg-Villiprott/Bonn

*Christian Blendinger,*
Pfarrer an St. Ulrich, Augsburg

*Karl-Wilhelm Dahm,*
Prof. Dr. phil.,
Theologe und Soziologe, Direktor des Instituts für Christliche Gesellschaftswissenschaften der Westfälischen Wilhelms-Universität, Münster

*Wolfgang Dietzfelbinger,*
Dr. theol.,
Rektor des Pastoralkollegs der Evang.-Luth. Kirche in Bayern, Neuendettelsau

*Klaus Dirschauer,*
Dr. theol., Pastor,
Leiter des Ausbildungsreferates der Bremischen Evangelischen Kirche, Bremen

*Karl Christian Felmy,*
Prof. Dr. theol.,
Professor für Geschichte und Theologie des christlichen Ostens, Universität Erlangen

*Claus Fiedler,*
Pfarrer und wissenschaftlicher Assistent für Praktische Theologie an der Augustana-Hochschule Neuendettelsau

*Heinz Flügel,*
Schriftsteller,
Evang. Akademie Tutzing

*Woty Gollwitzer,*
Pfarrerin an St. Sebald, Nürnberg

*Johannes Halkenhäuser,*
Dr. theol., Pfarrer
Communität Casteller Ring, Schloß Schwanberg/Rödelsee

*Johannes Hanselmann,*
D. Dr. phil., Mag. theol., D. D.
Landesbischof der Evang.-Luth. Kirche in Bayern, München

*Günter Hess,*
Pfarrer und Psychotherapeut,
Leiter der Psychologischen Beratungsstelle der Evang. und Kath. Kirche, Tuttlingen

*Manfred Josuttis,*
Prof. Dr. theol.,
Professor für Praktische Theologie an der Universität Göttingen, Friedland

*Gertrud Kapp,*
Pädagogin und Sozialwissenschaftlerin, Göttingen

*Robert Leuenberger,*
Prof. Dr., em.
Professor für Praktische Theologie an der Universität Zürich, Küsnacht

*Karl-Alfred Odin,*
D.,
Frankfurter Allgemeine Zeitung, Alzenau

*Ernst Öffner,*
Dr. theol.,
Rektor des Evang.-Luth. Predigerseminars Neuendettelsau

*Hans-Christoph Piper,*
Prof. Dr. theol.,
Leiter des Pastoralklinikums
an der Medizinischen Hochschule
Hannover

*Waldemar Pisarski,*
Pfarrer an der Versöhnungskirche in
der KZ-Gedenkstätte, Dachau

*Artur Reiner,*
Dr. theol.,
Klinikpfarrer und Leiter des Instituts
für Klinische Seelsorgeausbildung,
Heidelberg

*Richard Riess,*
Prof. Dr. theol. Dipl.-Psych.,
Professor für Praktische Theologie
an der Augustana-Hochschule
Neuendettelsau

*Claus-Jürgen Roepke,*
Pfarrer, Direktor der
Evang. Akademie Tutzing

*Walter Rupprecht,*
Dr. theol., Oberkirchenrat,
Kreisdekan i. R., Coburg

*Dietrich Stollberg*
Prof. Dr. theol.,
Professor für Praktische Theologie
an der Universität Marburg

*Josef Sudbrack,*
Dr. theol., S. J., München

*Joachim Track,*
Prof. Dr. theol.,
Professor für Systematische Theologie an der Augustana-Hochschule
Neuendettelsau

*Dieter Trautwein,*
Dr. theol., Pfarrer, Propst i. R.,
Frankfurt

*Klaus Winkler*
Prof. Dr. theol.,
Psychoanalytiker und Professor für
Praktische Theologie an der Kirchlichen Hochschule Bethel

*Martin Zorn,*
Pfarrer, Maler und bildender Künstler, Neunkirchen